华章文渊 管理学系列

第3版

经济管理概论

An Introduction to the Economics & Management,
3rd Edition

贾国柱　张人千　编著

机械工业出版社
CHINA MACHINE PRESS

图书在版编目（CIP）数据

经济管理概论 / 贾国柱，张人千编著 . --3 版 . -- 北京：机械工业出版社，2021.7（2024.6 重印）

（华章文渊·管理学系列）

ISBN 978-7-111-68493-0

I. ①经… II. ①贾… ②张… III. ①经济管理 - 高等学校 - 教材 IV. ①F2

中国版本图书馆 CIP 数据核字（2021）第 121254 号

  本书主要讲述经济学和管理学的基本知识，包括经济学原理、管理学原理、生产运作管理、项目管理与经济评价四个部分。经济学原理部分讲述经济学基本问题、微观市场机制、市场均衡、要素投入与市场结构、宏观经济分析；管理学原理部分讲述管理学基本概念、管理的职能、企业及其主要管理活动；生产运作管理部分是管理学原理在生产和服务系统设计及运行管理中的具体应用，包括产品开发管理、生产系统结构与战略、生产与供应链管理、质量管理；项目管理与经济评价部分包括项目管理的基本原理、项目计划管理、投资项目经济评价、项目决策分析。

  本书适合作为非经济管理类专业的本科生教材，也可作为企业管理人员及工程技术人员了解经济管理基础知识的参考书。

出版发行：机械工业出版社（北京市西城区百万庄大街 22 号　邮政编码：100037）

责任编辑：施琳琳　宁　鑫　　　　　　　责任校对：殷　虹

印　　刷：北京建宏印刷有限公司　　　　版　　次：2024 年 6 月第 3 版第 5 次印刷

开　　本：185mm×260mm　1/16　　　　印　　张：25.75　　插　　页：2

书　　号：ISBN 978-7-111-68493-0　　　 定　　价：55.00 元

客服电话：(010) 88361066　68326294

版权所有·侵权必究
封底无防伪标均为盗版

华章文渊 管理学系列

"师道文宗 笔墨渊海"

文渊阁 位于故宫东华门内文华殿后,是故宫中贮藏图书的地方,中国古代最大的文化工程《四库全书》曾经藏在这里,阁内悬有乾隆御书"汇流澄鉴"四字匾。

华章文渊 管理学系列

作者简介

贾国柱 北京航空航天大学经济管理学院教授，博士生导师；获得北京理工大学工学学士和工学硕士学位，丹麦奥尔堡大学博士学位；中欧高水平大学伊拉斯谟项目研究学者，法国中央理工大学高级访问学者。从事运营系统管理、流程管理、服务型制造等领域的研究。主持多项国家自然科学基金及省部级课题，以及航天科技集团、航空工业集团、用友集团、印钞造币总公司等企业课题。在国内外重要学术期刊上发表论文90余篇，在丹麦工业协会出版专著1部，并编著出版服务型制造著作1部。获得宝钢教育基金会优秀教师奖。

现兼任我国工业和信息化部中国服务型制造联盟专家委员会委员、科技部中国创新方法研究会理事、中国机械工程学会工程师资格认证专家组成员、中国仿真学会离散系统仿真专业委员会委员、北京高校管科专业群教学委员会委员、中国博士后论文编纂委员会编委、北京青年商会顾问。曾任我国香港韵利集团管理顾问、澳门科技大学客座教授。

张人千 北京航空航天大学经济管理学院教授，博士生导师，教育部新世纪优秀人才，中国仿真学会离散系统仿真专业委员会副主任，密歇根大学访问学者。从事运作管理、决策优化、工业工程等方面的教学、科研工作。主持国家自然科学基金课题5项，完成省部级课题、企业咨询项目等10余项，发表论文100余篇，出版著作4部。

PREFACE 前言

  长期以来，以培养技术人才为核心目标的专业教育是我国大学教育的基本模式。这种教育模式为我国培养了大量的技术人才，有效地支撑了我国工业化进程和社会经济发展。但是，专业教育也使学生的知识面窄化，持续创新能力不足；技术团队缺乏有效的合作和协调，协同创新能力较弱；学生视野狭隘，缺乏经济与管理思维，适应社会和市场能力较差。

  目前，市场经济已经渗透到社会生活的各个方面，掌握专精技术、具备经济视野、了解管理知识的高层次复合型人才对我国的现代化建设十分重要。诚然，高等院校理工科专业所培养的学生日后大多数将从事技术活动，但现代企业中的技术活动并非独立存在，而是和生产运作、市场营销、质量控制、项目管理、财务分析、投资融资等经营管理活动紧密联系。因此，技术人才仅仅精通技术原理、谙熟技术应用仍然是不够的，企业更需要那种具有创造能力、开拓能力以及经济和管理头脑的综合型人才。

  虽然理工科学生在毕业初期一般都会从事技术类工作，但随着工作经验的积累，相当多的具有较强技术能力的技术人才会转向管理岗或承担一定的管理职能。目前，理工科大学毕业生已经成为各类企业各层次管理者的主要来源，而熟悉市场经济规律、掌握经营管理方法、了解国际经济规则成为他们的迫切需求。在我国，目前就读EMBA（高级管理人员工商管理硕士）、MBA（工商管理硕士）以及管理类工程硕士的学员中，大多数都是理工科毕业生，这充分表明了从技术到管理是我国高层次企业经营人才的普遍成长路径。因此，对非经济管理本科生，尤其是理工科大学生进行经济管理基本知识的普及，提升大学生的经济意识与理论素养，对推动我国经济社会的进步和现代化事业的发展，具有重要而深远的意义。

  北京航空航天大学（以下简称"北航"）一直重视大学生的全面发展，"经济管理概论"课程作为全校核心公共通识课，已开设20多个年头，在拓展学生的社会视野、传播经济管理知识方面发挥了重要作用。基于各位任课教师在本课程上的多年沉淀以及科研积累，北航经济管理课程组编写了本书，作为非经济管理类（尤其是理工类）大学生"经济管理概论"课程的教学用书。本书第 2 版自 2016 年发行以来，被众多高校选为教材，受到广泛好评。

随着社会的快速发展、技术的不断突破以及经济管理领域的理论日益更新，本书第 2 版中有的内容已经不能适应新的形势。因此，本书编写组对第 2 版的内容进行了重新规划，编写了《经济管理概论》（第 3 版）。第 3 版在保留第 2 版大部分内容的基础上，精简整合了一些章节及内容，增加了服务型制造、项目决策分析等章节，并增加了案例和更新了数据。同时，第 3 版还紧密结合经济管理领域的前沿及最新理论，以使学生能够了解经济管理理论的最新发展成果及其在实践中的应用。本书为非经济管理类专业大学生提升经济和管理知识、掌握管理技能搭建了一个良好的知识平台，对大学生具备经济思维、掌握管理知识、更好地成长为高层次复合型人才具有良好的推动作用。同时，本书也可以为企业管理人员提供前沿性的指导与参考。

本书分别从经济学原理、管理学原理、生产运作管理、项目管理与经济评价四个部分阐述了经济管理的基本原理及其在生产和服务中的应用。第一部分讲述经济学的基本知识，包括微观经济学和宏观经济学，目的是使学生洞悉人类社会生活需要解决的经济问题，了解如何对有限的资源进行合理和有效的分配，以满足个人、企业、国家乃至社会的多元化需求；第二部分介绍管理学基本原理，使学生了解现代管理理论的概貌，并学习现代企业管理的框架性知识；第三部分讲述生产运作管理，包括产品开发管理、生产系统战略与结构、生产与供应链管理、质量管理等，使学生掌握具体的生产与运作管理方法；第四部分讲述项目管理与经济评价问题，使学生了解项目的基本管理原理，学习项目计划管理方法，并学习如何对投资项目进行经济评价及决策分析。

在本书第 3 版的编写过程中，北航经济管理学院经济管理课程组的各位同事进行了通力合作。各章编写者如下：

第一章	经济问题与经济学	刘天亮
第二章	微观市场机制分析	刘天亮
第三章	要素投入与市场结构	张人千
第四章	宏观经济分析	秦中峰
第五章	管理学概述	张人千
第六章	管理的职能	杨敏、罗开平
第七章	企业与管理	张人千、杨敏、单伟
第八章	产品开发管理	贾国柱
第九章	生产系统结构与战略	贾国柱、张人千
第十章	生产与供应链管理	张人千

第十一章	质量管理	单伟、张人千
第十二章	项目管理	杨敏
第十三章	投资项目经济评价	王玉灵、郑筠
第十四章	决策分析	杨敏、罗开平

此外，管理学院的谢岚副教授和马琳副教授也编写了第七章部分内容，在此一并表示感谢。全书由贾国柱和张人千负责统稿。由于编者水平和精力有限，书中错漏之处在所难免，恳请读者批评指正。

编者

教学建议 SUGGESTION

本书力图反映经济管理学科最新学术研究成果以及企业最新的经济管理实践，注重经济管理知识的广度和宽度，可作为大学理工科专业或其他非经济管理专业学生学习经济管理概论的教科书，也可作为企业工程技术人员学习经济管理知识的参考书。

本书教学建议如下。

教学内容	教学要点	学时分配
第一章　经济问题与经济学	（1）经济问题和经济学的由来 （2）经济学的基本假设 （3）微观经济学、宏观经济学研究的问题 （4）经济学发展简史	1
第二章　微观市场机制分析	（1）需求的概念和需求曲线 （2）需求弹性分析 （3）市场供给分析 （4）市场均衡与政府政策	3
第三章　要素投入与市场结构	（1）生产函数与投入要素的最佳组合 （2）成本函数、利润函数与利润最大化 （3）市场类型、生产决策与供给曲线 （4）市场失灵的主要原因及应对方法	2
第四章　宏观经济分析	（1）宏观经济学的研究对象 （2）GDP 的概念、核算 GDP 的支出法 （3）失业、通货膨胀与经济周期 （4）财政政策与货币政策	3
第五章　管理学概述	（1）管理的含义 （2）管理的基本职能 （3）管理环境、管理者角色和技能 （4）现代管理学的发展历史	1
第六章　管理的职能	（1）计划的基本概念、目标管理 （2）组织、组织结构与人力资源 （3）领导、沟通与激励 （4）控制过程与控制技术	1
第七章　企业与管理	（1）企业的基本概念 （2）企业的分类、现代企业制度 （3）企业的主要管理活动	1

(续)

教学内容	教学要点	学时分配
第八章　产品开发管理	（1）集成化产品开发方法 （2）质量功能展开 （3）模块化、面向顾客的产品设计 （4）面向制造与装配的产品设计 （5）面向环境的产品设计	2
第九章　生产系统结构与战略	（1）生产运作流程分析 （2）生产系统结构类型 （3）产品竞争优势与生产系统战略性构造 （4）绿色产品设计、绿色制造战略与技术 （5）服务型制造战略 （6）中国制造与全球化战略	3
第十章　生产与供应链管理	（1）需求预测、库存与经济批量 （2）经济生产批量与生产计划体系 （3）MRP 和 JIT 系统的运作原理 （4）拉式生产和推式生产的适用性 （5）供应链及其战略结构 （6）供应链运作与物流 （7）供应链协调	4
第十一章　质量管理	（1）质量的概念与质量管理的发展阶段 （2）质量管理大师及其主要观点 （3）七类基本的质量管理工具 （4）质量成本构成 （5）6σ 管理	2
第十二章　项目管理	（1）项目的概念、项目管理与运作管理的区别 （2）工作分解结构与工作责任矩阵 （3）项目网络图 （4）关键路径法与项目工期 （5）项目进度计划、进度控制与挣值分析	3
第十三章　投资项目经济评价	（1）资产、成本、折旧、利润的核算方法 （2）投资、收益与项目现金流 （3）资金的时间价值、利息与折现 （4）投资回收期、净现值、内部收益率 （5）不同投资项目的经济比较	3
第十四章　决策分析	（1）决策的要素、原则和决策程序 （2）决策准则 （3）贝叶斯决策 （4）决策树	3

说明：

1. 全书标准教学用时共 32 学时；若培养计划给定的课内学时较少，则可将第六章、第七章作为自学内容；此外也可以将第十四章的"贝叶斯决策"和"决策树"作为选修内容。
2. 在教学过程中，可将第一章和第五章合并，以 2 学时完成这两章的讲授。
3. 建议配合课堂练习与课后作业，强化教学效果。

目录 PREFACE

前 言
教学建议

第一部分 经济学原理

第一章 经济问题与经济学 ……… 2
第一节 稀缺性与经济学 …………… 2
第二节 经济学的发展历史 ………… 8
本章小结 ………………………… 16
阅读材料 贸易、机会成本与
比较优势 ………………… 17
思考与练习题 …………………… 18
参考文献 ………………………… 18

第二章 微观市场机制分析 ……… 20
第一节 消费者、生产者与市场 …… 20
第二节 市场需求分析 …………… 23
第三节 市场供给分析 …………… 36
第四节 市场均衡与政府政策 …… 42
本章小结 ………………………… 50
思考与练习题 …………………… 51
参考文献 ………………………… 52

第三章 要素投入与市场结构 …… 53
第一节 生产函数 ………………… 53
第二节 投入要素的最佳组合 …… 58

第三节 成本与利润决策 ………… 60
第四节 市场结构与生产决策 …… 68
第五节 市场失灵 ………………… 73
本章小结 ………………………… 77
思考与练习题 …………………… 77
参考文献 ………………………… 78

第四章 宏观经济分析 …………… 79
第一节 宏观经济学概述 ………… 79
第二节 GDP、失业、通胀与经济
周期 …………………… 85
第三节 宏观经济政策 …………… 97
本章小结 ………………………… 101
思考与练习题 …………………… 102
参考文献 ………………………… 103

第二部分 管理学原理

第五章 管理学概述 ……………… 106
第一节 管理的基本概念 ………… 106
第二节 管理思想的演变 ………… 117
第三节 经济与管理的关系 ……… 130
本章小结 ………………………… 131
思考与练习题 …………………… 131
参考文献 ………………………… 132

第六章 管理的职能 …………… 133

第一节 计划 …………………… 133
第二节 组织 …………………… 137
第三节 领导 …………………… 147
第四节 控制 …………………… 153
本章小结 ………………………… 158
思考与练习题 …………………… 158
参考文献 ………………………… 159

第七章 企业与管理 …………… 160

第一节 企业与现代企业制度 …… 160
第二节 企业的主要管理活动 …… 168
本章小结 ………………………… 188
思考与练习题 …………………… 188
参考文献 ………………………… 188

第三部分 生产运作管理

第八章 产品开发管理 …………… 192

第一节 产品开发概述 …………… 192
第二节 集成产品开发管理 ……… 197
第三节 面向顾客的产品设计 …… 201
第四节 面向制造与装配的产品
　　　　设计 …………………… 205
第五节 面向环境的产品设计 …… 209
本章小结 ………………………… 209
思考与练习题 …………………… 209
参考文献 ………………………… 210

第九章 生产系统结构与战略 …… 211

第一节 生产运作流程 …………… 211
第二节 生产系统结构 …………… 219
第三节 竞争优势与生产战略 …… 223
第四节 绿色制造战略 …………… 231
第五节 服务型制造战略 ………… 237

第六节 全球化战略 ……………… 241
本章小结 ………………………… 245
阅读材料1　红领集团个性化服装
　　　　　　设计与制造 ………… 245
阅读材料2　绿色设计促进环境保
　　　　　　护与资源节约 ……… 246
阅读材料3　苹果公司占据产业链
　　　　　　高端 ………………… 246
思考与练习题 …………………… 247
参考文献 ………………………… 248

第十章 生产与供应链管理 …… 250

第一节 库存管理 ………………… 250
第二节 批量问题与生产计划 …… 259
第三节 MRP和JIT ……………… 264
第四节 供应链管理 ……………… 273
本章小结 ………………………… 288
思考与练习题 …………………… 288
参考文献 ………………………… 290

第十一章 质量管理 ……………… 291

第一节 质量管理概述 …………… 291
第二节 质量管理工具 …………… 300
第三节 质量成本 ………………… 315
第四节 六西格玛管理简介 ……… 318
本章小结 ………………………… 322
思考与练习题 …………………… 322
参考文献 ………………………… 324

第四部分 项目管理与经济评价

第十二章 项目管理 ……………… 326

第一节 现代项目管理简介 ……… 326
第二节 工作分解结构和责任分配
　　　　矩阵 …………………… 333

第三节　关键路径法 …………… 335
　　第四节　挣值分析 ……………… 343
　　本章小结 ………………………… 347
　　思考与练习题 …………………… 347
　　参考文献 ………………………… 349

第十三章　投资项目经济评价…… 350
　　第一节　投资项目经济评价的基础 … 350
　　第二节　资金时间价值与等值换算 … 357
　　第三节　项目经济评价指标 ……… 363
　　第四节　多项目评价 ……………… 369
　　本章小结 ………………………… 372

　　思考与练习题 …………………… 373
　　参考文献 ………………………… 374

第十四章　决策分析 ……………… 375
　　第一节　决策分析概述 …………… 375
　　第二节　决策准则 ………………… 383
　　第三节　贝叶斯方法 ……………… 386
　　第四节　决策树 …………………… 395
　　本章小结 ………………………… 399
　　思考与练习题 …………………… 399
　　参考文献 ………………………… 401

第一部分　经济学原理

- ▶ 第一章　经济问题与经济学
- ▶ 第二章　微观市场机制分析
- ▶ 第三章　要素投入与市场结构
- ▶ 第四章　宏观经济分析

第一章　经济问题与经济学

每一门学科的产生都有其客观性和必然性。例如，天文学产生于游牧民族确定季节的需要，几何学产生于农业生产中丈量土地的需要，那么经济学产生于什么需要呢？经济学家认为，经济学产生于客观存在的资源稀缺性以及由此所引起的决策选择的需要。

经济生活，即物质资料的生产和消费，是人类社会赖以生存和发展的基本物质运动形式。但是，相对于人的无穷欲望而言，用于满足人类需求的经济资源总是不足的，这就是人类社会物质资源的稀缺性。人类需求的无限性与经济资源的稀缺性带来了人类社会面临的经济问题：如何把有限的资源合理和有效地分配并使用，以满足个人、企业、国家乃至一个社会的无限多样化的需求。简单地说，经济学就是研究人类社会生活中的经济问题的一门学科，其核心任务就是要解决资源的稀缺性和人类需求的无限性之间的矛盾。要想洞悉现代经济学理论的主要内容和性质，必须要了解它的由来和演变。

第一节　稀缺性与经济学

一、对经济学的理解

（一）经济学的由来

英文中的"economy"一词源自古希腊语 οικονομία（家政术）。"οικος"是家庭，"νομος"是方法或习惯。因此，其本来含义是指治理家庭财物的方法，到了近代扩大到治理国家。为了与之前的用法相区别，当时经济学也被称为政治经济学（political economy）。这个名称后来被英国经济学家阿尔弗雷德·马歇尔（Alfred Marshall）改回本义：经济学（economics）。

中文中的"经济"一词出自东晋时期葛洪《抱朴子内篇·明本》中的"经世济俗"，意为治理天下，救济百姓。隋朝王通在《文中子中说·卷六·礼乐篇》中提出了"经济"一词："皆有经济之道，而位不逢。"后人将"经济"一词作为"经世济民"的省略语，成为"政治统治"和"社会管理"的同义词。清末戊戌变法后，改革科举制度，开"经济特科"，就是沿用了"经济"的本义。

日本江户后期至明治时期，欧美思潮涌入。神田孝平首先在《经济小学》一书中用"经济"一词作为英文的"political economy"的译文。这段时期，日本学者开始用"经济"一词指代货币经济发展带来的种种活动，并有了"经济指维系社会生活所必需的生产、消费、交易等的活动"的提法。这种与金钱、财物等实际问题相关的定义逐渐在日本流行，但与明清时期中文语境中的"经济"的原始用法不同。日本的这种译法后来又被引入汉语，逐渐取代了经济一词的原本含义。

在现代，经济是指一定范围（如国家、区域）内组织一切生产、分配、流通和消费活动与关系的系统之总称。而研究经济问题、探讨经济发展规律、解释经济现象成因的社会科学即称为经济学。

（二）较为流行的经济学定义

经济学的定义是一个争议性较大的问题。迄今为止，并不存在一个被所有经济学家一致接受的有关经济学的定义。下面是几个有代表性的经济学定义。

英国经济学家利奥尼尔·罗宾斯（Lionel C. Robbins）认为，"经济学是一门把人类行为作为目的与可以有不同用途的稀缺资源之间的关系来研究的科学"。

美国经济学家保罗·萨缪尔森（Paul Samuelson）认为，"经济学研究社会如何使用稀缺资源来生产有价值的产品，并在不同集团之间分配这些产品"。

美国权威的《国际社会科学百科全书》的定义是，"经济学是研究稀缺资源在无限而又有竞争性的用途中配置的问题。它是一门研究人与社会寻求满足人们的物质需求与欲望的方法的科学，因为人们所支配的东西不允许他们去满足一切欲望"。

这些定义都是围绕着人们无限的欲望（desire）和资源的稀缺性（scarcity）这对矛盾问题进行阐述的。罗宾斯给出的定义中，"目的"是指满足人们无限的欲望，"稀缺资源"代表有限的资源。萨缪尔森给出的定义则强调用产品的生产和分配来解决满足无限欲望的问题。

目前，较为普遍并且被多数经济学家接受的定义是：经济学是研究个人、企业、政府以及其他组织如何在社会内进行选择，以及这些选择如何决定社会稀缺资源使用的科学。该定义强调资源的稀缺性以及选择的重要性。不管是个人、企业还是政府，或者是其他社会组织，所拥有的资源都是有限的，即资源是稀缺的。

二、资源的稀缺性

（一）自由资源与经济资源

资源分为自由资源与经济资源。自由资源是指人类不必花费任何代价就可获得的、可以自由取用的资源。经济学中所讨论的资源即经济资源，是指人类必须花费一定的代价才能获得的，以及人类不可以无限取用的自然资源。除了时间与信息这两种重要的资源外，经济资源基本分为3种，即人力资源、自然资源与资本资源。人力资源是指能够并且愿意参与生产过程的人。自然资源是指处于自然状态的生产性资源，例如土地、矿藏等。资本资源是指在长期内能够产生收入流的资本存量，资本资源又可简称为资本。

当资源被投入生产过程用以生产满足人们欲望的最终产品与服务时，又称为生产要素。当我们讨论土地（land）、资本（capital）、劳动力（labor）、企业家才能（entrepreneurship）等生产要素的有效利用时，实际等同于讨论自然资源、资本资源、人力资源等资源的有效利用。

（二）经济资源的稀缺性

所谓经济资源的稀缺性是相对于人们的欲望而言的。人们的欲望是无穷的。这些无穷的欲望都要靠资源所生产的产品与提供的服务去满足。人们的欲望或需求（needs）是指人们想要或者希望得到的对各种物品、服务、生活与工作环境等的要求，包括物质方面和精神方面的。

美国心理学家亚伯拉罕·哈罗德·马斯洛（Abraham Harold Maslow）将需求分为五个层次：生理需求、安全需求、情感与归属感需求、尊重需求和自我实现需求（见图 1-1）。

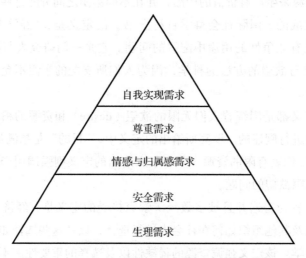

图 1-1　马斯洛的需求层次理论

生理需求（physiological needs）也称级别最低、最具优势的需求，比如食物、水、空气、性欲、健康等。

安全需求（safety needs）同样属于低级别的需求，其中包括人身安全、生活稳定以及免遭痛苦、威胁或疾病等。

情感与归属感需求（love and belonging needs）属于较高层次的需求，比如对友谊、爱情以及归属感的需求。

尊重需求（esteem needs）属于较高层次的需求，比如成就、名声、地位和晋升机会等。尊重需求既包括对成就或自我价值的个人感觉，也包括他人对自己的认可与尊重。

自我实现需求（self-actualization needs）是最高层次的需求，包括对真善美等至高人生境界获得的需求。因此，若前面4项需求都能得到满足，最高层次的需求通常会相继产生，这是一种衍生性需求，比如自我实现、发挥潜能等。

马斯洛的需求层次理论有两个基本出发点：一是人人都有需求，某个层次的需求获得满足后，另一个层次的需求才出现；二是在多种需求未获满足前，首先满足迫切需求，该需求得到满足后，后面的需求才显示出其激励作用。在图1-1中，五种需求像阶梯一样从低到高，按层次逐级递升。当然，这五个层次并不是截然分开的，比如在安全需求并没有得到完全满足的时候，也会有社会交往、友谊、情感等方面的需求。但这几个层次之间发生长距离的交互几乎是不可能的：一个衣不蔽体的人，如果还在大谈尊重、人生理想、自我价值实现，我们往往会说这个人是在做"白日梦"。

（三）稀缺性与选择

人们的欲望或需求是无限的，而用于生产满足人们各种欲望或需求的经济资源是有限的。因此，每一时期人们都需要做出选择（choice），以决定将稀缺的经济资源配置于哪一类产品或劳务的生产，满足人们哪一方面的欲望或需求。因为稀缺，人们不能得到所有想要的东西，不得不在有限的资源下做出选择。选择是稀缺的结果。

由经济资源的稀缺性以及由此而限定的人们的选择，引出了经济学中一个重要的概念：机会成本（opportunity cost）。使用一种资源的机会成本，是指将该资源投入某一特定用途以后放弃的在其他用途中能获得的最大利益。只要资源是稀缺的，并且只要人们对稀缺资源的使用进行选择，就必然会产生机会成本。某种资源一旦用于某种产品的生产就不能同时用于另一种产品的生产，选择了一种机会就意味着放弃了另一种机会。由于个人、企业乃至一个国家所拥有的经济资源都是有限的，因此由个人、企业和国家做出的选择都存在着机会成本。

以一个国家的选择为例，假定一个国家欲将其既定的资源（国民收入）全部用于大炮与黄油两种产品的生产。在生产技术条件不变、既定资源得到充分而又有效利用的情况下，该国多生产一单位的大炮，就必须少生产若干单位的黄油。为多生产一单位大炮所放弃的若干单位黄油的数量，就是生产大炮的机会成本。

个人与企业在既定的资源下进行选择时，同样会产生机会成本。一个大学生将其既定的收入用于购买食物时，就不能将这笔收入用于购买衣服；一个大学教授选择周末加班工作，就等于放弃了周末同家人外出休闲的机会；一家企业将其拥有的既定资源用于生产运动鞋，就不能同时将这些资源用于生产计算机产品，等等。对于社会，在面临环境与收益、效率与公平之间的选择时，也是如此。

三、经济学研究的基本问题

（一）经济学研究什么

由于需求的无限性与经济资源的稀缺性产生了人类社会面临的经济问题，即如何把有限的资源合理地和有效率地分配使用于各种途径，以满足个人、企业、国家乃至一个社会的无限多样化的需求的问题。具体来说，经济学研究的基本问题包括以下四个方面。

1. 生产什么和生产多少

经济学研究的第 1 个问题是总量为既定的生产资源用来生产哪些产品、各产品生产多少。如上所述，人的需求是无限的，永无满足之日，而生产资源却是稀缺的。目的与达成目的的手段之间的矛盾，迫使人们必须在各种需求之间权衡比较，有所取舍。此外，人们还必须决定每种产品的产量。生产什么和生产多少是最合理的？这取决于生产的既定目标。简言之，与每一既定目标相对应，会有一个生产资源的最优配置方案。

2. 如何生产

经济学研究的第 2 个问题是采用什么生产方法。每种生产要素一般都有多种用途，而任一种产品一般也可采用多种生产方法生产。例如，同一种产品，既可采用多用劳动、少用资本的生产方法，也可采用多用资本、少用劳动的生产方法。这里有一个生产效率的问题，即组织生产使生产要素能够得到最有效率地使用的问题。这又涉及两个方面的考虑：一是纯粹从生产技术角度考虑的技术可行性问题；二是以各种生产要素的相对价格为基础，从生产成本角度考虑经济合理性问题。

3. 为谁生产

被生产出来的产品怎样在社会成员之间进行分配，即经济学所说的收益分配问题是经济学研究的第 3 个问题。每个人总是生活在组成一定社会形式的人群之中，所以生产总是社会生产。经济分析必然包括生产出来的产品归谁享用，以及享用多少的问题。

以上三个方面的问题，即生产什么和生产多少、如何生产、为谁生产，这些是经济学的两大分支学科之一——微观经济学所研究的基本问题。

4. 经济体系问题

经济体系问题，即一个社会既定的生产资源总量是否得到充分利用，以及如何得以充分利用的问题，涉及国民收入决定、就业、通货膨胀、经济周期、经济增长、财政与货币政策等。经济社会中经常会有一些劳动力陷于失业状态，生产设备和自然资源也经常没有得到充分利用。造成这种现象的原因是什么？有什么办法改进这种情况？这是经济学的另一分支学科——宏观经济学所考察的基本问题。

经济学家通常把社会经济体制划分为自给经济、市场经济、计划经济和混合经济四种类型。不同的社会经济体制实现资源配置和资源利用的方式各不相同。

在自给经济中，人们进行资源配置的方式是"习惯"和传统，这种习惯通常具有法律或首先的约束力，从而成为传统社会中人们用来处理基本经济问题、进行资源配置的一种方法和制度性约束。在市场经济条件下，生产什么和生产多少、如何生产、为谁生产，基本上是由生产要素的所有者——既作为生产要素的供给方，又作为产品和劳务的需求方，各自独立地、分散地决定的。他们决策的主要依据是产品价格的高低。资源配置在市场经济中通过市场机制来实现。在计划经济条件下，生产什么和生产多少、怎样生产以及产品如何在社会成员之间进行分配，基本上是由中央计划部门依靠指令性计划和行政命令直接调节的。价格对资源配置不直接发生作用，而且价格本身也是由计划当局决定的。

除上述三种资源配置方式，在现代市场经济国家中，还有一种市场和计划相结合的资源配置方式。这种配置方式的特征是：一方面资源配置基本上是市场决定的，另一方面政府又通过财政政策、金融政策及其他政策对私人经济决策施加影响。以市场为取向的社会主义经济改革，其目标就是建立在国家宏观调控下使市场成为配置资源基础性手段的新体制，实际上也是将集中决策和分散决策结合起来。这种双重决策的经济在经济学中被称为"混合经济"。

（二）微观经济学与宏观经济学

现代经济学把经济学原理或经济理论，即有关经济问题的知识体系的全部内容，区分为两大组成部分或两个分支学科。其一称作"微观经济学"（microeconomics），其二称作"宏观经济学"（macroeconomics）。

"micro"的原意是"小"，因此微观经济学又称个体经济学、小经济学，主要以单个经济单位（单个消费者、单个生产者、单个市场经济活动）作为研究对象，研究单个经济单位在一定的市场条件下的经济行为规律，以及相应的经济变量的单项数值如何决定。因此，微观经济学也称为市场经济学或价格理论。

"macro"的原意是"大"，因此宏观经济学又称总量经济学、大经济学，以国民经济总过程的活动为研究对象，主要考察就业总水平、国民总收入等经济总量。因此，宏观经济学也被称作就业理论或收入理论。

四、理性经济人假设

有效的假设是经济学研究的前提。经济学研究中关于人类经济行为的基本假设是"合乎理性的人的假设"，这个假设也被称为"理性经济人"假设。

"经济人"是经济生活中的一般的人的抽象，其本性被假设为是利己（selfish）的。"利己"指的是人的生活目标是使自己的享受、满足或者说幸福最大化。我们可以将利己大致理解为自私（不损人的自私）。理性（rational）的人则具备关于其所处环境各有关方面的知识，且这些知识即使不是绝对完备的，至少也相当丰富、透彻。这种人还被假设为具备一个很有条理的、稳定的偏好体系，并拥有很强的计算技能。他靠这类技能就能计算出在备选方案中，哪个方案可以达到其偏好尺度上的最高点。理性的人拥有起码的道德底线（利己但不损人），知道自己的生活目标。但是，理性并不意味着不犯错误，而是说不会简单重复犯同样的错误。犯错误不是因为不理性，而是因为缺乏信息和知识。总之，理性意味着所有的人都是一样聪明的，也都是最聪明的。不要认为自己比别人聪明，当然也不要认为自己比别人笨。

经济学研究中经济决策的主体都被假定为理性经济人，具有利己的理性，所追求的目标是使自己的利益最大化。例如，消费者追求效用最大化，厂商追求利润最大化，要素所有者追求收入最大化，政府追求目标决策最优化，等等。

"理性经济人假设"在假定人是"利己的理性人"的同时，还提出了一系列相关假设，包括资源稀缺、市场信息完全、人的知识水平足够、市场机制充分有效等，但实际上这样的条件本身在现实中不存在。即使是追求"利益最大化"的"经济人"，他们一旦遇到物质利益与精神利益的双重选择时，其利益判断也会出现巨大的差异，其权衡标准也会背离这种"假设"。近年来，不少学者开始将"有限理性"引入经济单位的选择决策过程，考虑有限理性的行为经济学开始被主流经济学家认可。行为经济学家丹尼尔·卡尼曼（Daniel Kahneman）和美国经济学家弗农·史密斯（Vernon Smith）一起获得了2002年的诺贝尔经济学奖。

第二节　经济学的发展历史

经济学作为一门独立的学科，是在资本主义产生和发展的过程中形成的。在资本主义社会出现以前，古代先驱们对当时的一些经济现象和经济问题形成了某种经济思想，但是并没有形成系统的知识体系。在以悠久历史和卓越文明而著称的民族和国家中，中国、古希腊、古罗马及西欧中世纪保存的历史文献最为丰富。西方和东方是两个独立发展的文化系统，在经济思想方面都有重要贡献。

一、古代经济思想

（一）西方古代经济思想

远古时候就存在经济活动。在西方前资本主义时代，人们关注的是作为生产单位的家庭，如奴隶主庄园或封建主庄园的经营管理，那时的经济学可以称为家政经济学。苏格拉底（Socrates，约公元前469—公元前399）的弟子色诺芬（Xenophon，约公元前430—公元前355）的著作《经济论》，以对话的形式转述了苏格拉底的许多经济思想。《经济论》是论述奴隶主家庭经济的著作，其主要思想包括从使用价值的角度认识财富、维护自然经济、高度重视农业等。柏拉图（Plato，约公元前427—公元前347）也在其著作《理想国》中分析了分工、等级、公有财产等概念。亚里士多德（Aristotle，公元前384—公元前322）第一次认识到货物有两种用途，一种是本身固有的，一种是交换产生的，这一思想被亚当·斯密（Adam Smith，1723—1790）发展成为"使用价值"和"交换价值"。

在欧洲中世纪（476～1453年），经济学没有独立地位，而是归属于神学，属于道德神学或伦理学的组成部分。进入16世纪，经济学归入经院法学体系，虽然没有作为一个整体被论述过，但利息、货币等问题的讨论在当时已司空见惯。而此时西欧各国大多已步入资本主义社会，经济思想开始萌芽。

（二）中国古代经济思想

中国封建社会的经济和政治制度有着自己的特点，与西方古代经济思想相比，除在重视农业生产、社会分工思想等方面有些共同点之外，还有自己的特点。老子、孔子、孟子、韩非子等中国古代的哲学家和思想家也都有各自的经济思想阐述。

老子（约公元前571—公元前471）的经济思想是"道法自然"，认为经济活动应顺从自然法则来运行，主张"清静无为"和"小国寡民"。孔子（约公元前551—公元前479）则主张"重义轻利""见利思义"的义利观与"富民"思想。孔子所谓的"义"，实质上就是一种社会道德规范，"利"则是指人们对物质利益的谋求。在"义""利"两者的关系上，孔子把"义"摆在首要地位。"见利思义"，就是要求人们在物质利益的面前，首先应该考虑怎样符合"义"。孔子认为"义然后取"，即只有符合"义"，然后才能获取。孟子（约公元前372—公元前289）是继孔子之后的儒家大师。他在全面创立王道政治学说体系的同时，提出了一系列"贵民""爱民""惠民""富民"的经济思想和主张。韩非子（约公元前280—公元前233）认为农业是衣食之本、战士之源，发展农业生产是实现国家富强的唯一途径。

富国思想在中国的政治经济思想史上具有独特地位，这与中国古代长期是一个中央集权的封建专制主义国家这一特点有着密切关系。除此之外，对土地课征赋税、稳定物价、黜奢崇俭等经济思想，也是中国古代思想家经常论述的问题。

而在具体经济政策实践方面，秦国通过商鞅（约公元前390—公元前338）变法"废井田，开阡陌"，促进了农业生产的发展，并奠定了以后两千多年中国的基本土地所有制形式；齐国管仲（约公元前716—公元前645）综合采取农业、财税、贸易、金融流通、刺激消费等政策促进了齐国经济的发展，以致对中国后世各代的经济思想产生了深远影响。其后经历了十余个朝代的发展，到明朝后期，中国逐渐出现了资本主义的萌芽，而清政府的不思进取，停止了中国领跑世界两千多年的步伐。直到近代西学东渐，借助现代政治、科技和经济思想，中国才重启民族腾飞的征程。

二、现代经济学说的启蒙和发展

经济学作为一门社会科学，在同一时期，一般会有多种理论学说百家争鸣。下面的论述将以主流学派的变迁为主，兼顾同时期有重要影响的非主流学派。以各个时代主流经济学派而言，经济学说的发展可以分为五个阶段（见图1-2）：启蒙阶段（重商主义、重农学派）、古典经济学、新古典经济学、凯恩斯主义和后凯恩斯时代。在这中间还诞生了社会主义思想。

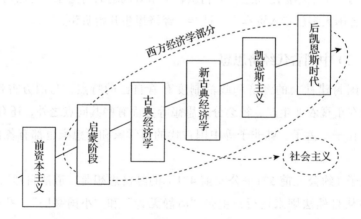

图1-2　经济学理论与学说的演变历程

（一）启蒙阶段

1. 早期古典政治经济学

威廉·配第（William Petty，1623—1687）是英国资产阶级古典政治经济学和统计学创始人。马克思评价他为"现代政治经济学的创始者"和"最有天才的和最有创见的经济研究家"。配第还留下了许多关于医学、数学、物理和统计方面的著作。作为17世纪杰出的经济思想家，配第的许多观点和研究方法开经济领域之先河，深深影响了后期形成的重商主义者和重农主义者。1662年，配第出版代表作《赋税论》，研究的中心问题是政府怎样征收和使用赋税才能促进财富生产，增强国家的经济实力。配第重要的经济观点有：土地为财富之母，而劳动则为财富之父和能动的要素；劳动时间是衡量价值的尺度和基础；地租是从农产品中扣除生产费用（工资加种子）以后的余额。

配第奠定了基本的经济学研究方法。1672年，配第出版的另一名著《政治算术》被马克思视为政治经济学作为一门独立科学分离出来的最初形式。在该著作中，配第广泛运用经验归纳和数学方法研究经济实践，使经济学开始有了自己的研究方法。

2. 重商主义

17、18世纪英国海外贸易的增长使得重商主义兴旺起来，其基本假设是：出口为国家带来财富，是国家致富的唯一手段；贸易赤字会导致国库空虚，反之则国库殷实。因此，政府应该采取措施保护贸易顺差。

当时西欧多数国家采纳重商主义，只是程度有所不同。英国人把政府中央集权与独立的商业企业最有效地结合起来，奉行重商主义。英国早期的合营公司都是为商业贸易所建立，并有不少斯特拉公司，政府允许它们在某一地区进行贸易垄断，成为重商主义者与资本家利益吻合的实例。英属东印度公司，在18世纪末之前一直是南亚次大陆地区剥削压迫与殖民开拓的实际统治者。

3. 重农主义

重农主义主导了法国17、18世纪的经济思想。重农主义者认为，产生地租的土地是产品的唯一源泉。重农主义者将国民分为三个阶级，即生产阶级、土地所有者阶级和不生产阶级，最早运用社会阶级体系来说明社会经济结构。弗朗索瓦·魁奈（François Quesnay，1694—1774）是18世纪法国著名经济学家，重农主义学派的领袖和宗师。在魁奈的重农主义体系中，自然秩序和自然权利紧密相连，自然权利包括财产所有权和自由，而在财产所有权中，土地所有权是基础，是国家统治的自然秩序的根本条件，是发展农业资本主义的根本条件。

随着资本主义的发展，制造业日趋重要，重商主义和重农主义变得陈旧，其后继者——古典经济学派开始了经济学的又一轮革新。

（二）古典经济学

18世纪是人类生产水平飞速发展、政治环境剧烈动荡的世纪。伴随着工业革命，詹姆斯·瓦特（James Watt，1736—1819）于1763年发明了蒸汽机，美国独立战争（1775~1783年）和法国大革命（始于1789年）使资本主义势力正式登上了世界政治舞台。而在经济学领域，亚当·斯密于1776年出版《国民财富的性质和原因的研究》，简称《国富论》（*The Wealth of Nations*），标志着古典经济学的诞生，此时经济学作为一门科学已形成了完整的研究方法和理论体系。自由竞争是古典经济学派的不二信条，是对封建旧制度以及资本原始积累时期国家干预主义经济思想的批判。

1. 古典经济学的奠基者：亚当·斯密、大卫·李嘉图和约翰·穆勒

（1）亚当·斯密（Adam Smith，1723—1790，英国）：现代古典经济学之父，经济学的开山鼻祖。他的代表作《国富论》对国民财富的性质和原因进行了研究。斯密的古典经济学说的主要贡献是第一次对经济运行规律进行了总体研究，创立了比较系统的古典经济学理论体系。学说内容之一为劳动和分工，指出国民财富的源泉是劳动，国民财富的增长取决于劳动生产力的增进，而劳动生产力的增进又取决于分工。分工的程度取决于交换的能力或市场范围。货币只是一种流通工具。学说内容之二为价值和价格。斯密区分了商品的交换价值和使用价值，认为只有劳动才是价值的普遍尺度和正确尺度；他又认为，商品的真实价格由工资、利润、地租三部分构成，由此他第一次将社会分为无产阶级、资产阶级和地主阶级。另外，资本积累是发展生产的另一必备条件。学说内容之三为"经济人"与"看不见的手"。斯密从"经济人"观念出发，系统论述了经济自由主义的理论和政策。他认为，人们受一只"看不见的手"的支配，在追求个人利益时却使整个社会获得最大利益。在"自然秩序"下，能使个人利益与社会利益协调，促进社会财富增长。国家的职能是保护国家和个人的安全，建设并维护私人无力办或不愿办的公共事业，起"守夜人"的作用。学说内容之四为国际自由贸易。总的来说，对资产阶级经济学影响最大的主要是斯密所鼓吹的经济自由主义思想。

亚当·斯密将科学抽象法和经验归纳法系统地运用于其著作中，这种二重研究方法是古典经济学方法论的第一个系统形式，在经济学研究方法论中起着承前启后的作用。大卫·李嘉图和马克思继承和发扬了亚当·斯密的科学抽象法，使劳动价值论逐步完善，最终成为马克思分析资本主义生产方式和剥削本质的工具。马尔萨斯和萨伊则继承和发展了亚当·斯密的经验归纳法，直到今天还影响着西方经济学的研究。

（2）大卫·李嘉图（David Ricardo，1772—1823，英国）：古典经济学的杰出代表。他的代表作为《政治经济学及赋税原理》。他的主要贡献是在劳动价值学说的基础上建构其全部理论体系，提出了国际贸易理论的比较成本学说。劳动价值论是指价值由劳动时间决定，但并不是个别生产者所耗费的劳动，而是必要劳动。商品的交换价值取决于它们的绝对价值。货币是一种特殊的商品，因为它是表现其他商品价值的媒介。李嘉图认为，在既定的收入格局下，地租是主动的、首要的、最有保证的；工资有其固定不变的法则和水准，是发展生产不得不付出的代价；利润则是支付了地租和工资之后的余额。

李嘉图认为对外贸易的扩张虽然大大有助于一国商品总量的增长，从而使享用品总量增加，但不会直接增加一国的价值总量，因为价值总量是由本国商品所包含的劳动决定的。但是，如果存在比较成本差别，国际分工便可以带来劳动节省和效率提高。他主张贸易完全自由，国家应该出口相对价值较低的产品，进口相对价值较高的产品，以促进国家财富增长。

（3）约翰·穆勒（John Stuart Mill，1806—1873，英国）：古典经济学的集大成者。他的代表作为《政治经济学原理》。穆勒的主要贡献不在于他的理论观点的独创性，而在于他将亚当·斯密以来古典经济学中彼此不同的观点进行了综合，并对各种理论进行了中肯的评论。

2. 其他代表人物

（1）托马斯·罗伯特·马尔萨斯（Thomas Robert Malthus，1766—1834，英国）：代表作为《人口论》。马尔萨斯从两个前提出发：一是食物为人类生存必需；二是两性间的性欲是必然的，且几乎会保持现状。在这两个前提下，人口以几何比率增加，而生活资料只能以算术比率增加，人口的增长必然超过生活资料的增长，因此人口的增加会受到生产资料的限制。马尔萨斯试图证明劳动人民贫困和失业是因为人口增长过快造成的，而与资本主义私有制无关。因此，他被马克思称为资产阶级庸俗经济学家的代表。庸俗经济学是资产阶级政治经济学发展的一个历史阶段。在大卫·李嘉图把古典经济学发展到最高阶段之后，随着资产阶级政治上的日趋反动，经济学进入了以为资产阶级辩护为主要特征的阶段。

（2）让·巴蒂斯特·萨伊（Jean Baptiste Say，1767—1832，法国）：亚当·斯密学说的系统化者，代表作为《政治经济学》。他提出效用价值论，指出物品的效用是物品价值的基础。物品效用由劳动、资本和土地共同创造，物品价值也是这三者共同作用的结果。于是，劳动、资本和土地的所有者——工人、资本家、地主相应地得到各自的报酬：工资、利润和地租。萨伊认为供给创造需求，从全社会来看，总供给一定等于总需求，产品过剩的经济危机不可能出现。

（3）卡尔·马克思（Karl Marx，1818—1883，德国）发展了剩余价值学说，分析了资本家剥削的本质。在穆勒的基础上，马克思解释了资本主义所固有的基本矛盾，分析了资本主义经济危机的必然性和周期性。客观上，后期的资本主义国家为解决自身矛盾所带来的危机，加强了经济调控。而经济学也进入了效用理论时代，即新古典时代。

（三）新古典经济学

19世纪20年代，李嘉图的劳动价值体系产生的矛盾导致劳动价值理论的破产。以新旧葡萄酒问题为例，葡萄酒放的时间越长，价格就越贵，而且价值也越高，但是这个过程中，所付出的储藏劳动几乎为零。这和"劳动决定价值"相悖，古典经济学的劳动价值理论出现危机。对这一现象的解释，导致了边际主义革命。

19世纪70年代，边际效用学派使经济学从古典经济学强调的生产、供给和成本，转向现代经济学关注的消费、需求和效用。边际效用概念的引入实现了这种重点转移，从那时起，它就以无上的权威统治着经济学思想，后人称为"边际主义革命"。

边际效用学派的代表人物是英国经济学家威廉·斯坦利·杰文斯（William Stanley Jevons，1835—1882）、洛桑学派的法国经济学家里昂·瓦尔拉斯（Léon Walras，1834—1910）和奥地利的卡尔·门格尔（Carl Menger，1840—1921）。杰文斯1871年发表《政治经济学理论》，提出"最后效用程度"价值论。门格尔在同年出版了《国民经济学原理》，认为物品价值取决于该物品所提供的各种欲望满足中，最不重要的欲望满足对人的福利所具有的意义。瓦尔拉斯在《纯粹政治经济学纲要》中提出了"稀少性"价值论：商品价值是人对商品效用的主观心理评价，价值量取决于物品满足人的最后的亦即最小欲望的那一单位的效用。1884年，奥地利经济学家弗里德里希·冯·维塞尔（Friedrich von Wieser，1851—1926）在其《经济价值的起源及主要规律》一书中把这个效用称为"边际效用"。此后，边际效用概念即被沿用。

边际主义革命导致了新古典经济学的出现。新古典经济学主要观点是：①经济和谐：经济体系的变动和发展是渐进的，而非突变的，是和谐的，而非冲突的，对经济刺激的反应是灵活的。边际分析是体现这种观点的分析工具。②供求力量决定价格的主观价值。③资本主义经济是一个完全竞争并趋于均衡状态的经济，它将导致均衡价值。④市场供求力量能使一国实现充分就业，一切生产要素在分配中所得到的份额取决于它的边际产量。

阿尔弗雷德·马歇尔（Alfred Marshall，1842—1924，英国）是新古典经济学的奠基者。他的代表作有《经济学原理》，主要贡献是建立了一种包括需求和供给的、以局部均衡分析为主要方法的、综合分析的理论体系。《经济学原理》被看作与斯密的《国富论》和李嘉图的《政治经济学及赋税原理》齐名的划时代著作。马歇尔的经济学理论是：利用连续原理、边际方法和局部均衡分析方法，讨论了需求理论、供给理论以及二者作用下的均衡价格理论，力求说明在市场上供给和需求两种相反力量如何作用，如何达到均衡，从而决定商品价格；在均衡基础上，讨论了分配理论，指出劳动、资本、土地和企业家才能四种生产要素均对生产有贡献，并说明了这四种要素的价格决定。马歇尔重视数学方法，大量使用几何图示表述经济学原理，注重时间因素对经济分析的重要意义，充分运用局部均衡的原理。这些研究方法至今仍然被经济学家沿用。

（四）马克思主义和社会主义

卡尔·马克思和弗里德里希·冯·恩格斯（Friedrich Von Engels，1820—1895，德国）对李嘉图古典经济学理论进行了继承和批判，提出了劳动价值论、剩余价值学说、资本积累及社会总资本的再生产学说，以及关于资本主义生产关系以及资本主义发展和灭亡规律的论点。列宁（1870—1924）发展了关于帝国主义理论和社会主义革命理论，最后建立了完全计划的公有制经济，然后在中国和东欧得到推广。完全计划并不成功，于是再次引入市场经济，苏联和东欧采用激进私有化的方法，中国则采用温和改革，即从计划经济过渡到社会主义市场经济。

（五）凯恩斯主义

凯恩斯主义产生于20世纪30年代的世界经济大萧条时期。在大萧条时期，建立在完全竞争基础上的马歇尔经济理论不能解释危机，也不能指导如何解决危机，自由竞争、自动调节和自由放任三个经济原则受到严重挑战。英国的约翰·梅纳德·凯恩斯（John Maynard Keynes，1883—1946）因此开创了宏观经济学，在其代表作《就业、利息和货币通论》中提出有效需求理论体系，并主张通过国家干预经济以求减少失业，这被称为"凯恩斯革命"。凯恩斯本人被后人称为"宏观经济学之父""资本主义的救世主"。

凯恩斯经济理论的主要贡献是：①以宏观总量分析代替微观个量分析，建立了宏观经济学分析框架；②提出有效需求原理，以有效需求不足论替代了自动充分就业均衡论；③以国家干预代替新古典学派的自由放任，建立了比较完善的宏观政策管理体系；④结束传统经济学在货币理论与价值论的"二分法"，开辟了货币理论分析的新时代。

（六）后凯恩斯时代

第二次世界大战以后，凯恩斯的追随者纷纷根据经济现状发展凯恩斯主义，试图解决凯恩斯没有解决的问题。在发展凯恩斯主义的热潮中，后凯恩斯主义经济学内部大体上形成了两大主要支派：以美国保罗·萨缪尔森（Paul A. Samuelson，1915—2009）为首的新古典综合派，以英国的琼·罗宾逊（Joan Robinson，1903—1983）夫人为首的新剑桥学派。

新古典综合派是"凯恩斯革命"之后最有影响力的凯恩斯学派，先后自称"后凯恩斯主流经济学"和"现代主流经济学新综合"。"新古典"是指他们接受凯恩斯以前的新古典主义对于市场和一般均衡的分析，但同时应当"综合"凯恩斯主义。这种综合体现在：①将凯恩斯理论本身综合成宏观一般均衡理论，但理论本身却和新古典理论有相似之处；②凯恩斯的宏观理论体系和新古典的微观理论体系相结合，注重寻找宏观经济理论的微观基础；③强调财政政策与货币政策的相互配合。

新剑桥学派又称为凯恩斯左派，是现代凯恩斯主义的另一个重要分支。在理解和继承凯恩斯主义的过程中，该派提出了与新古典综合派相对立的观点，试图在否定新古典综合派的基础上，重新恢复李嘉图的传统，建立一个以客观价值理论为基础，以分配理论为中心的理论体系。并以此为根据，探讨和制定新的社会政策，以改变资本主义现存分配制度，来调节失业与通货膨胀的矛盾。

目前，美国经济学界占据了世界经济学的主流。除了新古典综合派和新剑桥学派之外，有较大影响力的学派还有新自由主义、货币主义、理性预期学派和新制度主义等。新自由主义以弗里德里希·哈耶克（Friedrich August von Hayek，1899—1992）为主要代表。它从个人主义出发，强调维护个人自由。而自由的基础是经济自由，其核心是私有制，在这一基础上生产者有经营自由，消费者有消费自由。实现经济自由的途径是让市场机制充分发挥调节作用，让人们在市场上自由竞争。

货币主义又称现代芝加哥学派，代表人物是米尔顿·弗里德曼（Milton Friedman，1912—2006）。其基本观点是坚持经济中最重要的因素是货币，即货币量是说明产量、就业和价格变化的最重要因素；在政策上基本主张坚持市场调节的完善，反对国家直接干预。

理性预期学派的代表人物是罗伯特·卢卡斯（Robert Lucas，1937— ）和托马斯·萨金特（Thomas J. Sargent，1943— ）。该学派认为，经济单位在做出任何决策时，除了考虑有关经济变量的情况外，还要考虑这些变量的未来变化，这种有根据的、合理的预期被称为"理性预期"。它认为市场机制本身是完善的，依靠价格的调节作用，市场在正常情况下总是处于供求相等的出清状态。由于理性预期的作用，宏观经济政策无论在短期或长期都是无效的，且会破坏市场机制。

新制度主义属于经济学的"异端"，其代表人物是约翰·加尔布雷斯（John Kenneth Galbraith，1908—2006）、纲纳·缪达尔（Karl Gunnar Myrdal，1898—1987）等。他们将经济学研究的对象确定为制度，重视经济伦理问题和价值判断；并且用演进的、整体的方法研究制度的变迁。

本章小结

较为普遍并且被多数经济学家接受的关于经济学的定义是：经济学是研究个人、企业、政府以及其他组织如何在社会内进行选择，以及这些选择如何决定社会稀缺资源使用的科学。

所谓经济资源的稀缺性是相对于人们的欲望而言的。人们的欲望是无穷的。这些无穷的欲望都要靠资源所生产的产品与提供的服务去满足。由经济资源的稀缺性以及由此而限定的人们的选择引出了经济学中一个重要的概念：机会成本。使用一种资源的机会成本，是指该资源投入某一特定用途以后放弃的在其他用途中能获得的最大利益。只要资源是稀缺的，并且只要人们对于稀缺资源的使用进行选择，就必然会产生机会成本。

经济学研究的基本问题包括：①总量为既定的生产资源用来生产哪些产品、各产品生产多少。②采用什么生产方法。③被生产出来的产品怎样在社会成员之间进行分配，即经济学所说的收益分配问题。以上三个方面的问题，即生产什么和生产多少、如何生产、为谁生产，是微观经济学所研究的基本问题。④一个社会既定的生产资源总量是否得到充分利用以及如何得以充分利用的问题，是宏观经济学所考察的基本问题。根据实现资源配置和资源利用方式的不同，经济学家通常把社会经济体制划分为自给经济、市场经济、计划经济和混合经济四种类型。

微观经济学又称个体经济学、小经济学，主要以单个经济单位作为研究对象，研究单个经济单位在一定的市场条件下的经济行为规律,以及相应的经济变量的单项数值如何决定。而宏观经济学又称总量经济学、大经济学,以国民经济总过程的活动为研究对象,主要考察就业总水平、国民总收入等经济总量。

经济学研究中关于人类经济行为的基本假设是"合乎理性的人的假设"。这个假设也被称为"理性经济人"假设。近年来,不少学者开始将"有限理性"引入经济单位的选择决策过程,考虑有限理性的行为经济学开始被主流经济学家认可。

经济学作为一门社会科学,在同一时期,多种理论学说百家争鸣。依时间顺序,西方经济学的发展可以分为五个阶段:启蒙阶段、古典经济学、新古典经济学、凯恩斯主义和后凯恩斯时代。在这中间还诞生了马克思主义和社会主义思想。而在后凯恩斯时代,经济学呈现门派纷争的局面,任何一个学派都不可能解释所有经济现象或解决所有经济问题。经济学仍将循着人类社会发展的长河不断演进。

阅读材料

贸易、机会成本与比较优势

长久以来,从事贸易的商人在中西方的历史上名声不佳。中国古代社会士农工商的阶层划分意味着商人处于被歧视的底层,在西方当人们提起威尼斯商人也总是联想起唯利是图的负面形象。商人似乎什么也不创造,然而却能得到报酬,就像在贸易的高速公路上收取过路费一样,令人充满敌意。经济学家普遍支持自由贸易,因为交换是市场过程的基础,商品和服务的自由贸易有助于更好地满足人们的需要,从而增加参与各方的财富。

让我们考虑两个国家:美国和中国。假设两者都能生产计算机和面粉,且只考虑劳动力投入(以小时计)。假设美国每月有50 000小时的劳动力可投入生产,生产一台计算机需100小时,生产一吨面粉需要10小时;中国每月有30 000个小时的劳动力,生产一台计算机需125小时,生产一吨面粉需25小时,则二者的生产可能性曲线分别如图1-3和图1-4所示。

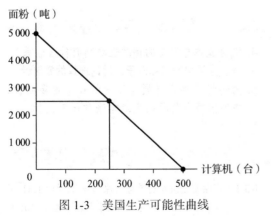

图1-3 美国生产可能性曲线

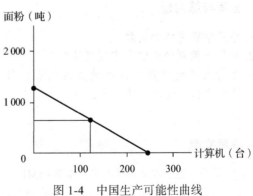

图1-4 中国生产可能性曲线

假设在没有贸易的情况下,美国各用一半劳动力分别生产250台计算机和2 500吨面粉,中国也各用一半劳动力分别生产120台计算机和600吨面粉。显然,美国在生产计算机和面粉方面都有绝对优势,因为它们生产这两种产品的投入相较中国更少。看起来美国不能从与中国的贸易中获益。

但是，如果用机会成本的概念重新衡量两国面临的选择，就会得到不同的结论。当美国把 100 小时的劳动力投入到生产一台计算机时，同时就放弃了生产 10 吨面粉的机会。所以我们可以说美国生产一台计算机的机会成本是 10 吨面粉。同样道理，中国投入 125 小时劳动力生产一台计算机就意味着放弃生产 5 吨面粉的机会。所以中国生产一台计算机的机会成本是 5 吨面粉。因此，从机会成本的角度看，中国生产计算机的相对代价更低。经济学家把一个生产者能以相对于另一个生产者较低的机会成本生产产品的能力称为比较优势。显然，中国在生产计算机方面具有比较优势。反过来，美国生产 1 吨面粉的机会成本是 1/10 台计算机，而中国生产 1 吨面粉的机会成本是 1/5 台计算机。所以美国在生产面粉上具有比较优势。

如果中、美之间开展贸易，则基于比较优势，中国把自己的劳动力资源全部投入到生产计算机，每月可生产 240 台计算机，其中 110 台出口到美国。美国每月生产 3 400 吨面粉，其中 700 吨出口到中国，剩下的 16 000 小时的劳动力还可以生产 160 台计算机。于是通过贸易，中国可以消费 130 台计算机和 700 吨面粉，美国可以消费 270 台计算机和 2 700 吨面粉。相比于无贸易的情况，两国都可以消费更多的计算机和面粉。这些额外的获益就是由专业化和贸易带来的财富。

当然，现实中各国之间贸易所涉及的问题比我们这个例子要复杂得多。国际贸易会使一个国家作为一个整体获得更大的收益，但也会使一部分人遭受损失。当中国完全开放汽车市场时，会使一部分竞争力不强的企业被淘汰，当劳动力成本上升时，纺织业会转移至东南亚等低成本国家。在比较优势发生变化的过程中，对不同群体的影响是不同的，而受损失的群体会倾向于支持贸易保护。当这个群体的势力足够大时，就会促使国家的产业政策限制自由贸易。

思考与练习题

1. 经济学研究哪些问题？
2. 试区分微观经济学与宏观经济学。
3. 为什么经济学源于人类欲望的无限性与资源的稀缺性之间的矛盾？
4. 机会成本与资源的稀缺性之间有什么联系？
5. 结合生活中的实际例子，讨论选择的重要性。
6. 简述经济学说发展与演变的几个重要阶段，并列出每个阶段的主流学派和代表人物。

参考文献

[1] 曼昆. 宏观经济学（原书第 7 版）[M]. 卢远瞩, 译. 北京：中国人民大学出版社, 2011.

[2] 戴淑芬, 殷焕武, 刘明珠. 经济与管理教程 [M]. 2 版. 北京：经济管理出版社, 2005.

[3] 卢桑斯. 组织行为学（原书第 11 版）[M]. 王磊, 等译. 北京：人民邮电出版社, 2009.

[4] 高鸿业. 西方经济学 [M]. 7 版. 北京：中国人民大学出版社, 2018.

[5] 葛扬, 李晓蓉. 西方经济学说史 [M]. 南京：南京大学出版社, 2003.

[6] 梁小民. 经济学是什么 [M]. 北京：北京大学出版社，2001.
[7] 斯考森，泰勒. 经济学的困惑与悖论 [M]. 吴汉洪，译. 北京：华夏出版社，2001.
[8] 宋承先. 现代西方经济学 [M]. 4 版. 上海：复旦大学出版社，2005.
[9] 晏智杰. 西方经济学说史教程 [M]. 北京：北京大学出版社，2002.
[10] 朱善利. 微观经济学 [M]. 3 版. 北京：北京大学出版社，2007.

第二章　微观市场机制分析

本章对微观市场机制的运行作一般的分析和考察，主要介绍消费者、生产者与市场，市场需求分析，市场供给分析以及市场均衡与政府政策等内容。

第一节　消费者、生产者与市场

一、消费者

消费者（consumer），科学上的定义是：消费者为食物链中的一个环节，代表着不能生产，只能通过消耗其他物质来达到自我存活的生物。从法律意义上讲，消费者是为个人目的而购买或使用商品和接受服务的社会成员。简单地理解，消费者就是使用、消耗产品或服务的人。

在经济学中，消费者是指具有消费预算（budget），能够做出统一消费决策的单个经济单位。消费者可能是个人（individuals），也可能是家庭（households）。有关消费者行为最基本的假定是消费理性，即消费者总是反复权衡、比较，在有限的支出下做出获得最大满足的最优购买决策。

二、生产者

（一）生产者的界定和目标

生产者，英文为producer。在生态系统中，生产者是能利用简单的无机物合成有机物的自养生物。在经济学中，生产者也称企业或厂商，是指能够做出统一生产和销售决策的单个经济单位。生产者可以是生产产品的企业，也可以是提供服务的企业。因此，生产者可以是工厂、农场、银行甚至医院、学校等。作为一种经济决策单位，除了消费者与政府以外，其余的经济组织都是生产者。

在生产者行为的分析中，一般假定生产者或企业具有生产理性，其目标是追求利润最大化。生产者或企业要实现利润最大化，必须把各种生产要素（土地、劳动力、资本和企业家才能等）组织起来，经过一系列生产转换过程，为消费者提供产品或服务。

生产者的目标有短期和长期之分。在经济学中，短期是指生产者来不及调整全部生产要素，因而至少有一种生产要素的数量固定不变的一段时期。在短期内，某些生产要素，例如机器设备、厂房以及具有特殊技能的工人或管理者等，企业无法进行调整，视他们为固定不变的要素，这些要素就是不变投入；另外一些生产要素，如劳动力、原料等，企业可以根据需要随时调整它们的数量，这些要素就是可变投入。长期是指生产者可以调整全部生产要素数量的时期。在长期经营中，企业可以根据需要随时调整所有生产要素的投入数量，因而所有的投入都是可变投入。例如，可以根据需要增加或减少厂房和机器设备的数量，甚至可以进入其他行业或退出现有行业。

（二）生产者存在的原因

社会的生产力水平决定社会基本经济单位的组织形式。生产者或企业是社会生产力发展到一定水平的结果，是商品生产与商品交换的产物。社会的基本经济单位在经历了原始社会的氏族部落、奴隶社会的奴隶主庄园、封建社会的家庭和手工作坊等形式的演进后，在资本主义社会诞生了生产者或企业这种现代形式。生产者或企业的演进主要经历工场手工业时期、工厂制时期、现代企业时期三个阶段。16~17世纪，一些西方国家的封建社会制度向资本主义制度转变，资本主义原始积累加快，大规模地剥夺农民的土地，使家庭手工业急剧瓦解，开始向资本主义工场制转变。工场手工业是企业的雏形。18世纪，西方各国相继开始了工业革命，大机器的普遍采用，为工厂制的建立奠定了基础。工厂制的主要特征是：实行大规模集中劳动；采用大机器提高生产效率；实行雇用工人制度；劳动分工深化，生产走向社会化。工厂制的建立，标志着企业的真正诞生。19世纪末~20世纪初，随着自由资本主义向垄断资本主义过渡，工厂自身发生了复杂而又深刻的变化：不断采用新技术，使生产迅速发展；生产规模不断扩大，竞争加剧，产生了大规模的垄断企业；经营权与所有权分离，形成职业化的管理阶层；普遍建立了科学的管理制度，形成了一系列科学管理理论，从而使企业走向成熟，成为现代企业。

从企业的发展进程上来看，经济学理论对企业为什么存在提供了两种解释。一种解释是根据亚当·斯密的分工协作理论，生产者的存在是为了提高效率。亚当·斯密在《国富论》中以"别针工厂"的例子说明了分工协作能促进工厂生产效率的提高，从而暗示了企业存在与发展的原因。斯密认为，将人们组织在一起进行专业化的分工协作，至少通过以下方面促进了劳动生产率的提高：分工使劳动者的技巧因业专而日进；分工节省了工人转换工作岗位所损失的时间；分工促进了技术的发明与运用，使单独一人可从事多人的工作从而提高劳动生产率。那么，既然分工协作导致企业不断发展，那么企业的规模是不是会一直扩大下去呢？斯密认为，企业的规模不会持续扩大，它将受到地区消费结构以及市场范围的限制：当市场规模很小时，分工会导致企业生产出来的产品无法进行交换，进而影响效率的提高。以马歇尔为代表的新古典经济学理论则认为企业的效率随着规模而变化，即在其他条件一定的情况下，当且仅当边际收益等于边际成本时，企业才具有效率最高的最佳规模。

第二种解释是根据罗纳德·科斯（Ronald H. Coase，1910—2013）的交易成本理论，即生产者的存在是为了减少交易成本（transaction costs）。所谓交易成本，是指达成一笔交易所要花费的时间和货币成本，包括营销（或契约）成本、使用价格机制的成本（如搜寻和谈判成本）等不直接发生在物质生产过程中的成本耗费。科斯认为，如果直接通过市场来组织生产，则某一生产要素需要与同它协作的其他生产要素签订一系列契约，而通过企业来组织生产，这种生产要素只需要与企业签订一份契约，于是"一系列契约被一份契约替代了"，从而大大降低了交易费用。因此，企业组织和市场机制是两种可以相互替代的协调生产的手段，企业的存在与否在于它究竟能在何种程度上替代价格机制，替代的效率边界取决于交易成本的节约程度。当在企业内部达成一笔交易的边际成本与在市场上达成同样一笔交易的边际成本相等时，企业的边界达到最大。

三、市场

市场（market），起源于古时人类对固定时段或地点进行交易的场所的称呼，这类交易场所是那些需要经常进行物品交换的人，为了减少搜寻成本所自发形成的。这里的"市"指的并非"城市"，而是"买卖""交易"的意思。

经济学上，"市场"一词不仅指交易场所，还包括买卖双方在此场所进行交易的行为。因此，市场常常被表述为商品交换关系的总和，是体现供给与需求之间矛盾的统一体。供给方代表的是卖方、生产者，需求方代表的是买方、消费者，卖方想高价卖，而买方想低价买，这在客观上是一对矛盾。这种矛盾在市场上又必须统一，因为只有统一了，卖方和买方各自的销售和采购愿望才能实现。

市场从不同角度，可以划分为不同的类型。其中按商品的基本属性可划分为商品市场和要素市场。商品市场包括消费品市场和工业品市场；要素市场指进行生产要素交易的市场，包括资本市场、劳动力市场、房地产市场和技术信息市场等。按交易对象是否具有物质实体，市场可以分为有形的产品市场和无形的服务市场。按竞争或垄断的程度来分，市场可以分为完全竞争市场、完全垄断市场、垄断竞争市场和寡头垄断市场。

四、消费者、生产者与市场之间的经济联系

图 2-1 是经济循环流转图，直观描绘了消费者、生产者与市场之间的经济联系。图中，市场经济中的经济决策单位由消费者和生产者组成：生产者投入劳动力、土地和资本（用于购买厂房和生产设备）等生产要素来生产产品和服务；消费者则拥有生产要素并消费生产者生产的所有产品和服务。

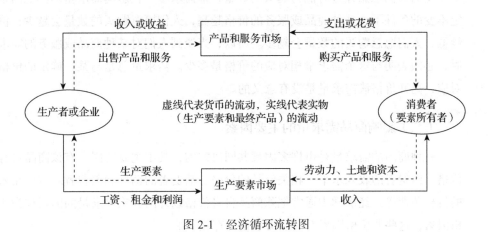

图 2-1 经济循环流转图

消费者和生产者在两类市场上相互交易。在产品和服务市场上，消费者是买方，而生产者是卖方，消费者购买生产者生产的产品与服务。在生产要素市场上，消费者是卖方，而生产者是买方。在这个市场上，消费者向生产者提供用于生产产品与服务的投入。经济循环流转图提供了一种把消费者与生产者之间发生的所有经济交易联系在一起的简单方法。

经济循环流转图的两个环之间既有区别，又有联系。内环代表消费者与生产者之间的投入与产出的流向：家庭在生产要素市场上把劳动力、土地和资本等出售给生产者使用，然后企业用这些要素生产产品与服务，这些产品与服务又在产品和服务市场上出售给消费者。就这样，生产要素从消费者流向生产者，而产品与服务由生产者流向消费者。外环代表相应的货币流动：消费者支出货币向生产者购买产品与服务，生产者用销售收益支付生产要素的报酬，比如工资、利息、租金和利润等。

第二节 市场需求分析

一、需求及其表达

（一）需求的概念

经济学中，一种商品或服务的需求（demand），是指消费者在某一特定时期内和一定的市场上在各种可能的价格水平下愿意而且能够购买的该商品或服务的数

量。这一概念不仅限定了特定的时期和进行买卖的市场，还意指消费者有支付能力的需求，因而有别于人类无限多样化的需要（needs）。根据定义，如果消费者对某种商品只有购买的欲望而没有购买的能力，就只是需要，不能算作需求。需求必须是指消费者既有购买欲望又有购买能力的"有效"需求。

需求这个概念同时涉及两个变量，一是商品或服务自身的价格，二是与该价格相应的人们愿意并且有能力购买的数量，即需求量。在影响需求量的其他因素既定不变的条件下，一种商品或服务的价格越高，人们愿意购买的数量会越少；价格越低，人们愿意购买的数量会越多。所以，当谈到人们对某种商品或服务的需求量时，必须表明与这个需求量相对应的价格是多少。需求量总是与某一确定的价格相对应，离开价格谈需求量是没有意义的。

（二）影响商品需求量的主要因素

一种商品的需求量是由许多因素共同决定的，其中主要的因素有该商品自身的价格、消费者的收入水平、相关商品的价格、消费者的偏好和消费者对该商品未来的价格预期等。经济学中通常把除商品自身价格以外的影响需求量的因素称为非价格因素，这些非价格因素对商品需求量均存在影响。

1. 关于消费者的收入水平

需求取决于购买的愿望和支付能力。购买愿望与偏好有关，而支付能力与收入有关。消费者的收入水平如何影响需求量，需要视该商品是正常品（normal goods）还是低档品（inferior goods）而定。如果消费者所购买的商品是正常品，则消费者收入水平的提高会引起需求量的增加；消费者收入水平的下降就会引起需求量的减少；如果消费者所购买的商品是低档品，则消费者收入水平的提高将引起需求量的减少，消费者收入水平的下降将引起需求量的增加。日常生活中可以看到，人们对高档菜品或高中档服装的需求量与其收入同方向变化，而人们对低档食品与低档服装的需求与其收入则呈反方向变化。

2. 关于相关商品的价格

当一种商品自身的价格保持不变，而与它相关的其他商品的价格发生变化时，这种商品自身的需求量也会发生变化。相关商品价格的变化对消费者所购买的商品需求量的影响取决于商品是替代品还是互补品。例如，馒头和花卷是替代品，咖啡和茶是替代品；汽油是汽车的互补品，糖是咖啡的互补品。在其他条件不变的前提下，如果A商品与B商品是替代品，那么B商品价格的提高将引起A商品需求量的增加，B商品价格的降低将引起A商品需求量的减少；如果B商品是A商品的互补品，那么B商品价格的提高将引起A商品需求量的减少，B商品价格的降低将引起A商品需求量的增加。

3. 关于消费者的偏好

消费者选择商品和支配他们的收入时，往往表现出某种兴趣和偏爱。如喜欢穿着的人在衣着、服饰上支出较多，而爱旅游的人则在旅游方面花钱多。这些都表现为消费者的偏好，对需求有重要影响。当消费者对某种商品的偏好程度增强时，该商品的需求量就会增加。相反，偏好程度减弱，需求量就会减少。消费者偏好受许多因素的影响，比如家庭环境、物质条件、收入水平、年龄、性别、教育、社会风俗和流行风气等。

4. 关于消费者对商品的未来价格预期

消费者对商品未来价格水平的估计，将对当前的购买行为产生影响。当消费者预期某种商品的价格在未来会上升时，就会增加对该商品当前的需求量；当消费者预期某商品的价格将来会下降时，就会减少对该商品当前的需求量。

除以上因素以外，许多错综复杂的因素也会影响商品的需求量。例如，时间因素对季节性商品的影响；社会人口特征、地理环境因素对不同商品需求量的影响。商家的促销广告也会影响人们对产品的选择。一般来说，广告支出越大，人们对商品的需求会越多，但当广告费增加到一定程度后，因广告而引起的需求量的增加将会递减。

（三）需求函数与需求曲线

如果把影响商品需求量的各因素视为自变量，商品需求量本身视为因变量，那么可以用函数形式表示消费者对某种商品的需求量与众影响因素之间的关系。在某一时期内和一定市场上消费者对某商品 X 的需求函数可以表示为

$$Q_D = f(P, I, P_r, T, E, O) \quad (2\text{-}1)$$

式中，Q_D 表示消费者对 X 商品的需求量；P 表示 X 商品自身的价格；I 表示消费者的收入水平；P_r 表示其他相关商品的价格；T 表示消费者的偏好；E 表示消费者未来的价格预期；O 表示其他因素。

式（2-1）只是给出了商品需求量及其影响因素的一般函数关系，如果把它们之间的函数关系具体表达出来，这就需要选择能够反映市场需求规律的具体函数形式。线性形式是广泛使用的一种表达形式，如

$$Q_D = a + b_P P + b_I I + b_{P_r} P_r + b_T T + b_E E + b_O O \quad (2\text{-}2)$$

式中，a、b_P、b_I、b_{P_r}、b_T、b_E 和 b_O 是给定的参数，可以通过实际数据估计获得。

举例来说，假定某洗衣机的具体需求函数估计为 $Q_D = -200P + 200I + 0.5O$。如果在计划年度，$P$、$I$ 和 O 的值分别预计为 300 元、800 元和 10 000 元，则该洗衣机在该计划期的预计需求量即为

$$Q_D = -200 \times 300 + 200 \times 800 + 0.5 \times 10\ 000 = 105\ 000（台）$$

如果对影响商品需求量的所有因素同时进行分析，就会使问题变得非常复杂。在处理这种复杂问题时，通常将问题进行简化。一般来说，在相对较短的一段时间内，影响需求量的各因素变化都不是很大。考虑到价格是最受关注的因素之一，因此一般的需求函数都重点考虑商品需求量与自身价格的对应关系，于是式（2-2）就简化为一元线性需求函数，即

$$Q_D = a + b_P P \tag{2-3}$$

其中，$a \geq 0$，$b_P \leq 0$。

上述需求函数表示商品的需求量和自身价格之间存在着一一对应的关系，这种函数关系还可以用需求表或者需求曲线来表示。以线性需求函数为例，假定需求函数为

$$Q_D = 8 - P \tag{2-4}$$

那么，与式（2-4）的需求函数相对应的需求表如表 2-1 所示。

表 2-1　某消费者的需求表

P	8	7	6	5	4	3	2	1
Q_D	0	1	2	3	4	5	6	7

从表 2-1 可以看到，当商品价格为 1 元时，其需求量为 7 个单位；当价格上升为 2 元，需求量下降为 6 个单位；当价格进一步上升为 3 元时，需求量下降为更少的 5 个单位；如此等等。

商品的需求曲线是需求函数在几何平面坐标系上的（需求量、价格）曲线。根据表 2-1 可以画出需求函数（2-4）所对应的向右下方倾斜的需求曲线，如图 2-2 所示。

在图 2-2 中，横轴表示商品的需求量，纵轴表示商品自身的价格。应该指出的是，与数学上的习惯相反，在微观经济分析时，通常以纵轴表示价格自变量 P，以横轴表示需求量 Q_D。在论述需求函数时，一般都假定商品的价格和相应的需求量的变化是可以无限分割的，因而需求曲线可当作一条连续曲线。

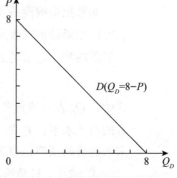

图 2-2　某商品的需求曲线

图 2-2 中的需求曲线是一条直线，实际上，需求曲线可以是直线型的，也可以是曲线型的。当需求函数为线性函数时，相应的需求曲线是一条直线，直线上各点的斜率是相等的。当需求函数为非线性函数时，就对应一条非线性需求曲线，曲线上各点的斜率是不相等的。在微观经济分析中，为了简化分析过程，在不影响结论的前提下，大多使用线性需求函数。

（四）需求定律

需求函数、需求表或需求曲线都表示在某特定时期内和一定市场上的需求量与

价格之间的对应关系。一般而言，不管是线性的还是非线性的，需求曲线都是自左至右向下倾斜（斜率为负）的。需求曲线向右下方倾斜的状况揭示了需求函数的一个重要特征，即当其他条件不变时，一种商品的价格上升通常会导致其需求量的减少，价格下降则导致其需求量的增加，即商品的需求量与价格之间呈反方向变化。这种关系在实际生活中非常普遍，经济学上称之为需求定律（law of demand）。

然而，也有一些特殊商品的需求曲线不是向右下方倾斜的。例如，吉芬商品（Giffen goods）的需求曲线就是向右上方倾斜的，即销量和价格同方向变动。吉芬商品是以19世纪英国的经济学家吉芬（Robert Giffen，1837—1910）的名字命名的。1845年，爱尔兰发生大饥荒，吉芬研究了当时土豆价格与人们土豆消费量的关系。吉芬发现，由于土豆在当时是生活必需品，如果价格上升，人们的相对收入会下降，他们只好削减当时的"奢侈品"——肉的消耗量，节省更多的钱去购买土豆以满足生活需要。同时，因为肉的消耗减少了，就需要比原来消耗更多的土豆才能满足人体需要，因此土豆价格上升反倒使得土豆的消耗量比原来更多。相反，当价格下降时，人们在维持土豆基本需要量的同时，会有更多的钱（相对收入增加）购买肉，而肉类消耗量的增多又替代了土豆的消耗，使得土豆消耗量下降。因此，对于土豆这种"低档货"，出现了"价格升销量大，价格降销量小"的现象，其需求量与价格同方向变化。因此，吉芬商品并不遵从需求定律。

一种商品的价格发生变化将同时对该商品的需求量产生两种影响：一种是替代效应，即一种商品的价格发生变化将引起该商品与其相关商品之间的替代；另一种是收入效应，即在商品价格发生变化时，如果收入水平不变，则消费者的实际（相对）收入水平会下降而导致其所能购买的商品总量发生变化。无论是正常品还是低档品，价格上升后的"替代效应"总是引起该商品的需求量减少，因为人们会把对该商品的需求转移到替代品上去以规避高价商品。但就价格上升后的"收入效应"而言，正常品与低档品的情况是相反的：如果该商品是正常品，那么价格上升后的"收入效应"将使人们减少对该商品的需求；而如果是低档品，因为价格上升后的"收入效应"使消费者的实际收入更低，更低的收入只能促使人们消费更多的"低档品"，从而引起该商品的需求量增加。

吉芬商品是一种特殊的低档品，它的价格上升以后，收入效应引起的需求量增加值大于替代效应引起的需求量减少值。因此，当土豆价格上升时，总的结果就是土豆的需求量增加了。

（五）个体需求与市场需求

个体需求，又称单个需求，是指在一定市场范围内单个消费者（家庭、居民或个人）对某种商品或服务的需求。市场需求，又称总体需求，是指在一定市场范围内全部消费者对某种商品或服务的需求。简单来讲，一定市场范围内所有个体需求的总和就构成了市场需求。

设某一市场范围内仅有 A、B 两个买主，对某个商品的个体需求曲线分别如图 2-3a 和图 2-3b 所示。当价格为 10 元时，A、B 的需求量分别为 5 和 8 个单位，则市场需求量是 13 个单位；当价格为 15 元时，A、B 的需求量分别为 4 和 2 个单位，则市场需求量是 6 个单位。这样，给定每一个确定的价格水平，总可以得到与之一一对应的市场总需求量，也就能得到市场需求曲线，如图 2-3c 所示。

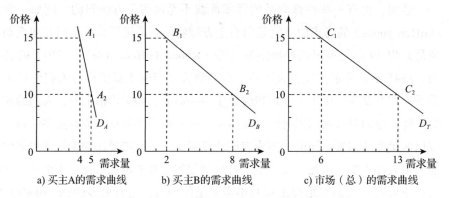

图 2-3　个体需求曲线与市场需求曲线

（六）需求量的变动与需求的变动

需求是在各个价格水平下消费者愿意购买和能够购买的商品或服务的数量，代表一种关系；需求量是在确定的价格水平下消费者购买的商品或服务的数量，代表某个数值。消费者对某个商品的需求量不仅和该商品自身的价格相关，还与消费者的收入水平、相关商品的价格等许多非价格影响因素有关。为了区分不同因素对需求量产生的影响，需要明确两个概念，即需求量的变动和需求的变动。

在其他条件不变的情况下，因商品自身的价格变化而引起的商品需求量的变化称为需求量的变动。如图 2-4 所示，冰激凌蛋卷价格的上升引起的需求量的减少，就是需求量的变动。当每个冰激凌蛋卷的价格从 1 元上升到 2 元时，需求量从 8 个单位减少到 4 个单位。需求量的变动是商品自身价格变化所引起的，因此它并不改变需求函数或需求表，在图 2-4 中表现为 A 点到 B 点的移动。

需求的变动是在商品自身价格不变的情况下，其他因素的变化所引起的整个需求曲线的移动。例如，消费者收入的变动、相关商品价格的变动、消费者偏好的变动等都会引起需求的变动。需求的变动是除了商品自身价格以外的其他因素的变化所引起的，因此它的变动

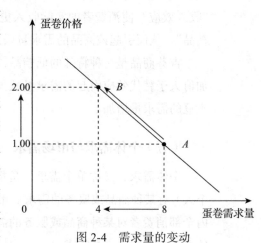

图 2-4　需求量的变动

是整个需求函数或整个需求表的变动。从需求曲线上看，需求的变动是整条需求曲线的移动，可能向左，也可能向右，如图 2-5 所示。引起每一种价格水平下的需求量增加的任何变动，都会使得需求曲线向右移动，称之为需求增加；而引起每一种价格水平下的需求量减少的任何变动，都会使得需求曲线向左移动，称为需求减少。

对于影响需求变动的因素可以进行具体分析。例如，正常品需求的变动与消费者收入同方向变化，低档品需求的变动与消费者收入反方向变化；几乎所有商品需求的变动与替代品的价格同方向变化，而与互补品的价格反方向变化；等等。

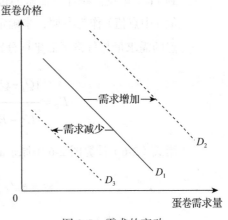

图 2-5 需求的变动

二、市场需求弹性分析

当价格、收入或其他因素发生变化时，商品的需求量会发生变化。人们自然地想知道，当一种商品的价格下降 1% 时，这种商品的需求量会上升多少个百分比；当收入变动 1% 时，这种商品的需求量又会变动多少个百分比。为了衡量商品的需求量变动对其影响因素变化的反应程度，经济学中引入了"需求弹性"（elasticity of demand）的概念，主要包括需求的价格弹性、需求的收入弹性和需求的交叉价格弹性等。

（一）需求的价格弹性及其决定因素

需求的价格弹性表示在一定时期内，当一种商品的价格变化 1% 时所引起的该商品的需求量变化的百分比。它是一种无量纲的度量指标，用来衡量在一定时期内一种商品的需求量变动对于该商品自身价格变动的反应程度。

需求的价格弹性可以分为弧弹性和点弹性。需求的价格弧弹性表示某商品需求曲线上两点之间的需求量的变动对价格变动的反应程度。简单地说，它表示需求曲线上两点之间的弹性。假定需求函数为 $Q=f(P)$，ΔQ 和 ΔP 分别表示需求的变动量和价格的变动量，以 E_P 表示需求的价格弹性，则需求的价格弧弹性计算公式为

$$E_P = \frac{\Delta Q/Q}{\Delta P/P} = \frac{\Delta Q}{\Delta P} \cdot \frac{P}{Q} \tag{2-5}$$

通常情况下，由于商品的需求量和价格反方向变动，$\Delta Q/\Delta P$ 为负值，所以，式（2-5）计算的弹性为非正数。遵循经济学一般的做法，下文中提到的需求

的价格弹性都是指它的绝对值。

在图 2-6 中,某商品的价格从 20.5 元下降到 19.5 元,需求量从 9 个单位增加到 11 个单位。在计算需求的价格弧弹性时,为了统一基准,应该以两点间的平均值(中点值)作为参照,来确定价格和需求量变动的百分比。若已知需求曲线上两点的需求量与价格平面坐标分别为 (Q_1, P_1) 和 (Q_2, P_2),则需求的价格弧弹性为

$$E_P = \frac{(Q_2 - Q_1)/\left(\frac{Q_2 + Q_1}{2}\right)}{(P_2 - P_1)/\left(\frac{P_2 + P_1}{2}\right)} = \frac{Q_2 - Q_1}{P_2 - P_1} \cdot \frac{P_2 + P_1}{Q_2 + Q_1} \quad (2\text{-}6)$$

用式(2-6)计算图 2-6 中原来的点与新的点之间的需求的价格弧弹性,结果为

$$需求的价格弹性 = \frac{\Delta Q / Q_{平均}}{\Delta P / P_{平均}} = -\frac{2/10}{1/20} = -4$$

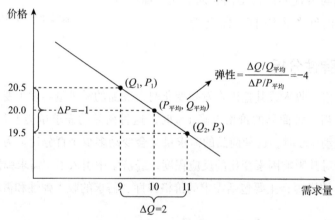

图 2-6 某商品需求量的变动

当需求曲线上两点之间的变化量趋于无穷小时,需求的价格弧弹性就变成了点弹性,它表示需求曲线上某一点的需求量变动对于价格变动的反应程度。需求的价格点弹性的公式为

$$E_P = \lim_{\Delta P \to 0} \frac{\Delta Q / Q}{\Delta P / P} = \frac{\mathrm{d}Q / Q}{\mathrm{d}P / P} = \frac{\mathrm{d}Q}{\mathrm{d}P} \cdot \frac{P}{Q} \quad (2\text{-}7)$$

需求的价格弧弹性和点弹性的本质是相同的,它们的区别仅在于:前者表示价格变动量较大时的需求曲线上两点之间的弹性,而后者表示价格变动量无穷小时的需求曲线上某一点的弹性(见图 2-7)。

由需求的价格弹性可知,当商品的价格变动 1% 时,需求量的变动究竟有多大的百分比。这个需求量变动的百分比可能大于 1%,这时有 $|E_P| > 1$;需求量变动的百分比也可能小于 1%,这时有 $|E_P| < 1$;需求量变动的百分比也可能恰好等于 1%,这时有 $|E_P| = 1$。进一步讲,由于 $|E_P| > 1$ 表示需求量变动的百分比大于价格变动的百分比,即需求量对价格变动的反应是比较敏感的,所以 $|E_P| > 1$ 是需求富有弹性

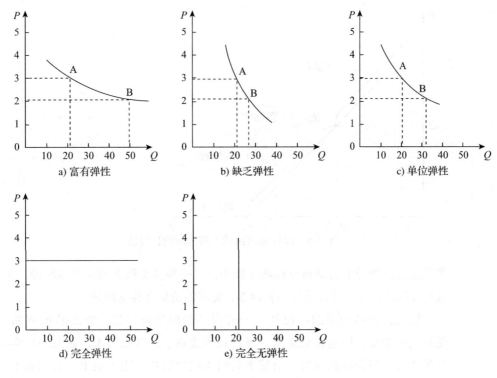

图 2-7 需求的价格弹性的五种类型

的情况。由于 $|E_P|<1$ 表示需求量变动的百分比小于价格变动的百分比，即需求量对价格变动的反应欠敏感，所以 $|E_P|<1$ 是需求缺乏弹性的情况。$|E_P|=1$ 是需求具有单位弹性（也称单一弹性）的情况，它表示需求量和价格变动的百分比是相同的。具有单位弹性的商品的需求曲线是双曲线，其最简单的形式是 $Q_D=1/P$。

对于线性需求曲线来说，尽管其斜率保持不变，但其弹性却是变化的（见图 2-8）。这是因为斜率是需求量的变动除以价格的变动，而弹性是需求量变动的百分比除以价格变动的百分比，二者是不一样的。观察图 2-8 可以发现，随着线性需求曲线上的点的位置由最低点 $(Q_0,0)$ 逐步上升到最高点 $(0,P_0)$，相应的点弹性由 $|E_P|=0$ 逐步增加到 $|E_P|=\infty$。具体来说，在线性需求曲线的中点 $(Q_0/2,P_0/2)$，有 $|E_P|=1$；在中点以下部分的任意一点，有 $|E_P|<1$；在中点以上部分的任意一点，有 $|E_P|>1$；在线性需求曲线的两个端点，即需求曲线与数量轴和价格轴的交点，分别有 $|E_P|=0$ 和 $|E_P|=\infty$。可见，向右下方倾斜的线性需求曲线上每一点的弹性都是不相等的。

影响需求的价格弹性的因素很多，其中主要有以下几个。

第一，商品的可替代性。一种商品的替代品越多，相近程度越高，则该商品的需求的价格弹性就越大；相反，该商品的需求的价格弹性就越小。例如，香烟的替代品较多，对于某种品牌香烟的需求的价格弹性可能比较大；又如，食盐几乎没有

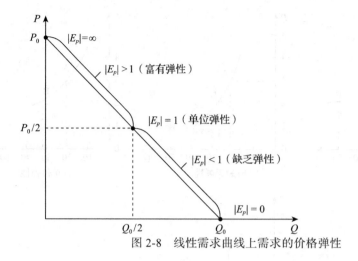

图 2-8 线性需求曲线上需求的价格弹性

替代品,食盐需求的价格弹性就比较小。对一种商品所下的定义越明确、越狭窄,这种商品的相近的替代品往往就越多,需求的价格弹性也就越大。

第二,商品用途的广泛性。一种商品的用途越广泛,需求的价格弹性就可能越大;相反,用途越是狭窄,弹性就可能越小。这是因为,如果一种商品具有多种用途,当价格较高时,消费者只购买较少的数量用于最重要的用途上;当价格逐步下降时,消费者的购买量就会逐渐增加,将商品越来越多地用于其他的用途上。

第三,商品对消费者生活的重要程度。生活必需品的需求的价格弹性较小,非必需品的需求的价格弹性较大。例如,馒头的需求的价格弹性是较小的,电影票的需求的价格弹性是较大的。

第四,商品的消费支出在消费者预算总支出中所占的比重。消费者在某商品上的消费支出在预算总支出中所占的比重越大,该商品的需求的价格弹性可能就越大;反之,则越小。例如,火柴、盐、铅笔、肥皂等商品的需求的价格弹性就比较小,因为在这些商品上的支出很小,消费者往往不太重视它们价格的变化。

第五,消费者调节需求量所需考察的时间。一般来说,所考察的调节时间越长,则需求的价格弹性就可能越大。因为当消费者决定减少或停止对价格上升的某种商品的购买之前,他一般需要花费时间去寻找和了解该商品的可替代品。例如,当石油价格上升时,消费者在短期内不会较大幅度地减少需求量。但在长期内,消费者可能找到替代品,于是,石油价格上升在长期来看,会导致石油的需求量较大幅度地下降。

需要指出的是,一种商品需求的价格弹性的大小往往是各种因素综合作用的结果。所以,在分析一种商品的需求的价格弹性的时,要根据具体情况进行全面的综合分析。

（二）需求的价格弹性的应用

在实际的经济生活中会发生这样一些现象：有的生产者提高自己的产品价格，能使自己的销售收入得到提高，而有的生产者提高自己的产品价格，却反而使自己的销售收入减少了。这意味着，以降价促销来增加销售收入的做法，对有的产品适用，对有的产品却不适用。如何解释这些现象呢？这涉及商品需求的价格弹性和生产者的销售总收益两者之间的相互关系。

假定生产者的商品销售量等于市场上对其商品的需求量，则生产者销售收益$=PQ$，其中，P表示商品的价格；Q表示商品的销售量，即需求量。如果商品的价格P发生变化，则会出现三种情况（见图2-9）。

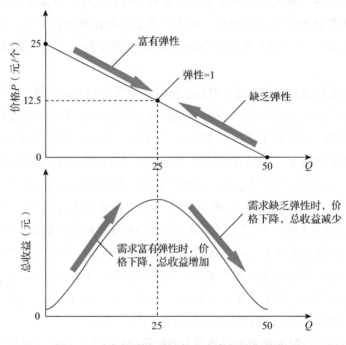

图2-9　需求的价格弹性与生产者的销售总收益

第一种情况：对于富有弹性的商品，降低价格会增加生产者的销售总收益；相反，提高价格会减少生产者的销售总收益，即销售总收益与商品的价格成反方向的变动。这是因为，当$|E_P|>1$时，价格下降1%所增加的需求量大于1%。这意味着价格下降所造成的销售总收益的减少量小于需求量增加所带来的销售总收益的增加量。所以，降价后的销售总收益是增加的；相反，价格上升时，最终的销售总收益是减少的。

第二种情况：对于缺乏弹性的商品，降低价格会使生产者的销售总收益减少；相反，提高价格会使生产者的销售总收益增加，即销售总收益与商品的价格成同方向的变动。其原因在于，当$|E_P|<1$时，价格下降1%所增加的需求量小于1%。这

意味着需求量增加所带来的销售总收益的增加量,并不能全部抵消价格下降所造成的销售总收益的减少量。所以,降价最终使销售总收益减少。相反,价格上升时,最终销售总收益增加。

第三种情况:对于单位弹性的商品,降低价格或提高价格对厂商的销售总收益都没有影响。这是因为,当$|E_P|=1$时,价格变动所引起的需求量变动的百分比和价格变动的百分比是相等的。这样一来,由价格变动所造成的销售总收益的增加量或减少量,刚好等于由需求量变动所带来的销售总收益的减少量或增加量。所以,无论降价还是提价,具有单位弹性商品的销售总收益固定不变。

与以上三种情况相对应,也可以根据商品的价格变化所引起的生产者的销售总收益的变化,来判断商品的需求的价格弹性的大小。如果某商品价格变化引起生产者销售总收益反方向变化,则该商品是富有弹性的;反之,该商品是缺乏弹性的。如果生产者销售总收益不随商品价格的变化而变化,则该商品是单位弹性的。

需求的价格弹性还可用于对商品价格和销售量的分析与估计。由于需求的价格弹性表示需求量变动的百分比除以价格变动的百分比,那么价格变动的百分比就等于需求量变动的百分比除以需求的价格弹性值。例如,某国于某年限制石油进口,估计这些措施将使石油可用量减少20%。如果石油的需求的价格弹性在0.8~1.4,那么第二年的价格会上涨多少?根据价格弹性和需求量之间的关系,当价格弹性为0.8时,价格变动的百分比=20%/0.8=25%;当价格弹性为1.4时,价格变动的百分比=20%/1.4=14.3%。所以,预期第二年该国石油价格的上涨幅度在14.3%~25%。

又如,某企业某产品需求的价格弹性在1.5~2.0,如果明年把价格降低10%,那么销售量预期会增加多少?显然,当价格弹性为1.5时,需求量变动的百分比=10%×1.5=15%;当价格弹性为2.0时,需求量变动的百分比=10%×2.0=20%。所以,预期明年该企业的销售量上涨幅度在15%~20%。

企业在定价时必须考虑商品需求的价格弹性,不应该把低价格定在缺乏弹性的需求上。例如,飞机和轮船的舱位分为头等舱、二等舱和三等舱,其中头等舱的价格弹性最小,所以在定价时头等舱的价格可以订高点。此外,商品需求的价格弹性也有助于政府制定有关的经济政策。例如,由于某些商品对人民健康有害,或者要使用稀缺的战略物资,政府就可能通过征税来限制它们的生产。但政府应该注意,只有弹性大的商品,征税才能达到预期效果。

(三)需求的收入弹性

需求的收入弹性表示在一定时期内当消费者的收入变化1%时所引起的该商品的需求量变化的百分比。它是一种无量纲的度量指标,用来衡量在一定时期内一种商品的需求量变动对消费者收入变动的反应程度。假定某商品的需求量Q是消费者收入水平I的函数,即$Q = f(I)$,ΔQ和ΔI分别表示需求量的变动量和价格的变

动量。以 E_I 表示需求的收入弹性，则公式为

$$E_I = \frac{\Delta Q/Q}{\Delta I/I} = \frac{\Delta Q}{\Delta I} \cdot \frac{I}{Q} \quad (2-8)$$

或

$$E_I = \lim_{\Delta I \to 0} \frac{\Delta Q/Q}{\Delta I/I} = \frac{\mathrm{d}Q}{\mathrm{d}I} \cdot \frac{I}{Q} \quad (2-9)$$

式（2-8）和式（2-9）分别为需求的收入弧弹性和点弹性公式。

显然，根据需求的收入弹性的定义，需求量变动的百分比等于收入变动的百分比乘以需求的收入弹性值。假设政府为了解决居民住房问题而制定一个住房的长远规划。根据资料，已知租房需求的收入弹性在 0.8～1.0，买房需求的收入弹性在 0.7～1.5，估计今后 10 年内，人均每年可增加收入 2%～3%。那么 10 年后人均收入变动的百分比将在 21.8%～34.3%。这样，很容易计算 10 年后租房需求量增加幅度将在 17.4%～34.3%，而买房需求量增加幅度将在 15.3%～51.5%。

根据商品需求的收入弹性的大小，可以将商品进行分类。$E_I > 0$ 的商品称为正常品，因为，收入弹性为正意味着该商品的需求量与收入水平成同方向变化；$E_I < 0$ 的商品为低档品，因为收入弹性为负意味着该商品需求量与收入水平成反方向变化。在正常品中，$0 < E_I < 1$ 的商品为必需品，$E_I > 1$ 的商品为奢侈品。当消费者的收入水平上升时，尽管消费者对必需品和奢侈品的需求量都会有所增加，但必需品需求量的增加是有限的，或者说是缺乏弹性的；而奢侈品需求量的增加是较多的，或者说是富有弹性的。

在需求的收入弹性的基础上，如果具体地研究消费者用于购买食物的支出量对于消费者收入量变动的反应程度，就可以得到食物支出的收入弹性。经济学中的恩格尔定律指出：在一个家庭或在一个国家中，食物支出在收入中所占的比例随着收入的增加而减少。用弹性概念来表述恩格尔定律则是：对于一个家庭或一个国家来说，富裕程度越高，则食物支出的收入弹性就越小；反之，则越大。

（四）需求的交叉价格弹性

需求的交叉价格弹性表示，在一定时期内当一种商品的价格变化百分之一时所引起的另一种商品的需求量变化的百分比，用来衡量在一定时期内一种商品的需求量变动对于它的相关商品的价格变动的反应程度。假设商品 X 的需求量 Q_X 是它的相关商品 Y 的价格 P_Y 的函数，即 $Q_X = f(P_Y)$，则商品 X 需求的交叉价格弧弹性为

$$E_{XY} = \frac{\Delta Q_X/Q_X}{\Delta P_Y/P_Y} = \frac{\Delta Q_X}{\Delta P_Y} \cdot \frac{P_Y}{Q_X} \quad (2-10)$$

式中，ΔQ_X 为商品 X 的需求量变化量，ΔP_Y 为相关商品 Y 的价格变化量，E_{XY} 为 Y 商品的价格发生变化时 X 商品的需求的交叉价格弹性。当相关商品 Y 的价格变化量 ΔP_Y 趋向于无穷小时，就得到商品 X 的需求的交叉价格点弹性

$$E_{XY} = \lim_{\Delta P_Y \to 0} \frac{\Delta Q_X / Q_X}{\Delta P_Y / P_Y} = \frac{\mathrm{d} Q_X}{\mathrm{d} P_Y} \cdot \frac{P_Y}{Q_X} \tag{2-11}$$

需求的交叉价格弹性的正负取决于所考察的两种商品的相关关系。如果相关商品 Y 是商品 X 的替代品，则商品 X 的需求量与替代品 Y 的价格呈同方向变动，相应的需求的交叉价格弹性为正值。例如，当苹果的价格上升时，人们会在减少苹果购买量的同时，增加对苹果的替代品如梨的购买量。如果相关商品 Y 是商品 X 的补充品，则商品 X 的需求量与补充品 Y 的价格呈反方向变动，相应的需求的交叉价格弹性为负值。如果两种商品是相互独立的，则意味着其中任何一种商品的需求量都不会对另一种商品的价格变动做出反应，此时需求的交叉价格弹性为 0。

需求的交叉价格弹性同价格弹性、收入弹性一样，对价格和销售量的分析和估计都很有用。企业如果生产多种产品，其中有替代品或互补品，那么在制定价格时，就要考虑到替代品或互补品之间的相互影响。提高一种商品的价格可能对企业有利，但如果把它对相关产品的影响考虑进去，可能会使企业的总利润减少。如果替代品在不同的企业中生产，那么需求的交叉价格弹性可用来分析产品之间的竞争关系。交叉弹性越大，说明两家企业产品之间的竞争越激烈。

需求的交叉价格弹性的大小还是从经济上划分不同行业的标志。交叉弹性的绝对值大，说明产品之间的相关程度很大，从而说明它们在经济上属于同一行业；交叉弹性很小，说明两种产品互不相关，在经济上分属不同行业。

第三节　市场供给分析

一、供给及其表达

（一）供给的概念

经济学中，一种商品或服务的供给（supply）是指生产者在某一特定的时期内和一定的市场上在各种可能的价格水平下愿意而且能够提供出售的该商品或服务的数量。"供给"这个概念，不仅限定了特定的时期和进行买卖的市场，还要求生产者有提供出售的能力。根据定义，如果生产者对某种商品只有提供出售的愿望，而没有提供出售的能力，则不能形成有效供给，也不能算作供给。

同需求类似，"供给"这个概念同时涉及两个变量：一是该商品或服务自身的价格，二是与该价格相应的生产者愿意并且有能力提供出售的数量，即供给量。在影响供给量的其他因素既定不变的条件下，一种商品或服务的价格越高，生产者愿意出售的数量越多，价格越低则生产者愿意出售的数量越少。所以，当谈到人们对某种商品或服务的供给量时，必须表明与这个供给量相对应的价格是多少，离开价格谈供给量是没有意义的。

（二）影响商品供给量的主要因素

一种商品的供给量取决于多种因素的影响，其中主要的因素有该商品的价格、生产的成本、生产的技术水平、相关商品的价格和生产者的未来价格预期等，它们对商品的供给量均产生一定的影响。

（1）商品的自身价格。一般来说，一种商品的价格越高，生产者提供的产量就越大；相反，商品的价格越低，生产者提供的产量就越小。

（2）生产的成本。在商品自身价格不变的条件下，生产成本上升会减少利润，从而使得商品的供给量减少；相反，生产成本下降会增加利润，从而使得商品的供给量增加。

（3）相关商品的价格。在一种商品的价格不变，而其他相关商品的价格发生变化时，该商品的供给量会发生变化。例如，对某个生产小麦和玉米的农户来说，在玉米价格不变和小麦价格上升时，该农户就可能增加小麦的耕种面积而减少玉米的耕种面积。

（4）生产的技术水平。在一般情况下，生产技术水平的提高可以降低生产成本、提高生产效率，增加生产者的利润，生产者因此会提供更多的产量。

（5）生产者的未来价格预期。如果预期商品在未来的价格会上涨，生产者往往会扩大生产，增加产量供给；如果预期商品的价格会下降，生产者往往会缩减生产规模，减少产量供给。

（三）供给函数与供给曲线

如果把影响商品供给量的各因素视为自变量，商品供给量本身视为因变量，那么可以用函数来表示生产者对某种商品的供给量与众影响因素之间的关系。在某一时期内和一定市场上生产者对商品 X 的供给函数可以表示为

$$Q_S = f(P, C, P_r, T, E, O) \tag{2-12}$$

式中，Q_S 表示生产者对 X 的供给量；P 表示 X 自身的价格；C 表示生产的成本；P_r 表示其他相关商品的价格；T 表示生产的技术水平；E 表示生产者的未来价格预期；O 表示其他影响因素。

与需求函数类似，假定除了商品自身的价格以外，影响供给量的其他因素保持不变，则式（2-12）可简化为关于价格的一元供给函数，即

$$Q_S = f(P) \tag{2-13}$$

供给函数可能是线性的，也可能是非线性的。对于线性供给函数来说，一般可取下面的形式

$$Q_S = c + d_P P \tag{2-14}$$

式中，参数 c 为一个实数，$d_P \geq 0$。

供给函数也可以分别用商品的供给表和供给曲线来表示。以线性供给函数为例，假定某生产者的供给函数为

$$Q_S = -4 + 2P \tag{2-15}$$

则商品的供给表是表示商品的各种价格水平和与各种价格水平相对应的该商品的供给量之间关系的数字序列，如表 2-2 所示。

表 2-2　某生产者的供给表

P	2	3	4	5	6	7
Q_S	0	2	4	6	8	10

从表 2-2 可以清楚地看到商品价格与供给量之间的函数关系。当商品价格为 3 元时，商品的供给量为 2 个单位；当价格上升为 4 元时，供给量增加为 4 个单位；当价格进一步上升为 5 元时，供给量增加为更多的 6 个单位；如此等等。

根据表 2-2 可以进一步画出生产者向右上方倾斜的供给曲线，如图 2-10 所示。横轴表示商品的供给量，纵轴表示商品自身的价格。和需求曲线一样，为分析问题方便，往往假设供给曲线也是一条连续曲线。

图 2-10 中的供给曲线是一条直线，如同需求曲线一样，供给曲线可以是直线型的，也可以是曲线型的。当供给函数为线性函数时，相应的供给曲线是一条直线，直线上各点的斜率是相等的；当供给函数为非线性函数时，相应的供给曲线是一条曲线，曲线上各点的斜率是不相等的。在微观经济分析中，使用较多的是线性供给函数。

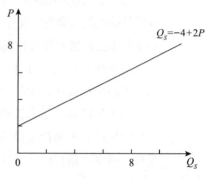

图 2-10　某生产者的供给曲线

（四）供给定律

不管是线性的还是非线性的供给函数，大多数商品的供给曲线是自左至右向上倾斜（斜率为正）的。供给曲线向右上方倾斜的状况揭示了供给函数的一个重要特征，即当其他条件不变时，一种物品的价格上升通常导致供给量增加，价格下降则导致供给量减少，即商品的供给量与价格之间呈同方向变化，这被称为供给定律。

对于土地、劳动力等一些特殊的生产资源来说，其供给曲线并不总是向右上方倾斜。土地的供给即使长期来看也是趋于固定的，土地的供给曲线因此与表示供给量的横坐标是垂直的。对劳动力来说，当工资率提高到一定程度，闲暇对劳动力供给者来说可能价值更大，因此继续提高工资可能不仅不会使劳动者增加劳动力供给，反而会使他减少劳动力供给。因此，在某些条件下，劳动力的供给曲线并不一定向右上方倾斜。

（五）个体供给和市场供给

个体供给是指在一定市场范围内单个生产者或企业对某种商品或服务的供给。正如市场需求是一定市场范围内所有个体需求的总和一样，市场供给也是一定市场范围内所有个体供给的总和，如图 2-11 所示。

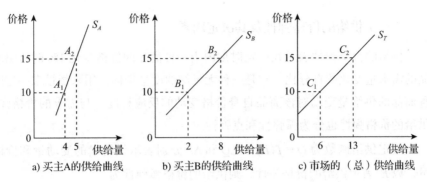

图 2-11　个体供给曲线与市场供给曲线

（六）供给量的变动与供给的变动

供给是在各个价格水平下生产者愿意而且能够提供出售的商品或服务的数量，代表一种关系；而供给量是在确定的价格水平下生产者提供出售的商品或服务的数量，代表某个数值。生产者对某个商品的供给量不仅和该商品自身的价格相关，还与生产的成本、相关商品的价格、生产的技术水平等许多非价格影响因素有关。

在其他条件不变的情况下，因商品自身的价格变化而引起的商品供给量的变化称为供给量的变动。图 2-12 显示了商品价格从 1 元上升到 3 元时，供给量从 1 个单位增加到 5 个单位。供给量的变动由于是商品自身价格的变化引起的，因此它并不改变供给函数或供给表，在图 2-12 中表现为供给曲线上 A 点到 C 点的移动。

供给的变动是在商品自身价格不变的情况下，其他因素的变化所引起的，因此它的变动是整个供给函数或整个供给表的变动。从供给曲线上看，供给的变动是整条供给曲线的移动，可能向左，也可能向右，如图 2-13 所示。引起每一种价格水平下的供给量增加的任何变动都会使得供给曲线向右移动，称为供给增加；而引起每一种价格水平下的供给量减少的任何变动都会使供给曲线向左移动，称为供给减少。

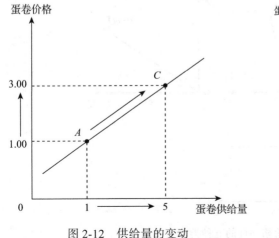

图 2-12　供给量的变动

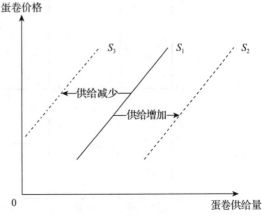

图 2-13　供给的变动

二、市场供给弹性分析

(一) 供给的价格弹性及其决定因素

供给的价格弹性表示在一定时期内当一种商品的价格变化 1% 时所引起的该商品的需求量变化的百分比。它是一种无量纲的度量指标,用来衡量在一定时期内一种商品的供给量变动对该商品自身价格变动的反应程度。与需求的价格弹性一样,供给的价格弹性也分为弧弹性和点弹性。

假定供给函数为 $Q = f(P)$,ΔQ 和 ΔP 分别表示供给量的变动量和价格的变动量,以 E_S 表示供给的价格弹性,则供给的价格弧弹性为

$$E_S = \frac{\Delta Q / Q}{\Delta P / P} = \frac{\Delta Q}{\Delta P} \cdot \frac{P}{Q} \tag{2-16}$$

如果已知供给曲线上两点的供给量与价格分别为 (Q_1, P_1) 和 (Q_2, P_2),则以中点为基准的供给的价格弧弹性为

$$E_S = \frac{(Q_2 - Q_1) / \left(\frac{Q_2 + Q_1}{2}\right)}{(P_2 - P_1) / \left(\frac{P_2 + P_1}{2}\right)} = \frac{Q_2 - Q_1}{P_2 - P_1} \cdot \frac{P_2 + P_1}{Q_2 + Q_1} \tag{2-17}$$

供给的价格点弹性的公式为

$$E_S = \lim_{\Delta P \to 0} \frac{\Delta Q / Q}{\Delta P / P} = \frac{\mathrm{d}Q}{\mathrm{d}P} \cdot \frac{P}{Q} \tag{2-18}$$

在通常情况下,商品的供给量和商品的价格是同方向变动的,因此供给量的变化量和价格的变化量的符号是相同的。所以,供给的价格弹性一般为非负数。

供给的价格弹性也分为五个类型:供给完全无弹性,即 $E_S = 0$(见图 2-14a);供给缺乏弹性,即 $0 < E_S < 1$(见图 2-14b);供给具有单位弹性,即 $E_S = 1$(见图 2-14c);供给富有弹性,即 $E_S > 1$(见图 2-14d);供给完全弹性,即 $E_S = \infty$(见图 2-14e)。

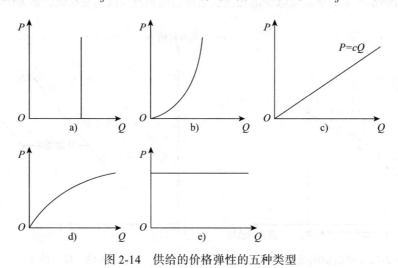

图 2-14 供给的价格弹性的五种类型

大多数商品的供给不是属于富有弹性一类，就是属于缺乏弹性一类。就短期情况而言，在劳动力资源丰富的地区，劳动力密集型企业较容易在价格提高时大幅度提高商品供给，因此这些地区的劳动密集型商品的供给富有弹性。而资本密集型商品因技术的限制，在短期内难以随商品价格的提高而增加供给，因此其供给的价格弹性较小。

整条供给曲线的价格弹性都等于1是非常罕见的。只有供给量变动的百分比始终等于价格变动的百分比，才能保证供给曲线上各点的价格弹性都等于1，几乎没有一种商品能够严格满足这一条件。土地等不可再生资源的总供给，以及无法复制的珍品的供给完全无弹性，因为无论这类资源或商品的价格如何变动，其供给量都不会有任何变动。在劳动力严重过剩的地区，劳动力的供给曲线倾向于具有完全弹性。在这些地区，一旦把劳动力的价格确定在公众可接受的某个水平上，便会得到源源不断的劳动力供给。

在影响供给的价格弹性的众多因素中，产量调整需要的时间是一个很重要的因素。如果时间较短，则生产者根据商品价格的变化调整产量会存在不同程度的困难，相应的供给弹性较小。但在较长时期，生产规模的扩大与缩小，甚至转产，都是可以实现的，因此供给量可以对价格变动做出较充分的反应，其价格弹性也就较大。

在其他条件不变时，生产成本随产量变化的情况和商品的生产周期的长短，也是影响供给的价格弹性的重要因素。就生产成本来说，如果产量增加只引起边际成本较小的增加，则意味着商品的供给曲线比较平坦，供给的价格弹性可能较大；相反，如果产量增加引起边际成本增加较大，则意味着商品的供给曲线比较陡峭，供给的价格弹性可能较小。就商品的生产周期来说，对于生产周期较短的商品，生产者可以根据市场价格的变化较及时地调整产量，供给的价格弹性相应也就比较大；相反，生产周期较长的商品的供给的价格弹性往往就较小。

（二）供给的其他弹性

供给的交叉价格弹性表示在一定时期内当一种商品的价格变化1%时所引起的另一种商品的供给量变化的百分比，用来衡量在一定时期内一种商品的供给量变动对于它的相关商品的价格变动的反应程度。假定商品 X 的供给量 Q_X 是它的相关商品 Y 的价格 P_Y 的函数，即 $Q_X = f(P_Y)$，则商品 X 供给的交叉价格弧弹性公式为

$$E_{RS} = \frac{\Delta Q_X / Q_X}{\Delta P_Y / P_Y} = \frac{\Delta Q_X}{\Delta P_Y} \cdot \frac{P_Y}{Q_X} \tag{2-19}$$

式中，ΔQ_X 为商品 X 的供给量的变化量；ΔP_Y 为相关商品 Y 的价格变化量；E_{RS} 为 Y 商品的价格发生变化时 X 商品的供给的交叉价格弹性。当相关商品 Y 的价格变化量 ΔP_Y 趋向于无穷小时，就得到商品 X 供给的交叉价格点弹性

$$E_{RS} = \lim_{\Delta P_Y \to 0} \frac{\Delta Q_X / Q_X}{\Delta P_Y / P_Y} = \frac{dQ_X}{dP_Y} \cdot \frac{P_Y}{Q_X} \tag{2-20}$$

政府试图通过税收、补贴、支持价格或限制价格政策调节某种商品的生产时，需要考虑政策对其他商品供给量的影响，因为这些政策都会通过改变某种商品的价格而改变其他商品的供给量。

供给的成本弹性表示在一定时期内当生产的成本变化 1% 时所引起的该商品的供给量变化的百分比，用来衡量在一定时期内一种商品的供给量变动对生产成本变动的反应程度。假定某商品的供给量 Q 是生产成本 C 的函数 $Q = f(C)$，则供给的成本弧弹性和点弹性分别为

$$E_C = \frac{\Delta Q / Q}{\Delta C / C} = \frac{\Delta Q}{\Delta C} \cdot \frac{C}{Q} \tag{2-21}$$

和

$$E_C = \lim_{\Delta C \to 0} \frac{\Delta Q / Q}{\Delta C / C} = \frac{\mathrm{d}Q}{\mathrm{d}C} \cdot \frac{C}{Q} \tag{2-22}$$

在其他条件不变的情况下，供给的成本弹性一般为负值，因为商品的供给量与生产成本反方向变化，即成本越大，供给越少。

第四节　市场均衡与政府政策

一、市场均衡

需求曲线和供给曲线分别说明了在每一价格水平下，某种商品的需求量和供给量。但是，它们各自都无法说明商品本身的价格究竟是如何决定的，即供给方和需求方在哪个价格水平上达成一致从而实现价格均衡。实际上，商品的均衡价格需要同时考虑商品的市场需求和市场供给这两种相反力量的相互作用。

（一）均衡价格的决定

在经济学中，均衡（equilibrium）的一般意义是指经济活动中有关变量在一定条件的相互作用下所达到的一种相对静止或稳定的状态。经济活动之所以能够处于这样一种稳定状态，是由于在这样的状态中经济活动的各参与方的力量能够相互制约和相互抵消，也由于在这样的状态中经济活动的各经济行为者的愿望都能得到满足。

市场均衡的概念可以分为局部均衡和一般均衡。局部均衡是指单个市场或部分市场的供求与价格之间的关系和均衡状态，一般均衡是经济社会中所有市场的供求与价格之间的关系和均衡状态。一般均衡假定各种商品或服务的供求和价格都是相互影响的，一个市场的均衡只有在其他所有市场都达到均衡的情况下才能实现。

在局部均衡中，一种商品或服务的均衡价格是指该种商品或服务的市场需求量与市场供给量相等时的价格。在均衡价格水平下相等的供求数量被称为均衡数量。

从几何意义上说，一种商品或服务的市场均衡出现在该商品或服务的市场需求曲线和市场供给曲线的交点上，该交点被称为均衡点。均衡点上的价格和相等的供求数量分别被称为均衡价格和均衡数量。市场上需求量和供给量相等的状态，也被称为市场出清（market clearing）。把图 2-2 中的需求曲线和图 2-10 中的供给曲线结合在一起，即可看到一种商品的市场均衡价格的决定，如图 2-15 所示。

在图 2-15 中，假定 D 为市场的需求曲线，S 为市场的供给曲线。需求 D 和供给 S 相交于 K 点，K 点即为均衡点。在均衡点 K，均衡价格 $P^* = 4$ 元，均衡数量 $Q^* = 400$ 单位。显然，在均衡价格 4 元的水平上，消费者的购买量和生产者的销售量是相等的，都为 400 单位。也可以反过来说，在均衡数量 400 单位的水平上，消费者愿意支付的最高价格和生产者愿意接受的最低价格是相等的，都为 4 元。因此，这样一种状态便是一种买卖双方都感到满意并愿意持续下去的均衡状态。

商品的均衡价格表现为商品市场上需求和供给这两种相反的力量共同作用的结果，它是在市场供求力量的自发调节下形成的。当市场价格偏离均衡价格时，市场上会出现需求量和供给量不相等的非均衡状态。一般来说，在市场机制的作用下，这种供求不相等的非均衡状态会逐步消失，实际的市场价格会自动地回复到均衡价格水平。

在图 2-16 中，当市场的实际价格高于均衡价格为 6 元时，商品的需求量为 200 个单位，供给量为 800 个单位。供给量大于需求量的商品过剩市场状况，一方面会使消费者压低价格来购买商品，另一方面，又会使生产者减少商品的供给量。这样，该商品的价格必然下降，一直下降到均衡价格 4 元的水平。与此同时，随着价格由 6 元下降为 4 元，商品的需求量逐步地由 200 个单位增加为 400 个单位，商品的供给量逐步地由 800 个单位减少为 400 个单位，从而实现供求相等。

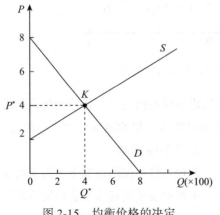

图 2-15 均衡价格的决定

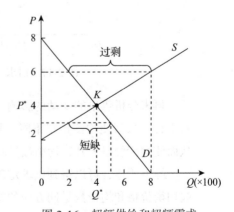

图 2-16 超额供给和超额需求

相反地，当市场的实际价格低于均衡价格为 3 元时，商品的需求量为 500 单位,供给量为 200 单位。面对这种需求量大于供给量的商品短缺的市场状况,一方面,迫使消费者愿意出高价来得到他所要购买的商品,另一方面,又使生产者增加商品的供给量。这样,该商品的价格必然上升,一直上升到均衡价格 4 元的水平。在价格由 3 元上升为 4 元的过程中,商品的需求量逐步地由 500 个单位减少为 400 单位,供给量逐步地由 200 单位增加为 400 单位,最后达到供需相等,最终达到市场均衡或市场出清。

(二)需求和供给变动对均衡的影响

一种商品的均衡价格是由该商品市场的需求曲线和供给曲线的交点所决定的。因此,需求或供给的变动都会使均衡价格水平发生变动。

在供给不变的情况下,需求增加会使需求曲线向右平移,从而使均衡价格和均衡数量都增加;需求减少会使需求曲线向左平移,从而使均衡价格和均衡数量都减少。如图 2-17 所示,初始供给曲线 S 和最初的需求曲线 D_1 相交于 E_1 点。在均衡点 E_1,均衡价格为 P_1,均衡数量为 Q_1。需求增加使需求曲线向右平移至 D_2 的位置,D_2 与 S 相交于 E_2 点。在均衡点 E_2,均衡价格和均衡数量分别上升为 P_2 和 Q_2。相反,需求减少使需求曲线向左平移至 D_3 的位置,对应均衡点为 E_3,且均衡价格和数量分别下降为 P_3 和 Q_3。

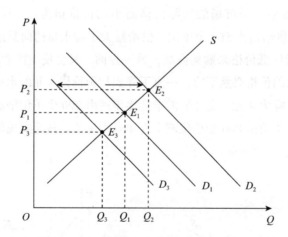

图 2-17 需求的变动和均衡价格的变动

再来分析供给的变动的影响。在需求不变的情况下,供给增加会使供给曲线向右平移,从而使均衡价格下降,均衡数量增加;供给减少会使供给曲线向左平移,从而使均衡价格上升,均衡数量减少,如图 2-18 所示。

综上所述,可以得到供求定理:在其他条件不变的情况下,需求的变动分别引起均衡价格和均衡数量同方向的变动;供给的变动引起均衡价格反方向的变动,引起均衡数量同方向的变动。

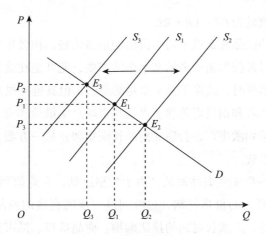

图 2-18 供给的变动和均衡价格的变动

二、市场均衡与政府政策

(一) 价格控制

当政府认为一种商品或服务的市场价格对消费者或生产者不公平时,通常会实施价格控制。但是,这些价格控制本身也会引起不公平。由于一种商品或服务的消费者总希望价格更低,而生产者总希望价格更高,所以这两个经济单位的利益经常会发生冲突。政府如果规定商品或服务出售的法定最高价格,不允许市场价格上升到这个水平之上,那么这个法定最高价格就被称为价格上限(price ceiling);相反,如果政府规定了商品或服务的法定最低价格,不允许市场价格下降到这个水平之下,则这个法定最低价格即被称为价格下限(price floor)。

1. 价格上限

在战争时期由于物资短缺,或者在平时由于通货膨胀,一些基本的生活用品通常会涨价。政府为保障人们起码的生活水平,维护社会稳定,就会对一些生活必需品(糖、肉、奶、汽油等)规定低于均衡价格的最高价格,如图 2-19 所示。

在图 2-19 中,假定某商品在正常市场条件下,供给曲线为 S,需求曲线为 D,均衡点为 K,均衡价格为 OH,均衡数量为 ON。假定政府认为该商品按均衡价格定价对消费者来说太高了,于是规定最高价格为 OI,市场价格超过 OI 是不被允许的。如果价格定为 OI,那么供给量会减少到 OR,需求量会增加到 OL。此时会出现供不应求的情况而造成商品

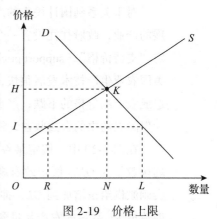

图 2-19 价格上限

短缺，短缺的数量为 $OL - LR = RL$。

政府为某些商品规定低于均衡价格的最高价格，积极作用是有利于社会安定和平等的实现，以及保障消费者的基本生活需要，尤其是在战争和自然灾害时期。在短期面临突发事件时，政府干预常常是必要的，但其也有很大的消极作用：

（1）向生产者和消费者传递了不反映市场真实供给和需求状况的价格信息。一方面，它不利于刺激生产，会造成商品长期短缺；另一方面，它又会刺激需求，甚至造成资源的浪费。

（2）会进一步加剧商品短缺：由于价格过低，企业盈利减少，导致企业减产；政府则往往由开始的价格管制，过渡到进一步的直接的商品数量管制，如票证配给、定量供应等，造成长时间的排队购物、商品搭售、黑市交易、变相收费、走后门、拉关系等社会现象，如此下去造成商品越来越短缺。而上述现象本质上都是一种"涨价"的表现，因为排队、搭配、拉关系等都是需要付出代价的，使得政府限价失去了初衷。

（3）导致商品质量停滞不前，花色品种单一，生产者、销售者服务态度恶劣，服务时间减少，企业缺乏生产动力，不思进取。

（4）导致政府财政支出增加。政府管制必然导致政府机构、政府人员、政府行政费用的大量增加，以应付经常性的物价监督和物价检查。在政府财政收入一定的情况下，大量的财政支出又会导致政府增加税收和各种收费、增发货币和向银行透支，以弥补财政赤字，而这又会导致通货膨胀，反而损害了消费者的利益。

（5）增加了政府某些官员和机构以权谋私、钱权交易、滋生腐败的可能和机会，这又败坏了社会风气。

（6）影响其他产业和社会其他领域的发展。由于政府行政费用的大量增加，政府不可能再有更多的资金用于扶持其他产业和保证社会其他领域与事业的发展，如教育、社会保障事业等。

2. 价格下限

对于关系到国计民生的产业、受自然因素影响较大的产业，以及国家要大力发展的产业，政府往往设置一个价格下限。典型的例子是世界上许多政府为农产品规定"支持价格"（support price）（或称保护价格，protective price）。例如，几十年来，美国农业生产技术发展很快，产量大幅度增长，但农产品的需求却增长缓慢，结果造成农产品价格的下跌，严重影响农场主的生产积极性。在这种情况下，美国政府为保障农场主的合法收益，经常为有些谷物规定最低限度的"支持价格"。

在图 2-20 中，假定某谷物在正常市场条件下，均衡点为 K，均衡价格为 OH，均衡数量为 ON。假定政府规定谷物的最低价格为 OI，高于均衡价 OH。这样，就会刺激供给量增加到 OL，抑制需求量减少到 OR。供给量大于需求量的部分为 RL，即造成 RL 数量的农产品过剩。为了避免这种情况的发生，政府常采取以下两方面的措施：一是由政府收购过剩供给量；二是农户按规定价格（低于支持价）出售全部农产品，政府对农户每生产和销售一件农产品给予价格补贴。显然，无论采用哪种措施，都会增加政府的财政负担。其他可以采用的措施还有：通过限制农户的耕地面积来限制农产品的产量；加强科学研究工作，扩大农产品的用途，以刺激需求；由政府收购、储存起来供将来使用或出口等。

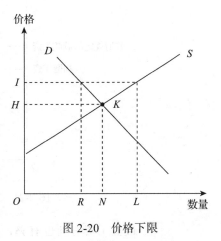

图 2-20　价格下限

政府使价格高于均衡价格，在一定程度上可以促进社会安定、保护生产者和消费者的利益。例如农业，因其受不可控的自然因素影响较大，政府对其保护，有利于调动农民种粮的积极性，当农产品的市场价高于保护价时，政府可以不管，并抛售政府库存粮以稳定市场；当农产品的市场价低于保护价时，政府则以保护价收购，以使农民的收入保持在一定的水平上。但这种政策同样具有很大的消极作用。

（1）向生产者和消费者传递了失真的价格信息。以农产品为例，若支持价刺激农业生产，使得供过于求，则会引起农产品的市场价格下降，这对农业的发展更加不利。

（2）价格下限难以操作。保护价、支持价定在什么位置上难以确定，低则起不到保护作用，高则增加政府财政支出。

（3）政府财政支出增加。若没有财政收入应对，则必然要增税、增发货币，或向银行透支，或向未来借债（发行国债），这也同样会导致通货膨胀，损害消费者的利益，与此同时还会造成政府机构及相关人员经费的增加。一旦经费不足或有限，地方政府，特别是基层政府官员会进行摊派收费，增加社会消费负担。

（4）不利于被保护者提高市场应变能力和竞争能力。

（5）在市场价低于保护价时，政府大量收购，财政支出不堪重负，就可能以行政、政治手段强制购买、硬性供给，这同样损害了消费者的利益。

（6）当政府支持价高于进口品价格时，必然导致走私的出现。随着这一差价的拉大，海关缉私、打私的任务与难度将增加，相应的财政支出也进一步增加。

（7）增加了政府某些官员和机构滋生腐败的可能和机会。

3. 最低工资问题

为了增加低收入者的收入，世界上大多数国家和地区都规定了企业支付劳动者在法定工作时间内最低工资标准。最低工资本质上就是一种保护价格。如果最低工资高于劳动力市场的均衡工资，如图 2-21 所示，劳动力供给量就超过了劳动力需求量，即劳动力过剩，失业就会增加。

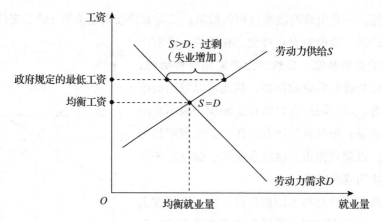

图 2-21 最低工资对劳动力市场的影响

最低工资有利也有弊，利的方面在于在一定程度上保护了就业者的利益。此外，对于社会稳定也是有利的，有利于获得民众对政府的支持。弊的方面在于破坏了劳动力市场的均衡机制，工资起不到调节劳动力供求的作用。高于均衡价格的工资可能加大商品的生产成本，导致生产者减少雇用的人数，这又会进一步扩大失业人数，提高失业率。

4. 政府控制价格的放开问题

现代经济中，许多价格控制的政策可能初衷很好，但弊病很多。经济改革的目的之一就是减少政府对价格的控制，实行政策的放开。其关键点就在于如何放开。

政府设置价格上限的商品一般是短缺商品。如果商品的供给弹性很大，取消限价则可以带来供给量的大量增加，价格自然不会大幅度提高；而对于供给弹性很小甚至完全无弹性的商品，取消限价短期内必然导致价格的大幅度提高。如果该商品是生活必需品，价格的大幅度提高就会引发社会动荡。

因此，对于需求弹性很大，供给弹性又较大的商品，最好还是由"看不见的手"自己调节。此时放开价格，鼓励多家企业竞争，价格并不会提高，很可能还会下降。但是在某些情况下，政府定价的却反倒是需求弹性很大，供给弹性又较大的商品。这涉及国家资本的垄断和超额利润问题，既得利益者一般不会轻易放手。

（二）价格补贴和税收

除了直接控制价格来影响供求关系，政府还可以通过征税或对产品实行价格补贴来实现这一目标。

税收是对市场交易的每单位商品向生产者或消费者收取固定金额的货币，而价格补贴则是对于市场交易的单位商品给予生产者或消费者固定金额的货币。因此，税收和价格补贴政策实质是使得生产者的生产成本或消费者的收入水平发生变化，以此来影响供给或需求的变动,进而引起均衡价格和均衡数量的变动。

具体来说,政府如果只对生产者进行征税,将使生产者的生产成本提高,供给曲线左移,但需求曲线不变,这将使均衡价格上升,均衡数量减少;如果只对生产者进行价格补贴,将使生产者的生产成本降低,供给曲线右移,但需求曲线不变,导致均衡价格下降,均衡数量增加。如果只对消费者进行征税,将使消费者的实际收入水平降低,需求曲线左移,但供给曲线不变,导致均衡价格下降,均衡数量减少;如果只对消费者进行价格补贴,将使消费者的收入水平提高,需求曲线右移,但供给曲线不变,导致均衡价格上升,均衡数量增加。

总之,当一种商品被征税时,无论征税是针对生产者还是消费者,它的均衡数量总在减少;当一种商品被补贴时,它的均衡数量总在增加。这说明税收抑制了市场经济活动,而价格补贴则会激活市场经济活动。

下面以政府对生产者征税为例,讨论税收归宿问题:即谁最终支付了税收。在图 2-22 中,某商品在征税前的供给曲线为 S,需求曲线为 D,均衡点为 K,均衡价格为 P_0,均衡数量为 Q_0。对于市场交易的单位商品,政府决定对生产者征收税金 T。这增加了生产者的生产成本,使得供给曲线向左移动至 S_1。征税后的均衡点为 K_1,均衡价格为 P_1,均衡数量为 Q_1。税收显然缩小了该商品的市场规模。而且,生产者出售单位商品获得的有效价格(即生产者实际得到的收入)由征税前的 P_0 下降到了征税后的 $P_2 = P_1 - T$,消费者购买单位商品的支出由征税前的 P_0 上升到了征税后的 P_1,税收使得生产者和消费者的状况都变坏了,它们分摊了政府征收的税金 T。

既然税收由生产者和消费者共同分摊,那么税收分摊的比例是怎样的呢?在图 2-22 中,生产者和消费者分摊的税收分别为 $P_0 - P_2$ 和 $P_1 - P_0$。很明显,它们的相对大小依赖于需求曲线和供给曲线的斜率大小。从图 2-23 可以看出,当需求曲线斜率大于供给曲线斜率时,供给比需求更有弹性,税收主要由消费者承担;反之,需求比供给更有弹性,税收主要由生产者承担。

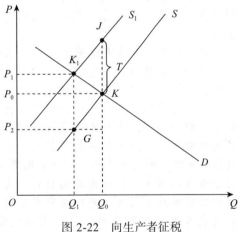

图 2-22　向生产者征税

政府如果对消费者征税,可以获得与对生产者征税相同的结论,即生产者和消费者的状况都会变坏,它们共同分摊政府征收的税金,而且税收负担更多地落在价格弹性较小的市场一方身上。政府如果决定对某个商品进行价格补贴,则可以获得与对商品征税相反的结论,即生产者和消费者的状况都会变好,它们将分享政府给予的价格补贴,而且补贴更多地由价格弹性较小的市场一方获得。

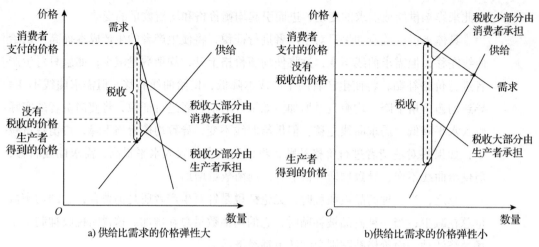

图 2-23　价格弹性与税收分摊

本章小结

消费者和生产者在两类市场上相互交易。在产品和服务市场上，消费者是买方，而生产者是卖方。在生产要素市场上，消费者是卖方，而生产者是买方。经济循环流转图提供了一种把消费者与生产者之间发生的所有经济交易组织在一起的简单方法。

需求函数、需求表或需求曲线都展示了在某特定时期内，一定市场上的需求量与价格之间的关系。需求曲线通常向右下方倾斜，这反映了需求定律，即在其他条件不变的情况下，商品的需求量与其价格呈反方向变化。因商品自身价格变化引起的消费者需求量的变化称为需求量的变动；消费者收入水平、相关商品的价格、消费者的偏好等其他因素引起的消费者需求量的变化称为需求的变动。从需求曲线看，需求量的变动是同一条需求曲线上不同点的变动，需求的变动则是整条需求曲线的移动。

需求的价格弹性用来衡量在一定时期内，一种商品的需求量变动对于该商品自身价格变动的反应程度。需求的价格弹性的大小受多种因素的影响，如商品的可替代性、用途的广泛性、对消费者生活的重要程度，消费支出在消费者预算总支出中所占的比重，以及所考察的消费者调节需求量的时间等。

正常品需求的收入弹性大于零，低档品需求的收入弹性小于零。正常品又可分为生活必需品和奢侈品。对于生活必需品而言，需求的收入弹性小于1；对于奢侈品而言，需求的收入弹性大于1。若两种商品为替代品，则需求的交叉价格弹性为正；若两种商品为互补品，则需求的交叉价格弹性为负。

供给函数、供给表或供给曲线都反映了在某特定时期内一定市场上的供给量与价格之间的关系。供给曲线通常向右上方倾斜，这反映了供给定律，即在其他条件不变的情况下，商品的供给量与其价格呈同方向变化。因商品自身价格变化引起的生产者供给量的变化称为供给量的变动；生产成本、相关商品的价格、生产者的技术水平等其他因素引起的生产者供给量的变化称为供给的变动。从供给曲线看，供给量的变动是同一条供给曲线上不同点的变动，供给的变动则是整条供给曲线的移动。

供给的价格弹性用来衡量在一定时期内，一种商品的供给量变动对于该商品自身价格变动的反应程度。供给的价格弹性的大小受多种因素的影响，如产量调整需要的时间、生产成本随产量变化的情况，以及商品的生产周期的长短等。

需求量和供给量相等的市场状态称为市场均衡，达到市场均衡时的价格和数量分别称为均衡价格和均衡数量。在其他条件不变的情况下，需求的变动分别引起均衡价格和均衡数量同方向变动，而供给的变动将引起均衡价格反方向变动、均衡数量同方向变动，这就是供求定理。

价格上限是政府规定的商品或服务出售的法定最高价格，价格下限是政府规定的商品或服务出售的法定最低价格。除了直接控制价格来影响供求关系，政府还可以通过征税或对产品实行价格补贴来实现这一目标。征税的负担或价格补贴的好处总是更多地落在价格弹性较小的市场一方身上。

思考与练习题

1. 影响需求量的主要因素有哪些？影响需求的价格弹性的主要因素有哪些？
2. 厂商的销售总收益与需求的价格弹性的大小有什么关系？
3. 影响供给量的主要因素有哪些？影响供给价格弹性的主要因素有哪些？
4. 需求的变动与需求量的变动、供给的变动与供给量的变动有什么不同？
5. 什么是均衡价格？均衡价格是如何决定的？
6. 天然气的供给函数与需求函数分别为：$Q_S=14+2P_g+0.25P_0$ 和 $Q_D=-5.2P_g+3.75P_0$。其中，Q_S 与 Q_D 分别表示天然气的供给量与需求量（兆立方英尺）[①]，P_g 表示天然气的价格（美元/千立方英尺）；P_0 为石油的价格（美元/桶）。问：
   （1）假定 $P_0=8$ 美元/桶，天然气的均衡价格与均衡数量是多少？
   （2）假定政府将天然气的价格定为 1 美元/千立方英尺，超额需求是多少？
   （3）若不对天然气价格进行控制，如果石油的价格由 8 美元/桶上升到 16 美元/桶，天然气的均衡价格是多少？
7. 假定某市住房管理部门估计，该市的住房需求曲线是 $Q_D=100-5P$，房产商的供给曲线是 $Q_S=50+5P$，其中数量单位是万套，价格 P 代表月租费用，用百元表示。房管部门注意到，如果该市住房月租较低，将会吸引其他城市的居民迁入该市。为了讨论的方便，假定迁入的都是三口之家。问：

   （1）市场均衡价格是多少？如果房管部门设置房租控制，把每套住房的月租限制在最高 100 元的水平上，没有住房的家庭必须迁出该市。房租控制所导致的人口的净变动是多少？
   （2）假定房管部门把每套住房的月租提高到至少 900 元的水平上。如果在增长的房屋供给量中有 50% 是新建的，那么新建了多少套住房？
8. 有一家演出公司组织演唱会，票价为 150 元/张，观众达到 18 000 人。该公司看好演出市场，在后来的演出时票价提高到 300 元/张，结果售出 6 000 张票。问：
   （1）运用上述数据说明价格与需求量关系。
   （2）假设需求量与价格之间存在线性关系，求总收益最大时的票价。
9. 市场上有 A、B 两个公司，各自产品的销售量分别为 100 和 250。其需求曲线分别为 $P_A=1\,000-5Q_A$ 和 $P_B=1\,600-5Q_B$。问：
   （1）求两家企业各自的需求价格的点弹性，所计算出的弹性说明了什么？
   （2）如果 B 公司降低价格，销售量增加到 300，而导致 A 公司的销售量降低到 75，求两公司产品间的需求价格交叉弹性。交叉弹性能说明什么？
   （3）如果 B 公司谋求的目标是总收益最大，你认为 B 公司开展价格战是否有利？
10. 某钢铁公司对某种钢 X 的需求量受到该种钢的价格 P_X、替代品铝的价格 P_Y 以

[①] 1 英尺 = 0.304 8 米。

及收入 I 的影响。各种价格弹性估计如下：钢需求的价格弹性 $E_P=-2.5$，钢需求对于铝价格的交叉弹性 $E_{XY}=2$，钢需求的收入弹性 $E_I=1.5$。下一年，该公司打算将钢的价格提高 8%。根据公司预测，明年收入将增加 6%，铝的价格将下降 2%。问：

(1) 如果该公司今年钢的销售量是 2.4 万吨，在给定以上条件的情况下，该公司下一年钢的需求量是多少？

(2) 如果该公司下一年钢的销售量仍维持在 2.4 万吨，在收入增加 6%、铝价格下降 2% 的条件下，钢铁公司应把钢的价格定在多高？

11. 假定需求曲线与供给曲线都是线性的。用图形说明：

(1) 如果供给曲线比需求曲线更缺乏弹性，那么对消费者每单位产品征税之后，大部分税额都落在了生产者头上。

(2) 如果需求曲线比供给曲线更缺乏弹性，那么不论是对消费者还是对生产者的每单位产品补贴之后，大部分补贴都落在了消费者头上。

参考文献

[1] 萨缪尔森，诺德豪斯. 经济学（原书第 18 版）[M]. 肖琛，等译. 北京：人民邮电出版社，2008.

[2] 戴淑芬，殷焕武，刘明珠. 经济与管理教程 [M]. 2 版. 北京：经济管理出版社，2005.

[3] 高鸿业. 西方经济学（微观部分）[M]. 7 版. 北京：中国人民大学出版社，2018.

[4] 范里安. 微观经济学（现代观点）（原书第 7 版）[M]. 费方域，译. 上海：格致出版社，2009.

[5] 弗兰克，伯南克. 微观经济学原理（原书第 4 版）[M]. 李明志，等译. 北京：清华大学出版社，2010.

[6] 帕金. 微观经济学（原书第 8 版）[M]. 张军，等译. 北京：人民邮电出版社，2009.

[7] 曼昆. 经济学原理（微观经济学分册）（原书第 5 版）[M]. 梁小民，梁砾，等译. 北京：北京大学出版社，2009.

[8] 宋承先. 现代西方经济学（微观经济学）[M]. 4 版. 上海：复旦大学出版社，2005.

[9] 朱善利. 微观经济学 [M]. 3 版. 北京：北京大学出版社，2007.

第三章　要素投入与市场结构

生产是对多种投入要素进行有机组合以提供产品或劳务的行为，是以一定的生产关系联系起来的人们，把生产要素转换为有形或无形财富（产出）从而增加价值，并产生效用的过程。从经济的角度来看，企业需要合理组合生产要素，实现利润的最大化。利润最大化是生产者的基本目标之一，即在既定的产量下消耗的成本最小或在既定的成本下实现产量的最大。这需要研究生产要素投入和产出的对应关系、短期和长期的产量与成本关系，以及利润和产量决策等问题。

市场结构指的是市场上买主和卖主数量的多少、产品之间相互差异的程度，以及新的生产者进入一个市场的难易程度。这些因素决定了生产者对市场的控制能力，反过来会影响生产决策。本章先介绍生产和要素投入的一般概念，然后讨论在不同市场结构下的生产决策方法和一般规律。

第一节　生产函数

一、要素投入与生产函数

生产要素就是生产中所使用的各种资源，有时称为投入要素。现代生产理论认为，生产系统的投入产出过程涉及四大生产要素：劳动力、资本、土地和企业家才能。其中，企业家才能被认为是生产要素，起始于亚当·斯密，他认为企业家作为管理者是生产的第四要素，让·巴蒂斯塔·萨伊则将管理作为生产的第四要素。

在一定的技术经济条件下，将一定数量的多种要素投入到生产系统，可获得一定产量的产品，我们把这种投入产出的对应关系称为生产函数。比较简单的就是两变量生产函数——产出量 Q 可以表示为劳动力 L 和资金 K 的函数：$Q = f(L,K)$。

通过经济计量方法，可以拟合出不同形式的生产函数。美国经济学家柯布和数学家道格拉斯的研究指出，美国在 1899～1922 年的生产函数可表示为如下形式

$$Q = AL^\alpha K^{1-\alpha} \tag{3-1}$$

这就是著名的柯布-道格拉斯（Cobb-Douglas）生产函数。根据统计数据，他们计算得出 $A = 0.1$，$\alpha = 3/4$，表示这一时期美国每增加一个百分点的劳动所引起的产量的增长，大约三倍于每增加一个百分点的资本所引起的产量的增长。

二、边际报酬递减律

（一）总产量、平均产量与边际产量

总产量（total production，TP），指的是投入与产出的总关系。假设要素投入为 x，那么将 x 代入生产函数，就得到总产量

$$TP = Q(x) \tag{3-2}$$

式中，$x = (x_1, \cdots, x_2, \cdots, x_n)$ 是一个多维向量，包括土地、资金、劳动力等多个分量。

平均产量（average production，AP），指的是投入单位可变要素而能获得的产出，即用总产量除以某一可变生产要素的投入量所得的值。该指标可从总体上反映某生产要素的投入产出效率

$$AP = Q(x)/x_i \tag{3-3}$$

由于投入要素和产出量之间的关系并不一定是线性的，平均产量并不能反映某投入要素在不同投入水平上的产出效率，因此引入了边际产量（marginal production，MP），它表示在其他要素投入水平不变的情况下，某要素增加一个单位的投入量所带来的总产量的变化。假设其他要素维持不变，要素 x_i 的投入量增加为 $x_i + \Delta x_i$，则产出变化量 $\Delta Q(x) = Q(x_1, \cdots, x_i + \Delta x_i, \cdots, x_n) - Q(x_1, \cdots, x_i, \cdots, x_n)$。当 Δx_i 非常小时，边际产量即为

$$MP_{x_i} = \lim_{\Delta x_i \to 0} \Delta Q(x)/\Delta x_i = \partial Q(x)/\partial x_i \tag{3-4}$$

（二）边际报酬递减律

根据边际产量的定义，当增加一个生产要素投入时，总产量会有一个变化。大量的经济现象和生产实践表明：在技术水平不变的条件下，如果连续等量地把某一种可变生产要素增加到生产系统中而维持其他生产要素的投入量不变，那么当这种可变生产要素的投入总量小于某一个临界值时，增加单位该要素投入量所带来的产量的增量是不断变大的，称为边际产量递增；而当这一要素总投入量超过这个临界值时，增加该要素一个单位的投入，其对应产量的增量却是递减的，这个现象称为边际报酬（收益）递减。

可以看到，在柯布－道格拉斯型生产函数中，边际产量总是递减的，这可以理解为边际产量从递增变为递减的临界值为 0。而表 3-1 给出的车间生产的例子则清楚地表明了人工投入的边际产量从递增逐渐变为递减的过程。

表 3-1　某车间投入不同数量工人的总产量、边际产量和平均产量

工人人数	总产量	边际产量	平均产量	工人人数	总产量	边际产量	平均产量
0	0		0	7	168	12	24
1	13	13	13	8	176	8	22
2	30	17	15	9	180	4	20
3	60	30	20	10	180	0	18
4	104	44	26	11	176	−4	16
5	134	30	26.8	12	160	−16	12.5
6	156	22	26	13	140	−20	11.77

图 3-1 表明，在要素投入量的一定范围内，总产量随着生产要素投入量的增加而增加。在边际产量达到最大值之前，总产量线呈现加速增长的过程，直至达到一个拐点，这个拐点就对应边际产量的最大点。在拐点之后，总产量线则减速增长，直至最大点。当总产量达到最大时，边际产量为 0，此时若再投入生产要素就可能会产生副作用，边际产量变成了负值。

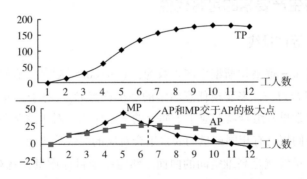

图 3-1　某车间产量与工人人数的关系

平均产量必然是大于 0 的，而且平均产量线和边际产量线的交点，就是平均产量的最高点。为证明这一点，先对平均产量 $AP = Q(x)/x$ 两边取导数，有

$$\frac{dAP}{dx} = \frac{dQ(x)/dx}{x} - \frac{Q(x)}{x^2} \tag{3-5}$$

而在平均产量的线最高点，应该有一阶条件成立：$dAP/dx|_{x=x^*} = 0$。代入式（3-5），有

$$\frac{dQ(x)/dx}{x}\bigg|_{x=x^*} - \frac{Q(x)}{x^2}\bigg|_{x=x^*} = 0$$

即

$$dQ(x)/dx|_{x=x^*} = Q(x)/x|_{x=x^*} \tag{3-6}$$

式（3-6）左边是边际产量，右边是平均产量，二者在边际产量与平均产量的交点 x^* 处相等。

（三）规模报酬

根据边际报酬递减可知，生产规模并不是越大越好，而是存在一个最佳规模。所谓规模报酬（returns to scale），指的就是因生产规模变动而引起的报酬（产量）的变动，其意义是所有生产要素按同方向变动时（同时增加或减少）对产量的影响。在技术水平不变的前提下，所有要素投入都按同比例增加时，投入与产出的变化关系有三种。

（1）规模报酬不变：投入要素增加的比例和产出增加的比例相等，如所有投入要素都增加 10%，则总产出也增加 10%，此时规模报酬不变。

（2）规模报酬递增：投入要素的增加引起产出超比例增加，如表 3-1 所示，在工人数从 0 变化到 4 的过程中，产出增长率总是大于投入要素增长率。

（3）规模报酬递减：产出增加的比例小于投入要素增加的比例，此时总产量线已越过了拐点，边际产出逐渐减小。

生产系统合理的生产规模，应尽可能使规模报酬递增，避免规模报酬递减。

三、等产量线与生产要素的可替代性

（一）等产量线

假设柯布－道格拉斯型生产函数为：$Q = 100L^{0.25}K^{0.75}$。显然，存在多种可能的要素投入组合 (L, K) 来实现任意给定的一个产量 Q_0。对于二元生产函数来说，这些可能的要素投入组合就对应于平面上的一条曲线，对于这条曲线上的点，其产量都相等。我们把具有相同产量的要素组合对应的曲线称为等产量线。对于多元生产函数，等产量线就是高维空间的曲面。给定一个目标产量，就对应一条等产量线。生产函数 $Q = 100L^{0.25}K^{0.75}$ 的等产量线形状如图 3-2 所示。

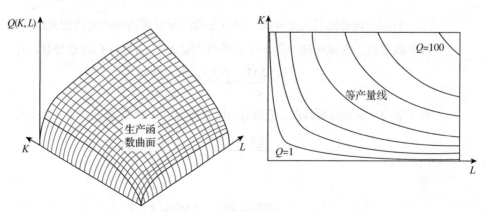

图 3-2 柯布－道格拉斯型生产函数的等产量线

等产量线具有几个特性：①两条等产量线不相交；②等产量线一般凸向原点，且距离原点越远的等产量线对应的产量越大；③等产量线向右下方倾斜。可以看到，等产量线和消费者的无差异曲线性质类似。这是具有某种内在联系的：消费者购买不同的产品，相当于用来产出其个人效用；而企业购买不同的投入要素，用来产出其产品。两者都是产出，虽然主体不同，但在产出效果上服从类似的规律。

（二）生产要素的可替代性

等产量线的存在意味着不同的生产要素投入可以相互替代。例如，为了在规定期限清理1万立方米的渣土，如果劳动力不足，那么可以考虑多投入机械设备，以达成目标；反之，如果设备不足但劳动力充足，那么就可以多使用人力，也可以达成相同目的。这就是生产要素的可替代性：增加其中之一的投入而减少其他要素的投入，可以维持相同的产出。

生产要素替代可分为三种情况：①生产要素之间可以完全相互替代；②生产要素之间不完全替代（部分替代）；③生产要素之间完全不能替代。它们对应的等产量线分别如图3-3～图3-5所示。

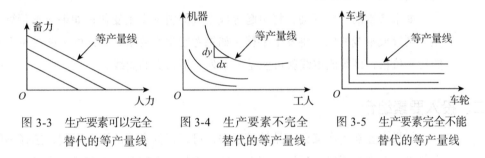

图3-3　生产要素可以完全替代的等产量线　　图3-4　生产要素不完全替代的等产量线　　图3-5　生产要素完全不能替代的等产量线

在生产要素可以完全替代的情况下，等产量线是直线，在任何产出点上，生产要素之间的替代率都是一个定值（直线的斜率），如简单农业生产中的畜力和人力；而在不完全替代的情况下，等产量线是凸向原点的曲线，要素之间的替代率并不恒定，如机械加工过程中的机器和工人；完全不能替代时，等产量线是直角折线，如车轮和车身、盐和食物等。

生产要素之间的替代性可使用边际（技术）替代率（rate of marginal substitution，MRS）进行定量分析。边际技术替代率定义为等产量线上两种生产要素变化量之比，即 MRS = $\Delta y / \Delta x$ = dy/dx（见图3-4），表示一个单位的生产要素 x 可被多少单位的生产要素替代而维持总产量不变。

边际技术替代率可由边际产量导出。假设两种生产要素 x 和 y 的边际产量各自为 MP_x 和 MP_y，那么在同一条等产量线上，如果 y 和 x 要实现相互替代，则减少 dx 所引起的总产量的减少，应该通过增加 dy 所引起的总产量的增加量所弥补，即 $-dx \cdot MP_x + dy \cdot MP_y = 0$。于是可知，要素 x 减少单位数量的投入，若要维持产量不变，则 y 需

要增加的投入量为

$$\text{MRS} = \frac{dy}{dx} = \frac{\text{MP}_x}{\text{MP}_y} \qquad (3\text{-}7)$$

即边际技术替代率就等于两种生产要素的边际产量之比的倒数。

第二节　投入要素的最佳组合

一、等成本线

等成本线是描述一个企业在一定的生产要素价格和可支配资金总额限制的条件下，能够购买到的各种要素数量组合的曲线。假设生产某产品需要投入的要素 x 和 y 的价格分别为 250 元和 500 元，总投入成本为 $C_1 = 1\,000$ 元，则等成本线方程为

$$250x + 500y = 1\,000$$

如果资金的总额限制为 $C_1 = 2\,000$ 元，则新的等成本线为：$250x + 500y = 2\,000$，是与总成本 C_1 所对应的成本线平行的一条直线。一般地，等成本线是一系列相互平行的直线，如图 3-6 所示。

如果要素的价格变动，将引起等成本线的斜率发生变化；如果成本预算总量变化，则等成本线的位置将发生平移。如果考虑生产要素在不同的采购批量下有不同的折扣价格，则等成本线就可能是一系列互不相交的曲线。

二、投入要素组合

如果企业在生产某种产品的过程中，可以根据自己的资金限制，选择不同的投入要素组合来实现生产目标，那么一般会面临两个问题：①在目标产量一定的情况下，如何配置要素投入，实现成本最小？②如何以有限的资金，实现产量最大？解决这两个问题的原理是完全一样的。

（一）成本最小决策

设生产函数为 $Q = f(x, y)$，要实现目标产量 Q_1。考虑等成本线 C_1、C_2 和 C_3，它们与等产量线 $f(x, y) = Q_1$ 可能的位置关系如图 3-7 所示。

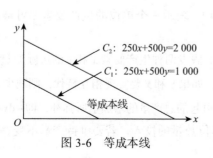

图 3-6　等成本线

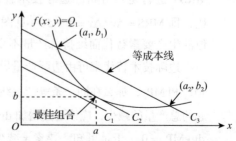

图 3-7　给定产量下使成本最小的投入要素最佳组合

等成本线 C_1 与等产量线没有任何公共点，因此成本 C_1 下的要素投入量永远不会实现产量 Q_1。C_3 与等产量线有两个交点 (a_1, b_1) 和 (a_2, b_2)，这两个交点对应的生产要素组合的产出量正好是 Q_1。而等成本线 C_2 与等产量线有一个切点 (a, b)，这个切点对应的生产要素组合的产出量也是 Q_1。成本 C_2 显然比成本 C_3 小，因此 C_2 就是最小成本。等成本线 C_2 与等产量线的切点就是达到了目标产量而总成本最小的投入要素最佳组合点。

由于最佳组合对应的切点正好位于等产量线上，而切线的斜率就等于边际技术替代率，所以根据式（3-7），在要素最佳组合点又有：$-dy/dx = MP_x/MP_y$。综上所述，可知要素投入最佳组合所应满足的两个条件为

$$\text{等成本条件：} C = P_x x + P_y y \tag{3-8}$$

$$\text{切点条件：} -dy/dx = MP_x/MP_y \tag{3-9}$$

式（3-8）两边对 x 求导，有：$dy/dx = -P_x/P_y$，代入式（3-9）得到投入要素最佳组合条件为

$$\frac{MP_x}{P_x} = \frac{MP_y}{P_y} \tag{3-10}$$

推广到 n 种生产要素的情况，投入要素的最优组合条件（切点条件）即为

$$\frac{MP_1}{P_1} = \frac{MP_2}{P_2} = \cdots = \frac{MP_n}{P_n} \tag{3-11}$$

（二）产量最大决策

产量最大决策就是在给定成本限制的条件下，寻找使产量最大的投入要素组合方式。如图 3-8 所示，给定等成本线 $P_x x + P_y y = C$。那么，一条等产量线与该成本线的关系可能有三种：没有交点、相切和相交。

和前面类似，如果没有交点，那么等成本线上任何一种生产要素组合都不可能达到目标产量。而如果相交，则两个交点能达到产量 Q_1；如果相切，则在切点处能达到产量 Q_2。根据等产量线的性质，等产量线 Q_2 距离原点较远，因此有 $Q_2 > Q_1$。也就是说，当给定总成本限制时，

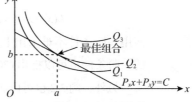

图 3-8 成本一定而产量最大的投入要素最佳组合

与等成本线相切的等产量线对应的切点就是产量最大的最佳投入要素组合点。

[例 3-1] 农场使用工人和耕牛翻地，人数和牛数各占一半，但是他们的劳动可以相互替代。增加一个工人可增加翻地面积 20 亩[⊖]/天，增加一头牛可增加翻地面积 80 亩/天。人工工资 100 元/天，买牛和养牛成本平均 300 元/天。问：该要素投入组合比例是否合理？如果不合理，应该如何变动？

⊖ 1 亩 = 666.67 平方米。

该问题中,两种生产要素分别为工人和耕牛,他们的价格分别为 $P_人 = 100$ 元/天和 $P_牛 = 300$ 元/天,而边际产量分别为 $\text{MP}_人 = 20$ 亩/天和 $\text{MP}_牛 = 80$ 亩/天,于是

$$\frac{\text{MP}_人}{P_人} = \frac{20}{100} < \frac{\text{MP}_牛}{P_牛} = \frac{80}{300}$$

显然,在单位价格上,工人的边际产量不如耕牛。按照边际报酬递减规律,如果增加耕牛的数量,则耕牛的边际产出会逐渐减小,从而上述比例可能达到相等。反之,如果增加工人的数量,则工人的边际产出会进一步减小,上述比例更不可能相等。因此,应该增加耕牛的数量。

[例 3-2] 已知生产函数为 $Q = 20x + 65y - 0.5x^2 - 0.5y^2$。总成本预算为 $C = 2\,200$ 元,生产要素价格分别为 $P_x = 20$ 元和 $P_y = 50$ 元。求使产量最大的生产要素最佳组合。

x 和 y 的边际产量分别为 $\text{MP}_x = \frac{\partial Q}{\partial x} = 20 - x$、$\text{MP}_y = \frac{\partial Q}{\partial y} = 65 - y$,根据最佳组合条件,得到方程组如下

$$\begin{cases} \dfrac{\text{MP}_x}{P_x} = \dfrac{\text{MP}_y}{P_y} \Rightarrow \dfrac{20-x}{20} = \dfrac{65-y}{50} \\ 20x + 50y = 2\,200 \end{cases}$$

解得 $x^* = 10$,$y^* = 40$,最大产量 $Q^* = 1\,950$。

给定成本预算约束下的产量最大决策也可以直接使用数学优化方法求解。对于例 3-2,产量最大问题等价于下述非线性规划模型

$$\max z = 20x + 65y - 0.5x^2 - 0.5y^2$$
$$\text{s.t.} \; 20x + 65y = 2\,200$$

因为目标函数为严格凹函数,因此只需对等式约束引入拉格朗日乘子 λ,将上述约束优化问题转换为下述拉格朗日函数的最大化问题即可

$$L(x, y, \lambda) = 20x + 65y - 0.5x^2 - 0.5y^2 + \lambda(20x + 50y - 2\,200)$$

使用一阶条件不难求出上述问题的最优解。读者可以很容易证明,从函数 $L(x, y, \lambda)$ 的一阶条件也可以推出 $(20-x)/20 = (65-y)/50$,正好就是切点条件。

另外,例 3-2 也可以通过绘图来求解,其中等产量线是一系列以点 $(x, y) = (20, 65)$ 为圆心的同心圆。对于一些不能使用微分方法确定边际产出的情况,可通过绘制等产量线和等成本线的方法求解。

第三节 成本与利润决策

一、成本与成本函数

(一)成本的基本概念

产品的价值由三部分组成:物化成本、工资、利润和税金。其中,物化成本指

的是通过生产加工而固化在产品上的原料、材料成本；工资是劳动者为个人需要所创造的价值；利润和税金是生产过程为社会需要而创造的价值。产品成本包括物化成本和工资，是生产过程中所投入的生产要素的总价。成本分为如下几类。

1. 相关成本和非相关成本

所谓成本的相关性，是相对于决策而言的。把适宜用来做决策的成本称为相关成本，不适宜用于决策的成本称为非相关成本。例如，过去的房租价格对于目前的决策就是非相关成本，因为过去的房租价格不会左右现在的租房决策。当前的租房决策要基于当前的房租价格而做出，因此当前的房租价格对于当前的租房决策就是相关成本。

但是，这并不是说历史成本就一定是非相关成本：如所持有的股票，持有人过去的介入成本就可能会影响当前的买卖决策。

2. 机会成本和会计成本

一种资源可能有多种用途。如果将资源用于某一用途，那么就不能用作其他用途。所谓机会成本，是指在一种资源用于某种用途而放弃用于其他用途所丧失的潜在利益。例如，一笔资金，可以投资到股市上获得 100 万元的盈利，也可以将其用于投资一个餐饮公司。如果将该资金投资于餐饮公司却没有投资到股市上，那么该笔资金投资到餐饮公司的机会成本就是投资股市所能赚取的 100 万元。

所谓会计成本，指的是会计系统的账面成本。该成本反映了生产者在某一时期内所发生的实际的费用或者支出，这些实际的费用或者支出必须严格按照国家会计制度和相关法律规定进行登记和记录。

3. 增量成本和沉没成本

增量成本指的是由于做出某项决策而带来的总成本的变化量。凡是过去发生的费用支出，不是现在或者将来任何决策所能改变的成本，就称为沉没成本。当前的决策并不能改变沉没成本，但沉没成本可能会作为决策依据。例如，某投资者去年购进了一批原材料，支出了 50 万元的成本，那么，今年的决策不可能改变历史上支出了 50 万元成本这一事实。因此，去年支出的 50 万元材料成本就是沉没成本。而如果去年的成本支出影响了企业目前的资金状况，则沉没成本将会影响当前的企业决策。

4. 固定成本、变动成本和总成本

固定成本是指在一定期间和一定生产规模限度内，不随产量变动而变动的成本，变动成本是随着产量变化而变动的那部分成本。固定成本和变动成本之和称为总成本。

假设企业投资 1 000 万元建设了一个工厂，寿命期 10 年，则平均每年分摊建设成本 100 万元。该工厂年产 1 000 件产品，每件产品的材料、人工、动力等成本为 10 元。那么，不论是该工厂每年生产 1 000 件产品，还是只生产 100 件产品，甚至不生产产品，每年所分摊的投资成本都是 100 万元而没有变化。因此，这 100 万元就是每年的固定成本，而材料、人工、动力等其他成本将随着产品产量的增加而增加，因此称为变动成本。单件产品对应的变动成本，称为单位变动成本。每年的固定成本、变动成本、总成本与产量的关系如图 3-9 所示。

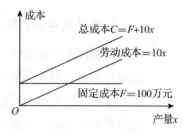

图 3-9　固定成本、变动成本和总成本

5. 短期成本和长期成本

所谓短期，指的是至少有一种投入要素不能变化的时期，在这个时期内厂商不能根据其所能达到的产量来调整全部生产要素。所谓长期，是指所有投入要素量都能改变的时间区间。长期来看，厂商可以根据它所需要达到的产量来调整其全部生产要素。

短期成本分为固定和变动两部分，而长期成本都是可以变动的。如上面的例子，在 10 年之中的某年，如果企业没有投资建设新厂的计划，那么该年的固定成本 100 万元将维持不变，于是该年度就是企业决策的"短期"。而如果企业将计划期的最小时间单位确定在一年以上，并随着市场需求的递增而逐年加大工厂建设投资，那么此时，每年的"固定"成本也会从最初的 100 万元按计划递增。这样一来，整个生产系统的投入要素都将随着生产规模而改变。所以，10 年的时间跨度就称为"长期"。

（二）成本函数

在技术水平和要素价格不变的条件下，成本与产出之间的相互关系，称为成本函数。设总成本（total cost，TC）为 TC，产出量为 x，则成本函数为：$TC = C(x)$。注意，这里的 x 是一个向量，可能包括不止一种产品。若研究总成本和单一产品产量之间的关系，则最简单的就是线性成本函数

$$TC = F + vx \quad (3\text{-}12)$$

式中，F 为固定成本部分；v 为单位变动成本。此外，还可能有二次成本函数：$TC = a + bx + cx^2$，甚至三次成本函数等。

所谓平均成本（average cost，AC），就是总成本与总产量的比值，即 $AC = C(x)/x$；而边际成本，就是增加单位产品的产出所引起的成本的增加，即 $MC = \Delta C(x)/\Delta x = dC(x)/dx$。对于非线性成本函数，其平均成本的最低点，就是边际成本与平均成本的交点，如图 3-10 所示。

为证明这一点，先对平均成本 $AC = C(x)/x$ 两边取导数，有 $\dfrac{dAC}{dx} = \dfrac{dC(x)/dx}{x} - \dfrac{C(x)}{x^2}$。在平均成本曲线最低点，一阶条件成立：$dAC/dx|_{x=x^*} = 0$。代入上式，有

$$\dfrac{dC(x)/dx}{x}\bigg|_{x=x^*} - \dfrac{C(x)}{x^2}\bigg|_{x=x^*} = 0$$

即

$$dC(x)/dx|_{x=x^*} = C(x)/x|_{x=x^*} \qquad (3\text{-}13)$$

式（3-13）左边就是边际成本，右边就是平均成本，二者相等。因此，平均成本的最低点 x^* 就是平均成本线和边际成本线的交点。

注意，与成本函数的情况相反，在关于生产函数的图 3-1 中，边际产出和平均产出的交点正好是平均产出的最大点。

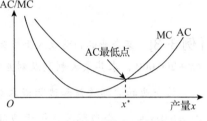

图 3-10　平均成本与边际成本

二、利润函数与生产决策

（一）利润函数与利润最大化

利润等于收益减去成本之后的剩余，而收益指的是销售产品所得到的收入，它等于产品销售价格 P 和销售量 Q 的乘积：$TR(Q) = P \times Q$。在完全竞争条件下，生产者不可能独自通过销售量来左右市场，因而价格是外生参数。如果不考虑降价促销、批量折扣等因素，平均收益（average revenue）为 $AR = TR(Q)/Q = P$，边际收益（marginal revenue）为 $MR = dTR(Q)/dQ = P$，二者都等于价格。总收益是一条经过原点且随着销售量递增的线性函数，如图 3-11 所示。

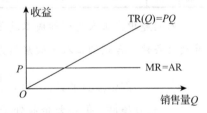

图 3-11　完全竞争市场下的总收益函数

根据利润的定义，利润 $\Pi = TR(x) - TC(x)$，其中 x 为产出量或销售量（为简单起见，假设产出量等于销售量）。利润最大化，就是要确定一个合适的产量，使利润最大。如果利润函数连续且有限，则利润最大的必要条件可从一阶微分得到：$d\Pi/dx = 0$，即

$$dTR(x)/dx = dTC(x)/dx \qquad (3\text{-}14)$$

所以，在利润最大点，边际收益等于边际成本。如图 3-12 所示，在利润最大点 x^* 处，总收益减去总成本得到的利润最大，而此处的边际收入（总收入曲线的切线斜率）就等于边际成本（总成本曲线的切线斜率）。

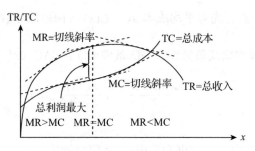

图 3-12　利润最大点的边际收益和边际成本相等

[例 3-3]　某企业的销售收入函数为：$TR(x) = 100x - 0.001x^2$，成本函数为 $TC(x) = 0.005x^2 + 4x + 200\,000$，求其最大利润及对应的产量。

该企业的边际收益和边际成本分别为：$MR = dTR(x)/dx = 100 - 0.002x$ 和 $MC = dTC(x)/dx = 0.01x + 4$。令边际收益等于边际成本：$MR = MC$，得到最优产量 $x^* = 8\,000$ 件，最优利润为 $\Pi^* = TR(x^*) - TC(x^*) = 180\,000$ 元。

[例 3-4]　在表 3-2 中，车间工人工资为每日 40 元。问：雇用几个工人最合适？

表 3-2　工人数与产值

工人数	0	1	2	3	4	5	6	7
总产值	0	70	150	220	280	330	370	400
边际产值	70	80	70	60	50	40	30	

本问题中，工人的边际成本就是其日工资 40 元，根据"边际收益＝边际成本"的利润最大化条件，合理的工人人数应该为 5 人，此时 $MR = MC = 40$ 元。

需要注意的是，"边际收益＝边际成本"只是利润最大化的必要条件，并不是充分条件。但只要企业处于利润最大化的点，则其边际收益和边际成本一定相等。对于完全竞争的市场，由于边际收益就等于市场价格，因此其利润最大的必要条件就是 $P = MC$。

另外，第二节给出了产量最大时生产要素组合应该满足的必要条件，但产量最大并不一定对应利润最大，因为二者的函数表达是不一样的。产量最大是从经济技术替代角度对生产要素最优投入产出的考察，而利润最大是从销售收入与成本的角度对企业盈利的考察。

（二）边际分析

当边际成本等于边际收入时，利润达到最大。从图 3-12 可知，在边际收入和边际成本相等之前，边际收益总是大于边际成本——收益曲线的斜率大于成本曲线的斜率；而过了利润最大点之后，边际收益总是小于边际成本，此时增加产量对总利润无益。因此，只要是边际收益大于边际成本，就总能使利润增加，否则利润减小。

对于线性收入函数和线性成本函数，边际收入和边际成本是不变的，因此 $P=MC$ 不一定能成立。但是，若考虑其产能限制约束，则仍然可以使用边际分析确定最优生产方案。下面以超越正常生产能力的生产决策和降价促销的生产决策问题进行说明。

1. 增产决策

已知正常产销量下企业总利润为 $\Pi = Px - (F + vx)$。假设企业可以在不增加固定成本的情况下，在正常产量 x 之外，再多生产一部分产品。在正常产量之外的额外生产一般都需要通过加班、紧急订购原材料等方式才能实现，因而额外生产的产品其单位成本比正常产量的单位成本要高。设额外生产的产品产量为 x'，对应的单位变动成本为 v'。那么新的生产方案总利润为：$\Pi' = P(x + x') - (F + vx + v'x')$，如图 3-13 所示。

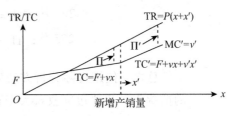

图 3-13 线性利润函数新增产量的边际收入与边际成本

此时，新的利润函数可进一步写为 $\Pi' = Px - (F + vx) + (P - v')x'$。在线性收益和成本函数下，单位变动成本就等于边际成本。因此，只要边际收益 P 大于新的边际成本 v'，新增产量就是有利的。

[例 3-5] 考虑生产某产品的企业，其固定成本为 20 元，正常生产能力为 12 件，单位变动成本 $v = 1.5$ 元/件，单价 $P = 4$ 元/件。假设在正常产能之外，企业能额外生产并销售 4 件产品而不用增加固定成本，但由于人力成本和燃料成本紧缺，这多出的 4 件产品的单位变动成本增加到了 $v' = 2.5$ 元，但销售价格保持不变。

根据边际收益大于边际成本的原则，企业多生产这 4 件产品，可以使总利润进一步增大，因为这 4 件产品的边际收益为 $P = 4$，大于其边际成本 $v' = 2.5$ 元。实际上，原来的利润 $\Pi = 4 \times 12 - 20 - 1.5 \times 12 = 10$（元）；新增 4 件产品之后，利润变为 $\Pi' = \Pi + (4 - 2.5) \times 4 = 16$（元）。

2. 降价促销决策

[例 3-6] 假设有一种产品，其固定生产成本 $F = 1000$ 元。在 0～225 件产品范围内，单位变动成本 $v = 15$ 元，产品销售单价 $P = 20$ 元；在 0～225 件产品范围之外，若增加产量 50 个，则单位变动成本 $v' = 18$ 元。其中 40 个产品可以原价 $P = 20$ 元销售，剩余的 10 个产品只能以 $P'' = 15$ 元减价销售。试确定最佳产量。

显然，在 0~225 件产品范围内，边际收入 $P=20$ 元大于边际成本 $v=15$ 元，所以至少应该生产 225 件产品。若增加 40 件产品，虽然新的边际成本增加至 $v'=18$ 元，但仍小于边际收入 $P=20$ 元，所以多生产 40 件产品是有利的。对于最后的 10 件产品，其边际收入 $P''=15$ 元，小于其边际成本 $v'=18$ 元，因此增加这 10 件产品的生产对总利润不利。所以，最佳产量为 $225+40=265$ 件。不同产量对应的利润为（见图 3-14）

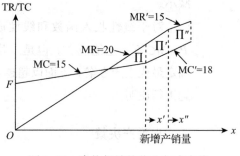

图 3-14 降价促销的收入与成本线

225 件：$\Pi_0 = 225 \times (20-15) - 1\,000 = 125$（元）

265 件：$\Pi_1 = \Pi_0 + 40 \times (20-18) = 205$（元）

275 件：$\Pi_2 = \Pi_1 + 10 \times (15-18) = 175$（元）

总之，使用边际分析方法确定最优利润时，其原则就是：在固定成本不变的前提下，只要边际收益大于边际成本，增加产销量就是有利的，否则就是不利的。

（三）盈亏平衡分析

所谓盈亏平衡，是指企业的成本刚好等于收入，从而使利润为零的状态。利润为零时的产量称为盈亏平衡点。当投资建设一个新的企业时，并不是说产能越大越好，而需要考虑其盈亏平衡点。

1. 简单线性盈亏平衡点

如果总成本函数是线性的，总收益函数也是线性的，那么盈亏平衡点很容易得到。设总成本函数为 $TC(x)=F+vx$，产品销售价格为 P，则总收益函数为 $TR(x)=Px$，那么利润函数为 $\Pi(x) = TR(x) - TC(x) = Px - F - vx$。令总利润 $\Pi(x)=0$，得到盈亏平衡点为 $x_0 = F/(P-v)$。如图 3-15 所示，当产销量大于盈亏平衡点时，企业盈利，反之则亏损。

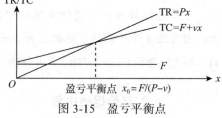

图 3-15 盈亏平衡点

[例 3-7] 某冰箱企业年产能力为 4 200 台，售价 6 000 元/台，固定成本 630 万元，单位可变成本 3 000 元，则其盈亏平衡点 $x_0 = \dfrac{F}{P-v} = \dfrac{6\,300\,000}{6\,000-3\,000} = 2\,100$（台）。

如果上述售价中包含了上缴的税金，设国家针对每单位销售产品的征税额为 D，则销售收入成为 $TR(x) = Px - Dx$，此时盈亏平衡点将变大为 $x_0 = F/(P-v-D)$。

2. 盈亏平衡分析与生产技术选择

当投资较大时，企业必须生产和销售足够多的产品才能平衡大投资的固定成本，因此其盈亏平衡点也较大，但变动成本一般会较小；反之，投资越小，则生产系统的盈亏平衡点就越低，但其变动成本一般会较大。假设面对一定的市场需求，有大投资、中投资和小投资等不同的技术选择，那么如何确定合适的投资规模？

[例3-8] 考虑一种产品，市场销售价格为4元，可投资建设不同规模的生产系统产出该产品。投资方案A的固定投资 $F_1 = 20\,000$ 元，单位变动成本 $v_1 = 2$ 元/件；方案B的固定投资 $F_2 = 45\,000$ 元，单位变动成本 $v_2 = 1$ 元/件；方案C的固定投资 $F_3 = 70\,000$ 元，单位变动成本 $v_3 = 0.5$ 元/件。试确定合适的生产投资方案。

上述各方案的利润函数分别为

$$\Pi_1(x) = P_1 x - F_1 - v_1 x = 2x - 20\,000$$

$$\Pi_2(x) = P_2 x - F_2 - v_2 x = 3x - 45\,000$$

$$\Pi_3(x) = P_3 x - F_3 - v_3 x = 3.5x - 70\,000$$

从图3-16不难确定不同产量规模下的最优技术投资方案。

可见，当产销量小于10 000件时，没有任何方案能达到盈亏平衡，因此不选择做任何投资；而当市场需求在10 000~25 000件时，采用方案A利润最大；在25 000~50 000件时，选择方案B；需求大于50 000件时，应选择方案C。三种方案的盈亏平衡点和不同产量下的盈利情况如表3-3所示。

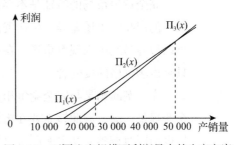

图3-16　不同生产规模下利润最大的生产方案

表3-3　不同固定投资下的利润情况

预期销量	利润		
	方案A	方案B	方案C
10 000	盈亏平衡	-15 000	-35 000
15 000	10 000	盈亏平衡	-17 000
20 000	20 000	15 000	盈亏平衡
25 000	30 000	30 000	17 000
30 000	40 000	45 000	35 000
40 000	60 000	75 000	70 000
50 000	80 000	105 000	105 000
60 000	100 000	135 000	140 000

最后，若利润函数是非线性的，就可能出现非线性盈亏平衡分析。在非线性的情况下，盈亏平衡点可能不止一个。此外，当涉及多种产品时，需要进行多元盈亏

平衡分析。多元盈亏平衡"点"是空间中一条线或面，表示了产品的多种组合都能使企业达到盈亏平衡。

第四节 市场结构与生产决策

一、市场结构

所谓市场结构，就是买主和卖主数量的多少、产品之间相互差异的程度，以及新的生产者进入一个市场的难易程度。一共有四类市场结构，如表3-4所示。

表 3-4 市场结构

	卖者数量	产品性质	长期市场进入
完全竞争	大量	同质	容易
垄断竞争	较多	差异	容易
寡头垄断	少数	同质或差异	有障碍
完全垄断	一个	—	不能进入

完全竞争市场的特征是不存在任何垄断因素，具有大量的买者和卖者，各卖者提供的产品无本质差异，生产资源的流动性极强，信息充分、及时且通畅，新企业可以很容易地进入现有市场。在完全竞争市场环境下，企业没有能力左右市场，而只是市场价格的接受者。

完全垄断则是与完全竞争相对立的另一个极端。完全垄断市场上一般只有一家企业提供产品，因此该企业在市场上具有极强的定价权，可以通过调整价格（产销量也会同时调整）以实现自己的利润最大化。和完全竞争市场相反，消费者是价格的接受者，企业是价格的制定者。

垄断的形成，主要原因就是进入障碍，即存在某些因素阻止了其他企业进入市场，结果垄断厂商能保持其唯一卖者的地位。国家行政命令是市场垄断形成的第一个因素，如食盐、烟草专卖制度。第二个因素是资源垄断，即关键资源被一家企业拥有，必将导致垄断。例如，在20世纪80年代，戴比尔斯（De Beers）控制了世界上90%的钻石产量，当时完全垄断了世界钻石市场。第三个因素是所谓的自然垄断，即一个企业能以低于其他企业的成本为整个市场供给一种物品或者劳务且具有规模经济，就会产生自然垄断。此外，企业共谋也可能产生垄断。

多数行业的市场都处于完全垄断和完全竞争之间。在垄断竞争的情况下，有较多的同类产品提供者，但是他们的产品具有差异并可以相互替代。如汽车行业、家电行业、饮料行业等，其特点是本行业的企业很多，但提供的产品有差异，且可以相互替代，这类行业市场就属于垄断竞争市场。

寡头垄断市场比垄断竞争市场的产品供应者更少。其显著特点是，一个寡头企业做出的决策将会影响其他寡头企业，但同时也被其他寡头企业的决策所影响，形

二、完全竞争市场下的供给曲线

（一）短期供给曲线

如第三节所述，企业利润最大化的必要条件就是"边际收益 = 边际成本"。在完全竞争的情况下，企业无法左右市场，此时，企业的边际收益和平均收益都等于市场价格。假设市场价格为 P，企业成本函数为 $C(x)$，则企业会将产量 Q 确定在"边际收益 = 边际成本"处，即企业供给的产品量 Q 满足 $P = \mathrm{MC} = \mathrm{d}C(x)/\mathrm{d}x|_{x=Q}$。也就是说，在完全竞争的市场，企业的供给曲线就是边际成本线。假设某企业成本函数为 $C(x) = 10x^2 + 40x$，则其供给曲线为

$$P = \mathrm{d}C(x)/\mathrm{d}x|_{x=Q} = 20Q + 40$$

这就是完全竞争环境下企业的短期供给曲线。进一步来说，如果边际成本曲线是非线性的，那么就可能出现一个价格对应多个产量的情况，如图 3-17 的价格 P 对应边际成本曲线上的两个产量点 x_1 和 x_2。其中，AVC 为平均变动成本线，AC 为平均成本线，MC 为边际成本线。此时，企业的供给量应该取多少呢？

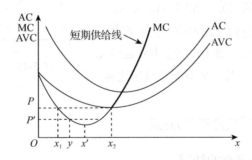

图 3-17 企业的短期供给曲线由边际成本线确定

假设企业一开始选择产量 x_1。如果增大 x_1 到 x'，由于从 x_1 到 x'，边际成本一直递减，因此利润一直增加。由此可知，企业的供给曲线不可能是边际成本最小点的左半边，至少应是最小点 x' 的右半边递增部分。然后，若从 x' 出发继续增加产量，只要 $x < x_2$，则边际成本线就处于平均变动成本线的下方，产量的增加必然导致总利润增加（短期的固定成本不变），直到产量达到 x_2。

另外，如果市场价格小于平均变动成本 AVC（如图中 P'），那么产销 y 单位产品的利润就是 $\Pi = (P' - \mathrm{AVC})y - F < 0$，其中 F 为固定成本。由于 $P' < \mathrm{AVC}$，因此利润最大化的结果就是 $y^* = 0$，最优利润 $\Pi^* = -F$。即企业的最好策略就是不生产任何产品，保持最小亏损为 $-F$。因此，只有在价格大于平均变动成本时，企业才愿意供给产品。所以，企业的供给曲线只有在市场价格处于平均变动成本之上的部

分才有意义，而此时边际成本也大于平均变动成本。

综上可见，在完全竞争的市场上，边际成本线位于平均变动成本之上的、向上倾斜的部分（图中粗线部分），就代表了企业的短期供给曲线。

（二）长期供给曲线

从长期来看，企业可以根据其产出量 x 调整自己的固定投资 k。因此，固定投资不再是"固定"的，而是随产量 x 变动的函数，设为 $k(x)$。此时，短期总成本 $TC(x)$ 就应该改写为关于 x 和"固定"投资 $k(x)$ 的函数：$TC[x, k(x)]$。根据利润最大化的必要条件"边际收益 = 边际成本"，会导出企业的长期供给曲线为

$$P = MC[x, k(x)] \tag{3-15}$$

式中，$MC[x, k(x)]$ 表示长期成本函数的边际成本。而在长期，企业完全可以在价格太低的情况下不做任何投资而避免损失，所以在长期均衡中，企业的利润至少等于 0：$Px - TC[x, k(x)] \geq 0$，即

$$P \geq TC[x, k(x)] / x \tag{3-16}$$

$TC[x, k(x)] / x$ 就是长期平均成本（long-term average cost，LAC）。因此，企业的长期供给曲线应该是长期边际成本线上处于长期平均成本之上的部分，如图 3-18 所示。

最后注意，前面讨论的供给曲线都是单个企业的供给曲线。整个市场上某产品的总供给（行业供给），就是所有企业供给之和。

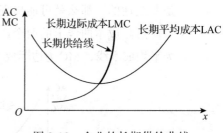

图 3-18　企业的长期供给曲线

三、不完全竞争市场下的生产决策

（一）完全垄断的情况

不完全竞争的市场包括完全垄断、寡头垄断和垄断竞争三类情形。在完全垄断情况下，生产者可以通过调整价格来影响需求，或者调整供给来影响价格（如一些石油组织主动减产以抬升原油价格、钻石生产商限制钻石产出量）；反过来，也可以说价格是销售量的函数，即 $P = P(Q)$。此时，总收益一般是销售量的非线性函数：$TR(Q) = P(Q) \cdot Q$。不像完全竞争市场，完全垄断市场的边际收益不等于产品价格。其边际收益应该为

$$MR = \frac{dTR(Q)}{dQ} = \frac{dP(Q)}{dQ} \cdot Q + P(Q) \tag{3-17}$$

与生产函数类似，总收入函数的边际收益也是递减的。例如，若价格是产销量的线性函数：$P(Q) = a - bQ$，则立即有 $MR = a - 2bQ$，是关于 Q 递减的直线，而且其斜率的绝对值是需求曲线斜率绝对值的 2 倍。同样地，最优利润仍然出现在边

际收益和边际成本曲线的交点处，如图 3-19 所示。

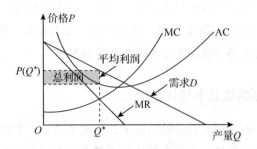

图 3-19　完全垄断下的边际收益、边际成本和最优产量

假设价格是销售量的线性减函数：$P = 55 - 5Q$，单位变动成本为 15 元 / 件，固定成本 30 元，则利润函数为

$$\Pi(Q) = (55 - 5Q)Q - (30 + 15Q)$$

容易证明 $\Pi(Q)$ 关于 Q 是严格凹函数，由一阶条件 $d\Pi(Q)/dQ = 55 - 10Q - 15 = 0$，得到最优产量 $Q^* = 4$ 件。将最优产量代入边际收益公式，得到其边际收益为

$$MR = dP(Q)/dQ \cdot Q + P(Q) = -5 \times 4 + 55 - 5 \times 4 = 15 \text{（元）}$$

刚好等于边际成本（即单位变动成本）。

在最优产量处，销售价格为 $P = 55 - 5 \times 4 = 35$（元 / 件），总利润为 50 元。显然，在垄断环境下，市场价格会超出边际收益 / 边际成本，也就是说，企业会索取超出其边际成本的尽可能高的价格，其短期供给曲线不再是边际成本线。

（二）寡头垄断与垄断竞争的生产决策

寡头垄断的生产决策比完全垄断要复杂。在完全垄断时，我们可以简单地假设产品需求只与其自身价格呈函数关系：$P = f(Q)$，因而很容易得到利润最大化的决策结果。但是在寡头垄断的情况下，这个假设是不合适的，因为寡头的产品是可以相互替代的。所以，当一个寡头试图调整自己产品的价格以获得合适的产销量时，其他寡头也将调整自己的产品定价以应对这种竞争。结果，某寡头厂商的产销量，不光是自身产品价格的函数，也要受到其他厂商决策的影响。

比如，若三星公司对自己的某款手机采取降价策略以吸引顾客，那么因为降价而新增的需求并不是完全由三星手机的价格本身决定，这还要看其他手机厂商对同档次的手机是否也采取降价策略。因此，在广义上说，寡头垄断情况下的产销量受很多因素的影响，可能是其他产品价格的函数：$Q = f(P_1, P_2, \cdots, P_n)$。对这类利润最大化的生产决策问题，一般需要运用博弈论的方法求解，比完全垄断的情况处理起来复杂得多。

相比寡头垄断，垄断竞争可能是市场结构中最常见的形式，但垄断竞争的生产决策，处理起来比所有情况都要复杂，分析起来都更困难。这并不是由于参与博弈的厂商数量变多，而是因为在垄断竞争情况下，决策模型既包括厂商可选策略的性质，又要考虑产品和具体的技术细节。不同产品的替代性、需求曲线的形态、产品的差异化特征、行业的制度结构，以及企业相互关系等，则表现得更加纷繁复杂。对于垄断竞争的市场分析，需要更高级的工具和技巧。

（三）垄断的低效率与社会损失

如果能在不损害别人利益的情况下，使某个或某些个体的利益有所改进，这种改进就称为帕累托改进。如果系统达到了某个状态，在这个状态下，不存在任何可能的帕累托改进，就称该系统处于帕累托最优状态，也称系统是帕累托有效的。

对于图3-19的情况，假设能说服企业在其"最优"产量的基础上再多生产一个单位的产品：如果原来的 Q^* 个产品仍然按照 $P(Q^*)$ 的价格出售，那么为了将新增的一个单位的商品卖出且不损失利润，其销售价格就应该低于价格 $P(Q^*)$，而高于产量 Q^*+1 对应的边际成本 $MC(Q^*+1)$，如图3-20所示。如此一来，消费者获得了新的价值，而生产者也一样获得了新的剩余。所以，在 Q^* 的基础上多产出一个产品可以使生产和消费双方都同时获得改进且不损害对方的利益，从而实现了一个帕累托改进。既然存在一个帕累托改进，那么产量 Q^* 处的资源配置就不是帕累托有效的。

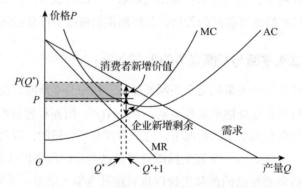

图3-20　垄断厂商的最优产量不是帕累托有效的

但是，垄断厂商不可能对每个消费者"定制"价格，比如他不可能知道谁是第 Q^* 个产品之前的消费者，也不知道谁是专门去买第 (Q^*+1) 个产品的消费者。一般而言，企业会对整个消费群体制定一个统一的价格。如果这个统一的价格是外部市场决定的，而不是企业决定的，那么企业就从垄断市场进入了一个竞争市场。此时的竞争均衡产量和价格就是需求曲线和边际成本曲线的交叉点 (Q_E, P_E)，如图3-21所示。

竞争市场和垄断市场相比，企业减少了生产者剩余 A，但是增加了生产者剩余 C；消费者增加了消费者剩余 $A+B$。所谓剩余，就是价值与市场价格的差。所以从垄断市场过渡到竞争市场,可以使整个社会新增价值:$(-A+C)+(A+B)=B+C$。这也就是垄断造成的额外损失。

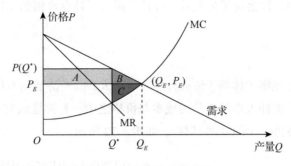

图 3-21 垄断的额外损失

注意,这里的所谓"额外损失"是从整个市场或社会角度来说的,并不是指垄断企业的利润损失。作为垄断企业来说,垄断产量仍然是其最优利润点,而其超额利润正是来源于对消费者价值剩余的侵占。因此,在垄断市场中,企业的处境会好于消费者的处境,其代价就是整个市场资源配置的无效率和全社会的价值损失。

第五节 市场失灵

在自由竞争市场中,企业的边际收益与边际成本运行在市场均衡价格上,此时消费者剩余和生产者剩余的总和达到最大。这样的资源配置被称为是有效率的,实现了社会最优。但市场本身往往并没有能力自发地达到社会最优,从而出现"市场失灵"(market failure)的现象。

所谓市场失灵,是指市场机制在某些领域不能起作用或不能起有效作用,而导致不能通过市场提供符合社会效率条件的商品或服务的情况。比如在垄断的情况下,垄断企业提供的产品量及其定价并不是帕累托有效的,也没有实现社会总价值最大。造成市场失灵的原因主要包括:不完全竞争、产品外部性、非对称信息、不完全信息和公共产品问题。

一、不完全竞争

不完全竞争伴随着垄断的各种形式。当某个企业在市场上具有单独的市场力量时,比如具有独享的专利权、地方特权、传统势力、高技术壁垒等,企业就会将产品价格定在高于其边际成本的水平上而形成垄断。消费者在此时的购买量就比自由竞争情况下要少,产品的销售和购买情况并不能反映真实的供求关系,因而市场是不充分的。

比如在某些国家,少数电信企业依靠行政命令或者对基础设施的垄断性占有而实现了某种形式的垄断,其电信服务产品的定价一般就会远高于其边际成本。虽然企业获取了超额利润，但消费者得到的价值和满意度却大大下降。同时，产品超过其边际收益的高定价使得消费者的需求量低于实际需求。这种垄断就造成了市场机制不再起作用，社会资源配置效率较低，阻碍了社会价值的总体最大化。

二、外部性

外部性是经济主体的（包括自然人与法人）的经济活动对他人造成了影响，而又未将这些影响计入市场交易的成本与价格之中。外部性既有有害的一面（负外部性），也有有利的一面（正外部性），如图3-22所示。

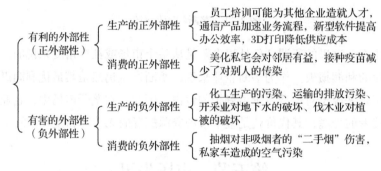

图3-22 经济主体的外部性

考虑一个靠近农田的化工厂，其排放的污水与废气损害了周围的农田，使农民遭受损失。农民遭受损失的程度与化工厂产品的产量同方向变化：化工厂的产量越多，排放的污染物就越多，农民遭受的损失就越大。农民的损失是化工厂生产活动所造成的社会成本。显然，在纯市场环境下，化工厂不会对自己的污染主动承担责任并在其产品的交易价格中让出一部分作为对社会的补偿，也就是说，市场机制没有反映其真实价格。此时，就需要采用外部力量，比如以行政手段征收污染治理费、对超标排放以法律手段进行惩罚，使企业在实际上分摊其产品污染的外部性成本。

再考虑另一个例子，当微软将其视窗系统、办公软件等不断推向成熟时，消费者就能更方便、快捷地实现各种业务的处理。从这个角度来看，微软的软件系统本身的销售价格甚至低于其潜在的社会影响，其正外部性可能被忽略了。类似地，复印机企业赚取利润的同时，对信息传播做出了重要贡献；互联网企业在赚取利润时，对知识传播起到了促进作用；谷歌的搜索引擎在赚取服务费的同时，也使其他用户得到了快速获取信息的潜在好处。这些都是典型的正外部性的例子。

三、非对称信息

（一）非对称信息的市场失灵

非对称信息是指市场上买方与卖方所掌握的信息是不对称的，一方掌握的信息多一些，另一方所掌握的信息少一些，因此掌握信息多的一方就可能运用这种信息优势超越市场机制之外行事而造成市场失灵。

1. 柠檬（次品）问题和逆向选择

柠檬（lemons）问题和逆向选择（adverse selection）指的是劣质品淘汰优质品的现象（英语中"lemon"一词有"次品"的意思）。

假设市场上同一种商品有优质品也有劣质品，劣质品应该以较低价格出售，而优质品应以较高价格出售。但是，在一个信息不对称的市场上，卖方和买方掌握的信息是不同的。例如，只有卖方完全了解自己要出售的产品的质量，而买方却并不了解，也就是说消费者并不能区分劣质品和优质品。那么市场对这种商品就只有一个统一定价，且该价格低于原来的优质品价格而高于原来的劣质品价格。于是，拥有劣质品的卖方就乐意出售他们的商品，而拥有优质品的卖方就不愿意出售。如此一来，将有更多的劣质品涌入市场，直到完全淘汰掉优质品，造成了劣质品驱逐优质品（劣币驱逐良币）的情况，这就是市场的逆向选择，它使买方的需求最终只停留在劣质品需求曲线的低水平处。

典型的例子就是二手车市场。因为卖车的人通常知道自己车辆的缺陷，而买者通常不知道。质量最差的车的卖者很容易浑水摸鱼高价卖掉自己的车，所以买者就总是担心买到次品。其结果就是，很多人不去二手车市场买车——需求停留在对劣质二手车需求的低水平上。反过来，这也造成了对二手车价值的过分低估：刚买的一辆新车，即便里程数接近于 0，而若购买者想作为二手车马上再卖出去，那么不光不可能以接近新车的价格出售，还会遭遇强烈的压价。

在保险市场上，逆向选择会使保险公司的健康保险定价高于平均健康人群的平均看病成本；在劳动力市场上，逆向选择会使人力资源主管给员工的工资高于市场平均水平。市场的逆向选择造成了产品的价值和价格严重背离，需求曲线不能反映真正总需求，即市场失灵。

2. 道德风险

信息不对称还包括道德风险（moral hazard）问题。因为只有自己才知道自己的行踪和行事方式，所以一些人在获得保险公司的保险后，会因此而缺乏防范措施，甚至采取更为冒险的放任行为，使发生风险的概率增大。后果是会破坏市场的运作，严重时会使得某些服务的市场难以建立。

3. 委托－代理问题

在委托－代理问题（principle-agent）中，由于委托人（如投资者）与代理人（如职业经理人）所追求的目标不同，并且他们所掌握的信息不对称，因而委托人不能确切知道代理人的行为，于是代理人可能为了追求他们自己的目标而牺牲委托人的利益。

以企业为例：投资者或所有者（委托者）的目标是长期利润最大化，而企业经理人（代理人）的目标是增加短期报酬、增加闲暇时间、避免风险。而且，经理人的努力程度是不可观察的——投资者难以知道，而经理人自己却很清楚。委托者和代理者目标的不同、经理人员的短视和懈怠，都可能导致企业没有发挥其最大能力，不仅使所有者的利润受损，也使社会资源配置的效率受损。

（二）非对称信息的解决方法

非对称信息问题广泛存在于市场经济中，严重干扰了市场机制的运行，因此必须尽量消除。有下述几类方法用来消除因信息不对称引起的市场失灵。

1. 信号传递

针对部分逆向选择问题，可以建立第三方认证、提供质量保证等机制，防止劣质品驱逐优质品。例如，建立专业鉴定机构对二手车进行价值评估，厂家提供质保承诺以防止劣质品厂家浑水渔利等。

2. 制度安排

针对一些逆向选择问题、道德风险问题、委托代理问题，通过设计某些制度使买保险的人（投保向人）自己约束自己的行动。例如，在家庭财产保险、车辆人身伤害保险中，保险公司并不对投保人实行全额保险，而是规定某些最低数量的免赔额。对于企业委托代理问题，可以采用年薪制、经营者持股制、股票期权制等方法，将代理人的利益尽量与委托人利益一致，防止经理人损害投资者利益。

3. 政府干预

可以制定一些政策法规来减弱信息不对称和维护市场秩序，如保护消费者权益的法规、广告的法规、保险的法规等。

四、公共产品

公共产品或公共物品，是指在消费上具有非抗争性与非排他性的产品，而私人产品是指在消费上具有抗争性与排他性的产品。所谓非抗争性，是指对于任意给定的公共产品产出水平，额外增加一个人消费不会引起该公共产品成本的任何增加，即消费者人数的增加所引起的产品边际成本等于零。所谓非排他性，就是只要某一社会存在某公共产品，就不能排斥该社会任何人消费该种产品。非排他性表明，要采取收费的方式限制任一个消费者对公共产品的消费是非常困难、甚至是不可能的，任何一个消费者都可以免费使用公共产品。

公共产品的上述特性阻碍了市场机制起作用，市场在提供公共产品方面往往无能为力，即公共产品的供给和需求难以通过自由市场来达到均衡。因此，必须由政府部门承担起提供公共产品的任务。政府需要根据社会发展水平和经过一定的程序，以及根据"边际社会成本=边际社会利益"原理，来确定提供什么以及提供多少公共产品。例如，根据社会发展水平确定公路的发展、公共体育设施的建设等。

本章小结

本章主要讨论了企业如何确定生产要素投入的最佳组合方式，如何根据不同市场情况选择合适的产销量以最大化自己的利润。这类问题在经济学中统称为厂商理论。

生产函数是生产要素投入和产出之间关系的函数，随着要素投入量的增加，单位投入对应的产出增量是不断减小的，这称为边际报酬递减律。对应不同的产出量，生产函数是一系列等值线，称为等产量线。等产量线一般凸向原点，它与反映预算约束的等成本线的切点，就是生产要素的最佳组合点。

如果考虑产销量的经济效益，就需要进行利润优化决策。总利润的最优点是边际收益等于边际成本的产量点，但它并不一定等于投入要素最佳组合对应的产量。运用边际收益和边际成本，我们可以评估企业在不同产量范围的利润变化：当固定成本不变时，只要边际收益大于边际成本，则增加产出都是有利的。

对于完全竞争的市场，边际收益就等于市场价格。从最优利润决策出发，可以证明在完全竞争市场下，企业的供给曲线就是其边际成本曲线位于平均成本之上、呈递增函数的那部分。对于不完全竞争市场中完全垄断的情况，虽然在利润最优的产销量上，"边际收益=边际成本"依然成立，但其对应的边际收益不一定等于产品价格。对于寡头垄断、垄断竞争的市场，由于厂商的决策往往相互影响，因而涉及更复杂的需求形式、竞争博弈等问题，分析起来会更加困难。

虽然垄断会造成无效率和价值损失，因而竞争市场似乎是最好的。但是，仍然广泛存在市场机制失灵的情况。此时就需要市场之外的手段，包括制度设计、政府干预等，以实现社会资源的最优配置。

思考与练习题

1. 为什么企业家才能也是生产要素之一？
2. 假设柯布-道格拉斯生产函数形式为：$Q(L, K)=20L^{0.3}K^{0.7}$，请尽可能精确地计算当$L=200$、$K=200$时，每增加1%的劳动所引起的产量的增长，以及每增加1%的资本所引起的产量的增长之比。
3. 把学习时间作为投入要素，如果每天投入1个小时学习英语，可以得到80分；投入2个小时，可以得到90分；投入3个小时，可以得到95分。请从边际报酬递减角度讨论：若每天投入4个小时学习英语，得到100分的可能性。
4. 请举出一些生产要素之间可以完全替代、部分替代和完全不能替代的例子。
5. 已知生产函数为$Q=20x+10y-0.5x^2-0.5y^2$。如果没有成本约束，则最大产量以及对应的生产要素组合是多少？若总成本预算为$C=200$元，生产要素价格分别为$P_x=10$元和$P_y=5$元，那么产量最大的生产要素最佳组合又是多少？
6. 某企业用三种方案生产同一产品。A方案：30单位劳动力L+2单位资本K，得到1个单位产出；B方案：20单位劳动力L+4单位资本K=1个单位产出；C方案：15单位劳动力 L+6 单位资本 K=1 单位产出。设劳动力单位成本为2元，资本单位成本为6.5元，总成本为130元。请画出等产量线，并用图解法求出最大产量的生产方案。

7. 什么是短期，什么是长期？短期成本和长期成本有什么区别？

8. 计算下表中的边际产值，若车间工人工资为每日30元。问：雇用几个工人最合适？

工人数	0	1	2	3	4	5	6	7
总产值	0	70	150	220	280	315	335	340
边际产值								

9. 某企业根据销售记录，得到销售收入函数为：$TR(x)=100x-0.001x^2$，成本函数为 $TC(x)=0.005x^2+4x+200\ 000$，求最大利润及最优产量。

10. 某公司每年在国内生产并销售剪草机 300 000 台，单位变动成本为 350 元／台，市场价格 450 元／台。现在公司又接到另外一批国外订单 100 000 台。若加班生产，每台剪草机人工费用上涨 50 元。若该公司准备加班生产而接受这个额外订单，请问：它们的最低价格应该是多少才能保证总利润不减少？

11. 设某产品销售价格为10元，可建设不同规模的生产系统生产该产品。方案 A 的固定投资 F_1=40 000 元，单位变动成本 v_1=6 元；方案 B 的固定投资 F_2=100 000 元，单位变动成本 v_2=5 元；方案 C 的固定投资 F_3=200 000 元，单位变动成本 v_3=2 元。请绘制它们的盈亏平衡图和利润曲线，并讨论最优生产方案。

12. 在完全竞争环境下，某企业的成本函数为 $C(x)=2x^3-15x^2+40x$，请确定其供给曲线。

13. 假设消费者消费两种产品 x 和 y，其价格分别为 p_x 和 p_y，由此产生的满足感可由函数 $S(x,y)=Ax^\alpha y^\beta$ 度量。假设消费者用于消费这两种产品的收入总预算为 C，且消费者的决策目标是在收入总预算的限制下获得最大的满足感。根据上述信息，分别确定消费者对两种产品的需求曲线。

14. 设某企业完全垄断国内市场，产品价格是销售量的线性减函数：$P=510-10Q$，单位变动成本为 10 元／件，固定成本为 1 000 元，请确定其边际成本线、平均成本线、边际收益线以及最优利润。在最优利润点上，边际收益和市场价格是否相等？

15. 市场失灵的主要原因是什么？

16. 请查找 2008 年的三鹿奶粉案件相关资料，从信息不对称角度讨论劣质奶粉为何能在市场上广泛销售？政府应该运用何种手段保证消费者的权益？

17. 大学教育的外部性如何体现？从这个角度讲，教育是否能完全市场化？

参考文献

[1] 施魏策尔, 特罗斯曼. 企业盈亏平衡分析 [M]. 魏法杰, 译. 北京: 北京航空航天大学出版社, 1994.

[2] 萨缪尔森, 诺德豪斯. 经济学（原书第18版）[M]. 肖琛, 等译. 北京: 人民邮电出版社, 2008.

[3] 戴淑芬, 殷焕武, 刘明珠. 经济与管理教程 [M]. 2版. 北京: 经济管理出版社, 2005.

[4] 高山晟. 经济学中的分析方法 [M]. 魏权龄, 成世学, 刘振亚, 译. 北京: 中国人民大学出版社, 2001.

[5] 范里安. 微观经济学: 现代观点（原书第8版）[M]. 费方域, 等译. 上海: 格致出版社, 2011.

[6] 托马斯, 莫瑞斯. 管理经济学（原书第12版）[M]. 陈章武, 葛凤玲, 译. 北京: 机械工业出版社, 2005.

第四章 宏观经济分析

经济学包括微观经济学和宏观经济学两大分支。微观经济学（microeconomics）研究的是家庭和企业如何决策，如何在市场上相互交易。宏观经济学（macroeconomics）研究的则是整体经济运行，包括通货膨胀、失业和经济增长等问题。由于整体经济由市场上众多相互交易的家庭和企业构成，如需求和供给等基本概念在宏观经济学中同样具有重要作用，因此微观经济学和宏观经济学密切相关。但是，总体大于部分之和，解决宏观经济问题还需要新的分析工具。本章简要介绍宏观经济分析，以对宏观经济学有个基本了解。

第一节 宏观经济学概述

一、宏观经济学的产生与发展

宏观经济学的产生与发展，迄今为止大体上经历了四个阶段。第一阶段：17世纪中期～19世纪中期，是早期宏观经济学阶段，或称古典宏观经济学阶段。第二阶段：19世纪后期～20世纪30年代，是现代宏观经济学的奠基阶段。第三阶段：20世纪30～60年代，是现代宏观经济学的建立阶段。第四阶段：20世纪60年代以后，是宏观经济学进一步发展和演变的阶段。

1. 古典宏观经济学阶段

宏观经济学的诸多研究问题，在很早之前就引起了人们的关注。1776年亚当·斯密的代表作《国富论》的出版，标志着西方经济学的诞生。在这个时期，有很多杰出的经济学家对宏观经济进行了早期研究，比如大卫·休谟（David Hume, 1711—1766）在18世纪就描述过货币注入的短期和长期影响，他的很多分析与当代货币学家的论述比较接近。魁奈（Francois Quesnay, 1694—1774）的《经济表》研究的是整个法国的社会再生产。马尔萨斯的《人口原理》（1798年）考虑了经济增长的前景和制约因素。阿瑟·庇古（Arthur C. Pigou, 1877—1959）发表的《工业波动》（1927年），试图对商业周期给出解释。

经过诸多经济学家的努力，古典经济学派毫无悬念地成为这个时期的主流学派。他们认为市场机制是只"看不见的手"，可以用其调节经济，把个人的利己行为引向增加国民财富和社会福利的方向。因此，该学派主张政府不要干预经济而是自由放任。

2. 现代宏观经济学奠基阶段

在这个阶段，帕累托、马歇尔和克拉克（John Bates Clark, 1847—1938）等边际主义者弘扬了边际效用递减原理，使"边际"成为现代经济分析中的一个强有力的基本概念。此外，在这一时期，经济危机伴随着经济发展连续发生，这就促使人们从宏观上探寻和解释经济波动和经济危机发生的内因，随之产生了许多种宏观经济理论及研究方法。其中对现代宏观经济学影响比较深远的有：克努特·维克塞尔（Knut Wicksell, 1851—1926）、纲纳·缪达尔等经济学家对资本主义国家经济运行机制进行考察过程中采用的总量分析方法；约瑟夫·熊彼特（Joseph Alois Schumpeter, 1883—1950）提出的用创新来解释经济周期性波动的创新经济周期理论；马歇尔、庇古、费雪（Irving Fisher, 1867—1947）等人研究货币流通数量和物价水平相互关系过程中形成的货币流通数量理论。这个时期宏观经济问题的研究方法和理论观点，尤其是对国民收入核算和统计的研究，为现代宏观经济学奠定了必要的基础。经济学家詹姆斯·托宾（James Tobin, 1918—2002）对这个时期的研究地位做出了如下评价："如果没有对国民收入和近40年来对其他方面统计的革新和改造，当前的经验宏观经济学便是不可想象的。"

3. 现代宏观经济学建立阶段

格里高利·曼昆（Gregory Mankiw, 1958—）在《宏观经济学家的双重角色》中指出，"宏观经济学崛起成为一个显著而活跃的学术领域，是在大萧条的影响下，危机比什么都更能吸引思想界的关注"。1929~1933年，美国爆发了史上最严重的经济危机，这也导致了全球性的经济大衰退。由于这次经济衰退的持续时间之长、影响之广、强度之大史无前例，因此被称为"大萧条"。大萧条给当时的人们带来了巨大的冲击，超过1/4的美国劳动人口处于失业状态，1933年美国的真实GDP比1929年下跌了31%。当大萧条发生时，时任美国总统的胡佛及其智囊团并不知道该采取何种措施，因为当时权威的经济学理论认为危机不可能爆发，市场机制是充分有效的。

大萧条的出现使一些经济学家致力于研究经济为什么会衰退以及如何避免衰退等问题。1936年，凯恩斯发表的革命性巨著《就业、利息与货币通论》（简称《通论》），率先解释了引起大萧条的经济机制，开创了现代宏观经济学。凯恩斯认为，经济衰退的原因是有效支出不足，可以通过货币政策和财政政策等干预措施来解决，管理经济是政府的职责，经济并不能完全自由放任。《通论》中的重要思想和主要观点被称为"凯恩斯革命"。

凯恩斯的新理论展现了一个探讨高通胀和高失业交替螺旋攀升的商业周期的根源的分析范式，但书中某些部分在逻辑上并不完整，于是其后一代代的宏观经济学家都在对内容进行修正补充，试图把凯恩斯的伟大思想转化成一个更简化、更具体的模型。最有影响力的是约翰·希克斯（John Richard Hicks，1904—1989）于1937年提出的IS-LM模型。该模型用形象的图表将很难把握的长篇大论进行了简化。其后，经济学家们从适合教学和便于数据检验及政策分析两个方向发展凯恩斯主义模型，并取得了一定成果。

4. 现代宏观经济学发展阶段

到20世纪60年代晚期，美国等资本主义国家出现了经济停滞和高通货膨胀并存的"停滞膨胀"（简称"滞胀"），这使得凯恩斯主义思想遭到质疑，主流宏观经济学开始瓦解。以米尔顿·弗里德曼（Milton Friedman，1912—2006）为代表的货币主义学派和以罗伯特·卢卡斯（Robert Lucas, 1937—）为代表的理性预期学派等掀起了新古典主义经济学的浪潮，并结合了微观经济学的分析工具，使宏观经济学的理论更加严格。新古典主义与其后发展的新凯恩斯主义展开了长期的论战，两者的区别主要在于对价格黏性、市场出清假设方面的不同观点，两个经济学派的争论不断升温，而其后的很多年轻学者则对争论采取了回避的态度，把注意力转向了商业周期之外的其他领域。此后又出现了新古典综合学派，把新古典主义和新凯恩斯主义经济思想综合起来，既保留了凯恩斯宏观经济学的传统思路，又补充进了微观经济基础。新古典综合学派的思想现在已被经济学家们普遍接受。

二、宏观经济学的研究对象和方法

（一）宏观经济学的定义

关于什么是宏观经济学，并没有统一的定义。

著名经济学家、诺贝尔经济学奖获得者保罗·萨缪尔森在其著作中将宏观经济学定义为："宏观经济学是将整个经济运行作为一个整体来进行研究的，所考察的是影响企业、消费者和工人的总体因素"。哈佛大学曼昆教授将宏观经济学描述为，"研究整体经济现象，包括通货膨胀、失业和经济增长"。

现在更为一般的定义认为，宏观经济学是以整个国民经济活动为研究对象，主要研究国民收入、社会就业量、物价水平、经济增长速度、经济周期波动等全局性的问题。

(二) 宏观经济学的研究对象

与微观经济学相对应，宏观经济学更侧重于研究总体经济行为，以社会总体经济活动为研究对象。

斯蒂芬·D.威廉森（Stephen D. Williamson，1957—）在其著作中提到，"宏观经济学的研究对象是众多经济主体的行为。它关注的是消费者和企业的总体行为、政府的行为、单个国家的经济活动总水平、各国间的经济影响，以及财政政策和货币政策的效应。宏观经济学有别于微观经济学，因为它涉及的是所有经济主体的选择对经济的总影响，而不是单个消费者或企业的选择对经济的影响。"

保罗·萨缪尔森将宏观经济学的两大核心命题概括为，"产出、就业、金融环境和价格的短期波动，即所谓的商业周期；产出和生活水平的长期变动趋势，即所谓的经济增长"。

与上述两位学者相比，我国著名经济学家高鸿业（1921—2007）的论述则更为具体，"宏观经济学研究社会总体经济行为，也就是研究国民收入，即研究如何使国民收入稳定地以较合适的速度增长。这表明，宏观经济运行中的主要问题有：经济波动及与此相联系的就业与失业问题；价格水平及与此相联系的通胀问题；经济增长问题"。其观点可概括为宏观经济旨在研究社会整体经济活动，为保持国民收入稳定增长寻找对策。

从研究的具体问题看，宏观经济学的研究对象主要有以下四个方面。

1. 总产出

国民收入决定理论是宏观经济学的核心，因此宏观经济学的首要任务就是分析与核算和整个国民经济收入有关的最基本的总量，包括国民生产总值、国民生产净值、国民收入以及相应的经济总量的决定与变动。这是进一步研究和解释整体经济中其他各种问题的基础。

2. 通货膨胀

通货膨胀是指一个经济体的物价水平在一定时期内的持续上涨，与一个经济体的发展几乎是如影随形。为什么会发生通货膨胀，怎样衡量通货膨胀，为什么人们不喜欢通货膨胀，它给我们造成了什么危害等，都属于经济社会所关注的焦点问题。因此，探寻通货膨胀的性质、种类及其原因，并提出相应的对策，已成为宏观经济学的主要任务之一。

3. 失业

20世纪30年代空前严重的经济危机使西方世界的失业和半失业人口高达4 000

多万,成为经济发展和社会稳定所面临的严重问题,各种经济政策主要被设计用来对付失业这种经济现象。因此,研究失业的性质、特征、分类、原因及解决方法成为宏观经济学的另一重要课题。

4. 宏观经济政策

宏观经济政策是政府有意识、有目的地运用一定的政策工具,调节和控制宏观经济的运行,为实现宏观经济运行目标而采取的措施的总和。凯恩斯经济学派认为,宏观经济学是为国家干预经济服务的,宏观经济理论要为这种干预提供理论依据,而宏观经济政策则是要为这种干预提供具体的措施。宏观经济政策包括财政政策、货币政策以及二者的协调等。

(三) 宏观经济学的研究方法

宏观经济学研究的是社会总体经济行为,因此在宏观经济学中,最常采用的是总量分析方法。用该方法分析问题时,要着重于经济整体的反应和效果,而不必过分关注个别的问题或个别经济变量。例如,宏观经济学通过研究总产出和总价格水平等指标来分析经济绩效。总产出是衡量经济在一段给定时期内的全部产出的指标,总价格水平是衡量经济体系中总的价格水平的指标。利用这些总量指标,我们可以研究商业周期以及财政政策和货币政策对于治理商业周期的作用。应当注意的是,宏观经济学研究中的总量分析方法,并不是简单地将微观经济中的个体进行加总。

根据目前已有的文献,宏观经济学用到的研究方法还有以下五种。

1. 均衡分析法

均衡分析是指在假定经济体系中的各个变量既定的条件下,考察经济体系达到均衡时所出现的情况以及实现均衡所需要的条件。然而,现实中外界条件不断发生变化,均衡很难甚至永远也达不到,因此在均衡分析中只考察达到理想均衡时的情况。

均衡分析包括局部均衡分析与一般均衡分析。局部均衡是指经济体系中单独一个消费者,一个商品市场或生产要素市场或一个行业的均衡状态。在局部分析中,一种商品价格是在假定"其他条件不变"的情况下决定的,即该种商品的价格只受商品本身的供求状况影响。而一般均衡是指一个经济体系中,所有市场的供给和需求同时达到均衡的状态。因此,在一般均衡分析中,只有在所有商品的价格和供求都达到均衡时,某种商品的价格和供求的均衡才能实现。

2. 实证分析与规范分析

实证分析首先给出与经济行为有关的假定,但并不对这些假定正确与否进行探讨,而是在此基础上预测经济行为产生的后果。一般程序是:首先提出对经济现象给予解释的理论，然后用事实来验证理论，并依据理论对未来做出预测。这种分析方法用来研究和说明经济现象"是什么"以及社会经济问题"实际上是如何解决的"，具有客观性。

规范分析则从一定的价值判断出发，提出经济行为的标准，并研究如何才能符合这些标准。主要用来判断经济事物是否符合既定的价值标准，其结论受到价值判断的影响。

规范分析与实证分析方法相互补充、功效各异，前者以后者为基础，后者以前者为指导，构成一个统一的整体。

3. 静态、比较静态和动态分析

静态分析是分析经济现象的均衡状态以及有关经济变量处于均衡状态所必须具备的条件，但不涉及达到均衡状态的过程，即完全不考虑时间因素。

比较静态分析是分析在已知条件发生变化后经济现象均衡状态的相应变化，以及有关经济变量在达到新的均衡时的相应变化，即对经济现象有关经济变量一次变动的前后进行比较，并不涉及变动期间以及具体变动过程。

动态分析是在引进时间变化序列的基础上，研究不同时点上的变量在均衡状态的形成和变化过程中所起的作用，考察时间变化过程中均衡状态的实际变化过程，因此动态分析又称为过程分析。在宏观经济学中，对经济增长、通货膨胀、经济周期等问题的分析都采用了动态分析方法。

4. 存量分析与流量分析

存量是指在某一特定的时点上，过去生产与积累的某种经济变量的结存数量；流量是指一段时间内，某种经济变量变动的数值。比如，2020年年底存在的失业人数是存量，2020年新增加的失业人数则是流量。

存量分析是指对一定时点上已存在的有关经济总量的数值及其对其他有关经济总量的影响进行分析；流量分析则是指对一定时期内有关的经济总量的产出、投入的变动及其对其他有关经济总量的影响进行分析。

5. 经济模型方法

经济模型是对与所研究的经济现象相关的经济变量之间关系的抽象描述。一般来说，经济模型的分析方法主要包括：模型的建立、模型有效性的理论检验和经验检验、模型的修正和模型的运用。其步骤大致是：①提出需要研究的问题；②舍去次要变量，设定主要变量；③根据一定的经济理论设定假设前提；④根据一定的经济理论，把设定的变量列成一定的方程式（模型），以该模型对经济现象进行描述；⑤以现实数据进行实证检验和分析；⑥判断模型的分析结论是否符合实际情况，并对模型进行完善和修改；⑦运用经济模型预测未来经济发展和走向。

第二节　GDP、失业、通胀与经济周期

国内生产总值（gross domestic product，GDP）是核算国民经济活动的核心指标，显示了一国的经济全貌。根据奥肯定律[⊖]，GDP每增加2%，大约可降低1%的失业率，因此GDP的增加会促进社会就业，减少失业人口。同时，GDP的变动对经济社会的价格水平也会产生影响，且实际GDP的波动存在周期性，通过探究这种波动的各个阶段和原因，可以对长期的经济发展有更准确的认识，并有助于预测未来经济走势。本小节将对宏观经济学的核心问题：国内生产总值、失业、通货膨胀以及经济周期逐一介绍。

一、国内生产总值

国内生产总值，是指一国在一定时期内生产的所有最终产品和劳务的市场价值。这个定义将GDP作为一国经济中的总支出，由于对一个国家来说，收入必定等于支出，因此GDP既衡量总支出又衡量总收入。根据经济循环流转图（参见第二章图2-1），在产品和服务市场上，消费者进行消费支出，从生产者那里购买产品和劳务，这些支出通过产品和服务市场从消费者流向生产者，形成消费收入。当生产者支付工资、租金、利润时，这些收入通过生产要素市场又流向消费者。货币不断地从消费者流向生产者，然后又流向消费者。GDP衡量的就是某个方向上的货币总流量，这可通过加总消费者的总支出，或者加总生产者支付的总收入来计算。考虑到经济体中所有的支出都将成为别人的收入，因此两种思路计算出来的GDP应该是相同的。

现实经济要复杂得多，比如消费者没有支付其全部收入、部分收入用于支付政府税收，如所得税和消费税，或者将部分收入用于储蓄以备未来所用等。而消费者的总收入除了工资、租金和利润之外，还会有政府的转移支付，如社会保障金或失业保险金等。消费者也可能并没有购买经济中生产的全部产品和服务，其中一部分由政府、个别生产性企业甚或世界其他地方来购买。所以，GDP的定义虽然简单，但是实际计算中却相当复杂。

GDP的核算需要注意下述几个要点。

（1）GDP核算的是最终产品的市场价值。这要求核算时必须将中间产品的价值去除，以防止重复计算。例如，假设当年新生产的棉花价值为100元，布匹生产企业全部购买后用其生产纱布并以150元的价格出售给服装生产企业，然后服装生产企业制成市场价格为280元的衣服。在这一过程中，衣服是最终产品，而棉花、纱布是中间产品。最终产品的市场价值是280元，而若简单地将所有价格加总，得

⊖ 奥肯定律：失业率变动百分比≈$\frac{1}{2}$×（GDP变动百分比-3%）。在阿瑟·奥肯（Arthur Okun，1928—1980）1962年提出该定律之后的某些时期的确应验，但时至今日它已无法准确预测失业率与GDP的关系。

到的是 100+150+280=530（元），棉花价值被计算了三次、纱布被计算了两次，产生了重复计价，这是不准确的。

（2）GDP 是一定时期内生产的最终产品价值，并非出售的产品价值。一定时期通常是一年或一个季度。假设某企业 2020 年生产 1 000 万元的产品，卖掉了 800 万元的产品，其他 200 万元产品就应看作是企业自己买下来的存货投资，同样要计入 2020 年度的 GDP 中。而若该企业在 2020 年卖掉了价值 1 500 万元的产品，其中 500 万元的产品是 2019 年生产的，那么计入 2020 年度 GDP 的仍是 1 000 万元，剩下的 500 万元是 2019 年所生产，已在过去计入了 2019 年度的 GDP。

（3）GDP 是流量而非存量。GDP 是计算期内生产的最终产品的价值，对于已经计入以前年度的价值，因为不属于核算期内发生的流量，从而不再计入当期 GDP。例如，并非当期生产的二手房，它的价值已计入其建造期的 GDP，因此二手房买卖成交额不计入交易发生期的 GDP。但是，买卖二手房的经纪人费用可以计入交易发生期的 GDP，因为这笔费用是经纪人在当期买卖二手房过程中提供服务的报酬。

（4）GDP 核算的是市场价值。GDP 一般仅计算市场活动导致的价值，所以家务劳动、自给自足生产等非市场活动不计入 GDP。

除了 GDP 之外，国民生产总值（gross national product，GNP）是另一个常用的测量总收入与总产出的指标。GNP 是指某国国民所拥有的全部生产要素在一定时期内所生产的最终产品的市场价值。GNP 强调国民概念，GDP 计算的是一国或地区内产品的市场价值，强调地域概念。如果一个美国公民来中国工作，那么他的收入计入中国的 GDP，同时应该计入美国的 GNP。如果一个国家一定时期内的 GNP 超过 GDP，那么说明该国公民从外国获得的收入超过了外国公民从该国获得的收入，而当 GDP 超过 GNP 时，情况相反。

（一）如何衡量 GDP

国内生产总值（GDP）的计算方法，主要有生产法、收入法和支出法。生产法就是计算生产过程中的价值增值，即把经济社会一段时期中生产服务活动的价值增值加总求和，这种方法不经常使用。

收入法又称为成本法、生产要素法、要素收入法或要素支付法，通过核算整个社会在一定时期内获得的收入来求得 GDP。收入法是将生产商品与劳务所使用的生产要素的报酬加总，包括工资、租金、净利息、非公司企业收入与公司税前利润、企业间接税、企业转移支付和折旧等。

在中国，季度 GDP 以生产法为基础进行核算，年度 GDP 采用生产法和支出法两种方法进行核算。支出法又称为产品支出法、产品流动法、最终产品法。因为在生产过程中，总产出等于总支出，所以 GDP 可以通过核算一定时期内购买最终产品和劳务的支出总和来得到。支出法从社会对产品的消费角度出发，把当期用以购买最终产品和劳务的货币加总，就得到当期的 GDP。支出主要包括消费

（consumption，C）、投资（investment，I）、政府购买（government purchase，G）和净出口（net export，NX）。

1. 消费

消费支出是指居民个人除购买新住房和建造住宅之外用于最终产品和劳务的支出。包括购买耐用品（如汽车、家用电器、家具等）、非耐用品（如食品、衣服等）和劳务（如医疗、理发、音乐会等）。

2. 投资

投资支出是指一国对一段时期内其建筑物、机械设备、存货等资本存量增加部分的支出。值得一提的是，居民个人用于购买新住房和建造住宅属于投资支出。

此处，需要注意区分 GDP 核算中的投资与金融投资。GDP 核算中的投资是指购买用于生产其他产品的耐用资本品，可称为"实体投资"。而一般生活中提到的投资指的是金融投资，是指购买股票、基金以及债券等金融资产的行为。用现金或银行存款购买金融资产实现的只是将一种形式的金融资产转变为另一种形式的金融资产，这个过程并没有实体投资发生。因此金融投资并不包含在、更不等同于用于核算 GDP 的投资。

3. 政府购买

政府购买支出是指各级政府购买最终产品和劳务的支出。如政府支付公务员的薪酬、建筑道路、开办学校等方面的支出。

需要强调的是，政府购买属于政府支出的一部分。政府支出包括政府购买支出、转移支付（如政府对残疾人和失业者发放的救济金等）和支付公债利息。然而，转移支付和支付公债利息并不纳入 GDP 核算范围，因为这两项政府支出并不用于交换现期生产的产品和劳务。

4. 净出口

净出口是指产品和劳务的出口额与进口额之间的差额（出口额－进口额）。随着贸易全球化的发展，某国境内最终产品和劳务的生产量与该国境内对本国生产的最终产品和劳务的消费量不一定完全相等。比如，我国生产的一些产品（如工业制成品、食品等）会销往海外，这些项目构成了我国的出口；与此同时，我国居民消费的一些产品（如俄罗斯的天然气、日本的汽车等）是由别国生产并输入中国，这些项目构成了我国的进口。由于 GDP 核算的是一定时期内一个国家境内生产的全部最终产品和劳务，所以核算中要加上本国的出口额并扣除进口额（即净出口）。根据支出法，GDP 核算公式为

$$GDP = C + I + G + NX \qquad (4\text{-}1)$$

中国在 2012 年的 GDP 构成如表 4-1 所示。

表 4-1　中国 2012 年 GDP 构成

项　目	总量（亿元）	占比（%）
消费（C）	198 536.8	37.13
投资（I）	248 389.9	46.45
政府购买（G）	14 636.1	2.74
净出口（NX）	73 181.8	13.68
GDP	534 744.6	100

数据来源：中国国家统计局网站。

如果从收入角度以收入法核算 GDP，则包括折旧、间接税和企业转移支付等。那么，从 GDP 中扣除折旧即为国内生产净值（net domestic product，NDP）；NDP 扣除间接税和企业转移支付加政府补助金，得到的是生产要素在一定时期内提供生产性服务所得的报酬，即真正意义上的国民收入（national income，NI）；NI 中包括公司的未分配利润、公司所得税及社会保险税（费），从 NI 中扣除这些项目，再加上政府给个人的转移支付，得到的就是个人收入（personal income，PI）；PI 扣除个人所得税后的剩余部分才归个人支配，税后的个人收入称为个人可支配收入（disposable personal income，DPI）。

（二）名义 GDP 与真实 GDP

GDP 用货币来衡量，所以 GDP 的大小除了受到生产的产品量和提供的劳务量的影响，还会因为其价格的变化而不同。为了方便比较各年 GDP 大小和分析变化的原因，我们引入名义 GDP 和真实 GDP（也称实际 GDP）的概念，在一般情况下多采用真实 GDP 来衡量经济发展状况。

名义 GDP，又称货币 GDP，是用生产物品和劳务的当年价格计算的全部最终产品的市场价值。真实 GDP 是用以前某一年作为基期价格计算出来的全部最终产品的市场价值。即

$$\begin{cases} 名义GDP = 当期产量 \times 当期价格 \\ 真实GDP = 当期产量 \times 基期价格 \end{cases} \tag{4-2}$$

假设一个经济体只生产玉米和小麦。表 4-2 提供了该经济体在 2018 年、2019 年和 2020 年两种物品的价格与产量。

表 4-2　名义 GDP 与真实 GDP

年份	小麦价格（元/千克）	小麦产量（千克）	玉米价格（元/千克）	玉米产量（千克）
2018	1	100	2	150
2019	2	200	3	200
2020	3	300	4	250

如果以 2018 年为基期，那么在 2018、2019、2020 年各年的名义 GDP 和真实 GDP 分别为

$$2018年名义GDP = 1\times100 + 2\times150 = 400(元)$$
$$2018年真实GDP = 1\times100 + 2\times150 = 400(元)$$
$$2019年名义GDP = 2\times200 + 3\times200 = 1\,000(元)$$
$$2019年真实GDP = 1\times200 + 2\times200 = 600(元)$$
$$2020年名义GDP = 3\times300 + 4\times250 = 1\,900(元)$$
$$2020年真实GDP = 1\times300 + 2\times250 = 800(元)$$

本例中，2018 年名义 GDP 与实际 GDP 的差距，可以反映这一时期和基期（2018 年）相比价格变动的程度。$1\,000 \div 600 \times 100 = 166.7$，说明从 2018 年到 2019 年该国物价水平上升了 66.7%。在这里，166.7 称为 GDP 平减指数。GDP 平减指数衡量的是相对于基期价格的现期物价水平。其计算公式如下：

$$GDP平减指数 = \frac{名义GDP}{真实GDP} \times 100 \qquad (4\text{-}3)$$

（三）国内生产总值与经济增长

对于经济增长，许多经济学家下过定义。最权威的是美国经济学家库兹涅茨（Simon Smith Kuznets, 1901—1985）对经济增长所下的定义，"一国的经济增长，可以定义为给居民提供种类日益繁多的经济产品的能力长期上升，这种不断增长的能力是建立在先进技术以及所需要的制度和意识形态做出相应调整的基础上的"。

GDP 的大小可以衡量一国的经济规模，通过对比不同年份的 GDP 可以分析国家的经济状况。一般经济分析中通过计算实际 GDP 增长率来研究经济增长，实际 GDP 增长率反映经济总量的扩张度，其计算公式为

$$实际GDP增长率 = \frac{当年的实际GDP - 前一年的实际GDP}{前一年的实际GDP} \times 100\% \qquad (4\text{-}4)$$

全球共有 200 多个国家和地区，其中有非常富裕的国家，也有非常贫穷的国家，这足以见出各国的经济水平和经济增长率有着非常显著的区别。但是，富裕的国家不一定会一直保持经济领先，因为一些经济落后的国家可以用高速的经济增长来追赶经济领先的国家。如表 4-3 所示，中国在 1978 年的名义 GDP 总量为 3 650.2 亿元，而 2014 年高达 636 462.7 亿元。美国 2001 年 GDP 总量突破 10 万亿美元，2014 年的 GDP 超过了 16 万亿美元。中国 2014 年的 GDP 总量首次突破 60 万亿元人民币，以美元计，首次突破 10 万亿美元，达到美国 GDP 总量的 2/3，同时 GDP 总量稳居世界第二。经过多年发展，中美两国间的 GDP 水平差距在缩小。图 4-1 展示了世界主要经济体 2008～2018 年的实际 GDP 增长率。

表 4-3 中国几个主要年份的 GDP （单位：亿元）

年份	1978	1990	2000	2010	2013	2014	2015	2016	2017	2018
GDP	3 650.2	18 774.2	99 776.3	412 119.3	588 018.8	636 462.7	685 992.9	740 060.8	820 754.3	900 309.5

资料来源：中国国家统计局。

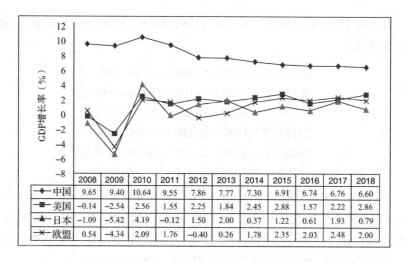

图 4-1　世界主要经济体 2008~2018 年的实际 GDP 增长率

资料来源：国际货币基金组织。

GDP 的增长代表一个国家经济发展水平的提高，实际 GDP 增长率的提高代表一国经济的持续增长。虽然 GDP 增长率确实可以直观且便捷的反映一国经济增长的情况，然而 GDP 仍然存在一定的局限性。例如，GDP 不能揭示经济增长对自然资源与环境的影响、不能直接衡量社会的幸福程度和公正水平，而且 GDP 核算过程本身也可能存在部分遗漏。因此在衡量经济增长时，不能只看 GDP 的增加与否。经济增长既要追求真实 GDP 增长率的稳定及提高，还要考虑到经济增长的效率，提高资源利用率，降低对环境的污染，实现经济的绿色可持续发展。

二、失业

普通家庭的主要生活来源是家庭成员努力工作挣取的工资。工作对于每个家庭维持其生活水平来说非常重要，失业则意味着现期生活水平暂时或永久的降低。因此，创造就业机会，减少失业是每届政府制定政策时重点关注的民生问题。

（一）如何衡量失业

GDP 衡量的是一定时期内运用生产要素所生产的最终产品和劳务的市场价值之和，当在这一时期内全部的生产要素（包括劳动）都得到充分利用时，整个经济社会的劳动要素就实现了充分就业。然而，绝对的充分就业只有在理想状态下才会出现，劳动要素不可能时时处于充分就业，现实生活中失业现象普遍存在。当社会上存在闲置劳动力时，便意味着有劳动者处在失业状态。

一般而言，一个国家的成年人口（16 岁以上）分类如图 4-2 所示。

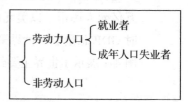

图 4-2　劳动力人口与非劳动力人口

国际劳工组织对就业者的定义是一定年龄以上,参考期间内大部分时间用于有酬工作的人;对失业的定义是一定年龄以上,在参考期间内没有工作且正在寻找工作的人。因此,失业者必须满足三个条件:①有劳动能力;②愿意就业;③现在没有工作。不属于图 4-2 中"就业者"和"成年人口失业者"两类中的任何一类成年人属于非劳动力人口,如军人、全日制学生、监狱中的囚犯、退休人员、家务劳动者、病残者等。

失业率是指失业人口数占全体劳动力人口数的百分比,我们一般用失业率的大小来衡量失业情况

$$失业率 = \frac{失业者人数}{劳动力人数} \times 100\% \qquad (4-5)$$

(二)失业的种类及原因

宏观经济学上对失业的分类,从不同的角度看有不同的结果。

(1)按照失业人员是否自愿,可以将失业分为自愿失业和非自愿失业。自愿失业是指劳动者因为自身原因不愿接受工作而形成的失业,包括很多自身原因,比如不愿意接受现行工资、大学毕业后的"间隔年"等。非自愿失业是指愿意接受工作但仍找不到工作的失业,这类失业常常因企业的需求饱和、劳动者个人能力有限等原因造成。

(2)按照引起失业的原因,可以将失业分为周期性失业、摩擦性失业和结构性失业。周期性失业是指经济周期中的衰退或萧条时因需求下降而造成的失业,它是由整个经济的支出和产出下降造成的。摩擦性失业是指在生产过程中由于难以避免的摩擦造成的短期、局部性失业,常起源于劳动力的供给方。摩擦性失业在任何时候都存在,因此并不被认为是严重的经济问题。结构性失业是指经济结构变化等原因造成的失业,发生结构性失业时,经济社会既有失业,也有职位空缺,失业者或者没有合适的技能,或者居住地点不当,无法填补现有的职位空缺;结构性失业具有长期性,常起源于劳动的需求方。

(三)自然失业与周期性失业

经济社会在任何时期都存在难以避免的摩擦,在其发展过程中也难免会经历正常的经济结构调整。宏观经济学把经济社会在任何时期都存在的这种难以避免的原因所引起的失业称为自然失业。显然,自然失业是摩擦性失业和结构性失业之和。自然失业被认为是经济社会在正常情况下的失业,它是劳动市场处于供求稳定状态时的失业。也就是说,自然失业的存在并不影响经济社会的正常运行。

周期性失业是由经济周期变化引起的失业,当经济中总需求的减少降低了总产出时,引起整个经济体系普遍的失业。如 2007~2008 年的全球金融危机,逐渐演变为经济危机,并导致全球总需求下降和各国失业人数的猛增。因此周期性失业预

示着经济形势恶化并危害社会稳定,是需要重点解决的问题。

三、通货膨胀

当经济体中大多数产品和劳务的价格在一段时间内持续普遍上涨时,宏观经济学就称这个经济体经历着通货膨胀。通货膨胀是物价普遍上涨的一种现象,仅一种或几种物品价格的上升并不是通货膨胀。通货膨胀的发生在一定程度上会增加社会的生活成本,因此与我们每个人的生活紧密相关。

(一)衡量指标

一个经济体中商品和劳务的价格经过加权平均后,称为总体价格水平。宏观经济学中常用反映价格水平的一系列价格指数来衡量通货膨胀,最重要的价格指数有消费物价指数、批发物价指数和 GDP 平减指数等。

1. 消费物价指数

消费物价指数(consumer price index,CPI)是选定"一篮子"固定的居民生活消费品和服务,计算一篮子商品的加权价格水平随时间变动的相对数。所谓"一篮子",是指所选定进入 CPI 计算的产品种类及其比例组合。CPI 是最有影响力的价格指数,反映的是个人消费的商品和服务的整体价格水平,它能够较好地反映生活成本或生活费用的变化。CPI 变化的百分率就是通常所说的通货膨胀率,用公式表示为

$$CPI = \frac{一篮子固定商品按当期价格计算的价值}{一篮子固定商品按基期价格计算的价值} \times 100 \qquad (4-6)$$

我国测算 CPI 所用的"一篮子"产品是根据全国城乡 12 万户居民家庭消费支出产品的种类和数量测算的,目前包括食品烟酒、衣着、居住、生活用品及服务、交通通信、教育文化娱乐、医疗保健、其他用品及服务 8 大类,268 个基本分类。其中,"居住"包括了房租、地产中介等的价格,但并不包括房价,因为房产本身被认为是投资品而不是消费品。

消费物价指数的大致计算步骤如下。

第一步:调查消费者的消费情况,以确定一篮子固定商品。假设经济体中消费者的一篮子商品包括 5 个苹果和 1 个西瓜。

第二步:找出每种商品每年的价格,假设如表 4-4 所示。

表 4-4 每种商品每年的价格

年 份	苹果的价格(元)	西瓜的价格(元)
2018	2	3
2019	2	4
2020	3	5

第三步：计算每年一篮子商品的费用。

$$2018年一篮子商品的费用 = 2\times5+3\times1 = 13（元）$$
$$2019年一篮子商品的费用 = 2\times5+4\times1 = 14（元）$$
$$2020年一篮子商品的费用 = 3\times5+5\times1 = 20（元）$$

第四步：选择一年为基年（此处选 2018 年）并计算每年的 CPI。

$$2018年 CPI = 13元 \div 13元 \times 100 = 100.00$$
$$2019年 CPI = 14元 \div 13元 \times 100 = 107.69$$
$$2020年 CPI = 20元 \div 13元 \times 100 = 153.85$$

CPI 变化的百分率就是通常所说的通货膨胀率，计算公式如下

$$第 t 年通货膨胀率 = \frac{第 t 年 CPI - 第 t-1 年 CPI}{第 t-1 年 CPI} \times 100\% \tag{4-7}$$

按照上述公式可知

$$2019年通货膨胀率 = \frac{107.69 - 100.00}{100.00} \times 100\% = 7.69\%$$

$$2020年通货膨胀率 = \frac{153.85 - 107.69}{107.69} \times 100\% = 42.86\%$$

2. 批发物价指数

批发物价指数（wholesale price index，WPI）是根据大宗物资批发价格加权平均得到的价格指数，包括原料、中间产品、最终产品和进出口品，但不包括劳务。企业首先要采购物资才能生产消费品，而大宗物资的成本最终也会被企业转嫁给消费者，所以 CPI 比 WPI 滞后，故此通常可以通过观察 WPI 的变动情况来对 CPI 的变化趋势提前进行预测。

3. GDP 平减指数

GDP 平减指数（GDP deflator）是名义 GDP 和真实 GDP 的比率，反映了一个经济体所生产的所有商品的整体价格水平，并非只涉及消费品或投资品。与 CPI 不同，在计算 GDP 平减指数时，不同商品的权重可以随着它们在总产出中所占比重的变化而变化。

（二）通货膨胀的种类

根据通货膨胀的程度、对价格的影响以及人们的预期程度的不同，可对通货膨胀进行如下分类。

（1）按照通货膨胀的程度，分为温和型通货膨胀、奔腾型通货膨胀和超级通货膨胀。一般把年通货膨胀率在 10% 之内的通货膨胀称为温和型通货膨胀，西方学者认为这种缓慢的价格水平上涨是伴随社会经济发展普遍存在的，并不会造成人们对物价的怀疑，相反，它有时还会对总需求有刺激作用。

年通货膨胀率在10%~100%之间的,被称作奔腾型通货膨胀,此时价格上涨率高,公众会采取各种措施来降低自身因价格水平上涨而遭受的损失,比如用自己的银行存款购置房屋等固定资产。但使用个人储蓄购买固定资产,实际上是使资金从银行流向了社会,这又会增加社会上的货币供给,导致通货膨胀现象更为加剧。

当年通货膨胀率超过100%时,社会达到超级通货膨胀状态。这时,物价飞快上涨,货币大幅度贬值,公众对货币再无偏好,经济活动无法正常进行,会造成经济体系的崩溃和社会的动荡不安。一般将月通货膨胀率超过50%称作恶性通货膨胀。

(2)按照通货膨胀对价格的影响,将其分为平衡的通货膨胀和非平衡的通货膨胀。通货膨胀是指大多数商品价格的普遍上涨,当所有商品的价格以同比例上升时,说明经济在经历着平衡的通货膨胀。然而,各种商品的价格很难以相同的比例上升,所以大多数情况下都是非平衡的通货膨胀。

(3)按照公众对通货膨胀的预期,分为未预期到的通货膨胀和预期到的通货膨胀。预期到的通货膨胀是指人们从已经发生的经济情况可以预期的通货膨胀;未预期到的通货膨胀是指价格上升的速度超出人们的预期,例如,国际原油价格的突然上涨所引起国内价格的普遍上升等。

(三)通货膨胀的原因

宏观经济学家从不同的角度解释通货膨胀发生的原因,因而形成了不同的观点。货币主义流派把通货膨胀解释为一种纯货币行为,而其他经济学家则通过需求与供给、经济结构等方面探究了通货膨胀发生的原因。

1. 货币数量论

货币数量论认为长期货币量增加引起价格水平同比例上升,因此把通货膨胀解释为货币供给的快速增长,是一种纯货币行为。货币主义解释通货膨胀,核心就是式(4-8)给出的费雪方程。

$$MV = PY \quad (4-8)$$

式中,M表示货币供给量;V表示货币流通速度;P表示价格水平;Y表示实际产量(真实GDP)。因此,MV代表了经济社会的总支出;PY代表了名义产出水平。

设π表示通货膨胀率(即价格水平的变化率),m、v、y分别表示货币增长率、货币流通速度的变化率和实际产量(GDP)的增长率。那么在新的要素水平上,式(4-8)应该仍然成立,于是就有$M(1+m) \times V(1+v) = P(1+\pi) \times Y(1+y)$。忽略二阶项,得到费雪方程的另一形式,即

$$\pi = m - y + v \quad (4-9)$$

由于货币流通速度,即交易频率取决于人类社会的消费与生活特征(比如吃饭,一天三次;服饰换季,一年四次;工资结算,每月一次),是相对稳定的,因

此变化率 v 接近于 0。而一般来说，一个经济体的真实 GDP 变化率也接近恒定，即 y 接近定值。根据式（4-9）可知，通货膨胀率 π 就主要决定于货币增长率 m。

2. 需求拉动与成本推动效应

经济学家还通过总需求和总供给来解释通货膨胀，将通货膨胀的原因归结为需求拉动效应、成本推动效应或者二者综合作用的结果。

（1）当总需求超过总供给时，社会上便出现了超额需求，供不应求必定会导致价格的攀升。如果形成了大量物价的整体上升，就会出现通货膨胀。

（2）即便社会上没有超额需求，供给方成本的提高也会引起社会一般价格水平持续和显著的上升，形成成本推动型的通货膨胀。

成本提高的第一个原因是工资－价格螺旋效应。由于市场是非完全自由竞争的，所以劳动者可以是工资的参与制定者而非被动接受者，比如通过工会组织或自身诉求来提高工资，这就使厂商生产成本上升。结果，厂商就会提高产品价格而将增加的劳动力成本转嫁给消费者，消费者负担增大，又会要求增加工资，形成工资－价格的螺旋上升，最终会使社会物价水平不断上涨，造成通货膨胀。成本上升的第二个原因是个别垄断厂商追求超额利润而提高产品价格，当形成一定规模后，也会造成成本推动型的通货膨胀。

（3）需求拉动和成本推动作用往往同时存在，因此多数通货膨胀是由需求拉动和成本推动综合作用造成的。

3. 结构性通货膨胀

除了上述几种观点外，宏观经济学家把没有需求拉动和成本推动条件下，单纯由于经济结构变化所引起的价格水平的持续显著上升称作结构性通货膨胀。结构性通货膨胀理论认为，当经济结构发生变化时，由于社会各生产部门承担职能和工作效率的分歧，其劳务价格会产生差异，但社会上平均劳务价格会随着生产率高的部门工资的上升而提高。这种平均劳务价格的提高显然与各自所提供的劳务价值不相符，但平均劳务价格的上升却会通过工资－价格螺旋对物价造成影响，引起通货膨胀。

四、经济周期

纵观世界各国的经济发展史，没有一个国家的经济能长盛不衰。经济的上扬和下滑总是不断交替出现，并呈现周期性变化，即存在经济周期。

（一）经济周期的含义

经济周期，又叫商业周期、商业循环，指国民总产出、总收入和总就业相对于它们的潜在水平的波动。这种波动表现在几乎所有的经济部门，一般持续时间为 2～10 年。此处需要强调的是，虽然把经济的短期波动称为经济周期，但并不意味着波动是有规律的或者可以预测的,经济的波动既无规律也难以准确预测。世界上没有两个完全相同的经济周期。

(二)经济波动的阶段

经济学家一般将经济周期分为衰退和扩张两个主要阶段,经济波动如图4-3所示。

由图4-3可以看到经济周期的各个阶段。从长期来看,该经济有增长的趋势,实际GDP围绕长期趋势波动。在实际GDP中有波峰和波谷,它们代表周期的转折点:波峰是经济由扩张转向衰退的转折点,波谷是经济由衰退转向

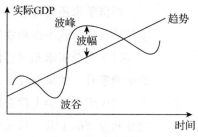

图4-3 经济周期

扩张的转折点,波峰和波谷总是相互交替出现。每次经济波动持续的时间和形态有很大差异,并没有两个完全相同的经济周期。此外,由于社会经济在长期呈现增长的趋势,因此某一经济周期在波谷时的产出水平有可能比以前周期的波峰阶段的实际GDP还要高。

(三)内生经济周期与外生经济周期

关于经济周期根源的理论,大致可以分为两类:内生经济周期论和外生经济周期论。

1. 内生经济周期

内生经济周期论在经济体系内部寻找经济周期的机制和原因,认为经济的外部因素虽然对某些时期经济周期波动产生重要影响,但是经济周期的真正推动力并不在外部(它只能起到延缓或加剧的作用),而是来自经济自身因素,包括利润推动力、利润过度资本化、心理因素、货币和信贷、非金融性过度投资以及消费不足等。这一理论主张"任何一次扩张都孕育着新的衰退和收缩,任何一次收缩也都包含着可能的复苏和扩张"。比较有名的内生经济周期理论包括货币主义经济周期理论、投资过度理论、消费不足理论、乘数-加速数模型、心理理论等。

2. 外生经济周期

外生经济周期理论则在经济体系之外的某些要素的波动中寻找经济周期的根源,如战争、革命、移民、新土地和新资源的发现、科学突破和技术创新,甚至于太阳黑子、气候变化等。比较有代表性的外生经济周期理论包括太阳黑子理论、创新理论等。

(四)几种主要的经济周期理论

(1)**凯恩斯经济周期理论**:认为经济周期形成的主要原因在于投资的变动,该

理论以投资分析为中心，以分析投资变动的原因来探讨经济周期形成的原因、过程和影响。

（2）**货币主义经济周期理论**：认为经济周期是一种纯粹的货币现象。经济中周期性的波动完全是由于银行体系交替地扩大和紧缩信用所造成的。根据这一理论，其他非货币因素也会引起局部的衰退，但只有货币因素才能引起普遍的衰退。

（3）**投资过度理论**：认为由于各种原因的存在，导致了投资的增加，这种增加会引起经济的扩张，扩张首先表现在对投资品（即生产资料）需求的增加以及投资品价格的上升上。这就更加刺激了对资本品的投资，资本品的生产过度发展引起了消费品生产的减少，从而形成结构的失衡。而资本品生产过多必将引起资本品过剩，于是出现了生产过剩的危机，经济进入了衰退，然后扩张和衰退交替出现、周而复始，就形成了经济周期。

（4）**消费不足理论**：认为经济中出现衰退与危机是因为社会对消费品的需求赶不上消费品的增长，而消费需求不足又引起对资本品需求不足，进而使整个经济出现生产过剩危机。这是一种历史悠久的理论，主要用于解释经济周期中危机阶段的出现以及生产过剩的原因，并没有成为解释经济周期整个过程的理论。

（5）**心理周期理论**：强调心理预期对经济周期各个阶段形成的决定作用。这种理论认为，预期对人们的经济行为具有决定性的影响，乐观与悲观预期的交替引起了经济周期中的繁荣与萧条的交替。

（6）**太阳黑子理论**：利用太阳黑子的活动来解释经济周期，是由英国经济学家杰文斯父子提出并通过对大量历史数据进行分析从而加以论证。该理论认为，太阳黑子活动对农业生产影响很大，而农业生产的状况又会影响工业生产和整个经济。因此，太阳黑子活动的周期性决定了经济活动的周期性。这种理论把经济周期的根本原因归结为太阳黑子的活动，是典型的外生经济周期理论。然而现代经济社会中，太阳黑子对农业生产的影响是非常有限的，而农业生产对整个经济的影响更是有限的，因此现阶段这种理论没有多大的说服力。

（7）**创新理论**：该理论源于著名经济学家约瑟夫·熊彼特，他根据时间的长短把经济周期划分为长周期、中周期以及短周期。这种理论认为，重大的技术创新（如蒸汽机、炼钢和汽车制造等）对经济增长有长期的影响，这些创新引起的经济扩张时间长，扩张之后衰退时间也长，从而所引起的经济周期就长，形成了经济的长周期。中等创新所引起的经济扩张及随之而来的衰退则形成了中周期，那些属于不重要的小创新则只能引起短周期的经济变化。

第三节　宏观经济政策

宏观经济政策是政府为了达到就业水平和物价水平的均衡状态，实现整体经济健康平稳发展而对经济活动有意识的干预，包括财政政策和货币政策。了解政府经济政策的目的，有助于我们对当前经济形势做出准确判断。本小节介绍国家干预和稳定宏观经济所采用的财政政策和货币政策。

一、宏观经济政策目标及其构成

在当前经济全球化的形势下，各国宏观经济调控的政策目标主要体现在充分就业、价格稳定、经济持续均衡增长、国际收支平衡四个方面。

充分就业是宏观经济政策的第一目标。充分就业是指经济社会在一个时期内全部的生产要素（包括劳动）都得到充分利用的状态。充分就业并不等于全部就业，而是仍然存在一定的失业。通常把失业率等于自然失业率时的就业水平称为充分就业。价格稳定是个相对概念，即要控制通货膨胀，使一般物价水平在短期内不发生急剧的波动。经济持续均衡增长是指在一个特定时期内经济社会在不以牺牲生态环境为代价的前提下，人均产量和人均收入的持续增长。此外，随着国际间贸易的日渐成熟，国际收支状况直接反映了一个开放型国家的经济稳定程度，因此如何平衡国际收支并维持稳定的国际收支状况，对国家也是非常重要的。

二、财政政策

财政政策（fiscal policy）是指国家通过调节政府支出（如政府购买、政府转移支付和政府债券利息支付）和收入水平（如税收和借债水平）以影响总需求的状况，进而达到保持经济持续增长和高就业率的目的而采取的宏观经济政策。在短期，财政政策的经济效应主要体现在通过影响总需求来作用于社会总产出水平；在长期，财政政策则能够影响经济增长。

政府支出可以理解为政府行为的全部成本和费用，主要包括政府购买、政府转移支付和政府债券利息支付。政府购买是指政府对商品和劳务的购买，其中包括政府雇员报酬、购置军需品、开办学校、建设社会基础设施等。一般来说，国防和教育是政府最大的开支项目。政府转移支付是指政府在社会福利保险、贫困救济和补助等方面的支出。政府债券利息支付是指政府财政部门为发行在外的政府债券支付借款利息。政府购买是一种实质性支出，它直接形成社会需求和购买力，计入 GDP 并转化为国民收入；转移支付和政府债券利息支付是货币性支出，其中转移支付是政府将收入在不同社会成员之间进行转移和再分配的过程，并不用于交换现期生产的产品和劳务，因此不计入 GDP，也不是国民收入的构成部分。

政府收入是指政府为了满足国家职能和社会公共支出的需要，以一定方式获得并集中起来的货币资金和社会产品，主要包括税收和政府公债。税收是国家财政收入的主要来源，具有无偿性、强制性、固定性三个特征。我国现在税收收入占财政收入的比重达 90% 以上，是我国财政收入的主要形式。公债是政府对公众的债务，当政府税收不足以弥补政府支出时，就会发行公债。发行公债一方面可以增加财政收入，同时也可以调节市场上的货币供给，因此公债是实施宏观调控的重要政策工具。

国家统计局常以一年为期计算政府收入和支出间的差额，当政府收入大于政府支出时，称为财政盈余，反之称为财政赤字。政府为实现政策目标对市场进行宏观调控，常采取"逆风向行事"原则，即当市场不景气时，政府常采取刺激需求的扩张性财政政策，如增大政府购买支出、增加转移支付、降低税收水平等；当经济过热时，政府倾向于采取抑制总需求的紧缩性财政政策，也就是减少政府购买和转移支付、提高税率等。

一般来说，财政政策对经济的传导机制可以简单理解为：财政政策的实施会影响产品市场中社会对最终产品和劳务的总需求，进而影响货币市场中的货币需求和利率，而利率的变动会对全社会的投资水平造成影响，最终影响经济社会的 GDP 水平。

三、货币政策

货币政策（monetary policy），是指中央银行通过控制货币供应量或调控利率等来影响其他经济活动所采取的措施。与能够直接影响产品市场总需求的财政政策不同，货币政策是作用于货币市场，通过改变利率、信贷条件和资产价格这一系列中间变量来间接对总需求产生影响。而且，货币政策依赖于银行体系及其运作机制。

（一）银行体系

现代国家银行体系的基本结构一般大致如图 4-4 所示。其中，中央银行⊖的功能包括三个方面。

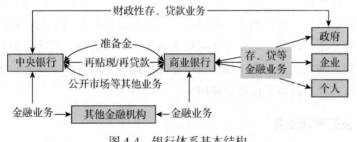

图 4-4　银行体系基本结构

（1）作为"发行的银行"。中央银行根据经济发展规模，负责（垄断）货币发行，并以再贴现、贷款、购买证券、收购金银和外汇等业务活动使新发货币流入商业银行或其他金融机构，后两者再进一步通过借贷等多种融资手段，将货币供给企业、个人或者政府机构，使之进入经济体参与经济循环。

⊖　世界主要经济体的中央银行有中国人民银行、欧洲中央银行、英格兰银行、美国联邦储备系统（美联储）、日本银行等。

（2）作为"银行的银行"。首先，中央银行首先要负责集中管理存款准备金：即国家通过立法要求商业银行将一定比例的公众存款缴存于中央银行，以保证商业银行的清偿能力，防止商业银行因"挤兑"而倒闭，这也使得中央银行可以通过调整准备金率控制货币供应。其次，中央银行充当商业银行等金融机构的"最后贷款人"，当商业银行资金周转不灵时，可用其持有的票据向中央银行申请贴现㊀（通常称为再贴现）或直接申请贷款（称为再贷款）。最后，中央银行还负责管理各商业银行和金融机构的资金清算。

（3）作为"国家的银行"。中央银行负责代理国库、代理政府债券发行、管理外汇、向政府融资、执行金融法规等。

基于银行体系及相关法律规定，中央银行可以通过调整金融政策，干预货币供给，从而影响宏观经济运行状态，这就是货币政策的基本思路。中央银行的货币政策工具主要包括法定准备金、公开市场业务和再贴现政策。

（二）中央银行的货币政策

1. 法定准备金

法定准备金是指一个国家的中央银行所规定的商业银行及其他金融机构根据其存款量，必须缴存给中央银行的最低准备金量。比如，商业银行吸收存款后，为保证客户提取现金和资金结算的需要，必须先按照法定的比率保留规定数额的准备金缴存于中央银行，这就是法定准备金。这部分准备金存储于央行之后，不能用于向企业、社会公众或政府放贷。

调增法定准备金就意味着商业银行必须在中央银行保留更多的准备金，这将导致存入银行的每一块钱中可以被放贷出去的额度减少，因而降低了货币乘数，最终使货币供给减少；与此相反，调减法定准备金会提高货币乘数，最终会增加货币供给。但是，这一政策工具在操作时缺乏伸缩性和灵活性，它依靠强制手段并且将直接影响货币乘数，会对货币供应量产生强烈影响，且对整个社会心理预期的影响非常大，所以这一政策手段很少使用。

2. 公开市场业务

公开市场业务是指中央银行在金融市场上公开买卖政府债券以控制货币供给和利率的政策手段。当中央银行在金融市场上从公众手中购买政府债券时，为债券支付的货币就增加了流通中货币的数量，市场上的货币供给量就增加；与此相反，当在金融市场上向公众出售政府债券时，公众用持有的现金或者银行存款购买这些债券，这直接使货币供给量减少。由于公开市场业务操作灵活且不易引起公众注意，因此不会对

㊀ 票据就是一种凭证，规定了出票人自己或他人支付一定金额给收款人或持票人。持票人可将未到期的票据转让给银行，银行按贴现率扣除利息后将余额票款付给持票人，这就是贴现。而商业银行若将自己持有的票据抵押给中央银行以获取资金，则就相当于将票据再次贴现，因此称为"再贴现"。

整个社会的心理预期产生很大影响，同时还能够较准确地预测对货币供给的影响，所以公开市场业务是中央银行控制货币供给最主要的手段。

3. 再贴现政策

再贴现是商业银行将已贴现而未到期的票据作抵押，向中央银行借款。借款时预扣的利率，称为再贴现率。商业银行之所以要进行再贴现，一般是由于其资金发生短缺。再贴现率低，则商业银行取得资金成本就较低，市场利率就会降低；反之，表示中央银行的资金供给趋紧，市场利率可能上升。因此，再贴现率影响着全国的利率水平，是其他利率赖以调整或变动的基础。

再贴现政策是指中央银行通过制定或调整再贴现率，来影响市场利率及货币供应量的政策手段。较高的再贴现率抑制商业银行从中央银行借入准备金，从而货币供给量就会减少；与此相反，较低的再贴现率鼓励商业银行从中央银行借入准备金，从而货币供给量就会增加。因此，改变再贴现率可以调整市场上的货币供应量。但由于只有在商业银行向中央银行借款时，再贴现率政策才会发生作用，所以它不具有主动性，往往作为其他政策的补充手段。

在我国，除了上述提到的货币政策工具外，也常常通过调节利率水平和利率结构来调整市场货币供应。常采用的利率工具包括调整中央银行基准利率、调整金融机构法定存贷款利率、调整总体利率结构等。货币政策对经济影响的传导机制可以简单理解为：货币政策的实施直接影响货币市场中的货币供给，从而引起资产价格和利率的变动，而利率的变动会对全社会的投资水平造成影响，最终影响经济社会的 GDP 水平。

一般而言，当出现经济衰退时，政府常常采取扩张性的货币政策（如降低利率），增加货币供给，以防止出现通货紧缩；而当经济社会出现需求拉动型通货膨胀时，常常采取紧缩性货币政策，如提高法定存款准备金率、在公开市场出售政府债券、提高利率等。在实际操作中，政府常常会将财政政策和货币政策混合搭配使用。在现阶段，我国的宏观经济政策就综合采用了积极的财政政策和稳健的货币政策。

本章小结

宏观经济学研究的是社会总体的经济行为，其发展经过了漫长的历程。本章首先对宏观经济学的产生与发展过程做了简单的梳理，从凯恩斯提出解释大萧条经济机制的新理论，到经济学家对该理论的进一步扩展和补充；从新古典主义与新凯恩斯主义两大学派的争论，到新古典综合学派的最终形成并对两大学派进行了整合。

宏观经济学的研究对象主要包括国内生产总值、失业、通货膨胀与经济周期四个方面，它们都与国民的经济生活息息相关。国内生产总值是经济社会在一定时期内运用生产要素所生产的全部最终产品的市场价值。国内生产总值的增加，意味着国家生产力的提高，从而可以提供更多的就业机会，促进经济社会的充分就业；另一方面，社会生产水平的提高，可以改善国民的生活水平，增加社会总需求。总需求增加和成本升高都会引起商品价格升高而造成通货膨胀；反之，当社会上物价普遍下跌时，则形成通货紧缩。这类经济波动反映到国内生产总值上，就是真实国内生产总值围绕其潜在水平的波动，这便是经济周期。

最后，介绍了宏观经济政策。为了实现国家的政策目标，即保持国民经济在高就业、低通货膨胀的环境中持续均衡增长，政府通过财政政策和货币政策对宏观经济进行调控。财政政策主要侧重于对政府收支的调控，货币政策则通过再贴现率、公开市场业务、法定准备金等工具对市场货币供给量进行调节，两种政策相互补充，缺一不可，共同作用于宏观经济。

思考与练习题

一、名词解释

宏观经济学　　　名义 GDP
失业　　　　　　通货膨胀
财政政策　　　　国内生产总值（GDP）
实际 GDP　　　　自然失业
消费者物价指数　货币政策
国民生产总值（GNP）经济增长
充分就业　　　　经济周期
法定准备金

二、判断题

1. GDP 是指经济社会在一定时期内所生产的全部有形产品的市场价值（　）。
2. 如果家庭种植的蔬菜用于自己消费，则这些蔬菜的价值不能计入 GDP（　）。
3. 若某企业当年生产 200 万元的产品，只销售 150 万元的产品，则当年该企业所创造的 GDP 为 200 万元（　）。
4. 今年交易的去年生产的汽车，应当是今年 GDP 的一部分（　）。
5. 如果中央银行希望降低利率，那么它就可以在公开市场上出售政府债券（　）。

三、单项选择题

1. 假设一国人口为 2 000 万，就业人数为 900 万，失业人数为 100 万。那么，这个经济的失业率为（　）
   A．11%　　　　　B．10%
   C．8%　　　　　D．5%
2. 自然失业率是（　）
   A．恒为零　　　　B．依赖于价格水平
   C．经济处于潜在产出水平时的失业率
   D．没有摩擦性失业时的失业率
3. 由于经济萧条而形成的失业属于（　）
   A．摩擦性失业　　B．结构性失业
   C．周期性失业　　D．永久性失业
4. 经济中只存在（　）时，则该经济被认为处于充分就业状态。
   A．摩擦性失业和结构性失业
   B．结构性失业和季节性失业
   C．摩擦性失业和周期性失业
   D．需求不足性失业
5. 年通货膨胀率在 10% 以内的通货膨胀被称为（　）
   A．温和型通货膨胀　B．奔腾型通货膨胀
   C．超级通货膨胀　　D．恶性通货膨胀
6. 一般用来衡量通货膨胀的物价指数是（　）
   A．消费者物价指数　B．批发物价指数
   C．GDP 平减指数　　D．以上都正确
7. 有关宏观经济政策的目标，下列说法正确的是（　）
   A．通货膨胀率为零，经济加速增长
   B．稳定通货，减少失业，保持经济稳定的增长
   C．充分就业，通货膨胀率为零
   D．充分就业，实际工资的上升率等于或超过通货膨胀率

四、简答题

1. 试简述宏观经济学的发展历程。
2. 试简述宏观经济学的研究对象以及研究方法。
3. 试简述 GDP 和 GNP 的不同。
4. 下列项目是否纳入 GDP，为什么？
   （1）购买了一台二手电脑。
   （2）理发时付给理发师的费用。
   （3）政府给困难户的救济金。
   （4）中国人张峪在美国打工赚取的薪酬。
5. 什么是自然失业率？试论述哪些因素会影响自然失业率？
6. 试比较分析衡量通货膨胀的消费价格指数、批发物价指数、GDP 平减指数的优缺点。
7. 试简述一个完整经济周期包含的各个阶段以及各阶段的特征。

8. 根据时间的长短，经济周期的分类有哪些？
9. 什么是货币政策，可用的货币政策工具有哪些？
10. 什么是财政政策，其主要类型有哪些？

五、计算题

1. 假设一个经济体只生产玉米和小麦。该经济体在2016年、2018年、2019年和2020年两种物品的价格与产量如下表所示。设2016年为基年。

年份	小麦价格（元/千克）	小麦产量（千克）	玉米价格（元/千克）	玉米产量（千克）
2016	2	100	4	300
2017	—	—	—	—
2018	3	200	5	400
2019	4	300	6	500
2020	4	250	8	400

（1）试计算各年的名义GDP和实际GDP。
（2）计算各年的GDP平减指数。
（3）计算2019年和2020年的经济增长率。

2. 假设某国的物价指数在2018年是500，2019年是550，2020年是570，试计算2019年和2020年的通货膨胀率。

3. 假设该经济体消费者的一篮子商品包括5个苹果和1个西瓜。每种商品每年的价格如下表所示。

年份	苹果的价格（元）	西瓜的价格（元）
2018	2	4
2019	3	5
2020	4	6

（1）以2018年为基期，计算每年的CPI。
（2）计算2019年和2020年的通货膨胀率。

参考文献

[1] Milton F. The Role of Monetary Policy[J]. American Economic Review, 1968, 58(1): 1-17.

[2] 曼昆. 宏观经济学（原书第7版）[M]. 梁小民，梁砾，译. 北京：中国人民大学出版社，2011.

[3] 曼昆. 宏观经济学家的双重角色：科学家与工程师[A]. 余江，译. 比较29[M]. 北京：中信出版社，2007.

[4] 克鲁格曼，韦尔斯，奥尔尼. 克鲁格曼经济学原理[M]. 黄卫平，译. 北京：中国人民大学出版社，2013.

[5] 萨缪尔森，诺德豪斯，等. 宏观经济学（原书第19版）[M]. 萧琛，等译. 北京：人民邮电出版社，2012.

[6] 高鸿业. 西方经济学[M]. 7版. 北京：中国人民大学出版社，2018.

[7] 郭明. 西方经济学基础[M]. 北京：清华大学出版社，2010.

[8] 凯恩斯. 就业、利息和货币通论（重译本）[M]. 北京：商务印书馆，1999.

[9] 李绍昆，曾红燕. 货币银行学[M]. 北京：中国人民大学出版社，2013.

[10] 弗里德曼. 弗里德曼文萃[M]. 胡雪峰，武玉宁，译. 北京：北京经济学院出版社，1991.

[11] 阮青松，牛小华. 宏微观经济学[M]. 北京：清华大学出版社，2011.

[12] 威廉森. 宏观经济学（原书第5版）[M]. 郭庆旺，译. 北京：中国人民大学出版社，2015.

[13] 卫志民. 宏观经济学[M]. 北京：高等教育出版社，2011.

第二部分　管理学原理

- ▶ 第五章　管理学概述
- ▶ 第六章　管理的职能
- ▶ 第七章　企业与管理

第五章 管理学概述

管理是人类社会最基本、最重要的活动之一，从远古时代人类群居群猎的集体行为诞生起，就存在着组织、协作、指挥等问题，这便是管理的雏形。在现代社会，管理更是广泛渗透于各项社会活动之中，大到国家军队的运筹帷幄，小到企业部门的日常经营，甚至家庭个人的自我约束，都处处有着管理的身影。从字面来看，管理体现的是"管辖""治理"的意思，但管理学界对于管理的概念，至今仍未有一个公认和统一的认识。这主要源于管理内涵的博大精深，以及人们对管理的认识随着社会生产的发展总在不断拓展。本章介绍管理的基本概念和发展历程。

第一节 管理的基本概念

一、管理的含义

多年来，西方众多管理学者从不同的角度对管理的概念做了不同阐释。科学管理之父泰勒认为，"管理就是确切地知道要别人去做什么，并使他用最好的方法去做"；管理过程理论之父亨利·法约尔认为计划、组织、指挥、协调和控制是管理的五大基本职能；诺贝尔奖得主赫伯特·A.西蒙指出"管理就是决策"；当代管理过程学派的代表，美国管理学家哈罗德·孔茨将管理定义为"设计和保持一种良好环境，使人在群体里高效率地完成既定目标"；斯蒂芬·P.罗宾斯认为"管理是一个协调工作活动的过程，以便能够有效率和有效果地同别人一起，或通过别人实现组织的目标"。这些不同的认识基于管理的不同侧面揭示了管理的概念，对管理理论的发展做出了贡献。

一般来说，所谓管理就是管理者在动态环境下通过对组织内部资源及整合的组织外部资源进行有效计划、组织、控制和领导，以实现组织目标的科学和艺术的过程。这一定义包括下述几点内涵：①管理服务于组织目标，是具有强烈目标意识的活动过程，给予了组织使命感和方向感。②管理既是一门科学也是一门艺术。管理被视为科学在于管理是人们通过长期社会实践和科学研究，并结合其他相关学科的研究成果总结出来的一系列反映管理活动过程中客观规律的管理理论和一般方法。然而，管理者也应当将管理视为一门艺术，因为管理具有巨大的创造性，管理的实现途径多种多样，绝非公式化甚至公理化的过程。③管理过程由一系列相关联的基本职能完成。这些基本职能脱胎于亨利·法约尔对管理职能的阐述：计划、组织、指挥、协调和控制，现代管理理论将协调并入组织职能，总结为计划、组织、领导和控制。④管理的对象既包括组织内部资源也包括组织外部资源，随着组织的不断开放化和互联网技术的全面普及，管理不能仅局限于有效利用组织内部各项资源的闭门造车，而更应发掘组织外部环境的资源输入。⑤管理环境是动态变化的。管理活动中的各类影响因素时刻都在变化，管理环境也并非一成不变，这也体现了管理需要随机应变和灵活发挥的艺术性。

二、管理的基本职能

管理是一项实践活动，人们发现在不同管理者的管理工作中，其管理行为往往包含某些类似的程序和某些具有共性的内容，比如计划、组织、控制等，人们对这些管理行为加以系统性归纳，逐渐形成了"管理职能"这一被普遍认同的概念。确定管理职能对任何组织而言都是极其重要的，但作为合理组织活动的一般职能，究竟应该包括哪些管理职能呢？法国的法约尔认为管理有五大职能：计划、组织、指挥、协调和控制；古利克和厄威克提出了七大职能：计划、组织、人事、指挥、协调、报告、预算；哈罗德·孔茨和西里尔·奥唐奈里奇则将管理的职能划分为：计划、组织、人事、领导和控制。而被人们广泛接受的是管理的四职能划分：计划（planning）、组织（organizing）、领导（leading）和控制（controlling）。

（一）计划

计划职能是指管理者对组织的目标和应采取的行动方案做出选择和具体安排的活动过程，简单来说就是预测未来并制订行动方案。其主要内容涉及：分析内外部环境、确定组织目标、制订组织发展战略、编制预算、拟定备选方案和辅助计划、选择评价备选方案等。任何组织的管理活动都是从计划开始的，因此计划是管理的首要职能。

（二）组织

组织职能是指管理者根据计划制定的目标，对组织中的各种要素包括人力资源之间的相互关系进行合理配置的过程，简单来说就是建立合理有效的组织架构。其主要内容包括：设计组织结构、建立管理体制、分配权力、明确责任、配置资源、构建有效的信息沟通网络等。

（三）领导

领导职能是指管理者为了实现组织目标而对被管理者施加影响的过程。管理者在执行领导职能时，一方面要激发组织成员的潜能，使其在组织目标实现过程中发挥应有作用；另一方面要促进组织成员之间的团结协作，使组织活动和努力方向统一和谐。具体途径包括：激励、指导、冲突处理等。

（四）控制

在计划执行过程中，由于管理环境的变化及其影响，可能导致组织活动与组织的要求或期望不一致而出现偏差。为了保证组织工作能够按照既定的计划进行，管理者必须对组织绩效进行监控，并将实际工作绩效与预先设定的标准进行比较。对于超过限度的偏差，需要及时采取纠正措施，以保证组织工作回到正确的轨道上，确保组织目标的实现。管理者运用事先确定的标准，衡量实际工作绩效，寻找偏差及其产生的原因，并采取措施予以纠正的过程，就是执行控制职能的过程。简单来说，控制就是保证组织的一切活动符合预先制订的计划。

管理职能是根据管理过程的内在逻辑，划分为几个相对独立的部分。划分管理的职能，并不意味着这些管理职能是互不相关、截然不同的。管理的四项基本职能（计划、组织、领导、控制）之间是相互联系、相互制约的，它们共同构成一个有机的整体，其中任何一项职能出现问题，都会影响其他职能的发挥乃至组织目标的实现。正确认识四项职能之间的关系应当把握两点：①管理职能具有一定的先后顺序。计划是首要职能，管理活动首先从计划开始，而且计划职能渗透在其他各种职能之中。为了实现组织目标和保证计划方案的实施，必须建立与之相适应的组织结构、权力体系和信息沟通渠道，从而产生组织职能；在一定的组织架构的基础上，管理者选择适当的领导方式，指挥、调动和协调组织中的资源，解决组织内外冲突，最大限度地提升组织效率，于是产生了领导职能；为了确保组织目标的实现，管理者还必须根据预先制订的计划和标准对组织成员的各项工作以及组织绩效进行监控，并纠正偏差，即实施控制职能。可见，管理过程是先有计划职能，之后才依次产生了组织、领导和控制职能，体现了管理过程的连续性。②从管理实践来看，管理过程是一个各种职能活动周而复始循环进行的动态过程。例如，在执行控制职能的过程中，如果偏差是由于目标和标准制定不合理导致的，则需要重新编制计划或对原有计划进行修改完善，这就重新回到了计划过程，从而启动新一轮管理活动。

三、管理环境

管理者不是在一个孤立、封闭的组织内开展管理活动的，而是在一个开放的、与外界有千丝万缕联系的组织中进行管理活动的。管理深刻地受组织内外部环境中各种因素的影响，这种与管理活动息息相关的影响因素所构成的总和，称为管理环境。管理者要想带领组织获取理想的业绩，即管理的效率、效果和效益，不仅要有效运用组织拥有的各种内部资源并有机结合组织文化等内部环境因素，还必须了解政治、经济、文化、竞争者、科学技术需求等外部环境因素，如图5-1所示。

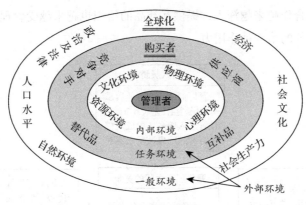

图 5-1 管理环境

（一）管理的外部环境

所有管理者的工作主要受到两种环境因素的影响：外部环境和内部环境。外部环境由组织边界之外影响其绩效的因素构成。根据外部环境对管理活动影响的直接程度和影响范围的大小，外部环境本身可以分为两大类。一类是组织面临的行业状况，称为任务环境或微观环境。通常包括买方（顾客或分销商）、供应商、竞争对手、提供替代品的组织和提供互补品的组织。这类环境因素的变化更容易被管理者认识和控制。随着组织的发展，它所面对的微观环境也会随之发生变化。即使是同一类组织，它们所面对的微观环境可能也会相差甚远。另一类外部环境对不同类型的组织均产生某种程度的影响，不以组织的意志为转移，是组织的管理必须面对的重要影响因素的总和，称为一般环境或宏观环境。对管理者来讲，产生于宏观环境中的机会与威胁相对来讲比较难以辨别和确认，因此需要管理者认真分析。一般环境包括政治及法律环境、宏观经济环境、人口水平、社会文化、社会生产力及全球化环境。管理的两类外部环境虽有界限，但并非完全清晰，宏观环境通过影响微观环境而间接影响管理活动。

外部环境与管理相互作用，一定条件下甚至对管理有决定作用，外部环境制约管理活动的方向和内容。无论出于何种管理目的，管理活动都必须以客观实际为出发点，脱离现实环境的管理是不可能成功的。"靠山吃山，靠水吃水"一定程度上反映了管理活动对外部环境的依赖。当然，管理对外部环境也具有能动的反作用。

1. 任务环境（微观环境）

分析管理活动所面临的任务环境最常用的理论框架是竞争作用力模型（也称五力模型，见图 5-2）。五力模型是由迈克尔·波特（Michael Porter）于 20 世纪 80 年代初提出的，对企业战略的制定产生了全球性的深远影响。五力模型用于制定企业竞争战略，可以有效分析组织的竞争环境。管理的微观环境除此五种作用力之外，还应重视提供互补品的组织和政府对管理活动的重要影响。随着行业间分工越来越细，组织间合作越来越深入，提供互补品的组织也越来越受管理者重视，常被视为五力模型之外的第六种作用力。

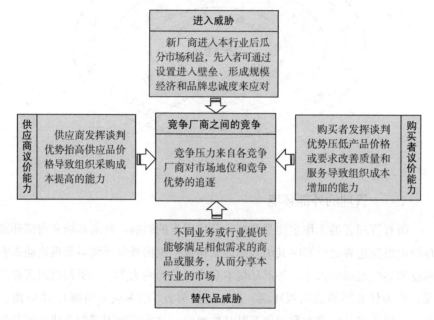

图 5-2　竞争作用力模型（五力模型）

2. 一般环境（宏观环境）

一般环境通过任务环境影响组织，有助于任务环境的形成，并因此决定组织面临的机遇和威胁的大小。一般环境虽然距离组织较远，但具有同样的重要性。

（1）政治及法律环境。政治环境是指约束组织活动，并因此创造机遇和威胁的各种政治要素及其运行所形成的环境系统，包括一国的政治体制、政治氛围、政党制度等。法律环境是指与组织相关的一系列法律法规以及与此相关的社会法律意识等。法律环境规定了组织的权利与义务，对组织的行为具有导向和规范作用。

（2）宏观经济环境。宏观经济环境是指影响组织生存与发展的社会经济状况及国家经济政策，如经济增长率、利率、汇率和通货膨胀率等。经济增长率影响消费者的购买力水平，从而决定组织是否扩大经营；利率水平能够决定产品需求和资本流向；汇率变动直接影响组织产品在国际市场上的需求状况；通货膨胀率则提升了宏观经济环境的未来不可预测性，使得经济不稳定，增长放慢，利率升高和汇率波动频繁。除了上述四个重要指标，经济环境还包括产业结构、消费结构和国家的经济管理体制等因素。经济环境可能是宏观环境中对组织的管理活动影响最为直接的部分。

（3）社会文化环境。社会文化环境由社会环境中文化的基本要素系列、文化价值系统和文化教育事业状况等文化要素组成。文化的基本要素系列包括哲学、宗教、文学等；文化价值系统主要指存在于文化之中的普遍的价值观；文化教育事业状况则决定了社会文化水平。社会文化环境形成的社会习俗和价值观影响着包括管理者在内的所有人的认知方式。

（4）社会生产力。社会生产力是人类运用各种科学知识和工程技术，制造和创造物质文明和精神文明产品，满足人类自身生存和生活需要的能力，代表了企业所处的技术环境。在过去的20世纪里，科学技术变革的步伐不断加快，技术变革能够使现有产品一夜之间被淘汰，也能使大批新产品走向市场，每次技术变革都有可能引发整个市场的洗牌，因此企业管理者必须时刻注意社会生产力的发展。对政治（politics）环境、经济（economy）环境、社会（society）环境和技术（technology）环境的分析，有时简称PEST分析。

（5）人口水平。人口水平指人口特征上的变化结果，包括人口性别、种族、社会阶层、人口老龄化水平、人口数量等。人口水平对组织的影响同样是机遇和威胁并存，如中印两国的人口压力和人口红利等。

（6）全球化环境。20世纪后半叶，世界经济体系发生了巨大变化，在跨国公司、世界贸易组织和欧盟、东盟、北美自由贸易协定等区域性贸易联盟的共同推动下，全球化成为一股不可阻挡的潮流，国际贸易和投资的壁垒逐渐倒塌，这使得管理不再仅仅局限于某个国家或地区，管理的边界已然推向国际。

（7）自然环境。自然环境强调的是外在物质要素的条件、状况对人类活动的制约和影响。对组织而言，自然环境意味着生产资料和劳动条件的各种自然禀赋，常常表现为组织经营地域内的能源供应情况、自然资源的种类、交通状况、地理环境等。

（二）管理的内部环境

组织内部环境是指组织内部可能影响管理者采取特定行动或战略举措的物质、文化环境的总和，包括组织资源、文化、结构、使命等因素，是组织内部的一种共享价值体系。内部环境是管理活动的基础，是制定战略的出发点、依据和条件，是竞争取胜的根本所在。影响管理活动的内部环境有资源环境、物理环境、心理环境和文化环境等。

（1）资源环境。资源环境是指组织生产运作系统的投入要素。包括人力资源、财务资源、实物资源和信息资源，常被归纳为 5P：人（people）、设备（plant）、原材料（parts）、技术（process）、计划与控制（planning and control）。资源环境是组织管理活动所要求的最基本物质条件。

（2）物理环境。物理环境要素包括工作地点的空气、光线和照明、声音（噪声和杂音）、色彩等，它对于员工的工作安全、心理、行为以及效率都有极大的影响。物理环境因素对组织设计提出了人本化的要求，防止物理环境中的消极性和破坏性因素，创造一种适应员工生理和心理要求的工作环境，这是实施有序而高效管理的基本保证。

（3）心理环境。心理环境指的是组织内部的精神环境，对组织管理有着直接的影响。心理环境影响着组织成员的士气和合作程度的高低，影响了组织成员的积极性和创造性的发挥，进而决定了组织管理的效率和管理目标的达成。心理环境包括组织内部和睦融洽的人际关系，人事关系，组织成员的责任心、归属感、合作精神和奉献精神等。

（4）文化环境。组织文化环境至少有两个层面的内容，一是组织的制度文化，包括组织的工艺操作规程和工作流程、规章制度、考核奖励制度以及健全的组织结构等；二是组织的精神文化，包括组织的使命、价值观、组织信念、经营管理哲学以及组织的精神风貌等。一个良好的组织文化是组织生存和发展的基础和动力。

四、管理者角色与管理技能

（一）管理者层次与角色

作为管理行为过程的主体，管理者一般由拥有一定的权力并承担相应责任、具有一定管理能力、从事管理实践活动的人或人群组成。管理者在组织管理活动中扮演不同的角色，并对组织目标的实现起决定性作用。一般来说，管理者通过协调和监视其他人的工作来完成组织活动的目标。

根据管理者在组织中所处的层级及所拥有权力的大小，常将管理者分成基层管理者、中层管理者和高层管理者三类。基层管理者主要管理那些涉及生产产品、提供服务的一线工人，一般指车间主任、生产班组长之类一线管理者。这类管理者的主要职责是直接指挥和监督现场作业人员，保证完成上级下达的各项计划和指令。中层管理者的主要职责是正确领会高层的指示精神，从而制订具体的计划，以结合本部门的工作实际，有效指挥各基层管理者开展工作，起到承上启下的作用，通常包括区域经理、项目经理、策划经理、生产主管等。高层管理者是组织结构中层级最高的管理者，对组织负全责，主要侧重于组织与外部的沟通与联系，以及决定组织的大政方针。常见的高层管理者有总裁、总经理、业务总裁等。

管理者是具有一定职位和相应权力的人，同时也是负有一定责任的人。管理者在不同的组织中扮演着类似的角色并从事大致相同的工作。美国著名管理学家彼得·德鲁克 1955 年提出了"管理者角色"的概念。德鲁克认为，管理是一种无形的力量，这种力量是通过各级管理者体现出来的。他将管理者扮演的角色或者说责任大体上分为三类。

第一类，管理一个组织。为了组织的生存和发展，管理者必须做到：①确定组织目标及实现手段；②实现组织的效益最大化；③实现组织的社会价值。

第二类，管理管理者。组织中有不同的管理层级，因此组织成员既可以是管理者也可以是被管理者。作为高层次的管理者应该做到：①确保下级朝着共同的目标前进；②培养集体合作精神；③培训下级员工；④建立健全的组织结构。

第三类，管理员工和工作。管理者必须认识到的两个关键问题：①关于员工，处理各类各级人员相互关系时要重视个体差异、人格的完整、人的行为、人的尊严等问题；②关于工作，要明白管理的工作是不断急剧变动的，既有体力劳动又有脑力劳动，且脑力劳动的占比越来越大。

亨利·明茨伯格（Henry Mintzberg，1939—）认为管理者扮演着 10 种角色，而这 10 种角色又可进一步归纳为三大类：人际角色、信息角色和决策角色。

1. 人际角色

人际角色直接来源于管理者的正式权力基础，管理者处理与组织成员和其他利益相关者的关系时，扮演的便是人际角色。人际角色包含三个具体角色：①代表人，如挂名首脑。管理者必须行使一些具有礼仪性质的职责，如出席社区集会、参加社会活动或宴请重要客户等。②领导者。管理者拥有建立行动路径或给予指导的合法职权，负责激励和动员下属，负责招聘、培训员工等工作；③联络员。管理者在组织中不仅要与其他部门协调，还要与外部组织，包括供应商和顾客协调，扮演联络员的角色，从而及时向相关部门提供各种信息，并担当企业公共关系负责人的重任，维护企业所发展起来的外部联络与关系网络。

2. 信息角色

信息角色是指管理者在某种程度上都与组织内部和外部组织或机构之间有信息交流，不断地收集或传递组织相关信息。为了完成工作，组织中的每个人都依赖于管理结构和管理者以获取或传递必要的信息。管理者扮演的信息角色，具体包括三种：①监听者。管理者洞察环境，对组织在特定市场中的现状和地位给予密切关注，从而识别出组织的潜在机会和威胁。②传播者。管理者将拥有的源于组织内部和外部的关键信息传递给组织中需要了解这些信息的人。③发言人。管理者代表组织向外部任何人，包括顾客、供应商或媒体发布有关组织的计划、政策、行动、结果等信息。

3. 决策角色

管理者需要进行各种各样的决策活动，担任决策者的角色，其中包括市场机遇的捕捉、资源的合理配置、冲突与危机的消解等。决策角色具体包括四种：①企业家。管理者把握经营机会，识别和利用市场机遇，领导变革与创新。②局面控制者。管理者处理冲突或解决问题，如安抚顾客，同不合作的供应商进行谈判，或者调解员工间的不合等。③资源配置者。管理者有效分配组织的各种资源，如时间、财力、人力、信息和物质资源等。④谈判者。管理者调停各个下属与组织其他管理者之间、组织外部的竞争者之间的关系。

这些管理者角色各有特色，但又高度关联。无论是在何种类型的组织中或者组织的哪一个层次上，管理者都在扮演着类似的角色。但是，管理者角色的侧重点随着管理层次的不同而变化，特别是像信息传播者、挂名首脑、谈判者、联络者和发言人的角色更多地表现在组织的高层，而领导者的角色在低层管理者身上则表现得更加明显。另外，从管理角色的分类来看，信息传播者、挂名首脑、谈判者、联络者和发言人等角色都可以归属于管理沟通。由此可见，有效沟通对于提升管理效率是十分重要的。

（二）管理技能

管理者想使预期的工作达到一定的标准和要求，就要具备特定的管理技能来履行他的职责。管理技能是指对于一个管理职位的成功起着至关重要作用的能力和行动，一般包括概念技能、人际技能和技术技能三个方面。对于组织内不同层次的管理者而言，三大技能的重要性和使用频率各有不同。

1. 概念技能

概念技能是指管理者对复杂情况的洞察、分析、判断、抽象和概念化的能力，包括理解事物的相互关系从而找出关键影响因素的能力、确定和协调各方面关系的能力以及权衡不同方案优劣和内在风险的能力。换句话说，概念技能是通过对组织发展的战略目标、方向的把握及判断力来改善整个组织绩效的能力。管理者不但应该了解组织内部是如何协调工作的，还应该看到组织与外部环境是如何互动并且相互影响的。管理者要有预见性，正确判断组织所起的社会的、政治的、经济的作用，预见环境变化，并及时根据环境变化做出相应的决策和采取适当的措施，保证组织在复杂多变的环境中稳步前进。所有层次的管理者都需要具备概念技能，但对高层管理职位来说尤为重要。这是因为在一个组织中，管理者所处级别越高，其所面临的问题就越是复杂多变，也就需要更多的战略前瞻性和创造性。而对于层级较低的管理者来说，面临的主要是战术层问题，决策环境相对更为稳定一些。

2. 人际技能

指挥协调他人工作是管理者的职责之一，需要管理者有较强的人际技能，包括交流、说服、管理冲突、激励、指导、谈判和领导的技能。管理是一种群体性的工作,是否具备优秀的人际技能,是区分有效管理者和无效管理者的一个重要标准。管理者除了领导下属人员、与上级领导和同事打交道外,还需与顾客、供应商、政府及组织外部其他成员发展有效关系。具有高超管理技能的管理者,既注意自己对别人、对工作、对群体的态度,也注意别人对自己、对工作、对群体的态度;不但能及时发现别人的需求与困难,而且能虚心听取别人对自己的意见;善于和不同的人交往,让对方感受到自己的诚意,让下属对自己充满信任与尊敬。管理者的人际技能越强,越容易获得人们的支持和拥护,管理工作也就越能顺利地进行,取得满意的管理效果。各个层次的管理者都必须在与组织内外进行有效人际沟通的基础上,才能顺利完成管理工作,因此,不论是基层、中层管理者,还是高层管理者,人际技能都发挥着同等重要的作用。

3. 技术技能

技术技能是指管理者掌握或熟知与特定工作岗位有关的专业知识和技能,并且通过这些技能可以有效完成组织任务的能力,如生产技能、财务技能、营销技能等。管理者不必成为精通某一领域的技能专家,但需要了解并初步掌握与其管理的专业相关的基本技能,否则很难与他所主管的组织内的专业技术人员进行有效的沟通,从而无法对所辖业务范围的各项工作进行具体的指导。通常来说,技术知识和技能对基层管理者比对高层管理者更为重要,其原因在于层次较低的管理者与技术人员接触更加频繁,更加需要相关技术技能从事管理工作。有关管理生涯的研究表明,随着管理者在组织内部的层次不断提升,他们需要把对技术技能的依赖转向概念技能的提升。

一个成功的管理者必须具备以上三种技能。但是对于不同层次的管理者来说,各种技能的相对重要性是不同的,如图5-3所示。越是高层次的管理者,对概念技能的要求就越高,因为他们是决策的主体,他们的战略思想和长远发展的眼光关系着组织的生死存亡以及组织能发展壮大的程度;越是基层的管理者,对技术技能的要求就越高,否则他很难给下属人员具体的指导和帮助,以避免业务上的差错并使组织在专业领域得到不断提高。人际技能对于所有的管理者来说都很重要,因为任何管理者所实施的管理及其任务的完成都离不开他人的积极配合与协作。

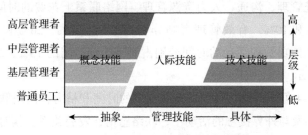

图5-3 不同管理层次所需的管理技能

值得注意的是,在长期的管理实践过程中,人们发现管理者技能具有以下几个方面的显著特点：①管理技能主要以管理者的行为体现出来。管理者进行一些确定的活动可以产生某种结果，而有效的技能是可以被观察到的。②管理技能是可控的。这些技能表现处于管理者的控制之下，可以被管理者自身有意识地表现、实践和改善。③管理技能是可发展的。通过实践和反馈，管理者可以改善他们的技能表现。④管理技能是相互联系、相互重合的。管理技能不是简单、重复的行为，它存在于一个复杂的系统当中。有效的管理依赖于多种技能的有机结合。

（三）管理者的工作内容

美国组织行为学专家弗雷德·卢桑斯（Fred Luthans，1939— ）通过对管理者从事的管理活动进行研究，发现不同类型的管理者从事相关管理活动的侧重点不同。卢桑斯分析了零售商店、医院、政府部门、报社、公司总部、金融机构、制造业等多个层面多个类型的组织，将管理者从事的管理活动划分为四个方面。

（1）传统管理：计划、决策和控制。它包括：①设立目标、任务及资源分配、时间安排等；②明确和处理问题、应对日常危机等；③考察员工工作、监控绩效数据及从事预防性维护工作等。

（2）沟通：交流例行信息和处理案头工作。它包括①回答常规程序性问题、接收和分派重要信息、传达会议精神、处理文件以及报告等；②起草报告、备忘录以及一般的案头工作。

（3）人力资源管理：激励、奖惩、处理冲突、人员配备和培训。它包括口头奖励、正式的奖金安排、倾听建议、提供团队支持、绩效反馈、制定工作描述、面试应聘者、职位安排、培训指导等。

（4）网络联系：社交活动、政治活动以及其他与外界的交往。它包括与工作无关的闲谈、小道消息、抱怨、参加政治活动、参加外部会议以及公益活动等。

相对于平均意义上的管理者，卢桑斯区分了有效管理者和成功管理者。有效管理者是指拥有优秀和忠实的下属以及高效团队的管理者。该类管理者满足两个标准：①使管理工作在数量和质量上都达到很高的绩效标准；②使下属有满意感和奉献精神。相对于有效管理者，成功管理者是指在组织中相对快速地获得提升的管理者，晋升的速度作为成功管理者的唯一评价标准。研究发现，平均意义上的管理者在传统管理、沟通、人力资源管理、网络联系上花费的时间占比分别为32%、29%、20%和19%，有效管理者则分别为19%、44%、26%和11%，而成功管理者用于上述四项管理活动的时间分别占所有管理时间的13%、28%、11%和48%，如图5-4所示。

由图5-4可知，成功管理者花费更多的时间和精力在网络联系上，更多地参与到政治活动及与外界接触的活动中，联络感情，发展关系。相对来说，花费在日常沟通活动上的时间和精力较少，而花费在传统管理和人力资源管理活动上的时间和精力最少。也就是说，网络联系是这类管理者成功的关键。有效管理者则恰恰相反，在四种管理行为中主要参与日常沟通和人力资源管理活动，而相对来说，传统的管理活动占比较小，网络联系活动最少。也就是说，如果管理者要提高所在团队绩效的数量、质量以及团队成员的满意度，则应更多地关注沟通和人力资源问题，以达到有效管理。

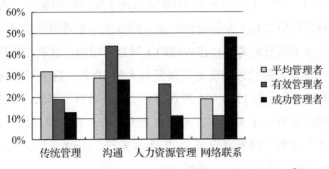

图 5-4　不同类型管理者每种管理活动的时间分布[一]

第二节　管理思想的演变

一、古代管理实践

当人类社会的生产力水平发展到一定阶段，使得组织大规模人群协同完成某项任务成为需要和可能时，就产生了管理问题。这不仅是人类工程历史发展的必然产物，也是人类社会组织进化的必然结果。可以把从人类社会出现管理思想萌芽到 18 世纪工业化之前这一时期，划分为古代管理阶段。在这一阶段，经济活动的规模与工业革命之后的结果自然无法相提并论，但以三大河谷文明和一处海洋文明为代表的古代文明，在军事、政治以及国家治理等领域，也取得了很高的管理成就。

幼发拉底河与底格里斯河孕育的两河文明（今伊拉克一带）在大约公元前 1800 年建立了古巴比伦王国。人类管理思想最早的记载就出现于古巴比伦的汉谟拉比时代，他颁布的法典（约公元前 1772 年），规定了关于贸易、个人行为、人类关系、犯罪等社会问题的管理，以及不同劳动分工的薪酬和工资的管理。

黄河—长江两岸的中华文明未曾间断地传承于东亚文化圈，在历史上以中国最为辉煌。中国早期的管理思想与军事战争、治国选官紧密相关。孙子（约公元前 600 年）的用兵方法，主张事前的合理计划和深思熟虑，以达到"运筹帷幄，决胜千里"。孔子（约公元前 551—公元前 479）对选拔人才、人才教育以及如何授予官职进行了深入考察，倡导官僚的绩效考核制度，后来成为中国各朝代的普遍做法。和孔子看重较为虚无的"德"不同，荀子和法家主张建立规范的法律制度，

[一]　罗宾斯. 管理学 [M]. 黄卫伟，等译. 4 版. 北京：中国人民大学出版社，1997.

以严刑峻法保证国家管理的成功。法家的思想和主张，由商鞅施于秦国而取得了重大成功。秦最后统一中国。而秦朝的郡县制国家官僚体系已经是现代意义上的国家制度，即官职的授予以非人格化国家的名义来进行，而不是基于某个偶像崇拜。

在尼罗河一带，大约公元前3100年出现了统一的国家——古埃及。古代埃及在大型工程建设中积累了大量管理经验，形成了一系列国家管理的制度和方法。古埃及人已经认识到管理者能直接管理的下属是有限的，这就是现代管理学的管理跨度原则。古埃及人的管理跨度是直接管理大约10人，这个管理跨度也被希伯来人的先知摩西（约公元前1300年）所观察到。而在古罗马军队，也遵循"管理10人"规则，各级将领分为十夫长、百夫长、千夫长等。在中国古代，军队中也有伍长、什长、百夫长这类下级军官设置（"宁为百夫长，不做一书生"——唐朝·王勃）。后来的蒙古军队，也采用这一管理结构。

作为海洋文明代表的古希腊城邦国家，至少在公元前1000年之前就诞生于地中海周围。在古希腊，苏格拉底（公元前469—公元前399）观察到管理技能可以迁移；其学生柏拉图（公元前427—公元前347）从人类能力的多样性角度论述了劳动分工的形成；柏拉图的学生亚里士多德（公元前384—公元前322）在其《政治学》中深入论述了管理和组织的各种问题，如劳动专业化、部门化、集权和分权、局部和整体的关系、领导力等。亚里士多德的学生亚历山大大帝（公元前356—公元前323）建立了有效的军队管理和运作体系，马其顿帝国遂能横跨欧、亚、非三大洲。

古希腊后来被罗马帝国控制，并在中世纪经历了由基督教所造成的长达1 000余年的宗教黑暗。在中世纪时代，欧洲的罗马确立了立法、司法等国家管理制度并出现了股份有限公司的最初形式，而基督教则强调组织"制度化"，因而在摄取国家权力、控制人民思想方面取得了成功。直到十字军的失败，沉重打击了基督教的宗教狂热，但同时也使东方的财富、文化和更先进的经济方式流传到欧洲。到了14世纪，古希腊文明又被重新发现，由此导致了文艺复兴、工业革命的发生，并结束了基督教会在欧洲长达1 000余年的黑暗统治。

历史推进到15世纪，经济的发展提出了市场伦理的要求，使得管理作为一种理论被正式提出。然而，工业革命之前的经济形式仍然以小农经济或者庄园经济为主，生产领域的管理手段最高应用到庄园管理，更复杂的工业生产还未有涉及。当然，也有如埃及的金字塔和灌溉系统、中国的长城和大运河等类似的大型工程积累下来的管理经验，但这主要还是国家行为，并且和政治、军事不可分割。总的来说，古代在经济和生产领域的管理理论不如在军事、政治和国家治理等领域那样完善，这种情况直到工业革命之后才有所改观。

二、科学管理时代

（一）科学管理先驱

1. 时代背景与科学管理萌芽

14~16世纪，文艺复兴运动开启了冲破欧洲中世纪宗教黑暗的序幕。到17世纪，启蒙运动复兴了古希腊科学和理性的传统，由此，人类对自然规律的探索取得了质的飞跃，生产技术水平达到了前所未有的高度。经济基础的改变，使得西方世界在政治和经济层面发生了翻天覆地的变化。

政治方面，欧洲在17~18世纪接连爆发了英国资产阶级革命和法国资产阶级革命；美洲在18世纪爆发了美国独立战争。从此，世界两大主要资本主义势力（欧洲、美洲）正式向世界主宰迈进。在经济上，18世纪欧洲的工业革命，使得工业成为人类最主要的产业之一。此时的工业生产出现了三大潮流：新发明的兴起、工厂制度的建立和现代管理理论与管理思想的发展。詹姆斯瓦特（James Watt, 1736—1819）发明蒸汽机解决动力问题之后，英国的亨利·莫兹利（Henry Maudslay, 1771—1831）发明的金属加工机床使得制造更复杂的产品成为可能。复杂产品制造又直接使得家庭作坊和农村工业退出工业主流，现代意义上的工厂开始出现，并伴随以工厂法规和相关制度的建立与执行。在此背景下，出现了现代管理的萌芽。

在英国，亚当·斯密较早提出了劳动分工的观点，并认为企业家作为管理者是生产的第四要素。博尔顿父子和瓦特父子合伙经营英国苏和（Soho）铸造厂生产蒸汽机，运用了各种制造和工厂管理方法；理查德·阿克莱特（Richard Arkwright, 1732—1792）在发明和生产水力纺纱机过程中，推进了工厂法规和工厂管理制度的建立，并被英王乔治三世封为爵士。在美洲，美国独立战争之后的1798年，伊莱·惠特尼（Eli Whitney, 1765—1825）提出了零件互换性原则并广泛用于美国南北战争时期（1861~1865年）毛瑟枪的生产制造；查尔斯·巴比奇（Charles Babbage, 1792—1858年）在1832年出版了《机器及制造经济学》(*On the Economy of Machinery and Manufactures*)，论述生产过程中的经济和管理问题。在这一时期，生产管理处于"积极性+激励"的阶段：为使工人充分发挥"积极性"，作为回报，他们可从雇主那里得到"特殊激励"。这类管理体制还未在管理中采用科学方法。直到19世纪末，泰勒等科学管理的先驱们才建立起了科学管理的新方法。

2. 科学管理先驱

社会的发展使得工业生产聚焦于两个方面：如何提高劳动生产率和如何有效激励工人。而从19世纪下半叶开始，世界科学的中心也逐渐转向美国。在工业生产管理方面，出现了三位先驱性人物，他们是：上尉军械官亨利·梅特卡夫（Captain Henry Metcalfe, 1847—1927）、亨利·汤（Henry R. Towne, 1844—1924）和弗雷德里克·哈尔西（Frederick A. Halsey，1856—1935）。

梅特卡夫1868年毕业于西点军校1885年出版了《工厂的制造成本与管理》（*The Cost of Manufactures and the Administration of Work Shops, Public and Private*）一书，书中提到"管理的科学"。汤于1861～1862年从宾夕法尼亚大学肄业。1886年，汤在美国机械工程师协会做题为"工程师应为经济学家"（The Engineer As An Economist）的演讲，成为美国科学管理运动的第一启动者。汤主张管理者相互交换经验、搜集整理，以便据此发展成为一门管理的科学。哈尔西在1891年，向美国机械工程师协会提交了一篇论文《劳动报酬制度中的工作奖金制》（*The Premium Plan of Paying for Labor*），提出了"固定工资 + 超额奖金"的激励方法。总的说来，梅特卡夫注重管理的科学性，汤除了管理科学方法之外，还注重人的激励，哈尔西则重在人的激励。

但是此阶段科学管理先驱们对科学管理的阐释仍然停留在萌芽阶段，重在研究如何使用"积极性"来激励员工以提高工作效率。对于管理的专业化、管理者与生产执行者应该分开、管理所应采用的技术方法等这类科学管理原理，还不是非常清楚，直到"科学管理之父"泰勒的出现。

（二）泰勒与科学管理运动

1. 泰勒的贡献

弗雷德里克·温斯洛·泰勒（Frederick Winslow Taylor，1856—1915），是提出科学管理原理的天才人物。他一生中因推行科学管理不遗余力，"奔走呼号"，人称"科学管理之父"。泰勒1856年3月20日出生于美国宾夕法尼亚州的费城，父亲为律师，家境富裕。泰勒曾经努力学习报考哈佛大学并被哈佛法学院录取，但可能是"用功过度"导致视力急剧下降，未能就学，于是进入一家机械制造厂当学徒。泰勒22岁进入密特维尔钢铁厂并很快受到赏识，从记时员、木匠、车工开始，直到成为班组长和车间主任。

泰勒在密特维尔钢铁厂进行了搬运生铁的科学管理研究，他发现某些优秀的工人采用"合理搬运量 + 适当休息"的工作方法，其劳动效率可以达到普通工人的4倍。他研究了其中的科学方法，并成功推广应用。在研究过程中，泰勒使用了差别计件工资制：针对不同个体制定具体的计件工资制度，而不是如传统管理那样，管理者把计件工资分配到班组层面就不管了。泰勒也由此提出：管理人员必须分担原来由工人承担的计划、分配、审核等工作，管理应该专业化，人尽其才。

泰勒也认为，劳动生产率提高了，工人待遇理应同时提高，劳动生产率的提高不能以牺牲工人健康为代价。经过泰勒的努力，曾经反对泰勒改进工作方法的工人最后也同意合作，结果资本家的利润上升，单位成本下降，工人的平均收入提升60%以上。泰勒在31岁时成为密特维尔钢铁厂的总工程师，不久转入伯利恒钢铁公司。在伯利恒，泰勒研究如何能以最高效率铲矿砂。他的研究发现，工人使用的工具应该大小合适：铲运矿石，应该使用小点的铁锹，铲运灰土应该使用大点的铁锹等。最后，泰勒在伯利恒一共准备了8~10种不同规格的铁锹以应对不同的材料。基于此，泰勒提出科学管理应该使工人劳动的工具、环境、操作标准化。

时值工会运动风起云涌，资本的贪婪又处于人类历史的巅峰，泰勒无力调和劳资关系。1901年，他离开了伯利恒钢铁公司，从此开始无偿咨询工作（泰勒可能是管理史上最早的职业咨询师之一）。1906年，泰勒成为美国机械工程师协会（ASME）主席，同年被授予美国宾夕法尼亚大学名誉科学博士学位（泰勒在1883年27岁时，已经获得斯提文森工学院机械工程学士学位）。

20世纪初，当时的美国总统罗斯福在白宫向各州州长致辞时指出，保护美国资源只是提高全国性效率这一重大问题的前奏。于是整个美国认识到了保护资源的重要性，但是泰勒感到他们对于"提高全国性效率"的重要性仍然认识不足。1911年，泰勒出版了管理史上的里程碑之作——《科学管理原理》[一]，陈述他的科学管理方法。泰勒的科学管理原则包括以下几个。

（1）工作定额原理：根据动作研究和时间研究确定合适的标准劳动定额。

（2）挑选和培养工人：每个人都有自己合适的工作岗位，管理者有责任针对工人特长分配他们做适合的工作，并且应该对工人进行培训以提高专业技能。

（3）标准化原理：工人的工作环境、操作方法、使用的工具必须统一和标准化。

（4）差别计件工资制：效率越高的工人，给其单位产出的报酬越高。

（5）计划和执行职能必须分开：管理专业化，不能由生产执行者自己制订工作计划。

（6）实行职能工长制：工长应成为工人的老师、朋友、建议者，帮助工人进步。

（7）例外原则：经理人员应该着重处理最好和最差的事情，不能羁绊于日常事务。

与前述"积极性+激励"的管理手段相比，科学管理强调计划与执行职能分开，要求管理者使用科学方法制订计划，并控制、组织和协调工人的工作，以实现更高效率的生产；而"积极性+激励"的管理方式，是生产执行者自己制订计划、确定工作方法，难以实现科学管理。

2. 科学管理运动

虽然泰勒在很多企业取得了成功，但当时科学管理并未得到社会的普遍认可，甚至受到打击和歧视。1911年，在关于美国北方铁路公司提出上浮火车票价的听证会上，泰勒的追随者和支持者、科学管理学家艾默逊批评道，铁路公司亏损，是因为管理不善而非票价太低。若"将科学用于管理"，则每年可以节约100万美元，从而解决铁路成本过高的问题，根本无须提高票价。当时为辩论方便，将泰勒他们

[一] 此书中文版机械工业出版社已出版。

施行的整套管理方法简称为"科学管理"（scientific management），"科学管理"一词于是闻名于社会各界。

实际上，在20世纪初，资本主义的血腥原始积累还未彻底完成，而在工会运动的号召下，劳资关系前所未有地紧张。这样一来，工人并不愿意接受科学管理以提高自己的工作效率，因为资本家往往并不因为工作效率提高而同步提高工人待遇。反过来，与泰勒同道的科学管理学者，却经常直批资本家的贪婪、倡导人文主义的关怀（如吉尔布雷斯夫人主张，提高劳动效率是为了更好享受闲暇的人生，而不是为了给资本家赚取更多利润），结果也引起了资方的强烈不满。

在此背景下，不管劳方还是资方，都反对科学管理。他们甚至通过美国国会立法：不得在工厂从事科学管理研究，也不得使用秒表等测时装置测量工人的劳动定额。他们将泰勒等从事的提高劳动效率的科学管理方法称为"泰勒主义"并加以贬低。不仅是美国，在欧洲的俄国，列宁还未取得政权时曾于1913年和1914年，两度在《真理报》上撰文，分别指责泰勒制度是"榨取血汗的'科学'制度"，以及"泰勒制是用机器奴役人的制度"。1911~1912年，泰勒被诬告虐待工人，于是美国众议院设置特别委员会，审查泰勒及其倡导的工厂管理制度。其间，泰勒在众议院慷慨陈词，说："科学管理，不是任何一套高效率工作方法、不是新的成本制度、不是计件工资、不是分工制度、不是奖金制度、不是工作测量、不是动作研究……这些东西不过是科学管理的辅助工具……科学管理乃是一种对待工作的责任，对待同仁、对待下属的完全的心理革命。"

虽然泰勒具有科学和人本主义情怀，果敢勇毅、精力充沛，一生获得了42项专利，但无奈天妒英才，在科学管理得到社会普遍认可之前，泰勒就于1915年因肺炎去世。与泰勒同时代的科学管理学家仍然不屈不挠地秘密进行科学管理研究。由于他们多数出身于工业生产领域，因此往往以"工业工程师"的身份作为掩盖。故而最初的科学管理，也被称为"工业工程"。

与泰勒同时代的人物，吉尔布雷斯夫妇——莉莲·穆勒·吉尔布雷斯（Lillian Moller Gilbreth，1878—1972）和弗兰克·邦克·吉尔布雷斯（Frank Bunker Gilbreth，1868—1924），进行了动作研究。他们研究发现，在工人砌砖时，若采用正确的方法，可将生产效率提高到原来的3倍。由此，他们提出了动作研究科学，并最后演变为工作研究。吉尔布雷斯先生被称为"动作研究之父"。而吉尔布雷斯夫人也被誉为"工程界第一夫人"，并进一步开创了人群关系、行为科学、工业心理学，成为美国工程院的第一位女性院士。

此外，哈林顿·埃默森（Harrington Emerson，1853—1931）提出了管理的12项效率原则，并运用科学管理方法，在20世纪最初10年使美国北方铁路公司每年节省运营费用150万美元。泰勒的朋友亨利·劳伦斯·甘特（Henry Laurence Gantt，1861—1919）发明了甘特图，使劳动过程组织工作标准化、可视化，解决了工作分配不明以及工人之间互相猜忌的问题。而汤普森（C. B. Thompson，1882—1969），作为

1910年哈佛大学企业管理研究院第一位讲授管理的教授，与泰勒、吉尔布雷斯夫妇等合作甚多，建议吉氏夫妇进行动作摄影，与泰勒以及其他同事创建了会计分类制度。汤普森也重视"例外原则"，并建立了比较好的与工会合作推行科学管理的机制。

或许是第一次世界大战的巨量物资需求的刺激，从20世纪初开始，美国的工业生产系统发展得异常迅速。在工业生产实践上，亨利·福特（Henry Ford，1863—1947）建立了流水生产线，使生产过程第一次在时间和空间上得到了统一，并提出了8小时工作制；安德鲁·卡内基（Andrew Carnegie，1835—1919）极大提高了美国钢铁业的经营水平；洛克菲勒（John D. Rockefeller，1839—1937）建立了美孚石油公司，革新了美国石油工业，并塑造了现代慈善事业而闻名于世。这些企业家在促使其企业成长的过程中，都或多或少研究和实践了现代的科学管理方法。伯利恒钢铁公司的约瑟夫·沃顿（Joseph Wharton，1826—1909）就专门邀请泰勒为其采矿生产实施科学管理方法。

20世纪30年代经济大萧条，使得解决就业问题成为美国的头号心病。罗斯福新政以及第二次世界大战对物资需求的刺激，又使得工业生产成为核心问题进一步得到重视。此时，科学管理方法已经以"工业工程"的名义深入到工业管理的各个角落。科学管理在经历了风雨飘摇之后，最终逐渐在工业生产领域被全面接受和认可。"十月革命"取得政权之后，列宁于1918年要求"在法令中，必须明确规定实行泰勒制"；列宁又在1918年的《真理报》上说，"苏维埃政权的当前任务"是提高生产率，而"泰勒制……是一系列的最丰富的科学成就……"而在包括非工业生产的更广义的领域，滥觞于科学管理时代的其他管理理论也逐渐开始发展，从20世纪二三十年代开始，管理的理论和方法翻开了新的一页。

（三）管理过程与管理组织理论

与科学管理同时期，还存在着其他一些管理理论。这些管理理论是一些现代管理学派的鼻祖，在管理学发展的历史上具有与泰勒的科学管理一样重要的地位。

1. 法约尔与管理过程理论

法国人亨利·法约尔（Henry Fayol，1841—1925）与泰勒是同时代人，年轻时是一名采矿工程师，后来升任总经理。法约尔根据其管理经验，形成了自己对管理的看法。他从更大的层面——管理过程与管理组织角度入手，研究管理的组织和管理的活动过程。

法约尔总结了管理活动的五项职能：计划、组织、指挥、协调、控制，提炼出企业的六种基本活动：技术活动、商业活动、财务活动、安全活动、会计活动、管理活动，并认为管理是核心活动之一。法约尔还提出了诸如分工、责权一致、等级明确等14条管理原则并强调应用原则的灵活性，要求管理者具有一定的智慧、经验、判断以及衡量尺度。法约尔关于管理五大职能的划分和14条管理原则的论述，对后来的管理理论产生了深远的影响,是一般性管理理论的奠基性工作。法约尔还主张管理教育:人的管理能力可通过从学校到车间的培训获得,并首次指出管理理论具有普遍性,学校应该设置管理学科,传播和讲授管理知识。

法约尔指出,虽然他的理论以大企业为研究对象,但也可以应用于政府、学校、军事团体、慈善机构等一般性组织。因而,法约尔被认为是第一个概括和阐述一般管理理论的管理学家,被人称为"管理过程之父"。法约尔在1916年出版了自己的管理理论巨著《工业管理与一般管理》○。

但是,20世纪初的欧洲可谓已到垂暮之年,经济增速乏力,政治危机四伏。欧洲人纷纷把目光投向了新兴的美国,以期找到解决问题的良方。甚至早在19世纪30年代,法国的亚历西斯·托克维尔就为了考察美国的监狱管理而到达美国,通过对美国社会制度的调查而写下了经典著作《论美国的民主》,其中不乏对美国的溢美之词。管理方面也一样,20世纪初,泰勒的著作被介绍到欧洲之后,法国管理界纷纷奉为经典。泰勒的光芒掩盖了大量同时代管理学家的贡献,法约尔也未能幸免。直到第二次世界大战之后,法约尔的学说才在美国被重新发现。

2. 韦伯与管理组织理论

德国人马克斯·韦伯(Max Weber,1864—1920)也是与泰勒同时代的人。韦伯在社会学、宗教、经济学和政治科学方面都有深入研究和广泛著述。虽然韦伯关于新教伦理与资本主义精神的论述非常著名,却引起了巨大争议。而他在管理理论方面的贡献,则是提出了后来被广泛接受的官僚制度,该制度使大型组织能够系统地执行其职能。所谓官僚制度指的是由官职或者职位来进行管理,而不是由个人或世袭身份来管理,即权力是制度化的,而非人格化的(注意,这里的"官僚"指的是官职及其相关系统,并不具有贬义色彩)。实际上,我们前面已经提到中国秦朝通过郡县制就已经建立了一种非常完善的非人格化的官僚制度(除了"天子"这一"职位"外),但是韦伯赋予了这一制度现代意义。

韦伯提出了三类合法权力:法定权力——依法发布命令的权力;传统权力——通过传统惯例或世袭得来的权力;超凡权力——因个人魅力受到别人的崇拜与追随而获得的权力。韦伯认为只有非人格化的法定权力才能作为行政组织体系的基础,因为法定权力为管理的连续性提供了基础,具有合理性与合法性,并且是清晰明确的。所以,下属应该服从这种依照法定权力建立的层级制度。韦伯还论述了官僚制度应该包括的要素:劳动分工、权力层级、选拔制度、任命制度、固定薪酬制度等。

与法约尔相似,韦伯也需要等待,直到社会的发展提出了新的理论需求。随着美国企业在组织规模上越来越大,结构上越来越复杂,它们就越来越需要一种组织

○ 此书中文版机械工业出版社已出版。

理论作为实践的指导。于是，韦伯关于官僚制度的学说终于在 20 世纪 40 年代在美国获得了普遍承认。

三、社会人时代的行为科学理论

（一）霍桑实验与人际关系学说

1. 霍桑实验

1924~1932 年，美国国家研究委员会和西屋电气公司①合作，进行测定各种因素对生产效率影响的实验。由于是在西方电气公司的霍桑工厂进行，因而叫作霍桑实验（Hawthorne experiment）。实验分为四个阶段。

（1）第一阶段：工厂照明实验（1924~1927 年）。从泰勒之后，关于生产效率的理论占统治地位的是劳动医学的观点，认为工人生产效率降低是疲劳和单调感造成的，于是当时的实验假设是"提高照明度有助于减少疲劳，使生产效率提高"。但是经过两年多实验发现，照明度的改变对生产效率并无影响：当实验组照明度增大时，实验组和控制组（对照组）都增产；当实验组照明度减弱时，两组依然都增产，甚至实验组的照明度减至 0.06 烛光度时，其产量也无明显下降，直至照明减至如月光一般、实在看不清时，产量才急剧降下来。

研究人员对此结果感到茫然，从 1927 年起，以乔治·埃尔顿·梅奥（George Elton Mayo，1880—1949，澳裔美籍行为科学家、哈佛大学教授）为首的一批哈佛大学心理学工作者参与了实验（后来，人们把霍桑实验中出现的这些"反常"现象称为"霍桑效应"②）。

（2）第二阶段：福利实验（1927~1929 年）③。该阶段的目的是查明福利待遇的改变与生产效率的关系。但经过两年多的实验发现，不管福利待遇如何改变（包括工资支付办法的改变、优惠措施的增减、休息时间的增减等），都不影响产量的持续上升，甚至工人自己对生产效率提高的原因也说不清楚。但是，研究人员发现了一个现象：参与继电器实验组和云母玻璃实验组的 6 名女工，在实验前被召进部长办公室谈话，结果她们把参加实验当成了荣耀，因此产量提高的可能原因在于：①参加实验的光荣感、被重视的自豪感对人的积极性有明显的促进作用；②形成的实验组这个特殊小集体，使得成员间具有良好的相互关系。

（3）第三阶段：大规模访问与调查（1928~1931 年）。这一阶段实验的最初想

---

① 该公司在当时是美国电话电报公司（American Telephone & Telegraph，AT&T）的一个供应商。
② 莱维特与李斯特在 2011 年重新分析了霍桑照明实验，发现梅奥的统计分析并不十分严谨。更严格的分析表明，提高照明显然提高了劳动生产率，因此霍桑效应在照明实验中可能并不存在。
③ 李斯特在 1992 年重新进行的更严格的统计分析表明，第二阶段福利实验中的霍桑效应非常微弱甚至没有。实际上，梅奥提出的人际关系学说更可能受到了他本身就是个心理学家这种背景的影响。后世学者对霍桑工厂当时到底发生了什么一直争论不休。

法是要工人就管理当局的规划和政策、工头的态度和工作条件等问题做出回答,但访谈计划在进行过程中却大出人意料之外,取得了意想不到的效果。工人想就工作提纲以外的话题进行交谈,认为重要的事情并不是公司或调查者认为意义重大的那些事。于是访谈者及时把访谈计划改为事先不规定内容,每次访谈的平均时间从30分钟延长到1~1.5个小时,多听少说,详细记录工人的不满和意见。访谈计划持续了两年多。在这期间,工人的产量竟然大幅度提高。

由此看来,工人们长期以来对工厂的各项管理制度和方法存在许多不满,无处发泄,访谈计划的实行恰恰为他们提供了发泄机会。发泄过后心情舒畅,士气提高,因而使产量得到提高。

(4)第四阶段:群体实验(1931~1932年)。这一阶段的实验是想考察计件工资制度对生产效率的影响。实验者选择了14名男工人在单独的房间里从事绕线、焊接和检验工作。对这个班组实行特殊的工人计件工资制度。实验者原来设想,实行这套奖励办法会使工人更加努力工作,以便得到更多的报酬。但令人惊奇的是,产量始终只保持在中等水平上,每个工人的日产量平均都差不多,而且工人并不如实地报告产量。深入调查发现,班组为了维护群体利益,自发地形成了一些规范。他们约定:谁也不能干得太多,突出自己,但谁也不能干得太少,影响全组的产量,并且不准向管理当局告密,如有违反,轻则谩骂,重则"给他一拳"。更进一步调查发现,工人们之所以维持中等水平的产量,是担心产量提高,管理当局会改变现行奖励制度,或裁减人员,使部分工人失业,或者会使工作速度慢的伙伴受到惩罚。

这一实验表明,为了维护班组内部的团结,工人可以放弃物质利益的引诱。可见,在正式的组织中存在着自发形成的"非正式群体",这种群体有自己特殊的行为规范,对人的行为起着调节和控制作用并能加强内部协作。

2. 人际关系学说

霍桑实验表明人类的生产效率不光受到生理、物理因素的影响,更受到社会环境、社会心理等方面的制约,从而否认了经典科学管理只重视物质条件的"经济人"假设。在对经典科学管理理论修正的基础上,梅奥于1933年出版了《工业文明的人性问题》,系统阐述了人际关系学说。

(1)工人是"社会人",而不是单纯追求金钱收入的"经济人"。

(2)企业中除了正式组织之外,还存在着"非正式组织",这种非正式组织基于成员的共同工作过程、情感、规范和倾向,影响巨大。

(3)新型的领导在于通过提高职工"满足度"来提高"士气",最终提高效率。

(二)行为科学学派

人际关系学说是行为科学发展的第一个阶段。"行为科学"(behavioral science)

这个名词的提出是在 1949 年美国芝加哥举行的一次讨论会上，到 1953 年，美国福特基金会召开的学术会议上，才正式命名为"行为科学"。行为科学理论主要对人在生产中的行为以及这些行为产生的原因进行分析和研究，主要包括：

（1）人的需要和动机的理论；

（2）管理中"人性"的理论；

（3）领导方式的理论；

（4）企业中非正式组织以及人与人之间关系的理论。

除了梅奥提出的人际关系学说外，比较有名的行为科学理论还有马斯洛的需求层次理论（参见第一章）。另一个行为科学管理理论是 20 世纪 60 年代麦格雷戈提出的 X-Y 理论。麦格雷戈认为，在传统管理方法下，人被认为是懒惰的、只追求经济利益的，多数只是为了满足基本的生理和安全需要。因此，所采取的管理方法是制定规则使员工服从，采取金钱收买其行动，发号施令控制其行为，并不需要在感情和道义上给予尊重。这种传统的几乎是以"人性本恶"为理论基础的"悲观"管理理论，麦格雷戈称为 X 理论。

然而，在满足了基本的生理和安全需要之后，人并不是单纯懒惰的、单纯利己的，人具有更高的追求。因此，传统的管理方式在物质丰裕的情况下并不适合，我们应该创造更好的工作环境，使人进行自我管理而不是被控制，不仅被动接受职责，还要主动承担职责，发挥个人想象力，使个人和组织利益一致。这个理论称为 Y 理论。在 Y 理论下，管理的重点是创造一个使人得以发挥才能的工作环境，管理者已不是指挥者、调节者或监督者，而是起辅助者的作用。在激励方式上，要给予来自工作本身的内在激励，让员工担当具有挑战性的工作，担负更多的责任，促使其工作做出成绩，满足其自我实现的需要。麦格雷戈认为 Y 理论（乐观管理理论）是比 X 理论更好的管理理论。

经过不断发展，现代行为科学理论的基本思路，都是从人性（如有限理性）出发，研究其相关的管理、经济等问题，已经渗透到众多经济管理门类，诸如行为经济学、行为决策理论、实验经济学等。这其中广泛涉及心理学方法、人格与认知研究、脑波测量、计算经济学、眼动研究、虚拟现实、情境意识等技术和相关研究。特别是在 2002 年，诺贝尔经济学奖颁给了行为经济学家丹尼尔·卡尼曼（Daniel Kahneman，1934—）以及美国经济学家弗农·史密斯（Vernon Smith，1927—）；2005 年，托马斯·谢林（Thomas C. Schelling，1921—）也凭借行为科学、均衡问题的研究而获得诺贝尔经济学奖，标志着行为科学理论在经济和管理领域的研究获得了主流科学界的承认。

四、现代管理理论丛林

科学管理的出现使得"管理作为一门科学"这一理念逐渐为世人所接受。在科学管理创立的同时以及之后，人们从不同的角度研究管理问题，诞生了众多新的理论和学说，形成了上百个学派。美国著名管理学家哈罗德·孔茨在1961年发表的文章中称之为"管理理论丛林"，并总结了6个主要学派：管理过程学派、经验主义学派、人类行为学派、社会系统学派、决策理论学派和数理学派。

"管理过程学派"由法约尔提出，将管理视为一种过程，该过程操纵有组织群体中的人使工作得以完成。这一学派主要研究普适性一般管理理论，分析和总结管理者的职能，从而将管理理论应用在管理实践当中。"经验主义学派"认为管理是"对经验的研究"，多采用案例分析或者"比较方法"进行管理教学和管理实践。"人类行为学派"研究人类关系、领导方法或行为科学方法，关注人际关系的管理问题，主要使用心理学、社会心理学等理论和方法。而"社会系统学派"从社会学理论中汲取大量内容，从不同群体之间互动与合作的视角研究管理问题，认为管理面对的是相互关联的文化系统。"决策理论学派"着重分析和理解谁来做决策、如何做决策，以及如何从各种候选方案中选择整个行动路线。"数理学派"把管理问题建模为一个数学模型和程序系统，多使用运筹学方法，认为管理和决策制定可使用数学语言表达。

到1980年，孔茨再次发表论文评述"管理理论丛林"问题，发现主要的管理学派已经从前述的六大学派演变为11个学派。其中，管理过程学派、数理学派、经验主义学派一脉延续。但是，管理过程学派被称为"经营管理学派"，而数理学派更一般的称呼是"管理科学学派"。经验主义学派更注重具体情境下的案例研究，因此称为"经验或案例学派"。虽然社会系统学派直接演变为"社会合作系统学派"，但是在它的影响下，借鉴系统论的思想，出现了两个新的学派："系统管理学派"和"社会技术系统学派"。变化较大的是人类行为学派，它分为"人际关系行为学派"和"群体行为学派"。最后，新增了"经理角色学派"和"权变理论学派"。也有人认为经理角色学派和权变理论学派其实是管理过程学派的衍生物：经理角色学派最早被明茨伯格称为"工作活动学派"（work activity school），而管理工作的活动包括法约尔提出的五大职能，这在法约尔的管理过程理论中有深入论述。至于权变理论，法约尔的著作中强调：管理理论是柔性可变的，必须适应不同的需要；管理方法的运用需要不同的智力、经验、决策和平衡艺术。从这一点说，早期的管理过程理论已经提出了"权变"艺术。

除了孔茨总结的管理理论学派外，还有人认为"经济计量学派"和"沟通（信息）中心学派"也算是比较主要的学派。其中经济计量学派更接近管理科学学派，而沟通中心学派更接近决策理论学派。

派别林立的现象，意味着现代管理科学目前仍然是一个充满变化的学科，毕竟它只发展了100多年。从不同的侧面，以不同的假设、前提，甚至文化情景研究管理问题，就会提出不同的学说。日本制造业在20世纪六七十年代取得的成功，引起了美国管理学界的思考。孟菲斯州立大学的基斯和米勒在1984年探讨了日本管理理论的"丛林",总结了日本的管理方法。虽然这些方法不足以构成所谓"流派"或"学派",却是现代管理的重要组成部分,包括准时制生产、质量循环、统计质量控制、长期目标管理、持续改进、现场管理等方法。这些方法在日本企业的成功应用,形成了独特的日本"流派",引起了美国、中国、韩国、欧洲等国家和地区的企业纷纷效仿,并取得了实际成功。

作为世界第二大经济体的中国,目前还没有获得世界承认的自己独特的现代企业管理理论。虽然中国有很多成功的企业,但是这些企业并没有提炼出如日本丰田公司的"准时制生产"那样诞生于本土却又能推广应用于其他文化环境的管理方式。目前出现的一些所谓具有中国特色的管理方法还只适合于中华文化圈,甚至某些管理方法只能依附于具体企业家的个人魅力。这样的管理"理论"并不具有科学的特征——逻辑可证伪、结果可重复、指标可测量,且与种族无关。中国的管理理论还需要深入地进行科学凝练,或许未来能在世界管理理论"丛林"中鼎足而立。

五、管理理论的发展脉络小结

孔茨所总结的11个学派固然重要,但从思想层面上说,其中很多流派并不足以构成"学派",而更接近于"方法"或管理技术。另外,还有很多学者的贡献并没有纳入这11个学派之中。从掌握管理理论整体发展的角度来看,详细讨论所有这些学派之间的关系和演变过程是非常复杂的。丹尼尔·A. 雷恩(Daniel A. Wren,1932—)在其所著的《管理思想史》中提出了一个较为清晰的历史脉络,如图 5-5 所示(此处做了适当简化)。

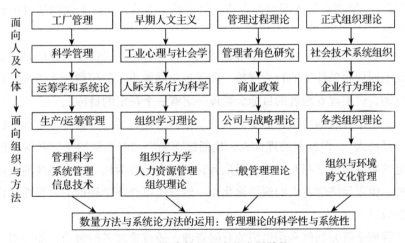

图 5-5 现代管理理论的发展脉络

根据研究方法、研究对象等的不同,现代管理理论,从面向人以及个体的层面发展到面向组织与方法的层面,基本可分为四个阶段和四条主线。四个阶段就是从科学管理时代开始,进入到社会人时代,穿过一片管理理论丛林,最后到达现代管理的科学与系统时代。四条主线如下。

第一条主线：从早期的工厂管理、泰勒的科学管理开始，吸收运筹学和系统论的成果，发展为现代的生产与运作管理。其中大量使用数量分析和系统论方法，最后演变为现在的"管理科学"学派，重视管理中的科学方法、定量分析技术和信息技术的使用。

第二条主线：从早期人文主义，借助工业心理学和社会学的研究成果和方法，发展成为人际关系学、行为科学，进一步上升到整体组织的行为特征研究，提出了基于行为科学与心理科学的组织行为、人力资源管理等理论。行为科学本身现在已经不仅仅限于管理问题，在社会群体、经济行为、市场研究等领域，都有广泛应用。

第三条主线：发端于法约尔的管理过程理论，关注管理中的职能、角色、管理策略、战略等共性问题，最后成为现在的一般管理理论。

第四条主线：肇始于韦伯对正式组织的论述（官僚组织理论），演变为当今的企业以及各类组织理论，并延伸到组织与环境、跨文化管理等研究。

这四条主线的现代起源大概都与科学管理处于同一时代。虽然它们彼此特点鲜明，理论基础也显得纷繁芜杂，但我们仍然可以从方法论上对管理理论的未来发展做出一些预测，即未来的管理理论将越来越注重研究方法的科学性和研究视角的系统性。

第三节 经济与管理的关系

经济和管理是时常联系在一起的概念，"经济学"一词让人联想到国家层面，"管理学"则更多使人联想起企业，但这并不准确，实际上两门学科虽有联系但区别明显。

经济学和管理学研究对象都包括人的行为，但是经济学研究的目的主要是解释人在不同局限条件下的行为规律，而管理学则侧重于如何激励人去采取管理者期望的行动，以实现管理者的目标。管理一定有一个预定的目标。

为了解释人的行为，需要对人的基本行为模式做一个假定。古典经济学假定人是"经济人"，即自利的理性人，他通过市场中"看不见的手"获得各种信息，在一定的限制条件下相互协作，形成各种可观察的行为模式——往往形成资源的特定配置。由于经济学对人的假设简化而一致，所以经济学理论的系统性、科学性、统一性较强。

管理学研究如何利用组织的有限资源，通过管理者的努力，如计划、组织、领导和控制等"看得见的手"去实现组织的目标。它认为人是具有多种需要的"复杂人"，因此管理学对人的假设丰富且分歧较大，从而管理学的权变性、艺术性、多样性较强，也就有了现代管理学理论的"丛林"一说。

在预先评估管理制度和手段的有效性时，尤其是较为宏观和长期的场合（例如国家某项政策），可以合理借鉴经济学的分析思路，从"经济人"的假设出发预测可能出现的后果。但如果从经济学角度出发提出管理制度和手段，则需要特别小心，因为管理制度和手段的效果与管理者目标、人的心理、社会文化、伦理、历史等密切相关，这些局限条件是非常难分析的。真实的社会和人过于复杂，从过去的经验（历史）中学习具体的管理手段，是成为优秀管理者的必要条件。

随着行为科学的兴起，在经济学中考虑人类心理特征，已然成为一个新的潮流。而管理理论也越来越多地借鉴经济学的最新研究成果，二者的结合将会更加紧密。无论是经济学还是管理学，在未来都需要以行为科学为基础，通过科学、定量的方法揭示经济运行规律，建立更为有效的管理理论。

本章小结

管理是人类社会最基本、最重要的活动之一，是管理者在动态环境下通过对组织内部资源及整合的组织外部资源进行有效计划、组织、控制和领导，以实现组织目标的科学和艺术的过程。管理对于社会实践的重要性，无论在学术界还是实业界都已达成共识。本章介绍了不同管理学家对管理的定义，总结了管理的含义及其职能，并指出管理环境划分为外部环境和内部环境。在管理活动中，管理者的角色不同，需要掌握的管理技能也不同。从低层管理到高层管理，对管理者的技术技能、人际技能和概念技能的要求逐渐增强。

本章也梳理了管理思想的演变过程，从古典管理时代、科学管理时代、社会人时代再到现代管理理论，随着管理思想和管理理论的产生与发展，人们对管理的理解不断升华并日益成熟。现代管理理论的发展只经历了一个多世纪，还远未成熟。因此，现代管理理论不像经济学理论那样具有相对严密和统一的学科体系，而是呈现学派众多的局面，并形成了纷繁芜杂的"管理理论丛林"。

尽管管理理论纷繁芜杂，但是仍然可将现代管理理论的发展归结为四条主线：注重数量分析和系统论的管理科学理论与方法；注重人的心理和行为的组织行为、人力资源管理理论；关注管理中的职能、角色、管理策略、战略等共性问题的一般管理理论；关于各类组织、组织与环境等问题的管理理论。而从现代的发展来看，这些管理理论都越来越具备科学性和系统性的特征。

思考与练习题

1. 管理的基本含义是什么？怎样理解不同时代对管理的解释？
2. 管理者与普通员工有什么不同？如何评价管理者管理工作的有效性？
3. 管理都有哪些职能？管理职能之间的关系是怎样的？
4. 为什么处于不同层次的管理者所具备的管理技能是不同的？
5. 如何理解管理既是一门科学又是一门艺术？
6. 不同管理者角色的差别和作用是什么？
7. 外部环境与管理活动之间的关系是怎样的？
8. 如何理解成功管理者与有效管理者之间的差异？
9. 现代管理理论丛林包括哪些学派？
10. 科学管理具有哪些特征，它是如何发展起来的？
11. 行为科学学派和科学管理有哪些不同？
12. 现代管理理论发展的四个脉络是什么，各自具备什么特征？

参考文献

[1] Jones S R G. Was There A Hawthorne Effect?[J]. American Journal of Sociology, 1992, 98(3): 451-468.

[2] Keys J B, Miller T R. The Japanese Management Theory Jungle[J]. The Academy of Management Review, 1984, 9(2): 342-353.

[3] Koontz H. The Management Theory Jungle[J]. The Journal of Academy of Management, 1961, 4(3): 174-188.

[4] Koontz H. The Management Theory Jungle Revisited[J]. The Journal of Academy of Management, 1980, 5(2): 175-187.

[5] Lethans F, Stewart T I. A General Contingency Theory of Management[J]. The Academy of Management Review, 1977, 2(2): 181-195.

[6] Levitt S D, List J A. Was There Really A Hawthorne Effect at the Hawthorne Plant? An Analysis of the Original Illumination Experiments[J]. American Economic Journal: Applied Economics, American Economic Association, 2011, 31(8): 998-1010.

[7] Taylor F W. The Principles of Scientific Management[M]. New York and Landon: Harper & Brothers Publishers, 1911.

[8] Turner W C, Mize J H, Case K E, Nazemetz J W. 工业工程概论（第3版）[M]. 张绪柱，译. 北京：清华大学出版社，2007.

[9] 杜伯林. 管理学精要（原书第6版）[M]. 胡左浩，等译. 北京：电子工业出版社，2003.

[10] 曹德谦. 美国演义[M]. 6版. 北京：北京大学出版社，2012.

[11] 戴淑芬，殷焕武，刘明珠. 经济与管理教程[M]. 2版. 北京：经济管理出版社，2005.

[12] 雷恩. 管理思想的演变[M]. 李柱流，赵睿，肖聿，等译. 北京：中国社会科学出版社，2004.

[13] 雷恩. 管理思想史[M]. 孙健敏，黄小勇，李原，译. 北京：中国人民大学出版社，2009.

[14] 卢桑斯. 组织行为学（原书第11版）[M]. 王磊，等译. 北京：人民邮电出版社，2009.

[15] 泰勒. 科学管理原理[M]. 马风才，译. 北京：机械工业出版社，2009.

[16] 拉姆斯登. 群体与团队沟通（原书第3版）[M]. 冯云霞，等译. 北京：机械工业出版社，2001.

[17] 孔茨，韦里克. 管理学精要（原书第6版）[M]. 韦福祥，等译. 北京：机械工业出版社，2005.

[18] 西蒙. 管理行为[M]. 詹正茂，译. 北京：机械工业出版社，2007.

[19] 法约尔. 工业管理与一般管理[M]. 迟力耕，张璇，译. 北京：机械工业出版社，2013.

[20] 明茨伯格. 明茨伯格论管理[M]. 闾佳，译. 北京：机械工业出版社，2007.

[21] 梁小民. 经济学是什么[M]. 北京：北京大学出版社，2001.

[22] 卢昌崇. 管理学[M]. 2版. 大连：东北财经大学出版社，2006.

[23] 卢西尔. 管理学基础：概念、应用与技能提高（原书第4版）[M]. 高俊山，等译. 北京：北京大学出版社，2011.

[24] 罗宾斯，库尔特. 管理学（原书第13版）[M]. 刘刚，等译. 北京：中国人民大学出版社，2017.

[25] 托克维尔. 论美国的民主[M]. 董果良，译. 北京：商务印书馆，1989.

[26] 王凤彬，李东. 管理学[M]. 5版. 北京：中国人民大学出版社，2016.

[27] 吴照云，等. 管理学通论[M]. 北京：中国社会科学出版社，2007.

[28] 徐子健. 管理学[M]. 北京：对外经济贸易大学出版社，2002.

[29] 周三多，陈传明，等. 管理学原理[M]. 2版. 南京：南京大学出版社，2009.

第六章 管理的职能

管理是一项实践活动,在不同的管理工作中,管理者的管理行为往往包含某些类似的程序和某些具有共性的内容,如计划、组织、控制等。人们对这些管理行为加以系统性归纳,逐渐形成了"管理职能"这一概念。法国的法约尔提出管理的五大职能:计划、组织、指挥、协调和控制,古利克和厄威克认为管理有七大职能:计划、组织、人事、指挥、协调、报告、预算,哈罗德·孔茨和西里尔·奥唐奈里奇则将管理的职能划分为计划、组织、人事、领导和控制等,现代管理则普遍认为管理包括四大职能:计划、组织、领导和控制。

第一节 计 划

一、计划的基本概念

(一)计划的含义与内容

计划具有双重含义,即计划工作与计划形式。计划工作是指根据对组织外部环境与内部条件的分析,提出在未来一定时期内要达到的组织目标以及实现目标的方案途径。也就是,计划的制订。计划形式是指用文字和指标等形式所表述的,组织在未来一定时期内关于行动方向、内容和方式安排的管理事件。后者是前者的结果与输出。

计划工作的内容是根据社会的需要以及组织的自身能力,确定出组织在一定时期内的奋斗目标;通过计划的编制、执行和检查,协调和合理安排组织中各方面的经营和管理活动,有效地利用组织的人力、物力和财力资源,取得最佳的社会经济效益。其主要内容可概括为所谓的"5W2H1E"：

什么（What）——计划的目的、内容；

谁（Who）——计划的相关人员；

何处（Where）——计划的实施场所；

何时（When）——计划实施的时间范围；

为什么（Why）——计划的理由；

如何（How）——计划的方法和实施方案；

多少（How much）——计划的预算；

效果（Effect）——计划实施的预期结果和效果。

（二）计划的作用

法约尔认为"计划是所有管理职能中最基本的职能"。

孔茨进一步解释，"计划工作就是在我们所处的地方和要去的地方之间铺路架桥"。

在管理实践中，计划是其他管理职能的前提和基础，并且还进一步渗透到其他管理职能当中。作为管理过程的中心环节，计划在管理活动中具有特殊的地位并发挥着重要的作用，这表现在：

（1）计划是组织生存与发展的纲领——预测变化，降低不确定性；

（2）计划是组织协调的前提——指明方向，协调活动；

（3）计划是指挥实施的准则——减少浪费，提高效益；

（4）计划是控制的依据——设立尺度和标准，有利于有效控制。

（三）计划的特点

计划具有如下特点。

（1）主导性。计划工作是企业进行组织、领导和控制的依据，对企业各项职能起着指导和引导的作用。

（2）普遍性。计划工作的特点、内容和范围会因管理层职权的大小而异，但高、中、基层的每位管理者都需要从事计划工作。

（3）连续性。只要组织存在，就需要明确的方向和计划的指引。组织就是在旧计划结束和新计划开始的周而复始中不断成长。

（4）前瞻性。计划工作是面向未来、指导未来实践的活动。

（5）经济性。计划的主要动因是使组织在未来的实践活动中获得最大效益或者预期收益。

（6）创新性。只有能够反映环境变化特点、与时俱进和不断创新的计划才会引导企业持续地健康发展。

（7）和谐性。企业内外环境达到动态平衡，计划获得各级管理者的共识和认可，企业目标的实现才具有保证。

（四）计划的类型

计划的种类很多，可以按不同的标准划分为不同的类型。主要分类标准有计划的广度、时间构架、明确程度、使用频率、组织职能、计划内容、组织层次等。依据这些分类标准进行划分，所得到的各类型计划并不是彼此割裂、相互独立的，而是共同组成分别适用于不同条件下的计划体系。

（1）按计划的广度分类，计划可划分为战略计划和作业计划。

（2）按计划的时间构架分类，计划可分为长期计划、中期计划和短期计划。

（3）按计划的明确程度分类，计划可分为具体性计划和指导性计划。

（4）按计划的使用频率分类，计划分为一次性计划和持续性计划。

（5）按组织职能分类，计划可分成生产计划、营销计划、财务计划等。

（6）按计划内容分类，计划可分为专项计划和综合计划。

（7）按组织层次分类，计划可分为高层管理计划、中层管理计划和基层管理计划。

（8）按计划的表现形式，孔茨和韦里克从抽象到具体，把计划分为目的或使命、目标、战略、政策、程序、规则、方案以及预算，如图6-1所示。

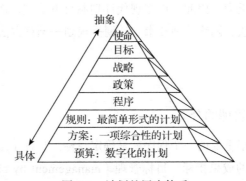

图6-1　计划的层次体系

（五）计划的程序和工具

计划的类型和表现形式多种多样，但科学地编制计划所遵循的步骤和程序却是相似的，具有一般性。如图6-2所示，管理者编制各类计划时基本遵循以下步骤：估量机会、确定目标、确定前提条件、拟订备选方案、评价备选方案、选择可行方案、拟订辅助计划以及编制预算。

计划工作效率的高低与计划的优劣主要取决于所采用的工具。面临复杂多变的管理环境，制订计划的方法就显得格外重要。传统计划制订方法包括以下几种。

（1）定额换算法，根据相关技术经济定额来确定计划指标。

（2）系数推倒法，用多个变量的两两比率来确定计划期内考核指标的方法，也称比例法。

(3) 经验平衡法,根据工作经验把组织的总目标和各项任务分解到各个部门,并经过与各部门的商定,最终确定各部门计划指标的方法。

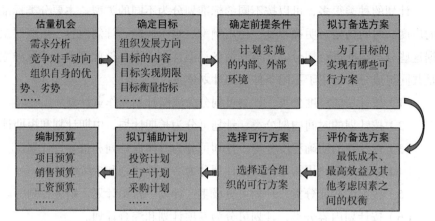

图 6-2　计划的程序

传统计划制订的方法均有一个前提条件,就是稳定可预测的环境。在这种环境下,这些方法比较简单,在计划制订程序上有较大优越性。但是,随着组织规模的扩大和组织业务范围的增大,组织面对的内外部环境变得更加复杂多变,传统计划制订的方法显得乏力。因此,许多现代计划制订方法应运而生,如运筹学法、滚动计划法、甘特图法、网络计划技术、计划—规划—预算方法等。

二、目标管理

(一) 目标管理的含义

计划工作中很重要的一个程序就是确定目标。目标是组织在某一预定时期、某一领域所要达到的成果指标。目标管理(management by objective,MBO)是以目标为导向,以人为中心,以成果为标准,使组织中的上级和下级一起参与组织目标的制定,由此明确各层级的职责范围,并依此管理、评价和决定其贡献及奖励报酬,最终使组织取得理想业绩的一整套系统化的管理方式。

目标管理是系统整体的、重视成果的以及重视人的超前性管理,在组织管理过程中有着不可小觑的功能和重要性。目标管理具有如下优点。

(1) 克服传统集权管理的弊端。目标管理构建一套完整的目标体系,强调下级员工的"自我控制"。

(2) 提高工作成效。以工作成果作为客观的评价依据,激励成员完成目标,从而利于全面提高管理的绩效。

(3) 激励和提高员工能力。以工作成果为评价依据的奖惩制度使得工作成员为了更好地完成其职责和个人目标,必然加强自我训练和学习,提高个人能力。

（4）改善组织内部人际关系。在目标管理过程中，上级为了让员工真正了解组织希望达到的目标，必须和成员商量，构建良好的上下级沟通机制，取得一致意见，培养团体意识。

尽管如此，目标管理也有自身的局限性，主要体现在如下几个方面。

- 部分不易量化的事物难以制定目标。
- 目标商定可能增加管理成本。
- 奖惩不一定都能和目标成果相配合，也很难保证公正性，从而削弱了目标管理的效果。
- 组织外部环境可能有所变化，而各级管理人员难以做长期承诺，结果导致目标短期化。
- 目标修正可能不够灵活。

（二）目标管理的程序与原则

不同组织管理活动的性质不同，所遵循的目标管理的程序与步骤也不尽相同。但一般来说，目标管理大致可分为四个主要步骤。

（1）建立一套完整的目标体系。
（2）明确责任。
（3）组织实施。
（4）检查和评价。

目标管理最大特征就是方向明确。目标管理非常有利于把整个团队的思想、行动统一到同一个目标、同一个理想上来，是企业提高工作效率、实现快速发展的有效手段之一。管理实践中，目标管理应遵循 SMART 原则。

- 明确性（specific）。目标必须具体，指标不能笼统。
- 可衡量性（measurable）。目标可衡量，绩效指标可量化或行为化。
- 可实现性（attainable）。绩效指标可实现，目标不会过高或过低。
- 相关性（relevant）。绩效指标要与其他目标具有一定的相关性。
- 时限性（time-based）。目标必须具有明确的截止期限。

第二节 组 织

一、组织职能概述

从名词意义上说，组织是对完成特定使命的人们进行的系统安排，像学生会、华为公司、工商银行、政府部门等都是组织。它们之所以称为组织，是因为它们都有自己特定的目标和适合自身发展的结构，并且以人为核心努力达到这个目标。

组织职能就是通过建立、维护并不断改进组织结构以实现有效的分工、合作的过程。组织内部的人员排布、职能分配、层次关系等，是整个组织的骨骼框架，称为组织结构。一般来说，一个组织具有什么样的结构，基本上就决定了这个组织具有什么样的职能。组织主要包括以下几个职能。

1. 职位设计

组织的形成是为了完成特定的目标，这一目标往往由多个活动来完成，组织首先需要将这些活动加以分类，根据类别形成特定的职位。职位的设计是为了满足组织分工的需要，是组织活动较为细致的划分，有助于分离专业技能、专项发展、辨识个人的责任与成果。

2. 部门划分

这一过程是将完成组织目标的各个活动进行有机的组合，形成各个部门，以便于管理。一个部门往往包含多个职位，组成该部门的各个职位之间必须具有良好的协调性，而且这些职位是根据工作的需要而被有机地组合在一起的，如果不能合理地安排这些职位，部门内会产生混乱，给组织运行带来一系列问题。另外，组织部门的划分很大程度上决定了组织的结构，因此部门的划分对组织至关重要。

3. 职权配置

对于各个部门，为了便于进一步管理，必须在整个组织范围内进行职权划分，在各部门设定管理者，管理部门内部事务，并规定被管理者的工作范围，这就是组织的职权配置过程，合理的职权配置能够保证组织有条不紊地运行。

4. 人力资源管理

人力资源是组织的核心资源，由于每个部门都包含不同类型的职位，组织需要根据部门及职位的需要，在各个职位上选拔并分配合适的人选。在如今社会和市场竞争激烈、人才需求量巨大的情况下，如何选取高水平人才，如何配置工作人员，怎样才能发挥每个人最大的潜力，是组织人力资源管理的重点所在。

5. 协调整合

在人力资源合理配置之后，组织还需要对组织结构进行协调整合，协调整合的目的是优化组织结构，使得各个部门、各个职位紧密地联系在一起，形成一个有机整体，而不是零零散散相互独立的各个模块，这个过程会让组织运转更加高效。

6. 组织变革

作为一个有机整体，组织的发展同样符合进化论的基本法则——"优胜劣汰"，当新的环境出现时，组织必须做出适应性的调整。另外，组织的目标也会随着时间的推移而逐渐改变，这也使得组织变革成为必要之举。

二、组织结构设计与组织目标实现

（一）组织结构设计

组织结构的设计应该明确谁去做什么，谁要对什么结果负责，并要消除由于分工不明而造成的工作中的障碍，还要提供能反映和支持企业目标的决策和沟通网络。组织结构设计是指组织以其结构为核心，针对以上几方面问题进行系统设计的过程。对于大多数从事实际工作的管理人员来说，组织意味着一个基于某种目的而创建的职务结构或者职位结构。

组织层次的出现是因为一位管理人员能够有效地管理的人数是有限的，管理跨度（span of management）与组织层次成反比，管理跨度越宽，组织层次越少，管理跨度越窄，组织层次越多。图 6-3 和图 6-4 给出了两种管理跨度组织的形式，表 6-1 列出了两种管理跨度的优缺点。

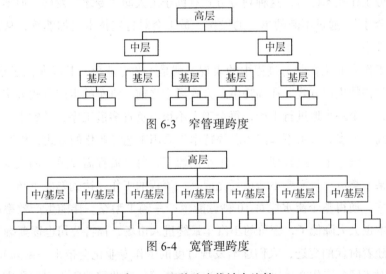

图 6-3　窄管理跨度

图 6-4　宽管理跨度

表 6-1　两种跨度优缺点比较

	窄管理跨度组织	宽管理跨度组织
优点	严密的监督 严密的控制 上下级间联络迅速	迫使上级授权 必须制定明确的政策 必须谨慎地选择下属
缺点	上级过多地参与下级的工作 管理层次多 多层次引起高费用 最底层与最高层间距过长	上级负担过重 决策容易出现瓶颈 上级有失控的危险 要求管理人员具备特殊的素质

在现代组织管理过程中，存在着发展扁平型组织结构的趋势，由于组织内外

很多因素限制了管理跨度的拓宽，管理人员根据这些不同的因素做出相应的决策，以减少组织层次而增加管理跨度，然而，一味地追求组织跨度的拓宽所带来的费用及额外问题可能超过原本的结构状态。因此，组织需要平衡管理跨度与组织层次之间的关系，根据管理费用、沟通需要以及工作需要等几个因素确定什么样的组织跨度适合组织的发展，每个组织拥有一个适合自己的组织跨度，并不是越宽越好。

组织结构是指对于工作任务如何进行分工、分组和协调合作，是整个组织的"骨骼"，不同的组织具有不同的组织结构。管理者在进行组织结构设计时，必须考虑6个关键因素：工作专业化、部门化、命令链、管理跨度、集权与分权、正规化。

1. 工作专业化

工作专业化（work specialization）是指将整个工作按照类别划分为多个不同小部分，每一部分只需要一种或少量几种专业的技能，这时每个专门的人员只从事这一小部分的工作，而不是全部工作。通过工作专业化，员工只需要熟练掌握特定的一部分工作技术即可，这种划分方式有助于工人向"专才"发展，而不是面面俱到的"全才"，通过不断的单一的操作，员工会对特定技术更加熟练，从而大大提高工作效率。

工作专业化在制造过程中的表现，就是工艺专业化，其经典例子是20世纪初诞生的福特生产方式。在福特生产方式诞生之前，汽车的生产方式大多是围绕汽车整车，一个一个地进行生产，每个工人不得不负责多道工序，导致小汽车的制造成本很高，大多数人买不起汽车。福特率先采用工艺专业化的方式，创造了T型车流水线，将汽车生产过程划分为多个小的流程，每个流程需要单一的或少量的几种技术，某一类员工只需要不断重复完成某一流程的工作，达到熟能生巧，大大提高了生产率，使得整个流水线每10秒就能生产一辆T型车。伴随生产效率的提高，制造成本也大大降低了，廉价的小汽车最终进入市场，福特公司也逐渐崛起。

随着时代的变迁，人们逐渐发现过度的工作专业化会带来一系列问题。例如，工人对于同一工作产生厌倦、员工沟通障碍等，这些弊端所带来的危害甚至超过了其正面效应。因此，工作专业化需要把握合适的程度，从而既能通过专业化提高劳动生产率，又能有效避免工作枯燥，并避免沟通障碍。时至今日，工作专业化的思想依然被大部分组织所接受，只要把握好工作专业化的程度，就能克服其带来的弊端，保持高的生产率和较低的成本。

2. 部门化

部门化（departmentalization）是指在工作专业化将工作细分之后，按照各部分活动的特点将它们有机地组合起来，以便各部分工作相互协调的过程。

部门化需要按照活动的特点来进行，主要标准有职能、产品、地域、生产流程、顾客类型、时间等。以学校为例，在学校这个组织中，存在着教师、会计、图书管理员、网络管理员等众多职位，学校通过职能标准将各个职位结合起来，形成了诸如党政部门、教务部门、财务部门、招生部门等，学校是根据活动的职能实现部门化的。部门化的划分标准不同，部门化的结果也不同，部门化在某种程度上能够削弱工作专业化所带来的弊端。

3. 命令链

命令链（chain of command）是一种从高层到低层不间断的职权路线。命令链是组织设计的基石，它能够明确员工的责任以及员工之间的责任关系。

命令链的理解需要两个辅助概念：职权和统一指挥。职权是指管理职位所固有的发布命令并期望命令被执行的权力，每个管理者都在特定的职位上授予一定的权力。统一指挥意味着一个员工应该对应唯一的一个主管，不出现多头领导的现象，保证命令的有效性。

4. 管理跨度

管理跨度在上文已经提及，它会对组织层次产生影响，管理跨度越宽，组织层次就越少，反之，管理跨度越窄，组织层次就越多。过宽的管理跨度和过窄的管理跨度都会带来一系列弊端，组织应根据自身情况调整管理跨度。

5. 集权化与分权化

集权化（centralization）是指组织的决策权集中于一点的程度；分权化（decentralization）则相反，是指决策权分散于各个管理者乃至员工的程度。在集权制组织中，权力掌握在少数人手中，高层领导往往不考虑基层员工的意见，因此在决策中不会出现意见分歧，但这时决策的有效性就过分依赖于管理者的决策能力。而在分权组织中，更多的人会对组织决策提供意见，这样可以集思广益，并消除管理者之间、员工之间、管理者与员工之间的隔阂，解决问题的效率通常较高。

过度的集权化与过度的分权化都会阻碍组织的发展，组织应在发展中逐步探索，确定适合组织发展的组织形式，选择适当的集权化程度与分权化程度，并根据环境的不断变化，灵活地做出改变。

6. 正规化

正规化（formalization）是指组织中的工作符合正式规范与特定标准的程度。一般来说，正规化的程度越高，组织的灵活性就越差，这种正规性会限制工作流程、工作时间、工作方式等，还会带来额外的费用。但俗话说"无规矩不成方圆"，组织正规化方便组织进行管理，同样会提高组织的效率。不同的组织正规化程度差别很大，也就造就了各个组织的特色。

（二）组织结构设计所考虑的因素

在为一个组织选择具体的组织结构时，需要考虑如下几个因素。

1. 战略目标

组织职能为实现组织战略目标而服务，这要靠具体组织结构来保证，因此组织结构应该服从于组织目标，一旦组织目标发生变化，组织结构也要做出相应的调整，组织战略目标是影响组织结构的最重要因素。

一般来说，组织要想在激烈的市场竞争下占据一席之地，采取的战略形式有成本最低战略、产品差异化战略、核心竞争战略以及模仿战略等。实行不同战略目标的组织，其运行方式有很大差异，侧重点往往不同，这就导致了其组织结构的差异。

2. 环境因素

环境因素是影响组织结构的另一大因素，随着组织外部环境的不断变化，组织必须实时做出回应，以不断适应环境变化，否则将在竞争中淘汰。当外界环境较为稳定时，管理者不需要将重点放在组织变化上，机械式的组织往往更合适，而当外界环境稳定性较差时，组织需要保持一定的灵活性才能适应外界环境。

3. 技术因素

每一个组织都拥有至少一种技术，才能够将投入转化为产出，对于特定的组织，其技术选择可能是多样的，采用不同的技术一般需要不同的工作流程、不同的职能部门、不同的技术人员，技术的选择对于组织来说是影响巨大的，对于同一行业，采用不同的技术，其组织结构甚至会有天壤之别。

例如，对雕刻行业来说，采用的技术多种多样，有手工雕刻，有激光雕刻，还有机械雕刻等。手工雕刻依赖的是人的手艺，这类组织需要更多的员工，以满足大量的需求。手工雕刻所用的工具多是通用的刻刀等，组织的规模往往也比较小；激光雕刻采用的是现代化的技术，需要计算机的辅助，对员工数量要求并不是很高。由此看见，技术因素对于组织结构的影响也是巨大的。

4. 组织规模

组织规模对组织结构的影响，一个拥有几千名员工的公司不可能采取简单组织结构的模式，而一个夫妻经营的商店更不可能采用矩阵结构。一般来说，大规模的组织工业专业化、部门化程度较高，组织层次较多，正规化程度较高，而小规模的组织则相反。

（三）不同类型的组织结构

1. 简单结构

简单结构的组织最大的特点就是"简单"，这种组织一般只有少数几个管理者，而且大部分管理者身兼多职，最极端的情况是组织中只有一个人。典型的简单结构包括一个新成立的小型社团、夫妻共同经营的商店、全员罢工的机械厂等。

简单结构的组织集权化程度较高，很少存在工作专业化或是部门化的情况，这种组织往往正规化程度较低，较为灵活，责任明确，成本往往较低。但与此同时，过于简单的结构会阻碍其发展速度，在竞争中很容易被大型组织所击溃，而且组织的成员在组织中担任的角色过重，往往缺一不可，这就给组织带来不可预测的风险性。基于简单结构的这些特点，这种结构只适用于小型企业。

2. 官僚结构

官僚结构的组织是标准化程度较高，组织结构较为严密，组织依靠标准化的工序来进行协调和控制，政府部门就是典型的官僚机构。

官僚结构的组织通常采用工作专业化的手段，并实施部门化，以提高部门的工作效率，降低组织成本。然而，这种特点同样会导致部门之间的对立立场，如果不能协调好部门之间的关系，那么整个组织的效率将会大大降低。另外，这种标准化的组织通常高度集权化，便于组织的管理，不会出现多头领导的混乱情况，但是组织决策则过度依赖于少数的领导者，同时，这种结构会限制中、低层管理人员才能的发挥与创新能力的展示。最后，官僚结构的组织规章制度十分明确，员工必须遵守这些死板的制度，导致整个组织不够灵活，这还会影响到组织的创新发展。

官僚结构经历了曲折的发展过程，如今依然有很多组织采用官僚结构，官僚结构也在一定程度上得到了改进，很多组织将官僚结构分解成小型的、职能较少的官僚结构单位，这些小的单位在经营、决策等方面较为独立，这种改进在一定程度上削弱了官僚结构的一些弊端带来的影响。据估计，目前大约有15%的大型公司采取这种做法。

3. 职能结构

采用职能结构的组织按照职能进行分工并有机组合形成部门，各部门在业务范围内进行管理。职能结构的特点是工作专业化和部门化，同时具备了二者的优缺点，工作专业化会给员工带来高水平的技能，给部门带来较高的工作效率，但这种结构不利于集中管理，很难协调各个部门之间的关系，这对管理者有较高的要求。这种结构适用于中小型组织。

4. 事业部结构

这种结构在产品部门化的基础上，按照产品、项目或地域设立事业部，各个事业部分散经营、独立核算，具有相对独立性，但这些事业部统一领导，重大决策一般由总部决定。每个事业部相当于一个独立的企业，能够更好地适应市场，发挥事业部的积极性，但这种结构对管理者的要求同样很高。值得注意的是，同一组织下的各个事业部也存在着竞争关系。

5. 矩阵结构

矩阵结构是一种较为普遍的组织结构类型。这种结构在大学、医院、研发实验室、航空公司、项目组中广泛应用。矩阵结构是按职能和按项目建立的双重结构。一般在这种结构的组织中，每一个员工分别对应于产品（项目）小组和职能小组。图 6-5 所示的是一个典型的矩阵结构。

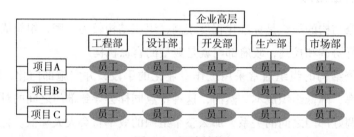

图 6-5　矩阵结构

在矩阵结构的组织中，组织能够充分利用人力资源，将所需人员的数量减少到最少，降低人员冗余带来的额外费用。另外，这种双重权威的结构还能够减少组织中的官僚主义现象，局部利益在组织中很少出现，组织成员能够集中力量向同一目标努力。然而，在矩阵结构的组织中，同样存在着一定的不足，由于每一个员工同时隶属于一个产品小组和一个职能小组，就会造成多头领导的现象，导致指令混乱，而且如果组织中的员工、专家以及管理者之间的协调性变差，整体效率也会下降。

6. 新型组织

在不断的组织创新过程中，还出现了几种新型的组织结构，包括团队组织、虚拟组织和无边界组织等。

（1）团队结构。团队结构是指组织为了实现战略目标下的子目标，根据需要将部门内、部门间的工作人员有机地组合在一起，形成一个团队，通过协调、协作、协同完成目标。在小型组织内，团队结构可以作为整个组织的结构形式，而在大型组织内，一般团队结构只是其骨干结构的一种补充。

（2）虚拟组织。虚拟组织是一种规模较小的组织，但这种小规模并不影响其竞争力，这种组织通常将生产、配送、营销、服务等职能转交给其他公司，以实现部门虚拟化，降低成本、提高质量，而且组织还能够将更多的精力投入到核心竞争环节，增加了组织的灵活性。目前世界上有许多知名公司都采用这种组织结构，如耐克、戴尔等。耐克公司实际上并没有自己的生产制造厂，而是将这部分工作转交给诸如中国的一些生产商进行生产，同样能够成为美国第一运动品牌。

（3）无边界组织。无边界组织最早是由通用电气公司总裁杰克·韦尔奇提出，这种组织打破了原有组织固定边界的限制，以减少公司内部横向的和纵向的界限，力图取缔命令链，保持合适的管理跨度，消除组织与供应商以及客户之间的障碍，取消各种职能部门，代之以授权的团队，去除组织的固定边界，以保持组织的灵活性。

虽然这种无边界组织是一种理想的状态，不过一些组织已经向着这个目标不断进取，逐渐取得了辉煌的成就，如通用电气公司、摩托罗拉公司、惠普公司等。这类公司通过减少甚至取消组织层次，实现组织的扁平化，使得组织内部的等级关系逐渐弱化，以消除纵向界限，另外，这类组织用多功能团队代替职能部门，组织的全部活动均可以由这个多功能团队完成，这样就消除了组织的横向界限。

三、人力资源管理

组织职能要以人为中心，具体是通过人力资源管理来实现的。人力资源管理（human resource management，HRM）就是用合格的人力资源对组织结构中的职位进行填充和不断填充的过程。它包括人力资源战略的制定、招募与选拔、培训与开发、绩效管理、薪酬管理、员工流动管理等一系列活动。

"人"是人力资源管理中的核心，在新的时代下，人才对组织的长期战略来说尤为重要。组织根据其特定的目标选择合适的人才，并配置于合适的位置，这是人力资源部门的本质任务。在人力资源管理过程中，管理者需要审时度势，及时向相关部门填充适当的人才并淘汰掉一部分员工，保持组织的人力充足、质量良好。在组织内外都存在人才流动，人力资源管理部门需要不断招募、选拔人才，并对其进行考评与管理。

人力资源管理是一个系统的过程，主要包括如图 6-6 所示的几个过程。

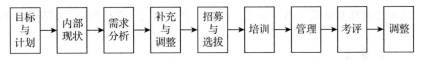

图 6-6　人力资源管理过程

由图 6-6 我们可以看出，组织首先需要根据自身目标制订相关计划，组织的目标和计划是人力资源管理的基础。组织还需要明确内部人才的现状，只有了解组织自身的人力资源的具体情况，才能明确人力资源管理的方向。组织通过分析人力资源计划与内部人才现状，确定所需人才的数量和种类，决定对组织人员进行补充或是适当的调整，补充的来源包括内部与外部两方面，这时组织通过笔试、面试等方式对人才进行招募、选拔，一般通过选拔的人才将得到组织的培训，以便更快地适应组织的环境。当人才能够胜任相应的职位，组织需要按照组织的规章制度对其进行管理，包括薪酬管理、绩效管理等，并在管理的过程中进一步培养各职位人员的能力，根据各职位人员的表现，相关部门对其进行考评，根据考评的结果再次调整人才，不断填充，以适应组织内部及外部环境的变化。

此外，组织内外部环境对人力资源管理的各个过程同样有一定的影响，组织在制定人力资源战略和计划时同样不能忽略内外部环境的变化，一旦组织没有做出适时的变化，将会造成人才流失或人力资源整体实力弱化等现象，对组织造成不可估量的损失。

1. 人员的招聘

招聘是一个吸引具有合适个性特质和技能的求职者来填补职位空缺的过程。实际上，招聘是一个双方选择的过程，应聘者既要愿意加入某个组织，又要有足够的能力胜任某个职位，招聘方一般要考察大量的求职者，经筛选后选择其中一小部分人。

招聘的一个目的是寻找适合组织的人才，所要考虑的不仅仅是应聘者的能力，还要考虑其性格特点、薪金要求、对组织文化的适应性等方面的需求。招聘的另一个目的是向求职者乃至整个社会推销自己的公司。

招聘的原因是组织对人才有需求，因此在进行招聘之前，组织需要分析职位要求，对所招聘的岗位进行描述，解释"这个职位是做什么的""这个职位需要哪些技能""在这个职位上工作有什么要求"等一系列职位相关问题，编写职位说明书。职位说明书应包括职位的范围，这个范围必须合适，过宽的范围会给人压力，让求职者望而却步，而过窄的范围又会让人觉得缺乏挑战，缺少成长的机会，这个范围一般包括教育、工作经验、所需技能等。职位说明书还必须包含对职位的描述，描述内容包括职位头衔、在组织中的地位、日常的任务等。除此之外，职位说明书还可以介绍一些薪金状况、组织规章制度、升迁等相关的内容。

在人才资源丰富、人才需求量巨大的今天，招聘来源同样十分广泛，常见的招聘来源有现有员工、推荐员工、中介、直接上门、直接投递、招聘会、在线招聘等。

2. 甄选

甄选是一项招聘工作中不可或缺的任务，经理们需要从应聘者中选择出满意的员工。在甄选过程中，组织与应聘者之间充分的交流非常必要，经理们需要从技术、能力、性格等多个方面评估，经过多个环节的考核，最终确定合适的人选。需要强调的是，组织必须非常重视甄选环节，有调查发现，如果组织选择了一个不合适的员工，那么由此带来的损失将大大超过甄选过程的费用，甚至可以达到员工年薪的三倍；如果这个不合适的员工还是一个管理者，那么组织的损失很可能更加巨大。

3. 扩展与培训

员工扩展是为了让员工更好地适应新的环境，主要让员工做一些重要的小事情，比如阅读资料、参观建筑、访问公司网页等，还可以向新员工传授组织的思想和原则，让员工更好地融入这个大集体当中。

如果新员工直接上岗，将会带来一系列问题，效率低下，问题不断，给组织带来一些不好的影响，还会打击员工的信心，因此适当的培训是有必要的。培训是新手与组织衔接的重要环节，大量事实证明，经过培训的员工相比未经培训的员工，能够更好地投入工作，而且组织所获得的额外效益更是远远超过培训所消耗的费用。组织应设计合适的培训方案，投入适当的培训经费，选择良好的培训方法，让新员工得到优质的培训，以达到促进员工个人发展、保持企业竞争力的目的。

4. 绩效评估

员工通过了以上过程就可正式上岗了，但这还远远没有结束，日常工作才是员工和组织最好的试金石。组织需要时刻对员工进行绩效评估，以考核员工的工作情况，给员工一定的压力，以免上岗后便以为万事大吉、不思进取。

对员工进行绩效评估，首先要确定一个合适的指标体系，并将指标细分为各个具体的评估因素，设置评估标准，然后对员工的表现进行打分。评估的方式包括自我评估、员工互评以及上级评定等几个方面。组织综合考虑各类绩效指标，定期给出每个员工的绩效评估结果，对于绩效优良的员工可考虑给予提拔、涨薪、奖励等激励措施；对于绩效评估结果较差的员工，应采取一定的改进措施，以免其影响组织的正常运行，如进行批评教育或者进一步培训等。也有的组织采用"末位淘汰"制度，直接将绩效很差的员工辞退。虽然这种方法会给员工施加工作压力，让他们不得不尽力工作以免被辞退，但也可能会在组织内引起不满和恐慌，对组织氛围造成不良影响。

第三节 领 导

领导作为名词来讲是"领导者"的意思，作为动词来讲则是"领导过程"，这里我们主要针对领导的动词含义来进行介绍。

在一个组织中，有明确的管理者和员工，管理者通过对员工进行管理完成组织日常事宜。与此同时，组织中还存在着正式与非正式的"领导"。领导不同于管理，二者是有一定区别的。一般来说，管理是指管理人员按照组织的规章制度，按照明确的层次关系和职位关系，对下属进行任务分配、指导等工作，而领导则打破了组织中实体角色的划分，是在一种无序的状态下进行的，要想深入了解领导的含义，必须将领导的概念从管理中提取出来。

一、领导职能概述

领导（leadership）是一种能力，是一种艺术，更是一种影响力，不同的专家对于领导的定义各不相同，这里将领导定义为，通过对人们的有效影响而使其具有强烈意愿并努力达成组织目标的一种艺术或一种过程。

领导是伴随组织而生的，因此领导的目的与组织的目标是一致的。值得注意的是，领导是一种过程，而非一种职位。领导的这种能力能够激发被领导者的热情和信心，而这种热情和信心正是各种工作都需要的，领导者通过这种方式将大家融合在一起，以完成共同的目标。一个好的领导者，往往能够让整个团队迸发出更加强大的力量，这正是领导的魅力所在。

从领导作为管理的一项职能这一角度出发，我们可以把管理的领导职能概括为，领导就是对组织内每个成员（个体）和全体成员（群体）的行为进行引导和施加影响的活动过程，其目的是使个体和群体能够自觉自愿并充满信心地为实现组织的目标而努力。

从过程的角度来看，关于领导的实质的论述中，有三个和领导密切相关的因素：人、影响和目标。领导是通过对人的影响达到预期的目标。

领导的实质在于影响，这种关系不是被动的，是人与人之间的一种互动。实现有效的领导，必须了解和掌握有关人、人的行为、人的动机等方面的知识，领导者必须和其他人共同努力才能完成目标。

二、沟通

（一）沟通及其障碍

沟通是信息交换并被两个或两个以上的人理解的过程，这个过程通常伴有激励或影响行为的意图。需要强调的一点是，沟通是双向的、共享的过程，而不仅仅是信息的传达这种单向过程，因此沟通必须要求及时有效的反馈。阻碍有效沟通的情形主要有以下几种。

1. 无计划沟通

有计划的沟通能够提高沟通的效率，反过来，无计划的沟通会带来沟通障碍，因为这种沟通有时会很棘手，沟通双方对沟通的目的、内容无法做充分的准备，会带来考虑不周全、词不达意等现象。

2. 表达不清或理解不清

表达不清出现在发送者身上，而理解不清出现在接收者身上。如果一个人在沟通过程中表达不清，那么信息可能在源头处失效，无论发送者的内心或思想多么清晰，在表达的过程中如果出现吐字不清、用词不当、缺乏逻辑、晦涩难懂等现象，都会引发沟通障碍。另一方面，如果理解不清，接收者得到扭曲的信息或根本得不到任何信息，接收者对于一句话甚至一个字词的理解出现偏差都可能会引发沟通障碍。

3. 文化或语言障碍

这是一种比较容易理解也比较常见的沟通障碍，不同的文化或语言往往会切断信息传播的渠道，接收者很难理解或根本不知道对方在讲什么。不同的词语和符号在不同的文化中代表着不同的意义，双方在沟通时会因为一两个词的不同含义而引发语意的扭曲。

4. 偏见

偏见将个人的片面认识无意识地叠加在沟通中，从而导致信息的扭曲，造成不信任或敷衍了事的行为，极端情况下甚至会出现言语不和大打出手的情况，根本无法形成沟通。偏见作为一种主观看法，一般很短时间内难于改变。

5. 个人情绪

个人情绪会影响信息发送者的表达以及接收者对信息的解释，这也是一种阻碍沟通的情况。一个人在不同的情绪下，对于同一个信息，可能表现出不同的态度，做出不同的判断，例如暴怒的极端情绪可能会中断沟通的进行。

6. 过滤

过滤是指信息的持有者在沟通前对信息有意的操纵，以得到对自己有利的结果，形成无效的沟通。

7. 不良的沟通方式

每种沟通方式都有其优缺点，不恰当的沟通方式会带来有效沟通障碍。一般来说，面对面的沟通是比较有效的方式，以电子邮件的方式沟通可能会由于网络状况而使沟通失效，以信件方式沟通可能会由于延时而失效。

8. 信息过量

个人处理信息的能力是有限的，过量的信息会带来理解的误会、信息的遗漏等，接收者甚至会因为信息过量而不予理会。

9. 其他沟通障碍

还有其他一些沟通障碍，如性别差异、专业领域、年龄等，都会导致沟通障碍，我们必须对此引起重视。

（二）克服沟通障碍的方法

克服沟通障碍需要做到以下几点。

（1）对于沟通尽量做足够的准备，要对沟通的目的和内容了然于心，那么沟通将会进行得十分顺利，并且不会出现慌乱、遗忘等现象。

（2）信息发送者需要理清思路，组织好语言，接收者要学会聆听，努力把握信息要点，并及时做出反馈，双方积极互动，保证信息的准确性，完成沟通的循环。

（3）尽量用双方都能理解的语言或者符号，争取避免涉及文化差异的内容，如果有可能，努力地去了解异域文化及语言。

（4）在沟通的过程中，应去除偏见，控制个人情绪，保持良好的心态。

（5）在组织内设置监督机构，以保证准确的信息能够从低层传递到高层，避免信息操控者的出现。

（6）选择合适的沟通方式。

（7）信息的提供要适量。

三、激励

（一）激励和绩效的关系

激励就是激发和鼓励的意思，是激发人的行为的心理过程。从效果上来看，受到激励的人往往能够比没有受到激励的人表现出更大的努力。需要注意的是，激励在某种需求的作用下才有效，它以需求为指导，没有需求就谈不上激励。

激励的基本过程如图 6-7 所示。

图 6-7　激励的基本过程

未被满足的需求是激励的基点，由此产生紧张心理，引发驱动力，在驱动力的牵引下，人们寻求实现特定目标的行为以满足需求，需求得到满足后，紧张的心态也就降低了。

很多时候，仅凭激励是达不成特定目标的，还需要在其他条件的允许下，目标才能达成，图 6-8 给出了激励与绩效之间的关系。

这种关系可以用公式 $P=M\times A$ 表示。式中，P 代表绩效，M 代表激励，A 表示能力，能力包括技能与技术两个方面。可以看出，激励是取得绩效的必备条件，但不是全部，能力在当中起到了至关重要的作用。事实上，员工的承诺与绩效同样重要，承诺本质上是激励的延伸，能够让他们自愿地、全心全意地投入工作。

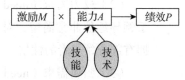

图 6-8　激励与绩效和承诺之间的关系

（二）几种激励理论

如何激励员工是领导职能的一个核心。目前存在多种激励理论，每种理论都或多或少能得到现实的验证，但尚缺乏统一的认识。马斯洛的需求层次论是最常提到的激励理论（参见第一章第一节），除此而外，还有其他一些激励理论。

1. 双因素理论

20 世纪 50 年代后期，由美国心理学家弗雷德里克·赫茨伯格（Frederick Hertzberg）和他在匹兹堡的心理学研究所的研究人员提出"双因素理论"（two-factor theory），又称作"激励-保健理论"。

赫茨伯格发现，导致员工不满的因素包括监督质量、管理方式、报酬、工作环境、人际关系、工作安全等，如果员工的这些因素得到满足，则不会感到不满，只会保持平静，这些因素称为"保健因素"；而能够让员工感到满意的因素包括得到赏识、升职、获得认同、成就、责任感等，如果员工无法从这些因素中得到满足，则不会感到满足，同样只会保持平静，这些因素称为"激励因素"（见表 6-2）。

表 6-2　保健因素与激励因素

保健因素	激励因素
监督质量	得到赏识
管理方式	升职
报酬	获得认同
工作环境	成就
人际关系	责任感
工作安全	

2. 麦克利兰需求理论

美国管理学家戴维·麦克利兰（David C. McClelland）在前人研究的基础上，提出了三种需求，即成就需求、权力需求和归属需求，我们称为麦克利兰需求理论。

（1）成就需求（need for achievement，nAch）是指追求成功的需要。成就需求强烈的人愿意接受挑战，经常在能力允许的范围内给自己树立有一定难度的目标。这一类人对于风险的态度比较现实，不愿依赖于运气，对于偶然的成功他们得不到任何满足，他们更愿意通过自己的努力实现一定难度的目标，并敢于承担责任。

（2）权力需求（need for power，nPow）是影响和控制他人的需求。这类人对于领导地位非常渴望，对于升职的渴求高于薪金。他们一般比较健谈，头脑冷静，拥有部分领导者的性格。

（3）归属需求（need for affiliation，nAff）是指建立友好和亲密人际关系的愿望。拥有强烈归属感的人从别人的关爱中获得乐趣，并设法避免被一个群体拒绝所带来的痛苦。这类人比较合群，喜欢合作，厌恶竞争性的关系，渴望相互理解并随时准备帮助别人。

3. 公平理论

公平理论（equity theory）是由美国心理学家 J. 斯塔西·亚当斯（J. Stacey Adams）与 1976 年提出，这个理论侧重于研究报酬结构的公平性对员工积极性的影响。亚当斯提出的公平理论公式为

$$\frac{\text{个人所得报酬}}{\text{个人的投入}} = \frac{\text{另一个人的报酬}}{\text{另一个人的投入}}$$

员工根据与他人投入与报酬的对比，进行主观判断，如果一个人通过自己和他人的比较，发现这个等式是平衡的，那么他会感到这是公平的、正常的、应该的，而如果他根据主观判断发现这个等式并不成立，那么他就会感到不公平，甚至做出一些对组织不益的举动，对于生产率、产品质量等都会造成一定的影响，有的员工还会出现离职、缺勤的状况，甚至直接罢工或辞职。

4. 期望理论

期望理论（expectancy theory of motivation）是由美国心理学家维克托·H. 弗鲁姆（Victor H. Vroom）提出的，该理论认为如果一个人预期他所追求的目标以及他的努力是有价值的，那么这将会对他产生一定的激励。

期望理论认为，一个人做某件事的动力是由两方面决定的：一方面是人们所感知的自身努力结果的价值大小，另一方面是人们对自己努力所抱的信心程度。激励是一个人某一行动的期望值和他认为将会达到其目标的概率的乘积，用公式表示为：

$$\text{激励} = \text{效价} \times \text{期望}$$

式中，激励（force）代表个体受到的激励程度；效价（valence）是个体对一个成果的偏好程度；期望（expectancy）表示特定的行为能够导致预期成果的概率。从公式中可以看出，一个人对达到某个成果漠不关心时，效价是零，而当一个人根本不想要这个成果时，效价是负值。同理，当期望值是零或者负值时，也不会产生激励。因此，管理者要想激励员工，必须既要提高员工对某个成果的偏好程度，还要帮助员工提高期望值。

需要注意的是，至少到目前，领导更多体现的是一门艺术而不是科学。领导的艺术表现在领导者丰富的领导技巧，以及领导者与下属之间千变万化的关系，领导者需要了解领导理论并灵活运用，充分发挥领导的魅力，才能实现组织的目标。

第四节 控　制

一、控制的内容与类型

控制是指管理者根据组织的计划和事先设立的标准，监督检查各项活动的开展过程和结果，并根据偏差调整行动或计划，使计划和实际相吻合，从而保证目标实现的过程。管理工作是否有成效，是否能得到预期目标，除了成功地运用计划、组织、领导职能外，还需要发挥控制的职能。控制工作中采取的纠偏措施会把那些不符合要求的管理活动引回到正常的轨道。

控制工作的实际内容一般包括：①对组织人员的控制，如员工工作监督、绩效评价等；②对财务的控制，如财务报表的审核、现金存量和债务负担的控制等；③对作业的控制，如原材料采购控制、生产控制、库存控制等；④对信息的控制，以建立完善的管理信息系统为手段和目标；⑤对组织绩效的控制，通过对比组织完成目标的实际情况与所设标准的差异来衡量组织的绩效。

在实际管理过程中，由于管理对象、目标和组织状态的不同，所采用的控制方式也相应变化，从而形成了不同的管理控制类型。对复杂多样的控制方式进行类型划分，把握不同控制类型的作用和适用范围，有助于建立合理有效的控制机制，提高控制和管理工作效率。管理活动中控制的类型多种多样。

1. 前馈控制、过程控制和反馈控制

按照控制活动的控制点处于管理活动进程的哪一阶段，可以划分为前馈控制、过程控制和反馈控制。前馈控制也称预先控制或事前控制，是组织在一项活动正式开始之前所采取的管理行动。过程控制也称现场控制或并行控制，是在活动进行过程中，管理者在现场对正在进行的活动始终给予指导和监督，以保证活动按规定的政策、程序和方法进行。反馈控制也称事后控制，是活动结束后，通过活动过程中已发生问题分析不足并总结经验教训，为后续的管理工作提供参考和借鉴，使下一步工作能正常进行，是一种"亡羊补牢"式的控制模式。

2. 外部控制和自我控制

按控制主体的不同可以将控制划分为外部控制和自我控制。外部控制是以组织机构为控制主体，将组织成员的素质和能力视为既定条件，通过调整工作环境和

条件达到改进工作状况的目的。自我控制是通过组织成员的自我努力达到改进工作状况的目的，是以组织成员为控制主体，控制重点在于改变自身，是组织成员的自觉行动，具有很大的自主空间，要求组织成员能理解和接受组织目标，能够顾全大局，一般需求层次和素质能力较高的人更具自我控制能力。

3. 预防性控制和纠正性控制

按照不同的控制手段可以将控制划分为预防性控制和纠正性控制。预防性控制是管理者更多地进行自我控制，主动地对潜在的问题采取纠正措施，从而避免产生错误或尽量减少日后纠正活动，防止资金、时间和其他资源的浪费。纠正性控制指由于管理者没有预见到问题，当出现偏差时采取措施，使行为或活动回归到事先确定的或所希望的水平。

控制职能涉及管理的方方面面，与计划、组织、领导职能都存在紧密的联系。

（1）控制与计划。控制工作按计划、标准来衡量所取得的成果并纠正所发生的偏差，以保证计划目标的实现。计划和控制是一个问题的两个方面，计划是基础，是用来评定行动及其效果是否符合需要的标准。而控制使计划的执行结果与预定的计划相符合，并为计划提供反馈。

（2）控制与组织。组织职能为控制职能的发挥提供了人员配备和组织机构，且为控制提供了信息系统。而当目标偏差产生于组织问题时，控制的措施就要涉及组织结构的调整、组织中的权责关系和工作关系的重新确定等方面。

（3）控制与领导。领导职能是通过领导者的影响力来引导组织成员为实现组织的目标而做出积极的努力。反过来，控制职能的发挥也有利于改进领导者的领导工作，提高领导者的工作效率。

二、控制过程及其有效性

控制是一个连续的过程，根据计划的要求，设立衡量绩效的标准，然后将设立的标准与实际工作结果进行对比，以确定组织活动中出现的偏差并针对性地采取必要的纠偏措施。控制工作大致包括以下几个环节。

（1）确定控制标准。首先，确立控制对象；其次，选择控制重点；最后，制定标准的方法。管理人员可以利用统计方法、经验判断或者在客观的定量分析基础上制定标准。

（2）衡量实际业绩。控制活动应当是跟踪工作进展，及时预示脱离正常轨道或预期成果的信息，并采取矫正措施的过程。在衡量组织绩效的过程中应注意：通过衡量成绩，检验标准的客观性和有效性；确定适宜的衡量频度；建立信息反馈系统。

（3）进行偏差分析，比较实际业绩与控制标准，确定两者之间差异的大小。若无差异，则工作按原计划继续进行。若有差异且偏差在允许的范围之内，则应在分析偏差原因的基础上进行细节改进；若偏差在允许范围之外，则应深入分析产生偏差的原因。

（4）采取纠偏措施。针对不同原因导致的偏差，应采取不同的纠偏措施。对于因工作失误造成的问题，控制工作主要是加强管理、监督。计划或目标脱离实际，则应按实际情况修改计划目标。组织的运行环境发生重大变化，使计划失去客观的依据，控制工作主要是启动备用计划或重新制订新的计划。

这些环节并非单一循环，而是不断反复的工作过程，使计划和控制统一起来，保证组织的正常运行，如图6-9所示。

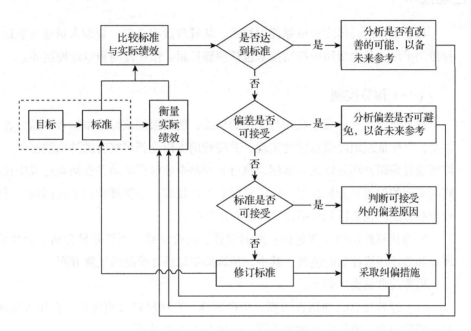

图6-9 控制工作流程图

管理学中所谓有效控制，就是以较少的人、财、物以及较少的精力与时间使组织的各项活动处于控制状态。一旦组织的某项活动出现偏差，则及时纠正，且使偏差所导致的损失降低到最低限度。有效的控制工作要求适可而止，恰到好处。管理实践中实现有效的控制并不容易，必须遵循一定的控制原则，这些原则包括以下几种。

（1）反映计划要求。管理的各项职能相互关联、相互制约。控制的目标是为了实现计划。实现不同类型的计划所进行的控制工作有很大的不同，需要按不同计划的特殊要求和具体情况来设计控制系统和控制方法。

（2）组织适宜。控制还必须反映组织结构的类型和状况。组织结构是控制工作的依据。控制工作只有适应组织结构并由健全的组织结构来保证，才能够顺利进行。

（3）控制关键点。为了进行有效的控制，要针对重要的、关键的因素实施重点控制。

（4）强调例外。确定例外原则时，不仅需要考虑偏差的大小，还应考虑该偏差对计划实现的影响程度。

（5）控制趋势。真正有效的控制工作应该是面向未来的，控制变化趋势非常重要。控制趋势的关键在于从现状中揭示事态发展倾向，特别是在趋势刚显露苗头时就敏锐地觉察到并及时行动，而不是等到问题扩大、产生严重后果时再采取纠偏措施。

三、控制技术

控制工作的具体实施依靠控制技术。从管理过程来看，管理人员通常会运用多种控制手段，其中常用的控制技术包括预算控制、作业控制和审计控制等。

（一）预算控制

预算控制是事先规定收入与支出的标准，然后根据该标准来检查和监督各部门活动，以保证组织经营目标的实现，并使费用支出受到严格有效约束的过程。预算控制通过编制预算并以此为基础，执行和控制企业经营活动并在活动过程中比较预算和实际的偏差并分析原因，然后对偏差进行处理，是管理控制中运用最广泛的一种控制方法。预算控制包括预算编制和预算执行。

实施预算控制的步骤包括：编制预算、执行预算、预算差异分析、分析总结、评价和考核预算控制的绩效。其中，预算编制是预算控制的主要方面。

预算的常见类型如下。

（1）经营预算，如销售预算、生产预算、直接材料采购预算、直接人工预算、制造费用预算、单位生产成本预算、营销及管理费用预算等。

（2）投资预算，又称资本预算，是组织为了今后更好的发展，获取更大的报酬而制订的资本支出计划。

（3）财务预算，即企业在计划期内反映现金收支、经营成果和财务状况的预算，主要包括现金预算、预算收益表以及预计资产负债表等。

预算的常用编制方法包括三大类。

（1）固定预算与弹性预算。固定预算又称静态预算，是只根据预算期内正常的、可实现的某一固定业务量（如生产量、销售量）水平作为唯一基础来编制的预算；弹性预算又称变动预算，是在成本性态分析的基础上，按照可实现的预计业务量水平编制的能适应多种情况的预算，这种预算更富有弹性和应变能力。

（2）增量预算和零基预算。增量预算是以基期的成本费用水平为基础，结合计划期的相关影响因素（如产量的增减、能够降低成本的措施等），调整有关费用而编制的预算；零基预算是指在编制成本费用预算时，不以过去时段所发生的费用项目或费用数额为出发点，而是一切从零开始、从实际需要出发，逐项审议预算期内各项费用内容及其合理性，并在综合平衡的基础上形成的预算。

（3）定期预算和滚动预算。定期预算即阶段性预算，是指以不变的会计期间（如日历年度）作为预算期编制的预算；滚动预算又称永续预算或连续预算，是预算期不以会计年度为期限，而是保持一个固定期间逐期滚动，并随着预算的执行不断延伸和补充。

（二）作业控制

作业控制是针对组织生产运作过程的各个环节进行针对性的管理控制。不同组织的运作流程不同。一般制造业的运作流程包括采购、库存、生产、批发、分销、零售、售后服务等过程，无论是哪个运作环节，若没有有效的作业控制，都有可能导致组织目标不能顺利实现。常见的作业控制如下。

（1）成本控制。组织根据一定时期预先确立的成本管理目标，由成本控制主体在其职权范围内，在生产耗费发生以前以及成本控制过程中，对各种影响成本的因素和条件采取的一系列预防和调节措施，以保证有效实现成本管理目标的管理行为。一般组织成本控制的基础工作主要包括定额管理、工作标准化、制度建设等。常用的成本控制方法包括：目标成本管理、作业成本管理、责任成本控制和标准成本控制。

成本管理控制目标应该是全过程的控制，不仅仅是产品生产成本的控制，还包括产品寿命周期成本的全部内容。实践证明，只有当产品的寿命周期成本得到有效控制，成本才会显著降低。此外，组织在进行成本控制时绝不能片面地为了降低成本而忽视产品的品种和质量，不仅应兼顾产品的不断创新，更要追求质量的不断提高。

（2）采购与库存控制。采购控制是对组织供应环节员工行为与物流的控制，其目的是保证生产原料的质量、数量和时效，降低采购成本。采购过程控制是物流控制的第一环节，对企业的经营至关重要。与采购密切相关的是库存控制，通过对组织生产、经营全过程的各种物品、产成品以及其他资源进行管理和控制，使其储备保持在合理的水平上。有效的采购与库存控制，对于组织取得价格、质量、品种、服务和时间这五个方面的竞争优势都具有极大的作用。采用一套科学、系统、有效的方法去指导、改善和实施货物采购与库存控制运作，可以促进企业研发、保障供应，形成企业独有的竞争优势，为企业参与市场竞争、获得持久发展提供动力。

（3）质量控制。质量控制作为作业控制的一项重要任务，是为达到质量要求所采取的作业技术和活动。质量控制的目的是通过监视质量形成过程，消除各个作业环节上引起不合格或不满意效果的因素。关注产品质量，加强质量管理，提高质量水平是管理控制的一项基本要求。全面质量管理（total quality management，TQM）就是指一个组织以质量为中心，以全员参与为基础，施行全面、全部门和全过程的管理，目的在于通过顾客满意和本组织所有成员及社会受益而达到长期成功的管理途径。在全面质量管理中，质量这个概念涉及企业的全部管理目标。

（三）审计控制

审计控制是根据预定的审计目标和既定的环境条件，按照一定的依据和审计原则审查、监督被审计单位的经济运行状态，并调整偏差，排除干扰，使被审计单位的经济活动运行在预定范围内且朝着期望的方向发展，以达到提高经济效益的目的。审计控制作为管理实践中常用的控制方法。审计控制的目的是提高纳入审计控制范围的业务活动的合规性和效益水平。

审计控制可分为财务审计和管理审计两类。财务审计是以组织的财务活动为中心，检查并核实账目、凭证、财物等，以判断财务报表中所列出的会计事项是否准确无误以及报表本身是否可以信赖等。管理审计则是以改善组织的管理素质和提高管理水平为目的，审查被审计事项在计划、组织、领导与控制等管理职能上的表现，促使被审计单位提高管理水平。

另外，审计控制还可分为内部审计和外部审计两种。内部审计是指组织自设的专门部门审计组织自身的各项活动。外部审计则是指组织外围机构，如国家审计机构和会计师事务所，以委托任务的方式对组织进行的审计。

本章小结

法约尔在研究管理中的共性活动时，提出了管理过程理论，认为管理包括计划、组织、指挥、协调和控制五大职能。我们将这类研究管理共性的学说，称为"一般管理理论"，其中关于管理基本职能的划分是讨论最多的主题之一。

现代管理将其基本职能划分为四类：计划、组织、领导和控制。制定组织的行动目标和方案，是动词意义上的计划工作，而计划工作的结果——组织目标以及实现目标的方案途径，是名词意义上的计划。组织的动词意义是将各类资源有机结合以完成组织计划并达成目标，而名词意义则指人、财、物等各类资源所组成的有机结构形式。领导既指管理者发挥自身的精神力量驱动下属为组织目标而付出努力，也指在组织中居于高端地位、引领下属行动的管理者。控制职能负责考察实际工作和计划的偏差，并采取纠偏措施，使工作回到正轨。

多种管理技术用来实现各管理职能，以保证整个管理过程的流畅运作，形成了既有区别又有关联的管理工作环节。特别是控制职能，涉及管理的各个方面，与计划、组织、领导职能都有紧密联系。

思考与练习题

1. 什么是计划工作？包括哪些基本类型？
2. 计划工作是如何制订出来的？涉及哪些基本程序？
3. 分析目标管理的优缺点。
4. 组织结构对于组织职能具有怎样的影响？
5. 组织职能是什么？
6. 管理跨度与组织层次具有什么关系？宽、窄两种管理跨度具有各有什么优缺点？
7. 管理者在进行组织结构设计时，需要考虑哪些因素？简述这些因素的具体含义以及它们对组织结构的影响。
8. 常见的组织结构类型有哪些，各有什么特点？并举例说明。
9. 简述矩阵结构的特点。
10. 新型的组织结构有哪几种？举例说明。
11. 领导的含义是什么？
12. 沟通与信息传达有什么区别？
13. 有效沟通障碍有哪几类？
14. 简述激励的过程。
15. 激励与绩效和承诺之间有什么样的关系？
16. 马斯洛需求层次模型包括哪几个层次？
17. 双因素理论中的"双因素"是指哪两个因素？
18. 公平理论公式是什么？怎样理解公平理论？
19. 为什么说领导是一门艺术？
20. 管理控制的一般内容是什么，与其他管理职能间的关系是怎样的？
21. 前馈控制、过程控制和反馈控制的优缺点是什么？
22. 控制过程包括哪些环节？
23. 有效控制的一般原则是什么？
24. 对比分析预算控制的常用编制方法。

参考文献

[1] 杜伯林. 管理学精要（原书第6版）[M]. 胡左浩，等译. 北京：电子工业出版社，2003.

[2] 希尔，麦克沙恩. 管理学 [M]. 李维安，周建，译. 北京：机械工业出版社，2010.

[3] 鲁森斯. 组织行为学（原书第2版）[M]. 王磊，等译. 北京：人民邮电出版社，2016.

[4] 拉姆斯登. 群体与团队沟通（原书第3版）[M]. 冯云霞，等译. 北京：机械工业出版社，2001.

[5] 孔茨，韦里克. 管理学精要（原书第6版）[M]. 韦福祥，等译. 北京：机械工业出版社，2005.

[6] 明茨伯格. 明茨伯格论管理 [M]. 闾佳，译. 北京：机械工业出版社，2007.

[7] 卢昌崇. 管理学 [M]. 2版. 大连：东北财经大学出版社，2006.

[8] 卢西尔. 管理学基础：概念、应用与技能提高（原书第4版）[M]. 高俊山，等译. 北京：北京大学出版社，2011.

[9] 罗宾斯，库尔特. 管理学（原书第9版）[M]. 孙健敏，等译. 北京：中国人民大学出版社，2008.

[10] 王凤彬，李东. 管理学 [M]. 2版. 北京：中国人民大学出版社，2003.

[11] 吴照云，等. 管理学通论 [M]. 北京：中国社会科学出版社，2007.

[12] 徐子健. 管理学 [M]. 北京：对外经济贸易大学出版社，2002.

[13] 周三多，陈传明，等. 管理学原理 [M]. 7版. 南京：南京大学出版社，2018.

第七章 企业与管理

企业是现代社会经济系统的基本组织形式，是国民经济发展的主要力量。虽然企业的产生晚于管理，但从其一出现，就和管理密不可分，并反过来促进了现代科学管理的产生和发展。企业的管理有其独特之处，在长期实践基础上，形成了现代企业制度。本章介绍企业的类型、现代企业制度和企业的基本管理活动。

第一节 企业与现代企业制度

一、企业的概念、产生与发展

企业是指从事商品生产、流通及服务性活动，满足社会需要并获取利润，实行自主经营、自负盈亏、自我发展、自我约束，独立享受权利和承担义务的法人[⊖]型或非法人型的基本经营单位。企业是社会系统的子系统，以营利为目标，追求资本增值和利润的最大化，并负有一定的社会责任。企业是人类社会发展到一定阶段的产物，更确切地说，企业是在商品生产的直接推动下产生的。企业的发展经历了工场手工业时期、工厂生产时期和企业生产时期三个阶段。

1. 工场手工业时期

工场手工业出现于16~17世纪。这段时期，西欧国家由封建社会向资本主义制度转变，出现了大量资本的原始积累。在大资本的打压下，城市手工作坊迅速瓦

⊖ 法人是指在法律上人格化了的、依法具有民事权利能力和民事行为能力并独立享有民事权利、承担民事义务的社会组织。

解。大资本势力有能力组建比手工作坊更大规模的生产组织,即手工工场,从此社会商品生产进入了工场手工业时期。手工工场和手工作坊相比,不仅表现在生产规模的扩大、技术分工的进步,而且关键在于手工工场已是资本主义性质的生产组织形式,这是与手工作坊的本质区别。工场手工业的出现是资本主义萌芽的标志。

2. 工厂生产时期

到18世纪,西方各国都先后进入了工业革命时期。资产阶级所发动的圈地运动催生了大量失地农民,而工业革命过程中出现的各种先进技术,为大机器生产奠定了基础。资本、技术和失地农民结合在一起,出现了聚集大量工人、并广泛采用机器生产的工厂工业,如博尔顿父子和瓦特父子合伙经营的英国苏和蒸汽机铸造厂、阿克莱特爵士的水力纺纱机制造厂等。应生产组织和商业经营的需要,伴随着工厂的建立,诞生了一系列工厂法规和生产管理制度。

3. 企业生产时期

19世纪末~20世纪初,自由资本主义向垄断资本主义过渡,资本规模进一步增大,随之而来的就是工厂生产规模更大、生产组织更加复杂。在此背景下,出现了科学的生产管理方法,工厂从管理制度到生产领域都发生了巨大变化。随着经济和技术的发展,出现了一系列全新的市场需求和经济领域,生产经营类型由单纯的工厂制造,逐渐扩展到商业、运输、金融、建筑等更广泛的领域。此时,传统的工厂制度已不符合时代潮流,包括工厂在内,基本的生产经营单位便以企业的形式出现在社会经济系统之中。

二、企业的类型

虽然现代企业种类繁多,但大致可以从企业的法律组织形式和企业的自然属性两个方面做一个简单的分类。

(一)按照企业的法律形式分类

企业的创建应符合社会制度和法律规范,在法律允许的范围内独立经营、自负盈亏。不同法律形式下的企业,所有者和经营者具有不同的权利和义务。虽然各国关于企业形式的法律规定会有所差异,但一般主要包括独资企业、合伙企业、公司制企业,另外还有一类特殊的合作制企业。

1. 独资企业

(1)非法人型独资企业。非法人型独资企业是一种个人独资企业,是最早、最基本的企业类型,也是我国很多私营企业所采用的形式。这类企业由一个自然人独自出资兴办并拥有一切所有权和经营权,经营所得归企业主个人所有,企业主独享利润。非法人型独资企业不具有法人资格,在法律上为自然人企业,其利润不支付企业所得税,而是缴纳个人所得税。个人独资企业的开办费用很低,并不需要正式的章程,且政府的限制很少,经营灵活。这类独资企业对企业债务负无限责任,个人资产和企业资产之间没有差别。在经营最不利的情况下,企业主可能被要求用全部个人资产偿付企业债务。个人独资企业的存续期受制于企业所有者的生命期,除非有继承,否则所有者一旦死亡,企业就宣告消亡。因为是个人独资,所以企业所能筹集到的权益资本仅限于企业所有者的个人财富,筹资渠道有限。

(2)法人型独资企业。法人型独资企业是指由某单独出资者建立的、具有法人资格的企业。中国的法人型独资企业有三类:①国有独资公司,即国家单独出资建立的有限责任公司。②外商独资企业,是外国的公司或者个人在我国设立的一人外资有限责任公司。可见,外资独资企业可以由法人设立,也可以由外国自然人设立。③一人有限责任公司,是只有一个自然人股东或一个法人股东的有限责任公司。法人型独资企业具有个人独资企业受限制少,经营灵活的优点,还因为责任的有限性,使企业仅需以法人资产对其债务承担有限责任,而与企业所有者的私人财产无关。

独资企业在世界范围内广泛存在,可占所有企业形式的一半以上。例如,美国的独资企业约占其企业总数的75%,而中国的独资企业数量占比可达80%以上,若算上个体工商户,则个人独资的市场主体可占90%以上。

2. 合伙企业

合伙企业是由两个或两个以上的出资者共同出资创建,实行联合经营和控制的企业。合伙企业有两类:普通合伙企业和有限合伙企业。中国的合伙企业法未明确规定普通合伙企业的合伙人数上限,但规定有限合伙企业人数上限为50人。

普通合伙企业中的合伙人称为普通合伙人,所有合伙人统一承担一定比例的工作和提供一定比例的资金,并且分享利润或共担亏损。普通合伙人对企业所有债务负无限连带责任,即使其中某合伙人无力偿还他所应负担部分的债务,其他普通合伙人也有法律义务替其偿还并负责到底。有限合伙企业由普通合伙人和有限合伙人联合组成,其中普通合伙人对企业债务负无限连带责任,而有限合伙人仅以其认缴的出资额为限对企业债务承担有限责任。我国规定,合伙人可以是法人,也可以是自然人,但国有独资公司、国有企业、上市公司以及公益性的事业单位、社会团体等法人,只能作为有限合伙人,不得成为普通合伙人。

合伙企业的资本来源范围相比独资企业有很大扩展,对外信用也有所增强,企业发展的空间也有所增大。合伙企业要求合伙人遵守契约,这可以基于书面协议给出,一旦违反协议,则合伙企业就面临解体。合伙企业的决策需要所有合伙人同意,可能造成决策延误,不利于企业对变化的环境做出快速反应。任何合伙人的增加和退出都会引起企业重组,因此企业的存续并不太稳定,导致企业规模有限。

总的来说，合伙企业数量占比一般较低，且限于一些特定行业，如律师事务所、会计师事务所、投资咨询机构等。美国合伙企业不超过企业总数的 7%，而截止到 2005 年年底，中国的合伙企业占比还不超过 2%。

《中华人民共和国律师法》规定，律师事务所只能是合伙企业或者个人事务所，没有公司制的律师事务所。会计师事务所也一样：虽然四大会计师事务所（德勤、安永、普华永道、毕马威）刚进入中国时，均以与本土企业联合成立公司的方式开展业务，但到了 2012 年，财政部等五部委联合发布《中外合作会计师事务所本土化转制方案》，将国内所有的会计师事务所全部转制成了特殊普通合伙企业。在特殊普通合伙企业中，合伙人对公司正常债务承担无限连带责任（普通合伙），而对因故意或重大过错造成的损失，有过错的合伙人承担无限连带责任，无过错者只以出资份额为限（特殊情况）。

3. 公司制企业

公司是指依法成立、以营利为目的、独立的法人实体，是目前最重要的现代企业组织形式。公司一般有名称，并享有自然人所享有的法律权利，比如可以购买和交换资产、可以签订合同、可以起诉他人也可以被他人起诉等。创办公司比创办一个独资企业或者合伙企业复杂得多，创办者需要拟定一系列公司章程，如公司名称、经营年限、公司目的、股份分配、股东权利、董事会构成等。

最基本的公司组成包含三个利益方：股东（公司所有者）、董事会和高层管理者。股东掌控公司发展方向和选举董事会成员，然后董事会选举并招聘高层管理人员。高层管理人员负责公司运营，为股东赚取利润。对于大型企业，股东、董事会成员和高层管理人员往往是不同的群体，如通用电气、福特、IBM 等，通常会直接从猎头市场上招聘 CEO 负责公司运营。公司可分以下两大类。

（1）股份有限公司。股份有限公司指注册资本由等额股份构成，通过发行股票筹集资本，股东以认购的股份为限对公司承担有限责任，公司以其全部资产对公司债务承担责任的企业法人。法律规定，公司的股东人数最少为 2 人，没有上限，因此其筹资能力极强。股份公司的股份可自由转让，投资主体可以非常分散，社会化程度很高。

（2）有限责任公司。有限责任公司是指由不超过 50 人的股东共同出资，每个股东以其所认缴的出资额为限对公司承担有限责任，而公司以其全部资产对公司债务承担责任的企业法人。如果有限责任公司只有一个自然人股东或者一个法人股东，则称为"一人有限责任公司"。《中华人民共和国公司法》（以下简称《公司法》）规定：一个自然人只能投资设立一个一人有限责任公司（见"法人型独资企业"），该一人有限责任公司不能投资设立新的一人有限责任公司。有限责任公司股东人数较少，因此对企业经理有更好的监督。有限责任公司不公开发行股票，而由全体股东协商入股，且严格限制股权的转让。相比股份有限公司，有限责任公司的筹资能力相对较弱,社会化程度较低。

不论何种类型的公司型企业,公司制的好处是企业的所有权和管理权具有潜在的可分离性,即经营者和所有者不一定相同。这种机制具有下述优点。

- 代表公司所有权的股份可以随时转让。由于公司的运营和存在与持股者无关,因此股份转让不会像独资企业和合作企业那样造成企业结构的波动。
- 公司可以无限存续,不因某所有者的死亡或退出而受到影响。
- 实行有限责任制度。股东的债务仅限于其对所有权股份的出资额,因而投资者不必承担私人财产压力。

4. 合作制企业

合作制企业是一种契约式合营的经济主体,既不同于合伙企业,也不同于股份公司类企业。合营各方的持股结构并不一定按照出资比例折算,其利润分配、权利义务、风险承担等也不按出资比例分配,而是通过协商以合同的方式确定。在这类企业中,员工可以平等持股、合作经营。我国城乡地区很多小型工商企业(如农村供销合作社等)采用股份合作制,劳动和股本共同参与红利分配。合作制企业与股份制企业的最大区别是,合作制企业完全由本企业或合作各方经济实体内的劳动者持股,外部人员不能入股。合作制企业使劳动者与所有者形成一体,实现了按劳分配与按股本金分配的有机结合。

(二)按照企业的自然属性分类

企业的自然属性有很多方面,如规模、资本、技术特点、分布地域、经营内容和行业属性等。依自然属性,企业可进行如下分类。

(1)按照生产要素的集约程度,分为劳动密集型企业、资本密集型企业、技术密集型企业和知识密集型企业。

(2)按照企业的经营活动和行业属性,分为工业企业、农业企业、商业企业、交通运输企业、建筑安装企业、金融企业、旅游企业、饮食服务企业、信息服务企业等。

(3)按照生产资料所有制,分为国有企业、集体企业、私营企业、中外合资、中外合作、外商独资、股份制企业等。

(4)按企业生产力组织形式分为单一企业、多元企业和企业集团,考虑地域因素,还可分为本土企业和跨国企业等。

(5)按企业规模(员工数、销售额、资产总额等),分为大型企业和中小型企业。截至 2015 年 4 月,我国有企业 1 900 余万户,其中小型、微型企业占比在 75% 以上,是解决劳动力就业的主力。调查显示,同样的资金投入,小型、微型企业可吸纳就业人员平均比大型、中型企业多 4~5 倍。

（6）按照企业的资本或经营权是否由家族控制，分为家族企业与非家族企业。中国私营企业的绝大多数是由单一家族控制的家族企业，总产值已达 GDP 的一半以上，是中国经济的主要力量。由于传统文化因素，中国家族企业与西方家族企业相比更抗拒其他资本的介入。关于家族企业的治理、传承、去家族化转型等问题，已成为中国社会的热点之一。

另外，中国的个体工商户达 5 000 余万户，也是市场活动的重要力量，但一般并不归类为企业。所谓个体工商户，是指有经营能力并依照《个体工商户条例》的规定经工商行政管理部门登记，从事工商业经营的公民。个体工商户不仅是自然人形式的非法人型经营单位，而且需要就其全部财产承担无限责任，包括其私人的住房等与配偶共同拥有的财产。

三、现代企业制度

（一）现代企业制度的基本内容

企业制度是指以产权为基础的企业的组织和管理制度。构成企业制度的基本内容有三个方面：一是企业的产权制度，用以界定和保护参与企业的个人和经济组织的财产权；二是企业的组织制度，规定了企业的组织形式、内部分工协调的责任和权利分配关系；三是企业的管理制度。其中，产权制度是决定组织和管理制度的基础，而组织和管理制度在一定程度上反映了企业的产权关系。

现代企业制度是随着 19 世纪市场经济的发展而逐渐发展起来的。企业组织的发展经历了独资企业到合伙企业再到公司制企业的历程，而公司则是现代企业制度的典型组织形式。所谓现代企业制度就是指基于规范和完善的法人财产权，出资者和企业法人承担有限责任，实行法人治理结构，以公司制企业为主要形态的企业制度。现代企业制度由产权制度、法人制度、有限责任制度和管理制度组成。

1. 现代企业产权制度

现代企业产权制度即公司法人产权制度，该制度规定出资者的所有权和法人财产权相互分离，是现代企业制度的核心。公司拥有独立的法人财产权，以法人名义依法占有、使用和处置公司资产。企业股东作为出资人，是企业财产的最终所有者，享有投资收益权，可做出重大决策并选择经营者。股东只能通过股东大会等合法形式表达自己的诉求，并不能随意处置公司财产、干涉公司运营。这一产权制度保护了企业自主经营、自负盈亏。股东也可以通过人事任免等重大事项制约和监督企业法人，以维护自身利益。

2. 现代企业法人治理制度

企业法人治理制度保证了企业所有权和经营权的分离。法人治理结构包括股东大会、董事会、监事会和管理层等。股东大会是公司最高权力机构,对重大事宜进行决策;董事会由股东大会选举产生,是公司治理的核心管理机构;监事会对股东大会负责,代表出资人对董事会行使监督权;管理层则负责执行公司事务。股东大会、董事会、监事会形成了决策权、执行权和监督权的三权分立。

3. 现代企业有限责任制度

有限责任是指企业出资人对企业债务只承担有限责任。该制度避免了无限责任制度下的连带责任,降低了出资人的财产风险,有利于资本的筹集,因而促进了企业的大规模生产和发展。有限责任一方面规定了企业债务的清偿不涉及出资者的其他资产,另一方面规定了<u>企业以其全部法人资产承担企业的债务责任</u>。

4. 现代企业管理制度

现代企业管理制度,是基于科学的管理原理和方法,对现代企业的整体管理活动进行的计划、组织、领导和控制,包括人力资源管理、组织结构管理、财务管理、信息管理、生产管理、战略和文化管理等。

现代企业制度具有产权清晰、权责明确、政企分开、管理科学的特点。产权清晰是指企业资产的归属权和营运权明确,投资者是企业的所有者,而资产的运营权归于企业法人;权责明确,是指用法律来明确界定投资者、经营者和生产者的责、权、利关系,以出资额为限承担责任和享受股东权益;政企分开,即企业职能与政府职能分离,政府负责法律法规和宏观规划,企业按照市场规则独立运行,二者之间不是隶属关系,而是横向的经济关系;管理科学,即在产权清晰、政企分开、责权明确的基础上,建立科学的管理制度。

(二)公司制企业的法人治理结构

1. 股东大会

《公司法》规定,股份有限公司和有限责任公司均由全体股东组成股东大会。股东大会作为公司的最高权力机构,其职权包括:①重要的人事决定权,如选举或更换董事、监事等;②重大事项决定权,如审议预算、修改公司章程、审议董事会和监事会报告、决定投资计划等;③利润分配权;④公司重大事项的处置权,如决定公司的合并、解散及清算。股东大会行使权力的形式包括法定大会、年度大会和临时会。

2. 董事会

《公司法》规定,有限责任公司设董事会,成员人数为3~13人;股份有限公司设立董事会,成员人数为5~19人。董事会由股东大会选举产生,是企业的法定代表和决策者，负责日常业务、向股东大会负责。其组成成员包括董事长、副董事长、常务董事，可以是自然人也可以是法人。董事会的职权包括：①召开股东大会，向股东报告工作；②执行股东大会决议；③确定公司投资规划和年度经营计划；④编制公司的年度财务预算、盈利分配方案；⑤制订股本的增减方案；⑥决定公司内部管理机构的设置，如任免公司经理、会计主管；⑦制订公司章程修改方案，确定公司的合并、终止、清算方案等。

3. 监事会

监事会是法定监督机构，在股东大会领导下与董事会并列存在，负责监督董事会和以总经理为首的企业经营执行机构，并直接向股东大会报告，对股东大会负责。主要职权包括：①财务检查权；②对董事、高级管理人员的行为监督权；③提议召开临时股东大会会议并递交提案的权利；④董事会不履行职责时，召集和主持股东会议的权力；⑤对董事、高级管理人员的诉讼权等。

4. 以总经理为首的执行机构

以总经理为首的执行机构是公司的高级管理层。总经理主持公司日常工作，对董事会负责。其主要职权有：①组织实施董事会决议；②组织实施公司经营和投资计划；③拟定公司管理制度和机构设置方案；④人力资源审批权，如聘任或解聘相关高级管理人员等。

从 20 世纪 80 年代开始，美国一些大公司的总经理被称为首席执行官（CEO），其职责是监督落实董事会的各项决策。这一称谓后来流行到全世界，并在 CEO 之下设有首席运营官（COO）、首席财务官（CFO）、首席技术官（CTO），以及首席信息官（CIO）等。

实际上在更早期，负责企业具体运营事务的管理层首脑（总经理）有时候也叫总裁（president），而不叫 CEO。现在有些企业既有 CEO 也有总裁，他们之间的关系和职权不能一概而论，只是总裁相对而言更含有尊敬和身份地位的意义。CEO 的名头可以赋予被认为有能力的任何人，但总裁这个头衔一般应赋予有一定资历或威望的人，所以总裁有时会成为一种礼仪性身份。还有些企业将总裁和 CEO 合为一人，此时就称为"总裁兼首席执行官"。但不论是总裁还是 CEO，都由董事长宣布任命。有时候，董事长也可能兼任这些职位。

世界不同国家根据其具体情况，对企业、公司等经济组织的规定会有所不同。我国关于企业的出资与组建、权利和义务等相关法律条文，主要见于《个人独资企业法》《合伙企业法》《公司法》等，而对于按照所有制形式划分的国有企业、集体企业和私营企业，以及包括按照有无涉外因素划分的内资企业和外商投资企业等，都有具体法律规定，并随着社会、经济的发展而不断调整。

第二节 企业的主要管理活动

企业管理是运用计划、组织、指挥、协调、控制等手段，有效利用人、财、物等资源，通过为市场提供产品或服务，发挥最大经营效率，实现企业预期目标的一系列活动。企业的成功运转需要不同职能单位之间的相互配合。各职能单位的业务领域不同，所需要的管理技术也不同，因此，在企业经营过程中，出现了各种不同的管理活动。

一、人力资源管理

人、财、物、信息是企业的四种资源，其中人力资源最为重要。彼得·德鲁克曾经说过，企业只有一项真正的资源，那就是人。今天的竞争是人才的竞争，能为企业带来竞争优势的关键就在于企业是否拥有能够吸引、调动和管理员工的人力资源管理系统。

（一）人力资源管理的核心职能

人力资源管理是组织中与人的管理有关的管理职能，包括获取、使用、开发、保留人力资源的各种策略、政策、制度与管理实践，通过影响员工的工作态度、行为和绩效，进而实现组织目标。人力资源管理包括九大核心职能，分别是人力资源计划、工作分析、胜任力评价、招聘选拔、绩效管理、薪酬管理、人力资源开发、职业生涯管理和员工关系管理。

1. 人力资源计划

根据组织发展战略、组织目标及组织内外环境的变化，预测人力资源的供求状况并制订人力资源获取的计划和安排。人力资源计划能够加强企业对环境变化的适应能力，有助于实现企业内部人力资源的合理配置，提高人力资源管理的整体效率。

2. 工作分析

工作分析是对组织中全部工作进行有效分解，并清晰界定各岗位的工作职责、权限、组织内外的关联关系以及对任职者的要求等。工作分析明确了岗位要求、员工录用和上岗条件，帮助企业对任职者进行工作指导，为工作再设计提供信息，是人力资源管理的基础性工作。

3. 胜任力评价

通过胜任力模型测评，对为组织带来优秀绩效个人的潜在特征进行标准化界定，包括动机、个性、知识、技能、自我形象及社会角色。胜任力模型为企业提供了"人才标准",为人力资源管理的各项职能提供重要的信息和依据。

4. 招聘选拔

招聘选拔是根据组织目标,寻找或吸引符合需要的候选人的过程,包括识别招聘需求、选择招聘渠道、对候选人进行选拔测评、做出录用决策以及候选人正式入职等一系列环节。

5. 绩效管理

绩效管理是指为了达到组织目标,主管和员工通过持续开放的沟通过程,对员工的工作表现进行监控,并帮助员工不断提升工作能力和表现,使组织目标得以达成的过程。具体活动包括绩效计划、绩效实施与管理、绩效评估、绩效反馈面谈四个步骤。

6. 薪酬管理

薪酬管理是通过对组织中的报酬体系进行设计和实施,对员工的工作贡献进行回报,包括经济性的报酬,如工资、奖金和福利,以及非经济性报酬,如学习成长机会、认可和地位等。企业通过薪酬管理吸引并留住组织需要的优秀员工,并激励员工高效率地工作,积极提升工作所需技能和对组织的忠诚度。

7. 人力资源开发

人力资源开发是由组织设计的一系列系统的有计划的活动,为组织成员提供学习机会,帮助成员学习必要的知识、技能和态度,以满足组织当前和未来的工作要求。

8. 职业生涯管理

职业生涯管理是在组织和员工的共同努力下,对员工职业发展道路进行规划、实施和监控,并在组织中为员工提供职业发展平台和机会。职业生涯管理使得组织能够更有效、更长时间地保留有价值的员工,同时帮助员工在组织内实现自我价值,激发他们更有效地发挥个人才干。

9. 员工关系管理

员工关系管理是对员工与组织之间的关系以及员工在组织中的工作、生活质量进行管理的过程,包括劳动关系管理、沟通管理、压力与健康管理等。员工关系管理一方面维系合法的员工关系,另一方面提升员工工作满意度、敬业度与忠诚度。

通过上述九大主要职能,人力资源管理达到两个目标:第一,基本目标,是吸引、保留与激励人才;第二,发展目标,即实现员工与组织的双赢。

（二）人力资源管理的演变与发展

人力资源管理经历了人事管理、人力资源管理和战略性人力资源管理三个阶段（见图 7-1）。这三个阶段体现了人力资源管理水平从低级到高级的演化。

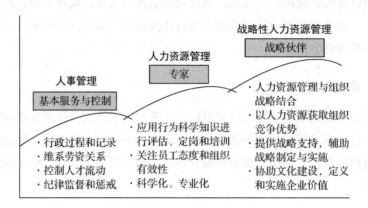

图 7-1　人力资源管理的演变与发展

1. 人事管理

早期的人力资源管理常被称为"人事管理"，主要履行基本的服务与控制功能。人事管理中典型的工作内容包括：行政过程管理和记录，如人事档案、文件等的管理工作；维系劳资关系，如劳动合同管理、薪资福利发放；控制人才流动，如人员招聘、解聘等；纪律监督和惩戒，如维系考勤制度等。

2. 人力资源管理

当科学化、专业化的知识和方法被运用到"人事管理"当中而使之成为一项专业化的工作时，"人事管理"便进入到人力资源管理阶段。在该阶段，建立了人力资源管理的各种专业化操作方法体系，如采用心理测量的方法进行员工招聘，采用定量化的评估方法确定职位薪酬标准等。此外，该阶段开始关注员工工作态度与组织有效性的实现，如分析影响员工工作积极性的因素，采取措施提高员工工作满意度等。

3. 战略性人力资源管理

在战略性人力资源管理阶段，人力资源管理部门从负责传统事务管理和为其他部门提供服务支持转变为企业的战略伙伴和变革推动者。人力资源管理实践与组织战略紧密结合，辅助企业战略的制定和实施，重视企业文化的建立与发展，以帮助企业获得竞争优势。人力资源管理者的视角不再停留在填补职位空缺、发放薪酬等短期目标上，而是关注组织长期的人才需求与配置问题；人力资源部门从"成本中心"转变为"利润中心"，关注人力资源为企业带来的收益；人力资源管理者从被动执行决策到主动参与战略决策的制定，有效帮助企业实现战略目标。

二、财务管理

企业再生产过程中的资金运动,以及资金运动所形成的企业与各方面的经济关系,构成了企业的财务活动。所谓企业财务管理,是指为了达到最优财务目标,企业根据资金运动规律,在国家法规和相关理财环境条件下,对企业的筹资、投资以及收益分配等活动进行科学决策、计划、组织、协调和控制,并正确处理财务活动产生的各种财务关系。

(一)财务管理的对象

企业财务管理的对象是企业的资金运动及其所体现的财务关系。

1. 企业的资金运动

资金在企业持续生产和经营过程中,表现为不同的形态。资金运动的具体内容包括四个方面,即资金筹集、资金投放与使用、日常资产管理和收益分配管理。

2. 企业的财务关系

企业的财务关系,是企业资金运动过程中企业与其他有关方面发生的经济利益关系,主要包括:①企业与投资者之间的财务关系;②企业与债权人之间的财务关系;③企业与债务人之间的财务关系;④企业与国家之间的财务关系;⑤企业与内部各部门之间的财务关系;⑥企业与职工之间的财务关系。

(二)财务管理的目标

财务管理目标是企业从事理财活动预期实现的结果,如利润最大化、股东财富最大化和企业价值最大化。利润最大化将利润作为考核企业的重要指标,由于既没有考虑资金的时间价值,也没有考虑风险问题,并有使企业决策行为短期化的倾向,所以不是企业理财的最优目标。

股东财富由股东所拥有的股票数量和股票的市场价格共同决定。在运行良好的资本市场中,股东财富最大化可以表述为使股票价格最高。该目标克服了利润最大化目标的缺点,是发达证券市场中比较得到认可的观点,但由于只强调了股东的利益,且只适用于上市公司,所以股东财富最大化的应用具有一定的局限性。

企业价值最大化则充分考虑了企业的各种财务关系,既考虑和平衡了风险与报酬、股东与债权人等各方面的利益关系,又将企业的长期稳定发展以及企业的社会责任作为企业理财目标,因此该目标得到了越来越多企业的认可。

(三)财务管理的原则

1. 资金合理配置原则

指企业应通过财务活动的组织、协调、控制等措施以达到资金的最优结构比例，从而获得最佳经济效益。

2. 收支平衡原则

指企业各项财务活动应保持各种资金存量的平衡，协调各种资金流量的平衡，以保证资金循环与周转的正常运行。

3. 收益风险均衡原则

由于收益与风险相互依存并互为消长，企业在经营活动中，应兼顾和权衡收益与风险两方面，做出正确和有利的选择。

4. 成本效益原则

企业在筹资、投资和日常财务管理时，在风险一定的条件下，应力争所得最高、成本最低，以达到最佳的资金使用效益。

5. 利益关系协调原则

企业不仅要管理好财务活动，而且还要理顺和处理好在财务活动中所体现出的财务关系，营造一个良好的理财环境。

（四）财务管理的基本环节与方法

财务管理工作由以下几个阶段组成：财务预测、财务决策、财务计划、财务控制和财务分析等，以上阶段环环相扣，紧密配合，是周而复始的循环过程，构成了完整的财务管理工作体系。

1. 财务预测

可分为定性与定量两种预测方法，根据历史资料和现实条件，对企业未来财务活动和财务结果进行科学预计和测算。

2. 财务决策

财务决策是财务管理的核心，是在财务预测的基础上对未来财务活动的目标和方案进行权衡和比较以选择最优，其基本方法包括优选对比法和决策树等方法。前者是以某经济效益指标为标准，将各方案进行排序并选优，后者则是以收益期望值最大或支出值最小为标准，在概率预测的基础上计算和比较各方案的期望值和风险大小并从中选优。

3. 财务计划

财务计划是财务预测和财务决策的具体化，是控制财务活动的依据，是企业在计划期内以货币形式反映经营活动所需的资金及其来源、财务收入与支出、财务成果与分配的计划。财务计划可采用固定预算法、变动预算法或零基预算等方法。

4. 财务控制

在财务管理过程中，企业需要利用有关信息和手段，不断对财务活动进行调整，对财务目标、财务预算的实现过程等进行控制。

5. 财务分析

以财务计划和实际会计核算资料为依据，对一定期间的财务活动过程和结果进行分析，从而掌握各项财务计划指标的完成情况，并提出改进措施。财务分析的主要方法包括对比分析法、因素分析法和比例分析法等。

三、物资与设备管理

企业的物力资源包括物资、设备以及各种不动产。物资指的是企业生产和运行过程中所消耗的各种原材料、辅助材料、燃料、动力以及工具；设备指的是一套具有一定结构、在动力驱动下能够完成一定生产功能的机械或装置，可供企业长期使用并保持原有实物形态的物质资料的总称；不动产主要指企业用地以及各种建筑物。生产物资在生产过程中被直接消耗，消耗量与产品产量有关，因此其价值会直接计入产品的变动成本，而设备与不动产的价值以折旧的形式分期转移到产品中去，成为固定成本的重要组成部分。

（一）物资管理

企业物资管理就是对企业生产过程中所需的各种物资的采购、储备和使用活动进行的计划、组织和控制。物资管理的工作内容主要包括物资供应与需求管理、采购管理、定额管理、仓储管理以及流通管理等。其中，仓储和流通管理的目的是合理安排仓储布置、物资存储和运输方式，以满足物资采购、消耗、调拨等需求。

在物资采购方面需要考虑企业持有物资付出的两种成本：订购成本和库存持有成本。订购成本与订购次数有关，因此采购次数越多总的订购成本越高；库存持有成本和库存量有关，因此存量越多则库存持有成本越高。显然，在满足需求总量的前提下，采购次数越多，那么每批采购量就越小，反之则相反。由于两种库存成本呈现此消彼长的关系，因此存在一个经济订货批量使得库存总成本最小。物资采购批量应该尽量接近经济订货批量。

物资定额管理分为消耗定额管理和储备定额管理。物资消耗定额是生产单件产品或完成单位工作量的服务所消耗的物资量的标准。物资消耗定额用来编制供应计划、定额管理、以及促进物资的合理使用和提高管理水平。物资储备定额主要包括经常储备定额和安全储备定额。经常储备定额等于平均单位时间消耗量与经常储备的合理时间长度的乘积。为防止需求随机性引起的缺货，一般还要设置一个安全库存量，只要库存水平低于该安全量，就需要立即补货。

（二）设备管理

设备在生产过程中用来改变生产资料形态并产出产品，包括生产性设施和支持性设施两大类，可以是手工设备、机械设备、自动化设备、信息设备等。设备管理是指企业通过一系列的技术、经济、组织措施，对设施的规划、购置（设计、建造）、安装、使用、维护、修理、改造、更新、调拨直到报废的各个过程的管理。

设备选购需要在考虑各种限制性条件和建设目标的基础上，综合评估技术先进性和经济可行性，选择适合企业现实条件的设备。在设备使用中，要合理配置设备能力并合理安排生产任务，结合健全的设备使用制度、消耗定额制度，不断提高员工的设备操作技能，从而建立良好的设备使用和运行环境。设备使用后要进行日常保养和维护，并制订严格的小修、大修计划，必要时对设备进行技术改造和更新，以完善的设备管理制度，保持设备的良好运行状态。

四、企业信息管理

（一）信息资源与数据资产

信息和数据往往不能分割，但并不等同。数据是记载事实的方式，如数字、文档、图形等，都属于数据，而信息则蕴含着有意义的事实。或者，从经济和管理的角度来看，信息是提供决策的有效数据。人类决策的难点是未来状态的不确定性造成的决策风险，而若能正确分析和使用信息，就会有效降低决策风险。从这个意义上说，信息就是用来消除随机不确定性的东西。信息作为企业的重要资源，其主要载体就是各种数据。随着计算机技术的发展，人类所产生的数据飞速增加：在2012年，人类每天产生2.5艾字节[①]的数据，并且以大约每40个月翻一倍的速度快速增长。

企业一般拥有两类数据：结构化数据和非结构化数据。前者可用数据或统一的结构加以表示，如数字、符号；后者难以使用关系数据库的二维逻辑表来表示，包括文档、文本、图片、XML、HTML、各类报表、音视频信息等。传统的信息管理，主要是处理结构化数据，比如产品结构信息、市场价格信息、客户资料信息、销售量信息，以及员工信息、企业基本情况信息等。这些结构化数据对于支持企业日常决策和业务流程的正常进行具有重要作用，发挥着企业的决策依据、联系纽带、管理手段和沟通工具的作用，是企业的重要资源，需要严格规范的管理。

[①] 1艾字节约相当于10^9GB，而5艾字节就大约相当于至今全世界人类所讲过的所有话语。

非结构化数据往往蕴含着企业进行创造性活动所需的知识，比如帮助企业发现商机、产品创新、技术突破等。这类知识有可能使企业脱颖而出，取得竞争优势，并凭借知识管理的优势成为行业翘楚，这使得非结构化数据成为企业的重要资源。而在大数据时代，结构化与非结构化数据一起，进一步被升格为企业的"数据资产"或"信息资产"。这表现在：①数据能被企业拥有和控制。例如，电商网站产生和拥有的客户行为数据，称为第一方数据，而控制数据流量管理的服务提供商通过收集客户流量信息，获得第二方数据，还有一些数据通过网络爬虫收集，成为第三方数据。这些数据都可以明确界定拥有者和控制者。②数据能够用货币计量，买卖数据本身就能得到利益。③数据能够为企业核心业务带来经济利益。这些特征，都使得数据必须作为企业的一项资产进行管理。所以，大数据之父维克托曾乐观预测：数据列入企业资产负债表只是个时间问题。

（二）企业信息系统

现代企业对数据和信息的管理均通过各种信息系统实现。信息系统是一组相互关联的软、硬件集合组成的人－机系统，该系统对企业内、外部生产和经营过程中产生的各种信息进行采集、存储、传递、加工、维护和使用，以支持企业决策，增进企业效益。根据用户层次和信息系统发挥的主要功能，企业信息系统主要包括四大类（见图7-2）：业务处理系统（TPS）、管理信息系统（MIS）、决策支持系统（DSS）和经理支持系统（ESS）。

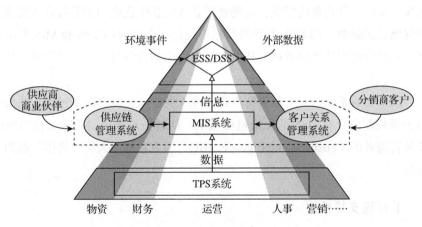

图 7-2 企业信息系统组成

1. 业务处理系统

业务处理系统（transaction processing systems，TPS）用来处理企业的基层管理问题，主要是追踪和记录组织的基本业务活动信息，比如销售、出纳、现金流动与支付、物料流动等。企业通过 TPS 系统对日常业务活动信息进行追踪与控制，保持内部业务流的准确、顺畅，并维持和外部环境以及与其他企业交互过程的正常运转。

2. 管理信息系统

管理信息系统（management information systems，MIS）是运用信息技术对业务处理过程中产生的数据流、信息流、工作流、资金流、业务流进行综合管理，以支持企业核心业务准确、高效运行的各类专业管理信息系统，如物料需求计划（material requirement planning，MRP）系统、企业资源计划（enterprise resource planning，ERP）系统、质量管理系统、设备和物资管理系统、财务管理系统等。其中，ERP 系统是现今最全面的企业信息管理系统之一，它集成了供应链管理、运营管理、财务管理、人力资源管理等主要业务功能，为现代企业实现信息化管理提供了强大的平台支持。

管理信息系统主要处理结构化的业务管理问题，为企业管理人员提供按周、月或者年综合的数据，也能允许管理人员深入业务流程内部探查更细节的数据。管理信息系统虽然也能提供简单的分析功能，比如用综合报表对比不同地区的销售量，但很少使用复杂的数学模型和统计分析方法，还不具有对复杂问题的分析和决策能力。

3. 决策支持系统

决策支持系统（decision support systems，DSS）是针对半结构化的复杂决策问题，通过对企业所能获取的各种数据进行分析、挖掘来支持决策活动的、具有智能作用的人－机系统。DSS 一般由交互语言系统、问题系统以及数据库、模型库、方法库、知识库管理系统组成，帮助管理者从信息中获取知识并对企业经营遇到的各种问题提供解答。而 DSS 所用的数据不仅包括企业内部 TPS 和 MIS 系统积累的数据，还经常使用从外部数据源获取的数据，比如竞争对手的产品价格、质量水平等信息。

决策支持系统的一个显著特点是允许人类参与分析和决策过程，从而可将人类的主观判断嵌在 DSS 的决策过程当中。从这一点来说，决策支持系统也被称为商务智能系统（business intelligence，BI），因为它能与人类"协作"而做出更好的决策。

4. 经理支持系统

经理支持系统（executive support systems，ESS）是辅助高层管理者制定战略层决策的信息系统，其决策的时间尺度可达 5 年以上，考虑非结构化决策过程中决策者的个人判断和评价、决策偏好以及管理洞察能力，向高层管理者展示易于理解的战略决策结果。

相比 DSS，ESS 所处理的数据更加多样，不光分析企业内部通过 MIS、TPS 系统积累的数据、外部一般非结构化数据，更要分析环境事件数据。如考虑新税法的影响、竞争者进入、行业变化、金融环境等。经理支持系统的决策不确定性更强、风险更高，对企业的影响也最大。

（三）商务智能系统

TPS 和 MIS 主要对已经发生的事情进行追踪记录和分析，这称为在线事务处理（on-line transactional processing，OLTP）；分析发生的原因，则称为在线分析处理（on-line analytical processing，OLAP）；若要预计将要发生什么，则称为知识发现（knowledge discovery in data，KDD）。OLAP 和 KDD 都可以提供具有商务智能（Business Intelligence，BI）的决策支持功能，但其"智能"程度仍有高下之分，以知识发现 KDD 为最高表现形式。各类 BI 技术已广泛应用于商品推荐、消费者行为分析、信息搜索和查询、模式识别和预测、事件关联分析等领域。

人工智能（artificial intelligence，AI）可让计算机模仿、延伸和扩展人脑的功能，从事推理、规划、计算、思考和学习等人类思维活动，解决需要人类判断才能处理的复杂决策问题。基于人工智能建立的专家系统（expert system，ES）进一步增强了商务智能，在知识获取、知识推理、问题求解、程序设计、娱乐竞技等方面都有广泛应用。

五、生产与运作管理

从制造的角度来说，生产就是将生产要素转换为产品的过程。农业社会之前，生产活动限于采摘、畜牧。农业社会之后到工业化之前，主要从事农业和采掘业。在工业化之后，主要从事制造活动。而到现代社会，生产活动的范围进一步扩展，服务业成为新兴的主要经济领域之一，当今的世界 500 强公司中，服务类公司占比超过了纯制造类公司。到了知识经济时代，知识创造活动作为一类独特的生产形式，其管理问题也越来越受到重视。

鉴于生产范围不断扩大，以及产品和服务的密不可分，人们进一步扩展了"生产管理"的概念范围，使之不仅包括制造业也包括了服务业。因此生产管理（production management，PM）在现代教科书中也被称为运作管理（operations management，OM）或生产与运作管理（production and operations management，POM）。生产与运作管理是对企业所生产和交付的产品或者服务，以及相应的产出系统进行的设计、运作、评价和改进所作的管理活动。图 7-3 描述了生产运作管理所进行的主要活动及其与企业其他管理职能之间的关系。

在人力资源、财力资源、物力资源、信息资源的支持下，企业首先设计开发所产出的产品或提供的服务，然后构建相应的产出系统，这需要以项目开发的方式进行项目管理。在产出系统运行时，考虑所处的供应与需求环境，制订合理的生产与运营计划，通过优化供应链系统，为顾客提供满意的产品或服务。质量管理用来控制生产与服务过程，使得产出物达到满足顾客和市场要求的质量和功能标准。

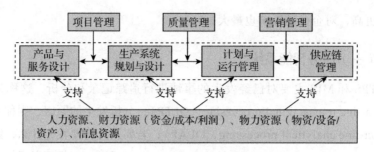

图 7-3　生产运作与企业管理活动

（一）产品与服务设计

有形的产品与无形的服务都可看作企业提供的产品，是企业生命的源泉和立足于市场并取得竞争优势的根本。产品的设计一般由企业的研究与开发活动完成，包括规划、概念开发、系统级设计、详细设计、测试改进和定型生产六个阶段。在不同阶段，需要企业的不同部门提供相应的支持。为了加快产品开发过程，可采用集成产品开发方法，运用矩阵式组织结构，在产品的早期设计阶段，就让工艺部门、制造部门和市场销售等部门参与进来，减少设计、制造和顾客需求之间的脱节所造成的反复，实现产品开发的并行化。

随着社会生活水平的提高和科技的发展，顾客越来越追求新颖时尚、快速易用、使用户获得更高满足感的产品，企业希望产品具有易于制造、易于维修、易于回收、以及全生命周期低成本的特性，社会潮流追求产品具有环境友好、节能低耗的绿色特性。面对这些新的要求，产品设计首先要强调面向客户，真正满足客户需求；其次，在标准化、通用化、模块化的基础上设计可拆卸、可回收和可循环的绿色产品，采用生态设计，使产品在全寿命周期内对环境影响最小。

服务型产品和制造型产品的一个重要差别就是，在向顾客提供服务产品时，顾客会参与到产品的完成过程中，如医疗服务、娱乐服务、理财产品服务等。因此，服务产品需要考虑服务体验适应，即所提供的新的服务应当与目前提供给顾客的服务相适应。⊖一般从一个服务概念开始，确定服务所包含的交付物、对顾客的感官以及心理影响，从而形成服务包。在此基础上，设定服务规范即顾客的要求和期望，然后设计服务规范所包含的活动、设施、服务者的技能要求，并估计服务的成本和时间。最后，设计服务的交付规范以规定服务的工作流程，包括工作程序、可交付产品、服务场所等。总的来说，服务产品的设计比制造产品的设计所考虑的因素更广泛。

（二）生产系统规划与设计

生产系统规划与设计包括工厂选址、设施布局、车间布置。工厂选址是在综合

⊖ 火锅连锁企业"海底捞"会在顾客就餐过程中，为等待的顾客提供美甲服务，这就是消费时间片段的互补性服务，与顾客体验是相适应的。若在就餐等待过程中提供家教服务，就可能不合适。

考虑劳动力资源、原材料、产品销售、自然资源、交通运输、社会协作、法规政策等因素的基础上，为生产系统选择合适的位置。设施布局解决的是厂区内平面布置问题，需要考虑厂区各部分之间的协调配合、厂区物流路线的合理规划、厂区环境的美化、企业的远景发展以及外部环境条件的便利与周围环境的协调等。

车间布置是确定车间内部各组成部分之间的合理位置。常用的布置方式包括工艺专业化、产品专业化和固定式布置。工艺专业化是按照铣、刨、热处理等加工工艺分区布置生产设备，其品种柔性高，但物流路线长，生产效率较低。产品专业化是针对具体产品建立专门生产线，生产效率高但柔性低。固定式布置用于大型产品如轮船、大型机械的制造，产品固定不动，而将生产要素如人、材料、工具等投入到固定位置完成产品制造。

基于成组技术和零件族概念，把相关机器集合成组，可建立成组布置型生产系统；在成组布置基础上，把加工一组相似零件的多种机床组成机床群，由具有多种能力的工人同时操作，可进一步形成单元布置。继续发展下去，还有柔性制造系统、计算机集成制造系统以及世界级制造系统等多种结构形式。

（三）生产与服务系统运行管理

生产与服务系统运行管理的第一步是要制定生产运营计划，而这需要基于市场需求预测。根据市场需求，企业将生产运营计划分解为战略层、战术层和执行层三个层面，从而形成分层递阶生产计划体系。其中战略层解决的是企业在未来10~20年的长远发展问题，并不是日常的运行管理活动所关心的重点。

在战术层，首先需要制订综合计划。综合计划是企业根据自己的产品系列（如不同型号的汽车、不同规格的汉堡包），抽象出一个"综合产品"。根据综合产品的需求预测，制订企业生产所需原料、燃料、外购件的采购和库存计划，确定产能需求并完成外包生产决策。综合计划进一步分解为具体型号的产品，就形成主生产计划，该计划将下达给各成品车间。主生产计划的成品产量进一步分解，在物料需求计划中确定具体每种零部件的产量计划并下达给各零部件车间。最后，各车间根据接收到的生产计划，再制订各车间的生产与批量调度计划，具体到加工中心、工位和每个工人，直到此时，生产系统才可以按计划启动生产。

在生产过程中，需要及时跟踪计划执行情况，并制定纠偏措施，使生产情况与计划同步。而当市场发生变化时，还需要不断调整综合计划，并将调整信息反馈给各车间，保证企业生产和市场需求合理匹配。如果是服务类产品，除了类比制造过程按照生产线法安排生产和提供服务外，还可以发挥顾客作用，采用自助服务法、个体维护法等完成服务产品的提供。

（四）供应链管理

任何一个企业都处于由其上下游企业所构成的物流、信息流、资金流、商流和贸易伙伴关系网中，这个网络就称为供应链。企业通过采购和配送环节与外部的供应链发生关系，生产与服务系统的运行管理就扩展到供应链管理，如图7-4所示。

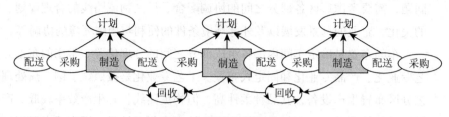

图 7-4　供应链管理流程

在供应链管理中，首先仍然需要做计划。与内部生产计划相比，这种计划更关注整条供应链上产品和服务的交付、使用和回收。企业按生产与运营计划制造产品和提供服务，必然需要采购外部生产要素并进一步带动供应链上游企业向更上游供应商企业的采购。反过来，本企业想为顾客提供产品，就需要进行配送和交付管理，上游供应商也同样对本企业进行配送和交付，引发新的供应链管理。对于生态或者绿色产品，在产品生命周期之后，还应进一步回收再利用，达到资源循环使用的目的。所以，供应链管理就是"计划—采购—制造—配送—回收—新一轮计划"的往复循环。

六、质量管理

质量管理属于生产与运作管理中的一个重要职能，但随着质量管理在企业管理中的地位变得越来越重要，以及围绕质量管理而发展出来的一系列先进管理方式的出现，使得质量管理已不再局限于作为生产与运作管理的一个职能，而是成为一个重要的学科。

（一）质量与质量管理

1. 质量

ISO 9000：2008标准对质量（quality）的定义是"一组固有特性满足要求的程度"。这些固有特性是指满足顾客和其他利益相关方的要求的特性，并由其满足要求的程度加以表征。固有特性是事物本来就有的性质，㊀如物质特性、感官特性、行为特性、时间特性、人体工效特性、功能特性等。满足要求就是应满足明示的（如明确规定的）、通常隐含的（如组织的惯例、一般习惯）或必须履行的（如法律法规、行业规则）的需要和期望。质量的范畴具有与时俱进的特征，不仅仅是指产品质量，还包括服务质量、过程质量和体系质量。

㊀ 与固有特性相对应的是赋予特性。赋予特性并非是产品、体系或过程所固有的，如某一产品的价格。

2. 质量管理

质量管理是指确定质量方针、目标和职责，并通过质量体系中的质量策划、质量控制、质量保证和质量改进，来达到质量标准所要求的所有管理职能的全部活动。

- 质量方针：是由组织的最高管理者正式发布的该组织总的质量宗旨和方向，是对质量的指导思想和承诺，是企业经营总方针的重要组成部分。
- 质量目标：是指在质量方面所追求的目的。
- 质量策划：制定质量目标并规定必要的运行过程和相关资源以实现其质量目标。主要包括：产品策划、管理和作业策划、编制质量计划。
- 质量控制：致力于满足质量要求的活动，通过一系列作业技术和活动对全过程中影响质量的人、机、料、法、环等因素的管理而实现质量控制。
- 质量保证：致力于提供质量要求会得到满足的信任（使用户相信能达到质量要求）。外部质量保证是向顾客或第三方提供信任，内部质量保证是向企业最高管理者提供信任。
- 质量改进：不断增强满足质量要求的能力。

（二）质量管理的发展历程

1. 质量检验阶段

20 世纪以前，产品质量主要依靠操作者本人的技艺水平和经验来保证，是"操作者的质量管理"；20 世纪初，科学管理的出现使质量检验与加工制造分离，质量管理职能由操作者转移给工长，是"工长的质量管理"；随着生产规模的扩大和产品复杂度的提高，产品有了技术标准，公差制度日趋完善，企业开始设置检验部门，是"检验员的质量管理"。虽然质量检验对保证产品质量起到了积极的作用，但由于是事后检验，无法起到预防作用。此阶段还没有运用统计方法，所以一般都是全数检验，质检成本较大。对于破坏性检验，则更是困难。

2. 统计质量控制阶段

1924 年，美国贝尔实验室的休哈特（Walter A. Shewhart, 1891—1967）所领导的过程控制研究组提出了"事先控制和预防缺陷"的概念，首创了生产过程控制图，并在 1931 年出版了《制造产品质量的经济控制》一书，奠定了质量控制理论的基础；1929 年，同在贝尔实验室的道奇（Harold F. Dodge, 1893—1976）和罗米格（Harry G. Romig, 1892—1964）所领导的产品控制研究组，提出了抽样检验方法；20 世纪 40 年代，美国制定了战时质量控制标准。这些方法和标准的提出与应用，标志着质量管理进入了统计质量控制阶段。该阶段的质量管理从"事后把关"

变为"预先控制",并解决了全数检验和破坏性检验的问题。

3. 全面质量管理阶段

随着社会的发展,人们对产品的质量从注重其一般性能发展为注重耐用性、可靠性、安全性、维修性和经济性等全方位性能,更加重视"产品责任"和"质量保证",并通过加强内部质量管理来获得产品的优异性能。这就要求在生产技术和企业管理中运用系统的观点来对待质量问题,并突出重视人的因素,强调依靠企业全体人员的努力来保证质量。在这种情况下,费根鲍姆于1961年提出了全面质量管理:在全面社会的推动下,企业中所有部门、所有组织、所有人员都以产品质量为核心,把专业技术,管理技术,数理统计技术集合在一起,建立起一套科学、严密、高效的质量保证体系,控制全部业务过程中影响质量的因素,以优质的工作、最经济的办法提供满足用户所需要的产品。

4. 标准化质量管理阶段

由于生产规模及生产模式的多样性,所生产的同一系列的产品也出现了质量标准的不同,促使许多企业研究质量管理行业内的统一问题,并制定了各种质量管理标准,由此进入了标准化质量管理阶段。

(三)质量管理体系

质量管理体系是在质量方面指挥和控制组织的管理体系,是组织管理体系的一部分,它致力于实现与质量目标有关的结果。质量管理体系提供了一个能够持续改进的框架,明确各部门和岗位分工,理清各部门的工作流程,确定工作的标准和规范,提升生产过程质量,防止管理经验流失,提高组织声誉,满足顾客要求,增强组织竞争力。质量管理体系还能够针对提供持续满足要求的产品向组织及其顾客提供信任。

国际标准化组织(International Organization for Standardization,ISO)于1987年制定并经过1994、2000、2008和2014年四次修订,颁布了ISO 9000族系列质量标准。该系列标准可帮助组织实施并有效运行质量管理体系,是质量管理体系通用的要求或指南。它不受具体的行业或经济部门的限制,可广泛适用于各种类型和规模的组织,在国内和国际贸易中促进相互理解和信任。

七、研发管理

研发,一般称为R&D,R指的是研究(research),主要指技术开发,侧重基础原理和技术路径;D指的是开发(development),主要指产品开发,侧重技术成果的产业化,关注产出成果和市场以及财务的成功。研发管理就是设计和领导研发流程、管理研发组织,以确保专门知识和技术在相关部门间的顺利传递,以及研发目标的成功实现。

新产品研发一般面临着巨大的技术风险和市场财务风险,失败比例超过 1/3,而一旦失败,轻则市场份额萎缩,盈利下降,重则破产或被竞争对手收购。因此,产品研发已成为企业的战略重点,是企业核心竞争力的关键组成部分。

(一) 研发工作的内容

一般来说,研发工作有六种类型,如图 7-5 所示。

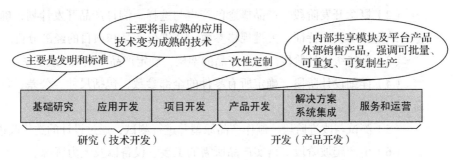

图 7-5 研发的六种工作类型

在研究阶段,基础研究以发现自然规律和发展科学理论为目标,包括原理探索、发现和发明新事物、制定新标准等,如量子通信理论、第五代移动通信(5G)标准等。应用开发是将业界的技术转变成自己掌握的可应用的成熟技术,供产品开发使用,如苹果公司 iPad 产品基于标准通信协议上的接口模块技术开发。项目开发是基于单个客户需求,进行一次性的定制开发,如大部分软件公司的软件开发等。

而在开发阶段,企业会针对某一细分客户群的需求,通过技术开发和可生产、可测试、可服务和可销售的设计,实现批量、重复和可复制的生产,如企业内部共享模块或部件、外销产品开发等。解决方案和系统集成是以产品为核心,为客户做的跨产品或跨领域集成的总体方案,如大部分军工企业的型号研制。服务和运营是以产品为核心,通过服务或运营方式经营用户或通过产品维护服务获得收益,如电信运营商、汽车 4S 店等。

一般来说,高等院校和科研院所强调技术开发,而企业更强调在技术开发基础上进行产品开发。优秀的企业一般能两者兼顾,做到产业链上多层级产品开发和共享。本节主要侧重介绍企业产品开发。

(二) 产品开发的一般流程

明确企业产品开发流程有利于产品开发的过程质量控制和持续改进。一般来说,产品开发可以划分为规划、概念开发、系统级设计、详细设计、测试改进和生产爬坡六个阶段,如图 7-6 所示。

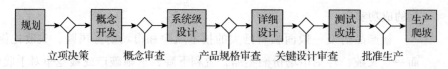

图 7-6 产品开发的一般流程

（1）规划阶段。主要进行企业与产品战略分析以及技术与市场评估，形成项目建议书，其目的是为产品开发立项，获得产品开发所需的人力、物力和财力等资源。规划阶段的工作都发生在立项之前，所以也被称为阶段 0。

（2）概念开发阶段。产品概念的产生与选择，制订产品开发计划，确定产品的基本结构、功能、特征、关键规格参数，并进行产品和项目的经济分析。

（3）系统级设计阶段。定义产品的架构，确定产品的模块（或子系统）与部件。

（4）详细设计阶段。确定所有零件的全部参数，包括尺寸、公差、材料、供应商、分包商等。

（5）测试与改进阶段。制作产品原型并进行测试，通过设计的迭代改进原设计。

（6）生产爬坡阶段。落实产品所需的工装、设备以及人力资源。

这六个阶段的顺利进行需要市场、设计和制造三个核心部门的协同与配合。这三个部门在不同阶段的具体工作职责一般如表 7-1 所示。

表 7-1 市场、设计、制造部门在产品开发中的任务

	0. 规划阶段	1. 概念开发	2. 系统级设计	3. 详细设计	4. 测试改进	5. 生产爬坡
市场部门	确认市场机会，定义细分市场	收集客户需求，访谈领先用户，确定竞争产品	开发产品可选方案，延伸产品族	制订市场计划	准备上市宣传与推动材料，现场测试	向关键客户提供早期产品
设计部门	考虑产品平台与架构，评估新技术	研究产品概念的可行性，开发工业设计概念，建造实验测试原型	产生可选的产品架构，定义产品的主要模块与界面，提炼工业设计	定义零件的尺寸与公差，选择材料与供应商，建立控制文档	可行性测试，寿命测试，性能测试，完成设计更改	评估早期产品
制造部门	明确产品约束，设定供应链战略	估计制造成本，评估产品的可制造性与可装配性	确定关键零部件的供应商，进行自制/外购决策，定义装配方案，权衡性能与目标成本	定义零件生产工艺，设计工装（刀具、夹具），定义质量保障流程，开始采购长周期工具	督促供应商的启动，定义制造与装配工艺，培训工人，改进质量保障流程	开始整个生产系统的运行

八、营销管理

企业生产的产品或提供的服务最终必须销售给顾客才能创造利润，这一过程的核心活动就是营销管理。2004 年，美国市场营销协会（American marketing association，AMA）将市场营销定义为："市场营销既是一种组织职能，也是为了

组织自身及利益相关者的利益而创造、传播、交付客户价值，管理客户关系的一系列过程。"简单地说，市场营销是以市场为对象，研究如何将卖方的产品和劳务转移到消费者手中并获得收益的全过程。

（一）市场营销策略

市场营销策略用来组织与控制市场营销活动，是企业为保证市场营销活动的成功在组织、调研、计划、控制等方面采用的措施和方法，包括产品、价格、营销渠道和促销手段等。

1. 产品策略

产品是满足消费者需求的重要载体。市场营销从充分满足消费者的需要出发，研究企业的产品营销策略如何适应市场形势，研究产品寿命周期各阶段的特征及其对应的营销策略，研究新产品开发程序和策略。此外，还要考虑产品的商标、装潢和包装策略以及产品的品名、造型、色泽等因素。

2. 价格策略

产品生产出来以后，定价是否恰当，直接关系着企业市场营销的成败。质次价高不仅使商业企业的商品滞销、工业企业的产品积压，还严重损害企业信誉；反之，物美价廉，适销对路，则销售增长，效益增加，企业美誉度提高。因此，市场营销的重要任务之一，就是要确定企业的产品定价原则、方法和策略，以合理适当的价格促进市场的开拓。

3. 分销渠道策略

企业的产品一般都需要经过一定的分销渠道，才能顺利到达目标市场满足消费者的需要。市场营销需了解产品分销渠道的结构，分析影响产品分销的因素，确定最优的分销渠道策略。其目的是保障产品从生产领域进入到消费领域时路程短、环节少、费用省、时间节约，最终能顺利到达消费者手里。

4. 促销策略

消费者购买产品的一般程序是：知道→认识→喜欢→偏爱→确信→购买。市场营销需要从消费者的购买程序出发，研究如何采取人员推销、社会公共关系、营业推广、广告促销等方法和策略，唤起消费者的欲望，提高对产品的认识，随着逐渐喜欢，进而产生偏爱，确信购买后能得到满足，从而决定购买。

（二）营销观念的演进

营销管理的指导思想经历了一个百余年的漫长演变过程，从最初的"生产观念"和"产品观念",逐步过渡到"推销观念",直到二战结束后开始流行"市场营销观念"。21世纪初,有些学者又提出了"社会营销观念",如表7-2所示。

表 7-2 营销观念的演进

年代	市场观念	营销出发点	营销目的	基本营销策略	侧重方法
1935~1960年	生产观念	产品	生产物美价廉的产品	改进生产和分销效率	坐店等客
	产品观念	产品	生产优质产品	通过改善质量、品种增加销售,获得利润	坐店等客
	推销观念	产品	加强推销活动	通过大量销售获得利润	派发销售广告宣传
1985~2004年	营销观念	顾客	进行营销综合活动	通过满足顾客需要获得利润	实施整体营销方案
2007年至今	社会营销观念	顾客	与社会进行营销综合活动	通过满足顾客需要、增进社会福利获得利润	与消费者及有关方面建立良好的关系

(三)营销过程管理

企业的营销过程分为五个步骤:分析市场机会、选择目标市场、制定营销战略、设计营销组合、实施与营销策划活动。

1. 分析市场机会

分析市场机会是指对企业外部的市场环境进行综合分析,根据自己的产品组合,评价和寻求本企业各类产品和业务增长的市场机会。市场营销环境是指与企业营销活动有潜在关系的所有外部力量和相关因素的集合,它是影响企业生存和发展的各种外部条件,一般可以分为宏观环境和微观环境两部分,如图7-7所示。

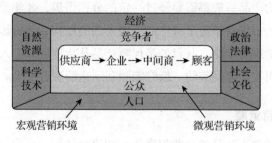

图 7-7 市场营销环境

2. 选择目标市场

企业要在竞争激烈的市场上取胜,必须以消费者为中心。而消费者人数众多,需求千差万别,因此,需要对整个市场进行细分,从中选择最佳的细分市场,然后制定战略,以比竞争者更有效的服务满足目标市场需求。这个过程包括市场细分、选择目标市场和市场定位。

市场细分是指根据消费者需求的差异性，把某类产品的整体市场划分成若干消费者群体，使每个具有类似需求的群体形成一个子市场。目标市场选择是指企业在经过市场细分并对细分市场进行分析评价的基础上，选择对企业最有利可图、企业最能有效为之服务的细分市场作为目标市场。市场定位是指企业对其产品或服务以及企业形象进行设计，以便在目标顾客的心目中占有独特的地位。

3. 制定营销战略

为了获得成功，公司必须在满足目标消费者方面比竞争者做得更好。基于规模和行业地位，公司必须决定如何相对于竞争者进行市场定位，选择相应的战略，从而使公司获得最大的竞争优势。主要营销管理战略包含：顾客驱动的营销策略，产品、服务和品牌战略，价格战略，整合营销战略等。

4. 拟定营销组合

营销组合即营销手段，指企业根据顾客的需求和企业的营销目标来确定可控营销因素的最佳组合。随着实践的积累，已探索出的营销组合主要有 4P、4C、4R 三种。

4P 是指产品（product）、价格（price）、地点（place）和促销（promotion）四个营销因素。4P 理论认为如果一个营销组合中包括合适的产品、合适的价格、合适的分销渠道、合适的促销策略，那么这将是一个成功的营销组合。但 4P 是一种静态营销理论，没有把消费者的行为和态度变化作为市场营销战略的重点，不能完全适应市场的变动。

4C 是指顾客的需要和欲望（consumer needs and wants）、顾客的成本（cost to consumer）、便利（convenience）、沟通（communication）四个营销因素。4C 理论认为，企业应同顾客进行积极有效的双向沟通，建立基于共同利益的新型"企业－顾客"关系。这不再是企业单向的促销和劝导顾客，而是在双方的沟通中找到能同时实现各自目标的通途。比较而言，4C 以顾客为导向，4P 以市场为导向。

4R 阐述了四个全新的营销组合要素：关系（relationship）、节省（retrenchment）、关联（relativity）、回报（retribution）。4R 理论强调企业与顾客在市场变化的动态环境中应建立长久互动的关系，以防止顾客流失，赢得长期而稳定的市场。

5. 实施与管理营销活动

所有的营销战略和策略必须付诸实践，这就需要实施营销活动管理，包括计划、组织和控制。企业首先制订整体战略计划，并将它转化为各个部门、产品或品牌的营销计划。通过执行，企业将计划转化为行动。无论计划的制订还是实施，都离不开有效的市场营销组织。同时还需注意对营销活动进行及时的测量和评价，必要时采取措施，控制偏差。

市场营销理论本身囊括甚广。除了这里介绍的基本营销策略、营销组合与营销过程管理之外，还包括消费者行为研究、市场分析、市场竞争、收益管理、客户关系管理等，随着互联网、新媒体的兴起，又出现了网络营销、自营销等新概念和新的营销形式。市场营销既是企业的一项基本职能，也是工商管理领域的一个重要学科，而且还处在快速发展变化当中。

本章小结

企业从事商品生产、流通及服务性活动以满足市场需求获取利润，是自主经营、自负盈亏、自我发展和自我约束，享受权利并承担义务的基本经营单位。企业的发展经历了工场手工业时期、工厂生产时期、企业生产时期三个阶段。现代企业分为独资企业、合伙企业和公司制企业三大类。现代企业制度基于产权制度、法人制度、有限责任制度和现代科学管理制度，通过股东大会、董事会、监事会和管理层组成了法人治理结构。

企业管理是运用计划、组织、指挥、协调、控制等手段，有效利用人、财、物等资源，通过为市场提供产品或服务，发挥最大经营效率，实现企业预期目标。企业管理深入到具体业务层面，需要从人力资源管理、财务管理、物资与设备管理、信息资源管理、生产与运作管理、质量管理、研发管理和营销管理等方面入手，各职能域相互配合、协调统一，才能实现企业经营的成功。

思考与练习题

1. 企业的发展经历了哪几个历史阶段，各自有什么特点？
2. 现代企业有哪些类型？各自的法律组成是什么？
3. 现代企业制度的内容是什么？
4. 公司制企业的法人治理结构是如何构成的？
5. 什么是人力资源管理？其包含哪些职能？
6. 人力资源管理的发展经历了哪三个阶段，各个阶段有什么特点？
7. 财务管理的对象是什么？
8. 物资与设备管理包括哪些内容？
9. 为什么承载信息的数据会成为企业资产？
10. 企业信息系统有哪几类？各自有什么作用？
11. 生产与运作管理有哪些职能？
12. 什么是质量？质量管理经历过哪些阶段？
13. 什么是全面质量管理，PDCA循环具体步骤是什么？
14. 研发工作的内容有哪些？技术开发和产品开发有什么区别？
15. 新产品开发的一般流程是什么？什么是集成产品开发，它与一般产品开发过程有什么区别？
16. 什么是市场营销？
17. 市场营销组合有哪些，各有什么特点？
18. 如何按照营销管理过程策划一个营销方案？

参考文献

[1] Armstrong M A. Handbook of Human Resource Management Practice [M]. 10th ed. London: Kongan Page, 2006.

[2] Barrenechea M J, Jenkins T. Enterprise Information Management: The Next Generation of Enterprise Software[M]. Waterloo, Ontario, Canada: Open Text Corporation, 2013.

[3] Jacobs F R, Chase R B. Operations and Supply

Management [M]. 16th ed. New York: McGraw Hill, 2019.

[4] Laudon K C, Laudon J P. Management Information Systems: Managing the Digital Firm[M]. Upper Saddle River, New Jersey: Prentice Hall, 2010.

[5] Kotler P, Keller K L. Marketing Management[M]. 13th international ed. New Jersey: Pearson Education, 2008.

[6] Russell R S, Taylor Ⅲ B W. Operations Management[M]. 7th ed. New York: John Wiley & Sons, 2011.

[7] Stephen George. Total Quality Management: Strategies and Technique Proven at Today's Most Successful Companies[M]. New York: John Wiley & Sons, 2001.

[8] Ulrich K, Eppinger S. Product Design and Development [M]. 5th revised ed. New York: McGraw-Hill/Irwin, 2011.

[9] 陈国青, 郭迅华, 马宝君. 管理信息系统[M]. 2版. 北京: 高等教育出版社, 2014.

[10] 韩福荣. 现代质量管理学 [M]. 3版. 北京: 机械工业出版社, 2012.

[11] 赖朝安. 新产品开发 [M]. 北京: 清华大学出版社, 2014.

[12] 李文国, 杜琳. 市场营销 [M]. 北京: 清华大学出版社, 2012.

[13] 库珀. 新产品开发流程管理: 以市场为驱动（原书第4版）[M]. 青铜器软件公司, 译. 北京: 电子工业出版社, 2013.

[14] 吕一林, 岳俊芳. 市场营销学 [M]. 2版. 北京: 科学出版社, 2010.

[15] 潘家轺. 现代生产管理学 [M]. 3版. 北京: 清华大学出版社, 2011.

[16] 裴蓉, 王勇, 艾凤义. 家族企业原理 [M]. 北京: 北京理工大学出版社, 2013.

[17] 乔春华, 邵君利. 财务管理 [M]. 北京: 中国时代经济出版社, 2001.

[18] 罗斯, 威斯特菲尔德, 杰富. 公司理财 [M]. 吴世农, 沈艺峰, 王志强, 等译. 北京: 机械工业出版社, 2014.

[19] 苏秦. 现代质量管理学 [M]. 2版. 北京: 清华大学出版社, 2013.

[20] 王方华, 顾峰. 市场营销学 [M]. 上海: 上海人民出版社, 2007.

[21] 王乐宇. 我国合伙企业法律制度完善研究 [D]. 中央民族大学博士学位论文, 2012: 15-16.

[22] 吴建伟, 祝天敏. ISO 9000: 2008 认证通用教程 [M]. 北京: 机械工业出版社, 2010.

[23] 吴申元. 现代企业制度概论 [M]. 北京: 首都经济贸易大学出版社, 2009.

[24] 武欣. 人力资源管理 [M]. 北京: 中国轻工业出版社, 2014.

[25] 徐光华, 等. 现代企业财务管理 [M]. 北京: 清华大学出版社, 2007.

[26] 袁竹, 王菁华. 现代企业管理 [M]. 北京: 清华大学出版社, 2009.

[27] 周辉. 产品研发管理: 构建世界一流的产品研发管理体系 [M]. 北京: 电子工业出版社, 2012.

第三部分　生产运作管理

- ▶ 第 八 章　产品开发管理
- ▶ 第 九 章　生产系统结构与战略
- ▶ 第 十 章　生产与供应链管理
- ▶ 第十一章　质量管理

第八章　产品开发管理

为社会贡献产品和服务是企业存在的本质，企业通过开发新产品可以开辟新的市场，吸引新的顾客，并提高现有顾客的忠诚度。企业通过向市场提供新产品，可以支持企业在差异化、成本、质量、速度、柔性等企业竞争优先级的不同维度与其他企业展开竞争，为企业赢得竞争优势奠定坚实基础。

第一节　产品开发概述

产品开发是指从选择适应市场需要的产品开始，到产品设计、工艺设计，直至投入正常生产的一系列决策过程。产品开发要针对某一细分客户群的需求，通过技术开发和可生产、可测试、可服务和可销售的设计，实现批量、重复和可复制的生产。

一、产品开发的特点

随着科技、经济的不断发展以及全球化信息网络的形成，人们的需求逐渐趋于多样化和个性化，顾客更加渴望及时得到低成本、高质量、满足其个性化需求的定制化产品和服务，企业愈来愈深刻地感受到提高产品质量、缩短交货期、降低成本和提供个性化产品及服务的压力。因此，产品开发呈现出与以往不同的特点。

（1）产品要满足用户不断增长的多方位需求。随着社会进步和人民生活水平的不断提高，人们对产品的要求和期待也越来越高。用户不但希望产品能够满足其个性化需求，还希望产品具有良好的质量、合理的价格、较短的交货期并且绿色环保。

（2）强调产品的创新性。科学技术的不断发展为新材料和新技术在产品开发中的应用创造了条件，很多过去见所未见、想所未想的事物已经成为现实，产品的创新度日益提高。

（3）更加关注环境。环境问题已经成为制约我国社会和经济发展的重要因素，维持生态平衡和保护环境已经成为刻不容缓的问题。世界各发达经济体都制定了严格的环境保护法律，要求企业设计和生产对环境友好的产品。

（4）强调产品方便顾客使用。以顾客为中心已经成为产品开发的核心理念，企业所设计和生产的产品不仅要满足顾客需要，还要方便顾客使用。国际标准化组织（ISO）制定的 ISO 9241-11 标准提出了产品可用性（usability）的概念，即"产品在特定使用情境下被特定用户适用于特定用途时所具有的有效性、效率和用户主观满意度"。为了实现产品可用性目标，以用户为中心的设计（user-centered design，UCD）提供了可以借鉴的方法。ISO 13407 对该方法的描述是"在设计中可以邀请用户对即将发布或已经发布的产品以及设计原型进行评估，并通过对评估数据的分析进行迭代式设计直至达到可用性目标"。可见，将顾客引入产品开发流程是了解顾客真实需求、开发顾客满意的产品的有效途径。

（5）强调减少开发新产品所需的时间。随着市场需求向多样化、个性化的发展，顾客对产品的要求越来越高，他们会把自己的喜好转向更新、更先进和更适合自己的产品上，因此产品的市场生命周期大大缩短，更新换代的速度也急剧加快。在电子和数码产品行业这一现象尤为突出，往往某新产品刚一上市，就有速度更快、容量更大、性能更卓越的新品研制成功。在快速多变的市场环境下，企业必须减少开发和生产新产品所需要的时间，快速推出新产品。

（6）产品与服务的结合日益紧密。企业由仅仅为顾客提供产品（或附加服务）的模式向为顾客提供产品集成服务的模式转变，即不仅提供物品，还提供服务、技术支持、自我服务知识，以及为客户提供具有针对性的整体解决方案。制造服务化正在成为制造业发展的一个重要趋势和战略制高点。

（7）设计、生产、消费三者高度融合。在互联网、3D 打印技术的支持下，消费者可以自己对一些产品进行设计并制造，从而实现设计、生产、消费的高度融合，自己既是设计者，也可以同时是生产者和消费者。

（8）产品概念和产品方案的来源不再局限于企业内部。随着互联网和先进制造技术的发展，出现了以众包（crowd sourcing）、创客（maker）等新型创新模式为代表的创新民主化趋势，为企业借助社会资源提升自身的创新与研发实力提供了广阔空间。

二、产品开发的评价

产品开发的主要目的是满足顾客的需要，为顾客带来期望的利益和价值，同时为企业实现合理的利润。虽然新产品所带来的利润通常是评价产品开发成功与否的重要尺度，但是由于新产品投放市场后其获利能力不一定能够很快显现出来，因此需要引入其他指标对新产品开发效果进行评价，这些指标包括产品质量、可制造性以及产品开发效率。

产品质量是评价产品开发效果的重要因素，尤其在产品生命周期的引入阶段和成长阶段，卓越和稳定的产品质量可以为企业赢得竞争优势。然而，随着用户对产品要求越来越高，企业对产品质量的技术保障能力也越来越强，产品质量也正在逐渐由订单赢得要素转化为订单资格要素。产品的可制造性是评价产品设计效果的另一个重要指标。具有良好可制造性的产品设计能够降低产品制造的复杂度，从而降低产品生产成本，保证产品的制造质量，并缩短产品生产周期。产品开发效率决定了快速开发新产品的能力，高效率的产品开发过程可以使企业把产品快速推向市场，及时响应用户需求，抓住转瞬即逝的市场机会。

为了提高产品开发的效果，产品开发人员必须真正把握用户的需求，结合不断涌现的新材料、新技术，设计满足顾客多样化和个性化需求的产品和服务。

三、产品概念的产生方式

（一）产品开发思路的来源

企业可以从不同渠道获得新产品开发的思路，例如研发设计、市场营销、生产人员等企业内部来源，以及顾客、科研机构、供应商、竞争企业等企业外部来源。企业内与产品设计、产品生产和产品交付直接相关的人员通常对市场需求有更深入的了解，因此是新产品开发思路的直接来源。其中，市场人员与用户直接接触，对用户需求和偏好有着最为直接和深入的了解，对市场上销售的产品存在的问题比较清楚，也对竞争对手的状况有着比较清晰的了解，因此是产品开发思路的重要提供者。产品研发人员对技术发展具有清晰的把握，也是用户所关注的产品技术性能的实现者，所以他们也可以提供产品开发的重要思路。生产人员直接参与产品的生产，十分了解产品的质量属性和样式特征，因此可以为新产品的创意提供有价值的意见。

产品开发思路的外部来源包括顾客、科研机构、供应商和竞争者。顾客是产品的直接受用者，对产品的好坏有着最为深切的体会，因此来自顾客的声音最为真实可靠，他们对产品的改进意见和对新产品设计提出的设想是产品开发思路的重要来源。顾客可以通过多种方式参与企业的新产品开发，比如少数主导顾客会加入新产品开发过程，并提供深度协作。他们会花费大量时间来指导新产品从概念设计发展到性能要求，直至最终设计，甚至还包括测试。在顾客参与新产品开发的过程中，新产品小组也会征求顾客对于当前和未来产品的反馈意见，然后定期运用这些反馈意见来更新产品特性。

与外部科研机构进行协同开发是目前产品开发的一种重要方式，通过这种方式企业可以获得外部科研机构的最新研究成果，并将其融入产品设计方案中。许多时候，由于供应商对特定零部件或材料的认识更深刻，所以在产品设计方面也可以做出很多贡献，将供应商集成到产品开发流程中是协同开发的一个自然延伸。

竞争者也是很有价值的新产品构思的来源。可以定期对竞争者的产品进行调查，了解竞争产品的市场运营方式，如价格政策、质量保证承诺、退货条款等。有的企业还直接购买竞争者的产品进行研究，从技术角度对竞争者的产品进行全面评估，以此获得自身产品的改进思路，这种方式被称为反向工程（reverse engineering）。企业甚至可以通过实施反向工程开发出超越竞争者的新产品，从而使企业获得竞争优势。但在实施反向工程的过程中，要注意尊重和保护对方的知识产权。

互联网的普及使消费者的创新热情和创造能力得以更大程度的激发，产品概念和产品方案的来源不再局限于企业内部，也不再局限于与企业具有合作关系的其他企业、科研院所、高等院校等。以"用户创造内容"（user-generated content）为代表的创新民主化正在成为一种趋势。"众包""创客"等新型创新模式为企业借助社会资源提升自身的创新与研发实力创造了条件，"社会创新"可能成为企业产品创新思路的新来源。

（二）产品开发的驱动方式

新产品开发的驱动力包括市场拉动、技术推动、竞争驱动三种。

1. 市场拉动模式

市场拉动模式是指以市场需求来拉动新产品的开发，即通过市场研究和用户反馈来决定新产品的选择和开发。市场拉动模式的新产品开发过程通常是从市场需求出发形成新产品设想，经过概念发展、消费者筛选、商业分析后，进入产品开发、用户测试或实验室测试和市场测试，最后投向市场。

2. 技术推动模式

这个模式是指以技术创新推动新产品开发，其特征是新产品设想来源于新技术或实验室。驱动的技术可能有科学技术、生产技术、营销技术等。技术驱动模式的新产品开发过程通常是技术需要和应用设想产生后，经过技术和工程可行性分析以及商业分析后，进入原型开发和生产测试，经过进一步开发完善后投入商业化。技术驱动型新产品开发一般风险较大、收益也较高，需要努力发掘潜在的需求或创造新的需求来开发市场。因此，在这种开发模式中，技术与市场的有效沟通十分重要。

3. 竞争驱动模式

在竞争驱动模式下，新产品设想来源于竞争对手，通过对竞争对手的新产品的分析与改进，开发出有竞争力的新产品。这种模式的开发过程是从市场分析开始，确定概念和进行方案筛选，然后进入产品开发，最后投入市场。

四、产品开发流程

产品开发流程为计划和管理产品开发过程提供了一个框架，描述了产品开发的基本流程和活动。不同组织的产品开发流程往往有所不同，即使是同一个组织，也会针对不同的产品采用不同的开发流程。典型的产品开发流程包括六个步骤。

1. 计划阶段

这个阶段从企业的战略出发，确定产品的市场目标和经济目标，进行技术开发和市场评估。这一阶段的工作成果是项目陈述，它是概念开发阶段初期的必要信息。

2. 产品构思产生

如上所述，新设计或改进设计的产品构思的来源可以产生于企业内部、企业外部、研究与开发。在产品开发过程的早期就关注顾客的需求和期望，可以帮助识别订单资格要素和订单赢得要素，从而保证在产品开发过程的后续阶段做出恰当的技术选择。目前，顾客日益关注产品的创新性、个性化以及交货速度，从而使创新的产品设计、定制化设计、快速交货这些要素成为典型的订单赢得要素，在产品设计和改进过程中，设计团队应该对这些要素予以充分考虑。

3. 产品选择

不是所有的新产品设想都能发展成产品，通常每 1 000 个设想可能只有 100 个可以用于发展新产品，其中可能仅仅有 10 个设想可能获得潜在的经济收入，最后只有仅仅几个设想可能获得商业成功。因此，企业需要选择有潜力的新产品设想。在新产品的设想纳入初步设计之前，至少需要通过三个检验：①市场潜力；②财务的可行性；③运作能力。

4. 初步设计

初步设计以设计目标为基础对产品进行系统设计和细节设计。系统设计阶段包括对产品结构的定义、产品子系统和零部件的分解以及最终装配图设计，其成果包括产品结构图、各子系统的功能描述以及初步的总装流程图。细节设计包括对所有特殊件的几何形状、原材料和公差的设计，并确定需要从供应商采购的标准件。这个阶段还要规划工艺流程并设计开发工艺装备。初步设计阶段通常要在质量和成本之间进行权衡，同时要考虑产品的可制造性。

5. 原型构造及检验

可以通过不同形式进行原型构造，以形象化展示产品初步设计结果。原型还要经过测试以检验技术性能及市场业绩。例如，波音公司利用计算机设计系统的三维建模能力，使设计师可以在物理实体被制造出来以前，就能使各部件虚拟装配在一起，以识别和改正设计中的问题。

6. 最终产品设计

产品通过原型检验所发现的问题需要在产品的最终设计过程中进行完善。这一阶段要完成产品图纸和产品说明书，也要提供有关工艺要求和质量控制要求的详细信息。

新产品开发有时需要在不同阶段之间循环往复，并非每一阶段都能按顺序进行，可能会跳过一些步骤，也可能重复一些相同的步骤。在产品设计的同时，还应该开展生产工艺设计，设计师应该与制造工程师共同工作，以保证产品的可制造性，并缩短产品进入市场的时间。

第二节 集成产品开发管理

产品开发一般采用矩阵式组织结构并按项目进行管理。由于新产品开发涉及市场、设计、工艺、采购、制造、销售、售后服务、财务、质量等多个职能部门，且开发过程迭代多、反复多、信息交流多，过长的沟通渠道极易导致产品开发失败，所以集成产品开发（integrated product development，IPD）管理应运而生。

一、集成产品开发方法

有效地进行产品开发的前提条件是企业内部充分的合作。企业内部不同职能领域的人员往往对产品开发、制造、销售和交付过程负有不同的责任，他们各自对产品也带有不同的期望。例如，设计师希望产品设计能够满足客户在功能上的需求，制造工程师则期望以最低的成本制造产品，销售人员希望产品拥有易于销售的特征和价格，采购人员必须确保采购的原材料和零部件满足质量要求，包装和配送人员必须确保产品完好地送到客户手中。当企业采取循序渐进的产品开发方式时，产品开发的早期阶段通常由设计工程师掌控，之后将设计方案交由制造部门进行生产，最后市场和销售人员才参与进来对产品进行市场开发。这种缺乏良好沟通和协作的产品开发方式可能会导致产品的可制造性差，或者不能满足客户的要求，由此可能导致需要对产品设计进行较大的改动，形成设计—制造—修改设计—重新制造的循环，导致产品开发周期长、成本高、质量无法保证等问题。

成功的产品开发要求不同职能领域的人员相互进行有效的沟通，以识别和解决开发过程中出现的问题，从而降低产品成本、提高质量、减少产品开发和进入市场时间，最终提高顾客满意度。这些沟通包括市场人员和设计人员的沟通、设计人员和制造人员的沟通、制造人员和市场人员的沟通等。

在市场人员与设计人员的沟通中，市场人员要在产品开发的初期将客户的需求准确传达给设计部门，确保所设计的产品满足客户需要。同时，市场营销人员也需要对产品应用的技术具有一定了解，并与产品开发人员保持顺畅的联系，以免出现营销过程中对客户的承诺在技术上难以实现的窘况。

再好的产品设计如果无法制造出来，或者即使能够制造，但是质量和成本水平不能满足客户的预期，那么这样的产品设计也只能是空中楼阁。因此，必须建立能够促进产品设计部门与制造部门有效沟通与协作的机制。市场部门也为制造部门提供了市场需求信息，准确的市场需求信息可以使制造部门保持适当的生产能力，实现按需生产。因此，要高效完成产品的设计和制造，就必须保证市场部门与制造部门的顺畅沟通。

IPD强调跨职能的协同开发，采用结构化的开发流程，实现全流程要素（市场、设计、工艺、采购、制造、销售、售后服务、财务、质量等各部门协同）的管理。IPD一般建立跨部门、多学科的产品开发团队，鼓励与产品开发相关的各个职能领域的人员，如产品工程师、制造工程师、市场人员、采购人员、质量工程师、供应商等同时参与产品开发。通过有效的沟通、协调以及决策，从不同角度发现并解决产品的设计问题，实现产品开发的"准确、快速、低成本、高质量"，共同设计出满足顾客期望的产品。例如，设计人员完成产品数字化模型的初步设计后，就可由其他人员分别针对数字化模型进行产品性能分析、工艺设计、数控编程，并根据分析结果和工艺要求对模型提出修改意见。

同时，IPD强调产品开发过程的并行，通过采用并行工程模式（concurrent engineering, CE），将串行作业尽可能转变为并行作业。并行工程模式要求在产品开始开发时，就考虑到从概念产生到产品报废整个产品寿命周期过程中的所有因素，力求做到综合优化设计，最大限度地避免设计错误，减少设计变更和反复次数，提高质量，降低成本，使产品开发一次成功，缩短开发周期。

可见，IPD利用集成开发技术，把传统串行开发模式中相对独立的阶段、活动及信息有效地集成起来，把设计、制造、用户支持、供应商等产品开发的各环节集成到跨职能设计团队，并通过制造和用户支持等后续过程对设计的早期介入，实现了产品开发过程中不同职能领域的充分交流。

IPD还考虑技术开发与产品开发的相对独立，以降低开发风险，通过重用和共享，采用共用模块和技术平台提高产品开发效率，并对技术进行分类管理，强调对核心技术、关键技术的自主开发，以及对一般技术、通用技术的合作开发或外包。

IPD的一体化产品开发方法在新产品设计时就考虑到了顾客需求，同时考虑了生产及销售需求，甚至还考虑了产品寿命周期结束后的回收要求，如果运用得当，不仅有助于实现产品的无故障设计，还有助于提高质量、降低成本和缩短产品开发周期。在实施 IPD 的过程中，企业高层管理者应该赋予设计团队充分的自治权，为其创造宽松和包容的环境。

IPD 管理模式的建立是一个系统工程，不仅需要改革原有研发管理体系，也需要企业的战略转型，将对研发负责的技术体系转变为对市场和财务成功负责的产品管理体系，这需要最高领导的以身作则和强力推行，特别是在起步阶段需要一定的强制力。例如，华为在最初引入 IBM 的 IPD 流程和方法时，采取了"先僵化、后优化、再固化"的方针，当时引起很大争议，但事实证明，这是一条改变组织文化，进行管理变革的有效途径。

二、质量功能展开

产品开发过程中的跨职能合作可以借助质量功能展开（quality function deployment, QFD）来实现。QFD 可用于产品开发的整个流程，并将客户需求最终转换为技术要求、关键零部件、制造要求、工艺要求，直至最终的质量水平，从而形成完整的产品开发过程。

质量功能展开于 20 世纪 60 年代末在日本发展而成。1972 年，它最初应用在三菱重工的神户造船厂，几年后也被用于日本的汽车工业以改进产品质量。此后，它在很多国家的各个行业得到了广泛应用。QFD 可以使设计团队充分收集和了解客户需求，并将客户需求转化为设计要求，以促进市场、设计和运作等不同领域的跨职能合作。

（一）质量屋

QFD 的基本设计工具叫质量屋。质量屋是一个广义矩阵，包括 7 个区域，如图 8-1 所示。

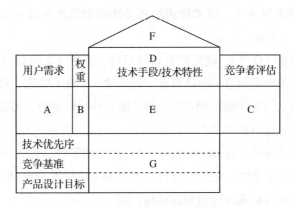

图 8-1 质量屋的基本结构

构造质量屋的基本过程如下。

第一步（A、B 区），获得用户需求（whats）。QFD 最重要的一步就是确定用户需求即产品的功能要求，得到用户关于产品所有需求信息（包括对产品的直接需求和长期战略发展方向等），并以结构化、层次化的形式表述，列于图 8-1 的 A 区中。这一步骤还要确定每一需求的相对重要性，列在图 8-1 的 B 区中。

第二步（C 区），竞争性评价。对竞争企业的产品满足客户的每一需求的能力进行评价，将客户对竞争对手产品的感觉列示在矩阵的右边 C 区内。C 区反映了用户对各功能需求的关注程度以及不同企业在满足用户要求方面的竞争性。该竞争性反过来会影响本企业在 B 区对用户需求权重的评估，因此这一步还可能返回去适当调整 B 区所给出的各需求的权重，以反映市场竞争的影响。

第三步（D 区），确定技术手段（hows）。由跨职能设计团队确定采用合适的可测度的技术措施来实现用户的需求，列在图 8-1D 区中。通常一个技术特性可为多个需求服务，一个需求也可能包含多个技术措施，这一阶段的工作常称为"工程师的声音"。

第四步（E 区），确定关系矩阵。这个阶段的工作是 QFD 的主体，列于图 8-1 的 E 区中。首先，判断每一技术手段与用户特定需求之间是否有相关关系，然后评价其满足用户特定需求的程度。例如，将某一技术手段对需求影响的程度划分为强、中、弱级，并赋予相应的关系分值。关系分值一般不超过三级，通常使用"1-3-5"或者"1-3-9"分制，如：

空白＝没有关系
1＝功能与用户需求有较小的关系
3＝功能与用户需求有中等的关系
5＝功能对用户需求有直接和明显的影响

第五步（F 区），确定技术方案之间的相关性。该矩阵描述了所对应技术手段之间的相关性，列于图 8-1 的 F 区。相关性强度可分为正相关、负相关、强正相关、强负相关、不相关。正相关表示一个方法支持另一个方法，负相关表示一个方法与另一个方法相冲突。技术措施的相关性也用简单分值表示，如"1-3-7-9"分制或"1-3-5-9"分制。

第六步（G 区），确定产品设计目标，在图 8-1 的 G 区中显示。设计目标是以对矩阵中的所有信息（用户需求、竞争对手、技术措施、技术措施满足用户特定需要的程度、技术措施的相关性）的考虑为基础确定的，通常由三个部分组成，即技术优先序、竞争基准和产品目标。

技术优先序（以 $\text{weight}(\text{how}_i)$ 表示）反映了产品的每一技术特性满足用户特定需求的相对重要性，它通过将每一客户需求的权重 $\text{imp}(\text{what}_j)$ 与关系矩阵 E 中的对应值 $V(\text{how}_{ij})$ 相乘后按列相加得到，即

$$\text{weight}(\text{how}_i) = \sum_{j=1}^{n} V(\text{how}_{ij}) \times \text{imp}(\text{what}_j)$$

竞争基准就是企业现有产品以及竞争对手产品的技术优先序。QFD 最后输出的是在综合考虑技术优先序和竞争基准后得到的一组产品设计目标，它全面反映了设计团队对用户需求的理解、竞争产品的性能以及企业的发展战略。

（二）质量功能展开迭代

产品在不同开发阶段、不同的人员角色，所被关注的设计特性均有所不同，IPD 强调在产品开发的不同阶段进行并行与交互。质量屋迭代，是实现这一交互的重要支撑工具之一。如图 8-2 所示，借助 QFD，可将产品特性在不同设计阶段迭代展开。

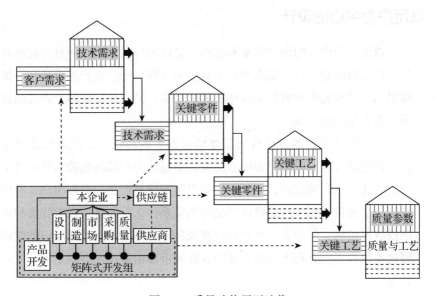

图 8-2　质量功能展开迭代

如图 8-2 所示，运用质量功能展开迭代，可将客户需求逐渐转换为质量与工艺要求，完成从产品开发到制造的全过程设计：首先将顾客需求转化为产品技术需求（见图 8-1）和设计目标；然后将技术需求和设计目标作为虚拟"客户需求"，运用质量屋将其转换为关键零件特性；接着再以"关键零件特性"为新的"客户需求"，同样运用质量屋，转换为关键工艺需求，直到最终形成质量控制要求，得到质量与工艺矩阵。每个阶段之间可以互相反馈修正，形成了一个迭代开发与交互过程。

最后，在上述质量工程展开过程中，必然会涉及企业内外不同部门、不同技能的人员参加，因此其开发团队的组建一般以矩阵式结构为宜。

第三节　面向顾客的产品设计

顾客是产品成功与否的最终评判者，产品只有在顾客满意的条件下才可能有好的销路，从而为企业带来效益。实际上，任何一名产品设计或开发人员都会在工作过程中考虑顾客的需要,但是最终的产品却往往仍然存在着不同程度的顾客接受性的问题。这些顾客接受性的问题可能导致产品无人问津、滞销、退货、甚至人身伤害。产品的顾客接受性差的原因可能是:产品种类不是顾客需要的;产品性能与顾客需要不符;产品使用不方便,或者难以学会使用;产品可靠性、安全性等存在设计问题。

如果产品的设计和开发人员能够在产品研究和开发的不同阶段与顾客进行有效的沟通,使设计建立在准确了解顾客需求的基础上,就可以有效避免上述问题的发生。

一、以用户为中心的设计

以用户为中心的设计的基本思想,是将用户时刻摆在所有过程的首位,产品的策略应该以满足用户的需求为基本动机和最终目的。在产品设计和开发过程中,应将对用户的研究和理解作为各种决策的依据,同时产品在各个阶段的评估信息也应当来源于用户的反馈。

以用户为中心的设计首先需要确定顾客的需求,以此为基础确定产品设计的方向和预期目标。以用户为中心的设计思想认为产品的成败最终取决于用户的满意度。要达到用户满意的目标,首先应当明确谁是产品的目标用户,并进行用户特征描述,了解目标用户对所设计产品的期望是什么,即进行需求收集和需求分析。产品投放市场后,设计人员往往仍会发现各种各样的新问题或用户的建议,收集和处理这些信息不仅有利于当前产品的改进和市场销售,也有利于下一代产品的研制和开发。

顾客参与和体验式产品设计是提高顾客满意度的重要途径。随着科技、经济的发展和社会的进步,消费者的需求发生了明显的转变,呈现出多样化、个性化的发展趋势。人们不再满足于对已有的产品进行选择,而宁愿为能够满足他们个人喜好的形状、尺寸、风格、品位的产品付出更多时间和金钱。在竞争日益激烈的今天,企业提供产品的方式已经超越了纯产品模式,进入了服务领域,并将进化到了顾客参与和体验的阶段。

通常而言,客户参与设计是引导客户在企业生产能力范围内,在企业设计好的满足客户款项、功能和价格需求的选项中进行设计选择,或者确切地说是选择组合,它是一种客户驱动的产品设计方法。这种方法的目标是在缩短开发周期的过程中,系统地分析市场状况、客户需求、客户反馈,以此来提高产品的性能,最大限度地提高客户对产品的满意度。它是一种交互式设计方法,需要企业和客户之间进行深入、有效的相互沟通。

客户参与的产品开发模式是复杂产品系统研发的重要方法,客户在开发过程中发挥着非常关键的作用。原因在于:一方面,客户需求在复杂产品系统研制的前期难以清晰界定；另一方面，客户除了提供系统创新的思想和理念外，还将直接参与产品研发过程。

客户参与的产品开发模式的重要基础是产品的模块化。模块化是复杂产品设计的一种有效战略，当顾客对产品功能等级需求变化范围较大时，复杂产品的"模块化"设计显示出较强的适应能力。但由于需求具有不同动态变化特征的顾客在市场上的存在，决定了同类产品中模块化、半模块化和非模块化设计模式的共存。

"创客"和"众包"为企业带来了多元化的创新力量，可以使生产商与用户协同创新，将产品设计由原来的以生产商为主导逐渐转向以消费者为主导，消费者可以更早、更准确了解自己的需求。因此，如果在产品设计过程中尽早吸收消费者的主观意见，尽早让消费者参与进来，企业的产品将更具创造力，也更容易满足消费者的需求。包括宝洁、波音、杜邦、海尔、联想在内的众多企业，纷纷把各自的研发难题发布到开放式创新平台，由全球科研组织及科研人才进行创新性开发设计，获得了丰硕的成果。

目前正在兴起的快速成型制造技术也为用户体验式产品设计提供了重要的技术基础。随着快速成形技术的不断推广，顾客将可以直接参与到产品设计的过程中。在设计工程师的帮助下，顾客对产品的设想将直接转化为计算机程序，进而通过 3D 打印机快速制造成型，使顾客可以及时体验产品实物，而不仅仅是看到计算机中的三维图像。

客户可以采取不同的方式参与产品设计，包括通过互联网、电话咨询、直接参与跨职能设计团队等。对于不同的产品，客户参与设计的方式和程度有所不同，参与设计的过程也有所不同。例如，客户可以对产品的功能、大小、形状、色彩等设计提出一些建议，然后由具体的工程设计人员根据客户要求和产品的可制造性进行设计，并将设计的结果通过互联网反馈给用户。这是一种在设计人员控制下客户参与的一种产品设计方法，客户不需要介入产品的详细设计，通常只需要选择产品的参数、款式、材质等，详细的设计工作由设计人员完成。

此外，客户不仅可以对产品提出要求，而且可以直接地参与设计，与工程设计人员并行协同设计。这种方式对客户的要求比较高，客户必须具备一定的专业知识和设计能力。这种方式适用于少数熟悉产品设计的专家类的客户，他们不仅关心产品的功能，还会参与设计的具体过程。

互联网目前已经成为客户参与产品设计的一个重要平台。基于互联网的客户参与设计的产品系统，能够远端控制产品的开发过程，进行个性化的产品设计。其原理是通过互联网在客户端与服务器端的交互，利用后台智能系统创建客户个性化的产品数据，同时将产品图形呈现给客户，在客户参与设计、修改和确认以后，系统将生成的图纸传送到加工中心指导生产。整个系统具有智能化、网络化的特点，实现了快捷订货、智能设计和生产的无缝连接。互联网也可以把用户对产品设计的反馈意见及时传递给生产者，通过不断地迭代使产品日臻完善。

为了使顾客能够参与产品的设计开发，企业需要建立顾客参与的产品设计系统，提供技术支持和信息、通信等软件条件。这个系统应该是一个向顾客开放的计算机辅助设计系统，在顾客的参与下完成产品开发，并将设计方案传递到生产系统进行制造。

二、价值分析和价值工程

价值分析和价值工程（value analysis/value engineering，VA/VE）是分析产品是否融入了顾客所需要的"价值"的方法，其目的是在满足顾客需要的前提下，简化产品设计和制造过程，从而以较低的成本获得相同或更好的产品性能。价值工程将产品"价值"定义为

$$价值 = 功能/成本$$

因此，在成本基本不变的情况下，提高产品功能，或者维持现有功能的情况下降低成本，或者小幅降低功能但由此能大幅度降低成本等措施，都可以提高产品的价值。

价值分析方法通常用于分析处于生产过程中的产品价值与功能，而价值工程则用来在产品投产以前削减成本。在实践中，由于新材料和新技术的不断出现，可能需要对已经进行了价值工程研究的产品再进行价值分析，因此通常这两种方法循环使用于产品的设计和生产过程中。

可以通过以下典型问题对产品的价值进行简要评估。

（1）零部件的功能是什么？是否有不必要的功能？是否可以通过其他方法实现必要的功能？

（2）是否可以将两个或以上的零件整合制造成一个零件？

（3）是否具有可以减少的非标准化零件？

（4）零部件需要用什么材料？是否可以用一种成本较少的材料来代替？

三、顾客满意度模型

产品设计的顾客满意度可以用顾客满意度模型进行评价，如图8-3所示。顾客满意度模型从消费心理学角度描述了三种顾客需求和顾客满意度的关系：基本需求（must-have）、期望需求（expected）和兴奋需求（excitement）。

（1）基本需求：顾客认为在设计中必须满足的需求或功能。例如，手表具有准确的计时功能就属于基本需求。如果此类需求没有得到满足或表现欠佳，客户的不满情绪就会急剧增加，并且此类需求得到满足后，只可以消除客户的不满，并不能带来客户满意度的增加。

（2）期望需求：超出基本需求的某种特殊需求。此类需求得到满足或表现良好的话，客户满意度会显著增加，当此类需求得不到满足或表现不好时，客户的不满

也会显著增加。

（3）兴奋需求（品质）：此类需求一经满足，即使表现并不完美，也能带来客户满意度的急剧提高，同时此类需求如果得不到满足，往往不会带来客户的不满，因为他们并没有意识到这些需求。反之，如果设计为他们提供了这种需求实现的满足，则顾客可能会感到很满意。因此，企业应当尽可能多地满足顾客的这种需求。

在图 8-3 中，纵轴代表顾客满意度，横轴代表产品满足顾客需求实现的程度（或质量特性）。图中三条线分别代表基本需求、期望需求和兴奋需求。

企业在产品规划、销售、生产实施各方面，如果能清楚知道客户需求，那么就能正确地将客户需求进行分类并区别对待：对于基本需求必须满足；对于期望需求要分析竞争对手的情况，做到"人无我有，人有我优"；兴奋需求往往代表客户的潜在需求，需要发掘这样的需求，并以此取得竞争优势。

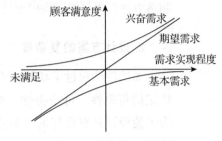

图 8-3　顾客满意度模型

第四节　面向制造与装配的产品设计

在传统的设计过程中，设计师的主要工作目标通常是创造一个满足产品性能要求的设计，只要零件能够在试制工作中制造和装配，便可认为产品的可制造性较好。但是随着材料科学及制造技术的迅速发展，加之产品日趋复杂，这种情况已经发生了变化。

现在，设计师不仅要关心所设计的产品能否设计出来，是否达到了性能目标，还要关心是否能够被方便、经济地制造出来。例如，如果面对两个方案：一个方案是所设计的产品只有一个工厂能够制造，而且要采用专用的工艺方法和难以获得的材料；另一方案下，多家工厂都可以采用资源充足的材料来制造所设计的产品。那么两者相比，则前者的可制造性程度就较差，而后者的可制造性程度较好。

因此，产品设计除了要考虑客户需求，还要考虑制造和装配的方便性和经济性，即符合产品设计的可制造性要求。美国国防技术情报中心将可制造性描述为设计和生产规划的若干特征或要素的组合，它能使所设计的产品不仅符合必需的质量和性能要求，同时也能以最简单经济的方法在最短的时间内制造出来。

一、面向制造的产品设计

面向制造的产品设计（design for manufacturing，DFM）是将产品的设计要求与所具有的制造能力相匹配，其主要内容就是改进所设计产品的制造工艺性，使所设计的产品易于制造。

影响可制造性的产品设计和生产规划的要素和特征包括所选用的材料、设计方案的复杂度、生产方法的可替换性、加工精度要求等。

1. 所选用的材料

设计所选用的材料决定了产品的性能，也对成形性、加工性、热表处理等问题有显著的影响。如果设计规定仅使用一种材料，就会限定在加工中只能使用与这种材料相适应的工艺方法。因此，产品设计最好规定多种替代材料，以便为采用多种制造方法提供可能，同时允许使用资源丰富和非战略性材料来代替。

2. 设计方案的复杂度

如果设计超过了功能要求，可能带来制造成本的上升，并可能增加为了保证特定的可靠性、可获得性、维修性所需的费用，延长了产品的研制时间。因此，为了使设计具有良好的可制造性，一般规则是对零部件和制造方法加以简化和标准化。

3. 生产方法的可替换性

当需要使用一些唯一且专用的设备和工装来制造产品的某些零部件时，这些设备和工装的可获得性将极大地影响这些零部件的可制造性。确定可代替的加工方法能够避免因缺少可用的设备或工艺装备而无法制造，因此可以增强可制造性。

4. 加工精度要求

如果公差和表面粗糙度规定过高，就会需要更多特殊和昂贵的制造工序，制造过程需要的劳动量和工人水平也会相应提高，从而会对产品的可制造性产生不利影响。因此，设计人员不应不必要地过高规定公差和表面粗糙度。

5. 其他因素

在目前全球化的背景下，除了上述影响可制造性的因素，产品设计需要充分考虑本公司的核心制造能力，同时也应考虑如何利用其他公司（如供应商、零售商等）的核心能力作为自己竞争力的支撑，从而加强本公司的产品竞争力。另外，随着先进制造技术的进一步发展，将可能使任何产品设计都具有制造的可能，而不再受制造能力的限制，这将为设计师带来更广阔的设计空间。

二、面向装配的产品设计

面向装配的产品设计（design for assembly，DFA）的主要目标是通过零部件设计和装配方法设计减少装配的复杂性，从而达到提高产品制造性的目的。

1. 简化产品设计

简化产品设计是减少装配复杂性的重要方法。通过将不同的零件数量减至最少，可以显著减少装配工序。例如，通过使用新工艺方法，如粉末冶金、温锻、热锻、压铸、生物加工、3D打印等，使一组需要复杂连接的零件转变为单一的整体件来制造，使其代替完整的组合件，从而减少许多装配工序。可以通过两个检查性问题对设计简化进行指导：①这个零件是否必要——对装配件中的每个零件都应加以检查，以决定它是否可以省掉，同时将其功能并入已有的零件中；②这些零件能否合并——设计者要寻求一种加工方法，能用来将一组不能相互自由移动的配合或连接的零件作为一个整体零件来制造。例如，快速成型技术可以实现将复杂零件通过增材制造过程一次成型。通用电气公司在数字化设计与制造基础上，采用"直接金属激光熔化" 3D打印技术，生产高温合金喷嘴，使喷嘴的寿命提高了5倍。

2. 便于装配的零部件设计

在零件设计中，加入倒角、导向、导向平面等都会提高零件的可装配性。

3. 零部件标准化和通用化

产品零件在满足产品性能的前提下实现标准化（standardization）和通用化（commonality），可以提高设计的可制造性。标准化或通用化的零部件可以减少设计过程、生产准备过程和生产过程的时间和成本，提高互换性、可靠性和维修性。标准化和通用化设计也可以扩展对供应商的选择范围，从而保证零件按时、保质和按量供应，并节省采购和库存费用。

例如，汽车制造企业在不同车型的装配中采用大量通用部件和总成，装配工人通过标准化训练就可以掌握不同车型的装配方法。汽车部件和总成的通用化也使汽车维修企业可以减少维修工人的培训成本，并减少库存配件的种类和数量。

三、模块化设计

产品设计要不断地进行产品创新使之越来越个性化，满足客户的定制需求。模块化设计（modular design）就是既能满足用户的多样性需求，又能使新产品更容易生产制造，降低生产制造成本的一种方法。

模块是构成产品的一部分，是具有独立功能一致的几何连接接口和一致的输入、输出接口的单元。相同种类的模块在产品族中可以重用和互换，对相关模块进行排列组合就可以形成不同的产品。模块化设计是在对产品进行市场预测、功能分析的基础上，划分并设计出一系列通用的功能模块，并根据用户的要求，对这些模块进行选择和组合，构成不同功能或功能相同但性能不同、规格不同的产品。

采用模块化设计方法,企业开发具有多种功能的不同产品可以不必对每种产品施以单独设计,而是设计出多种模块,将其经过不同方式的组合来构成不同产品,以解决产品品种、规格和设计制造周期、成本之间的矛盾。模块化设计与产品标准化设计、系列化设计密切相关,它们互相影响、互相制约,共同成为评定产品质量优劣的重要指标。

在模块化设计过程中,企业通过模块的组合配置,可以创建不同需求的产品,满足客户的定制需求。由于模块化实现了功能抽象和物理实现的分离,使设计人员容易掌握产品全局。同时,设计人员可以屏蔽掉与自身领域无关的细节,从而关注更高层次的设计逻辑。模块功能的独立性和接口的一致性,使各个模块可以相对独立地设计和发展,可以进行并行设计、开发和并行试验、验证。模块的不同组合能满足用户的多样性需求,易于产品的配置和变形设计,同时又能保证这种配置变形可以满足企业批量化生产的需求。

在设计中利用已有的经过试验、生产和市场验证的模块,既可以重用已有零部件和已有设计经验,也可以重用整个产品生命周期中的采购、物流、制造和服务资源,因此可以降低设计风险、缩短设计周期、提高产品的可靠性和设计质量,同时可以缩短采购、物流、生产制造周期及成本,从而加快产品上市时间。如果划分模块时进一步考虑企业售后服务的特定需求,也可以缩短服务周期和节省资源耗费。

现代化轿车装配作业中,冲压、焊接、喷漆等许多工序都实现了自动化,但有些工序却难以让机器人操作,耗费人工最多的地方就是内饰件装配。例如,车门有内板、衬料、电动门窗操纵机构、控制面板等,涉及缝工、电器装配工等工种。如果将这些零配件在总装生产线以外的地方装配成半成品车门,然后再将其套在门铰上,那么总装生产线上的工序将会简化,这就是汽车行业在20世纪90年代产生的模块化装配方式。这种方式有利于提高汽车零部件的品种多样性、装配质量和自动化水平,缩短汽车的生产周期,降低总装生产线的成本。

利用数字化设计与制造技术,可以在"设计—研制原型—生产过程—测试过程"的产品开发全流程进行三维建模,在产品设计的同时,就考虑到产品制造过程,并行进行建模与仿真,利用虚拟技术对产品进行加工和装配。

在飞机设计与制造过程中,利用数字化技术进行仿真设计,与互联网技术进行结合,能够提升设计与制造飞机的效率,降低研发成本。例如,对飞机进行风洞实验前,利用 3D 打印技术对模型进行制造,可以缩短制作飞机模型的时间,加快模型制造的速度。中国一汽集团的"数字化发动机",从数字化设计、数字化加工到数字化检测,实现了产品开发全过程数字化。东风汽车集团也提出了商用车全过程数字化研发平台,从商品规划、设计、实验、生产到整个流程进行建模与仿真。

第五节　面向环境的产品设计

面向环境的产品设计（design for environment，DFE），是指在产品设计中对环境因素进行认真的考虑，设计出对环境友好的产品，这就要求在产品设计时就要考虑产品生命周期各个阶段对环境的影响。

如果所设计的产品易于拆卸，零部件容易更换、维修、熔化、翻新，而且更换下来的磨损或损坏的零部件可以循环使用，则可以通过维修、翻新或更换磨损的零部件来恢复产品的功能，延长产品的使用寿命，并通过循环使用零件减少为生产新产品而消耗的物质资源，减少垃圾的产生。这种方式也可以称为面向分解的设计（design for disassembly，DFD）和面向回收的设计（design for recycling，DFR）。

联合国环境规划署倡导通过产品的生命周期评价（life cycle analysis，LCA）技术来提升产品的环境友好性。LCA 是评价产品或服务在其生命周期各个阶段，从原材料的提取和加工，到产品生产、包装、市场营销、使用、再使用和产品维护，直至再循环和最终废物处置的环境影响的工具。LCA 已经纳入 ISO 14000 环境管理系列标准，从而成为国际上环境管理和产品设计的一个重要支持工具。

本章小结

产品开发的目的是满足顾客的需要，为顾客带来期望的利益和价值，同时为企业实现合理的利润。有效进行产品开发的前提条件是企业内部各职能领域之间，以及企业与外部供应商、顾客之间充分的合作。集成化产品开发方法利用集成技术把设计、制造、用户支持、供应商等产品开发的各环节集成到跨职能开发团队，并通过制造和用户支持等后续过程对设计的早期介入，实现产品开发过程中不同职能领域的充分交流与合作。并行工程、质量功能展开等方法可以促进跨职能合作，有助于提高产品设计质量、降低成本和缩短产品开发周期。

顾客是产品的使用者和评判者，以用户为中心的设计思想以满足顾客需求为基本动机和最终目的。客户参与设计是一种客户驱动的产品设计方法，有效地运用这一方法可以提高产品的性能，最大限度地提高客户对产品的满意度。在满足客户需求的同时，产品设计还要符合可制造性要求。采用标准化或通用化的零部件可以减少设计过程、生产准备过程和生产过程的时间和成本，提高互换性、可靠性和维修性。模块化设计也是提高产品可制造性的重要方法。在产品设计中还要对环境因素进行认真的考虑，设计出对环境友好的产品。

利用 ICT 和智能制造技术可以对"设计—研制原型—生产过程—测试过程"的产品开发全流程进行三维建模，并实现产品的虚拟制造过程。同时，可以促进生产商和社会力量在产品创新过程的高度融合，为产品创新多元化提供了广阔空间。

思考与练习题

1. 解释面向顾客设计的含义，并说明其重要性。
2. 产品开发中的并行工程方法与传统开发方法的主要区别是什么，优势是什么？

3. 产品设计为什么要符合可制造性要求？有哪些途径可以提高产品设计的可制造性？
4. 什么是模块化设计，它的作用是什么？举出日常生活中模块化设计的例子。
5. 为什么进行新产品开发时跨职能合作很重要？缺乏跨职能合作会带来什么后果？
6. 什么是反向工程？采取反向工程方法开发的产品是否属于"山寨"产品，为什么？
7. 新产品开发的模式有哪几种？
8. 互联网技术和智能制造技术的发展对产品开发产生了什么影响？

参考文献

[1] Jacobs F R, Chase R B. Operations and Supply Management [M]. 16th ed. New York: McGraw Hill, 2019.

[2] 王晶，贾国柱，张人千，等. 制造业服务化案例研究 [M]. 北京：机械工业出版社，2015.

[3] 董建明，傅利民，饶培伦，Salvendy G. 人机交互：以用户为中心的设计和评估 [M]. 北京：清华大学出版社，2007.

[4] Vredenburg K, Lsensee S, Righi C. 用户中心设计：集成化方法 [M]. 冯博琴，薛亮，叶茂，译. 北京：高等教育出版社，2004.

[5] Kano N, Seraku N, Takashi F, Tsuji S. Attractive Quality and Must-be Quality[J]. Journal of the Japanese Society for Quality Control, 1984, 14(2): 39-48.

[6] Marsh P. 新工业革命 [M]. 赛迪研究院专家组，译. 北京：中信出版社，2013.

[7] McGrath M E. Next Generation Product Development: How to Increase Productivity, Cut Costs, and Reduce Cycle Times[M]. New York, USA: McGraw Hill, 2004.

[8] 苏春. 数字化设计与制造 [M]. 北京：机械工业出版社，2019.

[9] McGrath M E. 下一代产品开发：如何提高研发生产率，降低成本和缩短开发周期 [M]. 朱战备，马建平，译. 北京：清华大学出版社，2005.

[10] Pine B J. Mass Customization:The New Frontier in Business Competition[J]. Journal of Product Innovation Management，1993，10(4): 360-361.

[11] 秦现生，等. 并行工程的理论及方法 [M]. 西安：西北工业大学出版社，2008.

[12] 孙林岩，孔婷，梁冬寒. 中国服务型制造企业案例集 [M]. 北京：清华大学出版社，2011.

[13] Stevenson W. Operations Management[M]. 11th ed. New York: McGraw-Hill，2012.

[14] 王继成. 产品设计中的人机工程学 [M]. 北京：化学工业出版社，2004.

[15] 杨建军. 产品设计可制造性与生产系统 [M]. 北京：航空工业出版社，2009.

[16] 张成中，吕屏. 设计心理学 [M]. 北京：北京大学出版社，2007.

[17] 张旭，王爱民，刘检华. 产品设计可装配性技术 [M]. 北京：航空工业出版社，2009.

[18] （美）国防技术情报中心. 产品设计生产性指南 [M]. 张纯正，张国梁，等译. 北京：航空工业出版社，1990.

[19] 沃麦克，琼斯，鲁斯. 改变世界的机器 [M]. 沈希瑾，等译. 北京：商务出版社，2003.

第九章 生产系统结构与战略

生产系统是由人、财、物和管理方式所组成的，将生产要素转换为产品的有机系统。生产运作系统的不同环节在生产和组织过程中，遵循一定的流程关系。在运作管理领域，针对不同类型的产品需求，人们提出了一些基本的生产系统结构。为了在市场上取得竞争优势，生产系统需基于正确的战略选择合适的结构形式。本章首先讲述生产运作流程与生产系统结构，其次讲述竞争优势与生产战略，最后讲述绿色制造、服务型制造和全球化战略。

第一节 生产运作流程

生产运作流程反映了生产系统结构内各运作环节之间的逻辑关系，其目的是建立一个有效的过程系统，将输入的资源高效地转化为产品或服务，从而能够在成本和时间等条件的约束下满足顾客需求。生产运作流程设计与分析是生产运作系统设计的重要内容，对于企业产出产品和提供服务的效率、柔性、成本、质量等具有重要的影响和战略意义。

一、生产运作流程概述

（一）生产运作流程的基本概念

生产运作流程是运用转换资源（如设备、员工等）把被转换资源（原材料、零部件、顾客等）转化为产品和服务的一系列逻辑相关的、结构化活动的集合。

从系统的观点来看，生产运作流程的组成元素就是一系列相互依赖、相互作用的生产或服务活动。这些活动之间的相互作用与联系构成了企业的生产运作流程。活动与活动之间的各种关系构成了流程单元(或子流程),流程单元与流程单元之间的关系又构成了更高层次的流程,这样可以依次构成各种不同层次的流程;反之,流程又可以层层分解为子流程,直至分解为基本活动。

制造(服务)流程决定了产品(服务)的质量和精细程度。长期的流程积累会使企业对生产和服务流程的本质有深入的理解,从而带来对流程的整体把握。企业有了好的生产运作流程,可以获得质量、时间和成本上的优势;反之,企业的产品(服务)的质量、交货期、成本上就会面临很大的不确定性。

在制造企业中,产品设计、工艺设计、工装设计、产品制造等流程之间的任务具有高度相关性,上游流程要考虑下游流程的需要,流程之间需要相互支持、相互配合,因此跨职能团队的组织形式和并行工程的工作方式有利于整体流程产生好的绩效。

(二)职能视角与流程视角

传统的劳动分工思想在企业中的一个重要体现是按职能划分部门,资源根据自身的特点在各部门进行分配,各部门根据自身的职能分工完成所分配的工作。例如,企业的财务部负责管理企业的财务资源,生产部负责将原材料等转化为顾客需要的产品。这种流程组织方式通常被称为职能视角或职能思维。

基于职能视角的专业化分工可以使员工的专业技能得到充分发挥,而且可以使企业资源得到充分利用,具有较高的资源使用效率。但是,专业化分工却使为顾客服务的完整流程被割裂了。企业组织内的很多流程都需要跨越职能部门边界,产品生产或客户服务活动通常需要由不同的职能部门承担,结果为完成产品或服务而执行的活动在不同部门之间的传递逻辑变得复杂,降低了流程效率。

例如,企业的采购流程可以分解为一系列活动,包括为谋求较低的价格而与供应商进行谈判、订单准备、原材料进厂的检验等。在这些活动中,谈判和订单准备通常由采购部负责,而原材料进厂检验却可能是由质量部负责。采购的总体流程如表 9-1 所示。

表 9-1 采购流程示例

与采购相关的活动	职能领域				
	采购	生产	原材料库	质量	财务
生产计划		×			
与供应商谈判	×				
订单准备	×				
原材料接收			×		
库存记录更新			×		
订单处理	×				

(续)

与采购相关的活动	职能领域				
	采购	生产	原材料库	质量	财务
原材料入库检验				×	
不合格原材料退换				×	
通知货款支付		×			
支付货款批准					×
支付供应商货款					×

在表 9-1 所示的与采购相关的流程中，如果要提高流程效率，传统的职能思维方式通常是提高各个职能领域的工作效率。然而，由于与采购相关的各项活动相互关联，仅仅提高某项活动的效率而不考虑与之相关的其他活动，往往对整个流程效率的提高影响甚微。例如，采购部门可能运用计算机订单处理系统提高了订单处理效率，但是如果财务部门货款支付审批等流程依然效率低下，则整个流程的效率依然不会得到提高。因此，企业需要从流程视角或流程思维出发，构建生产运作系统，将一切为顾客生产产品和提供服务的必要活动从整体上联系起来，使被割裂的流程集成起来，而不能只关注局部的优化。

（三）职能型组织与流程型组织

企业往往会关注多种效率目标，例如流程效率和资源使用效率等。实现较高的资源使用效率要求有效地利用企业资源，实现较高的流程效率则要求组织的流程能够有效地支持企业目标的实现。这些效率目标可能会相互矛盾。例如，若企业为了流程效率而增加设备数量以提高产能，那么在需求的淡季，则会造成设备和人员的浪费，从而降低了资源使用效率。

从理论上讲，基于职能分工建立职能型组织通常可以更好地实现较高的资源使用效率。但是，由于为顾客生产和服务的不同流程需要跨越职能部门边界，使职能部门间的协调变得十分复杂，因此流程效率低下。图 9-1a 给出了一个职能型组织，其中，L1~L4 代表不同的生产运作流程，F1~F4 代表不同的职能组织。

图 9-1b 描绘了一个面向流程的组织，各种资源根据流程的要求和特点汇聚成组，可以实现很高的流程效率，但是如果生产和服务的需求量不能使资源得到充分利用，则会带来较低的资源效率。图 9-1c 是根据产品和服务的特性以及顾客和市场的特点，将职能与流程相结合的复合型组织，可以在不同职能领域追求不同的高效率，从而获得整体效率的优化。

二、流程分析与评价

选定需要分析的流程，通过流程描述，分析、评价流程结构的合理性，发现存在的问题，评价流程绩效，并进行流程改进或流程再造。

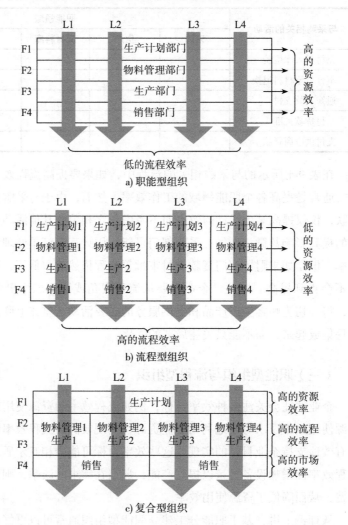

图 9-1 组织类型和效率

（一）流程描述

流程的建模和描述通常可以采用流程图来表达，包括基本流程图、流程程序图和跨职能流程图。前两者主要用来显示业务流程的基本逻辑关系，而跨职能流程图还能显示相关责任人和部门，以及这些责任者在流程上的相互协作关系。

1. 基本流程图

基本流程图主要用于理解运作系统中流程模块和活动之间的逻辑连接关系，分析增值活动和非增值活动，并识别关键流程。基本流程图所使用的符号主要包括流程的开始点、结束点、任务或工作、判断、流程线。图 9-2 给出了一个汽车维修店业务的基本流程图。

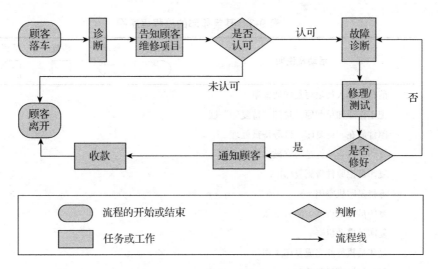

图 9-2　汽车维修业务的基本流程图

在生产领域，专门针对生产加工过程的工序操作及其先后关系所建立的基本流程图，称为工艺程序图或操作程序图，主要关注"加工"和"检查"两种活动。在工艺程序图中，一般使用圆圈表示加工过程，用方框表示检查过程。

2. 流程程序图

基本流程图给出了业务活动（操作）及其顺序关系。如果要进一步区分移动、检查、延迟和储存等活动，则需要使用流程程序图[○]。表 9-2 给出了流程程序图中所用的符号及其含义。

表 9-2　流程程序图的符号及含义

○	⇒	□	D	▽
操作	移动	检查	延迟	储存
直接有助于提供产品或服务的活动	产品或服务对象从一处移到另一处	检查产品或服务的完整性或质量	产品或服务对象在运作过程中等待被处理	已经处理的产品或服务在运作过程中的停顿

流程程序图也可以用表格的形式给出，除了能表示各业务流程间的逻辑关系，还能统计各类业务活动的重复次数。表 9-3 给出了一个复印业务的流程程序图。

流程程序图提供了各类活动发生的次数、时间、移动距离的统计数据，有助于分析增值活动和非增值活动，以及确定流程改进的优先级。

○ 流程程序图最早是在 1921 年由吉尔布雷斯提出，后来由美国机械工程师协会（American Society of Mechanical Engineers，ASME）在 1947 年进一步做了规范。

表 9-3 某复印部的流程程序图

活动及说明	操作 ○	移动 ⇒	检查 □	延迟 D	储存 ▽
前台工作人员填写复印通知单	×				
把工作通知单和原件送到"待复印"区		×			
原件放在"待复印"区等待被处理				×	
复印员检查原件是否有破损等情况			×		
复印员把原件带到复印区		×			
等待复印机空闲				×	
复印员设定机器、装入纸张	×				
复印员启动机器	×				
复印员执行并完成复印工作	×				
复印员检查复印质量			×		
将复印件和原件送到已完成区		×			
复印件和原件等待被取走					×
前台工作人员取走复印件和原件		×			
前台工作人员包装	×				
收款及交付	×				

3. 跨职能流程图

跨职能流程图在展示活动或任务时，能将参与流程的各部门或人员呈现在图上。可以针对某特定流程制定各单位的权责，以清楚说明每个单位应完成的任务以及这些任务如何在部门之间流转。图 9-3 的跨职能流程图描述了一项原材料采购流程中的各项活动以及负责这些活动的部门。

跨职能流程图建立了活动-部门的二维关系，因此也称为展开矩阵图；又由于跨职能流程图呈现出多个分道的形式，如同一个部门占据着一个"泳道"，因此也被称为泳道图。"泳道"可以是水平型的（见图 9-3），也可以是垂直型的。

总的来说，流程图具有绘制简单、可理解性好、企业容易接受的特点，但也有输入和输出不便于模型化，以及流程的细节信息容易丢失等不足之处。因此，除了上述方法之外，人们又开发了角色行为图、IDEF 模型系列、ARIS 方法、Petri 网方法、事件过程链等方法来描述业务过程或生产运作流程，以满足特殊的流程分析需求。

（二）流程分析与评价

企业流程经常存在的问题包括流程之间存在冗余、串行、反复、资源冲突等，这些问题可能导致流程效率低下、资源浪费，甚至流程死锁。当不同的流程需要对同一事件进行相同或类似的处理时，就会发生流程冗余而导致资源浪费。与并行流程相比，串行流程的流程效率较低。而当多个流程需要占用的生产或服务资源（如设备、人力、空间等）在时间上有矛盾时，就会发生流程资源冲突，导致流程死锁。

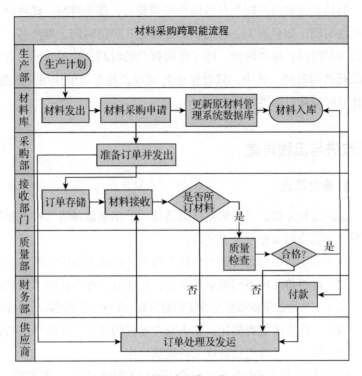

图 9-3　材料采购跨职能流程图

流程分析是根据所建立的流程模型，分析流程之间是否存在上述问题以及问题产生的根源，并寻找解决方案。为此，可根据对顾客价值所起的作用，将流程中的活动划分为增值活动、非增值活动和浪费。增值活动是指给顾客带来直接价值的活动，如产品加工、为顾客提供服务等活动。有些活动虽然并不给顾客带来直接价值，但如果消除了这些活动，将影响企业对顾客的服务能力（如企业生产计划的编制活动），因此仍有其合理性，也可归入增值活动。非增值活动是指不能增加产品或服务价值的活动。有些活动虽然属于非增值活动，但这些活动在目前的生产和服务条件下往往难以消除，例如，物料在生产单元间的搬运活动。由于这些活动并不直接给顾客带来价值，因此尽管很重要，但是还需要尽量缩减，或提高其工作效率。浪费则是指原本不该发生却发生了的活动。

在生产产品或提供服务的价值流中，以上三类活动通常会以不同比例存在着。企业可以依据流程周期效率（processing cycle efficiency，PCE）评价每项活动对整个流程的贡献，确定流程的精益水平。PCE 定义为

$$PCE = \frac{增值活动时间}{总流程时间}$$

流程周期效率 PCE 越接近 1，流程周期中的非增值活动成分就越少，流程的精益

水平就越高。如果 PCE 小于 10%，则说明流程中存在过多非增值活动，需要大幅改进。

制造系统的流程周期包括四类时间要素：作业时间，即将原材料转化为产品所消耗的时间，如机加工、装配、热处理等；等待时间，即产品、半成品、原材料等待处理的时间；移动时间，即工序间移动的时间；检验时间，即依据质量标准检验产品耗费的时间。其中，只有作业时间对产品有增值作用，因此流程周期效率[一]等于作业时间除以四类时间之和。

三、流程改进与流程再造

1. 流程改进

通过流程分析，可以确定增值活动、非增值活动等。在此基础上，通常可以通过下列问题找到流程可改进之处：

（1）这项活动是否有必要？能否将其去掉而不影响对顾客的服务水平？
（2）能否将几项不同的活动合并，从而减少在不同环节的流转？
（3）工作地的重新布置是否能够减少移动距离或避免移动，从而带来效率的提高？
（4）工作方法能否简化？能否减少零件的加工工序或产品的装配数量？
（5）能否通过改进设备或工具提高效率？

通过类似的提问技术，配合使用 ECRSA 方法，即删除（eliminate）、合并（combine）、重新布置（rearrange）、简化（simplify）、自动化（automate），即可辅助管理者对作业层面的生产和服务流程进行改进。

2. 流程再造

最早倡导业务流程再造观念的是美国的迈克尔·哈默（Michael Hammer）博士。他于 1990 年在《哈佛商业评论》上发表了一篇文章，题为"Reengineering Work: Don't Automate, Obliterate"。哈默认为，人们习以为常的企业流程多是根据早年的观念发展而成的，许多流程早已没有存在的价值，需要进行彻底的、根本的重构与改造，以实现关键绩效指标（如成本、质量、服务、速度）的显著改进。这一思想被称为企业流程再造（business process reengineering，BPR）。

按照哈默的观点，传统基于劳动分工的观点实际上是对流程的否定，因为分工实际上是将流程分割成一系列细小的任务，并使每个人专注于提高他自己所负责的任务的绩效。然而，当工作被分解成细小和简单的任务后，就需要一个复杂的流程将它们整合到一起，在这个总体流程中势必充斥着非增值活动的"胶水"，比如评价、审核、检查、批准等。而要避免大量使用"胶水"的唯一方法是创造更大的工

[一] 制造系统的流程周期效率也称制造周期效率（manufacturing cycle efficiency，MCE）。

作，扩大它的范围和深度，从而无须使用不增值的"胶水"来将细分的任务"黏接"起来。因此，现代组织需要简单和精益的流程，需要用"简单的流程+复杂的工作"取代过去"简单的工作+复杂的流程"。

需要注意的是，在实践中，企业流程再造往往会给企业带来过大的冲击，短时间内很可能强烈影响主营业务的正常运行。在激烈的竞争环境中，这可能会产生致命的结果，因为进行 BPR 的企业可能因承受不了变动而经营失败。因此，有人提出不应该轻率地对企业流程做彻底的重构，而应该对所有流程做经常性的逐步改进（continuous improvement，CI；Kaizen），"积小胜为大胜"，这称为持续改进。持续改进的思想在实践中应用更为广泛。

总的来说，业务流程再造并不是简单地对生产运作系统中某一单个流程进行设计和优化，而是一个系统工程，因此，应该注意将生产运作流程再造与企业战略相结合。生产运作流程应该是企业战略实现的保证和方式，企业战略是生产运作流程再造的原因和目标。缺乏企业战略引导的生产运作流程再造则犹如缺少导航员，虽然在短期内可能使企业获利，但却难以满足企业长期发展的需要。

第二节　生产系统结构

一、生产线布置的基本形式

生产线布置要考虑生产设备的布局方式和内部物料的搬运问题，其首要目标就是使厂房、设备、工作地、物流等的配置及供应实现最佳安排，创造最大附加价值，即使物料流动最快、物流费用最小、搬运量最少、流动及搬运时间最短。其次，还要使操作者、管理者在操作、安全、生理和心理上获得满足感。

基本的生产线布置包括三类：工艺式布置、对象式布置和固定式布置。进一步发展，出现了成组布置、单元布置和柔性布置等。这些布置形式的出现都是生产流程的效率与柔性在不同程度上相互妥协的结果。下面主要介绍四种布置形式。

（一）工艺式布置

工艺式布置又称生产过程式布置，是按照生产工艺的性质来布置车间、工段或小组。在工艺布置的生产单位里，集中了同种类型的工艺设备，对企业的各种产品或零部件，进行相同的工艺加工，如铸造厂、锻造厂、热处理厂、铸造车间、锻造车间、机械加工车间、热处理车间、车工工段、铣刨工段等，如图 9-4 所示。

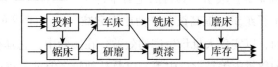

图 9-4　工艺式布置生产线

工艺式布置的优点是：易于充分利用生产设备和生产面积；便于对工艺进行专业化的管理；比较灵活，能较好地适应品种变化的要求。其缺点是：产品搬运距离远、搬运量较大；产品在生产过程中停放时间长，生产周期长，因而存储在生产线上的产品（称为在制品）较多；各生产单位的计划安排、在制品管理、质量控制等工作比较复杂。一般适用于每种产品产量比较低的生产系统。

（二）对象式布置

对象式布置又称产品式布置，是按照产品（部件、零件）来布置车间、工段或小组。在按对象布置的生产单位里，集中放置为制造某种产品所需要的各种设备，工艺过程是封闭的，不用跨越其他生产单位就能独立地产出产品，如发动机车间、齿轮车间、底盘车间、标准件车间等，如图 9-5 所示。

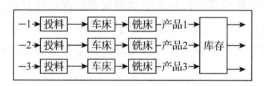

图 9-5　对象式布置生产线

对象式布置的优点是：能缩短产品在生产过程中的运输路线，节约运输人力和运输设备；便于采用先进的生产组织形式，减少生产中断时间，缩短生产周期，减少在制品和流动资金占用；简化计划、调度、核算等管理工作，可使用技术熟练程度较低的工人。其缺点是：在产品批量不太大的情况下，难以充分利用生产设备和生产面积；由于工艺复杂，难以对工艺进行专业化管理；一旦产品改变，很难做出快速调整。

（三）固定式布置

固定式布置一般比较简单，即在固定位置投入材料、设备、劳动力后，通过生产过程转换就输出成品。一般大型设备的加工，如水压机等冲压设备加工，以及大型航空航天产品的装配、大型轮船制造等，可采用固定式布置，如图 9-6 所示。

（四）成组布置

成组布置介于工艺式布置和对象式布置之间，基于成组技术和零件族概念，把使用频率高的机器集合成组。其目的是对单件小批量生产进行组织，提高设备开动比率和减

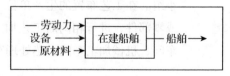

图 9-6　固定式布置生产线

少物流时间，以实现大批量生产的效益。在实际中，它具有高效和柔性的特征，一般用于品种数量中等且批量中等，以及品种较多但批量较小的产品生产。

二、制造系统集成

采用信息技术和现代制造技术，对基本生产结构进行优化、集成，通过单元制造、柔性制造，最终形成计算机集成制造系统。

（一）单元制造

单元制造（cellular manufacturing，CM）也称柔性制造单元（flexible manufacturing center，FMC），是从成组技术发展而来的。其基本思路是把完成一组相似零件的所有或极大部分加工工序的多种机床组成机床群，操作工人是多面手，以此为一单元，再在周围配置其他必要设备。单元制造的生产线布置和普通流水线布置的区别如图9-7所示。

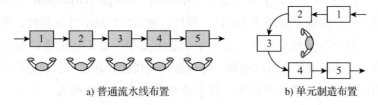

a) 普通流水线布置　　　　　　b) 单元制造布置

图9-7　单元制造布置比普通流水线布置同时操作的设备更多

在单元制造环境下，工人能同时操作不同种类的设备，移动距离短，同一制造单元能加工的产品种类比流水线更多。单元制造是JIT生产与精益生产的重要模块，需要企业具有高素质、操作过多种设备的工人队伍，对员工能力要求较高，是当今日本及欧美等企业广泛使用的制造方式。中国在20世纪90年代逐渐出现了采用单元制造的企业，但还需要大力推进。

（二）柔性制造系统

柔性制造系统（flexible manufacturing system，FMS），是从单元制造布置的基础上进一步发展而成的。FMS是在相似零件组的加工工序相同时，利用传送带或柔性搬运装置、工业机器人将基本机器群连接起来并保持一定柔性的一种布置形式。

注意，虽然FMS称作"柔性"制造，但实际上，它针对产品族做了进一步的布置与整合，虽然制造效率提高了，但零件种类数其实是下降了，从这一点来说，"柔性制造系统"其实并不比多个制造单元构成的生产系统更"柔性"。实际上，最"柔性"的，是前述提到的单件小批的车间（job shop）生产系统，它由不同工艺的单机生产设备组成，就制造系统范围而言，具有最大的柔性。但单元制造和FMS在保持一定柔性的同时，获得了更高的效率，这又是普通车间所达不到的。从生产效率和所能制造的产品种类（品种柔性）两个维度来说，上述各类生产系统的关系如图9-8所示。

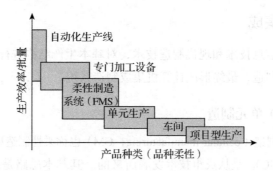

图 9-8 不同制造系统的生产效率与品种柔性

（三）计算机集成制造

1973 年，美国学者约瑟夫·哈林顿（Joseph Harrington）提出两个基本概念：第一，企业各经营环节（设计、管理、制造等）是不可分割的，需要统一考虑；第二，整个经营过程实质上是一个信息的采集、加工和传递的处理过程。因此他提出，应该借助计算机软硬件，综合运用现代化管理技术、制造技术、信息技术、自动化技术、系统工程技术，将企业全部生产过程中的人、技术、管理三要素及信息流与物流有机集成并优化运行，以实现产品高质、低耗、快速上市，从而帮助企业赢得市场竞争，这称为计算机集成制造（computer integrated manufacturing，CIM）。实现上述功能的生产系统，称为计算机集成制造系统（computer integrated manufacturing system，CIMS）。CIMS 将制造企业的全部生产活动所需的各种分散的自动化信息孤岛，如计算机辅助设计（CAD）、制造资源计划（MRP Ⅱ）及管理信息系统（MIS）等有机集成了起来。

CIMS 一般包括四个子系统：管理信息分系统 MIS，技术信息分系统 CAD、CAPP、NCP 等，制造自动化分系统 CAM 以及计算机辅助质量管理分系统 CAQ。这四个系统构成了"订单—设计—工艺—计划—制造—装配—运输"的一系列物质运动和信息交流的 CIMS。进一步的发展，计算机集成制造系统又包含了决策管理系统以及业务处理系统等。

虽然 CIMS 是一种先进的制造系统，但存在诸如设备与信息整合难度大、计划调整的应变能力不理想等问题。目前，制造系统正在进一步向精密化、集成化、智能化、网络化的方向发展，且更突出绿色制造。

三、生产管理方式

生产系统可以在拿到客户订单之后再开始生产，这种管理方式称为按订单生产方式，简称按单生产（make-to-order，MTO）。按单生产是在实际需求发生之后才开始的，其生产过程开始于和市场最接近的下游生产节点的需求拉动，因而称为拉式（pull）生产。

企业也可以根据需求预测提前生产持有一定量存货，顾客到达之后立即购买产品，这种生产管理方式称为备货型生产（make-to-stock，MTS）。备货型生产发生在顾客需求实际出现之前，完全由计划推动，因而称为推式（push）生产。

但是，生产系统并不一定会严格对应某单一生产管理方式，在同一个生产系统中，不同生产管理方式可能会共存。考虑一个按单装配的生产线，当接到顾客订单后，该生产线才启动装配过程，为客户提供成品，因此从装配点开始，企业采用的是拉式的按单生产模式。而在装配点之前，企业必须提前储备所需的原材料、零部件甚至半成品，因而形成了企业库存。可见在装配点的上游，生产线采取的是推式的备货型生产。

若装配点下游的各生产节点可以根据顾客的个性化需求对装配的成品做进一步定制（比如选配不同颜色、型号的配件进行组合），那么该装配点就称为客户定制分离点（customer order decoupling point，CODP），如图9-9所示。客户定制分离点将已经完成的生产过程和按照顾客需求进行产品差异化定制的生产过程相分离，其位置决定了在多大程度上能定制客户所需的产品——CODP越靠上游，产品定制能力越强，但交货周期越长；反之，则定制能力较弱，但交货速度较快。

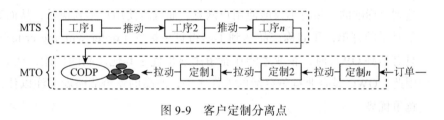

图 9-9 客户定制分离点

客户定制分离点的位置并不是确定的。例如，若将 CODP 选在零部件完工处，那么企业维持的是零部件库存；若将装配点位置选在半成品完工处，则企业维持的就是零部件+半成品库存；极端地，若将 CODP 选择在成品完工处，则整个生产线都是备货型生产。三种方案的库存水平完全不同。如果顾客能够忍受较长时间的等待，那么企业应该让 CODP 更靠上游，反之就应该让 CODP 更靠下游。其最优位置的确定，在实践上仍然是一个难点，往往根据企业实践和经验来确定。

第三节　竞争优势与生产战略

一、产品竞争战略

传统上，高效率地为顾客提供"物美价廉"的产品，是生产系统的主要目标之一。但随着社会的发展，顾客对产品的要求已不仅仅停留在"物美价廉"阶段。企业要想获得顾客青睐，还需要关注产品的其他特性。成功的生产战略就要保证产品在某些特性上取得竞争优势,并以此赢得客户订单。

(一)赢得订单标准

1. 顾客的满意与快乐

吸引顾客的产品特性很多,如成本、质量、服务等。但并不是任何一种特性都能使本企业取得优于其他企业的市场地位。牛津大学教授特里·希尔(Terry Hill)将产品特性分为两类:订单资格要素(order qualifier)和订单赢得要素(order winner)。

(1)订单资格要素,是指允许一家企业的产品参与市场竞争的资格筛选标准,考虑的因素一般包括品种、质量、数量、价格、服务、交付。达到该标准,企业就有可能通过提供产品而使顾客满意,从而存活于市场,此时的产品水平为顾客满意水平,我们称产品达到了立足市场标准(market qualifying criteria,MQC)。当产品只达到MQC时,企业在非对抗环境下,可以立足于市场。但是,一旦遇到竞争,将不能保证赢得订单。

(2)订单赢得要素,是指企业的产品区别于其他企业产品或服务的评价标准,达到该标准的产品将不仅能使用户满意,而且能使用户感到快乐,从而夺取其他竞争对手的订单,我们称产品达到了赢得订单标准(order winning criteria,OWC)。只有达到OWC时,企业才能在竞争中显出优于其他产品的性能,获取竞争优势。因此,OWC是企业竞争存活的条件之一,产品的竞争战略就关注以什么要素赢得竞争优势。

2. PLC 和 OWC 决策

随着时代的发展,产品会经历进入市场、市场成长、市场成熟、市场饱和直到退出市场的全过程,我们称为产品生命周期(product life cycle,PLC),如图9-10所示。

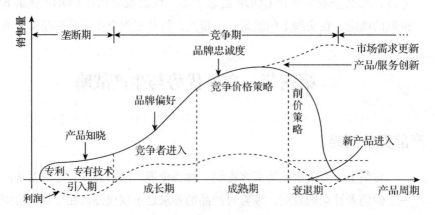

图 9-10 产品生命周期

在产品引入期，开发该产品的企业拥有独特的技术，独占市场，但由于期初研发、广告、营销费用的投入，企业的整体利润为负。到了产品成长期，逐渐形成了稳定的顾客群体，销售量迅速增加，利润也迅速增加，但同时也吸引了其他企业开发类似产品进入市场，从此开始了产品竞争。而到了成熟期，由于生产技术日渐完善，产品逐渐标准化，因而产品成本降低，竞争也日趋激烈。企业为了保住客户和盈利，就需要开发差异化功能、附加高水平服务，为留住客户而进行产品或服务创新。当进入衰退期时，市场已经不满足于老型号产品，此时新的产品进入市场，再次启动产品生命周期的轮回。

显然，在产品生命周期的不同阶段，市场对产品的要求并不相同。因此，OWC（包括 MQC）在产品的全生命周期内并不是一成不变的。市场环境的变化会使得曾经达到 OWC 水准的产品，变成仅仅满足 MQC 水准，甚至连 MQC 都达不到而被淘汰，直到出现新的产品，在新的需求标准下又展开新一轮的竞争。因此，在进行产品的 OWC 决策时，应该通过 PLC 的分析确定产品在不同生命周期阶段的赢得订单标准，然后根据 PLC 不同时间点的不同特点，预测市场对 OWC 的综合要求。

除了产品生命周期的影响，时代的发展也会影响 MQC 和 OWC。订单赢得要素理论的提出者、牛津大学教授特里·希尔，以及哈佛商学院教授威克曼·斯金纳（Wickham Skinner）等最初所考虑的订单赢得要素包括成本、质量、快速交货和柔性。发展到后来又出现了服务、品种，现在，人们还进一步考虑环保、清洁，甚至知识创新等。举例来说，在 20 世纪 60 年代以前，汽车行业赢得订单主要靠成本；到了 70 年代，竞争重点放在快速产品化和对市场的占领（快速交货）；在 80 年代，竞争重点演变为质量竞争；到了 90 年代，产品竞争越来越注重时间和服务；21 世纪人们开始关注节能、环保、体验、信息科技、汽车生态等新的因素。

（二）产品的通用竞争战略

产品竞争的基本方法，就是在赢得订单要素上取得优势。企业可将低成本作为竞争优势，也可以将高质量作为竞争优势，还可以在多个要素上同时超出其他企业（如高质量＋高水平服务）而取得组合竞争优势。具体在哪些赢得要素上取得竞争优势才最有利于企业发展，对不同的行业和产品，可能并不相同。但在长期的企业实践中，人们已经总结出了一些常用的产品竞争战略，我们称为产品的通用竞争战略，主要包括成本领先战略、差异化战略和集中化战略三种。

1. 成本领先战略

成本领先战略也称为低成本战略，是指企业通过有效途径降低成本，使企业的全部成本低于竞争对手的成本，甚至达到同行业企业中的最低成本，从而获取竞争优势的一种战略。一般有五种途径实现低成本战略，包括简化产品型成本领先战略、改进设计型成本领先战略、材料节约型成本领先战略、人工费用降低型成本领先战略、生产创新及自动化型成本领先战略。

2. 差异化战略

在差异化战略指导下，企业要使自己的产品与竞争对手的产品有明显的区别，形成与众不同的特点来夺取竞争优势。差异化战略的核心是取得某种对顾客有价值的独特性。突出产品的差异性有四种基本途径：产品差异化战略、服务差异化战略、人事差异化战略、形象差异化战略。

3. 集中化战略

集中化战略也称为聚焦战略，是指企业的经营活动集中于某一特定的购买者集团、产品线的某一部分或某一地域市场上的一种战略。其核心是瞄准某个特定的用户群体、某种细分的产品线或某个细分市场。其基本方式包括产品线集中化战略、顾客集中化战略、地区集中化战略、低占有率集中化战略。

（三）三种竞争战略的关系

一般来说，上述三种战略在架构上差异很大，成功地实施它们所需要的资源和技能可能完全不同，因此企业必须从这三种战略中选择一种，作为其主导战略。但有时候由于战略失误，企业未能沿三个基本战略中的任何一个制定自己的竞争战略，这被称为"夹在中间"。在战略上"夹在中间"，往往会导致企业文化混乱、组织安排缺失、激励机制冲突，最终遭受重大损失，企业经营失败。

例如，家庭轿车以经济实用为主，所以各大汽车厂商在这类产品上都会强调成本和性价比，不会过分追求独特性；反之，豪华汽车厂商一般以产品和形象的差异化战略追求产品风格的独特性以求占领市场，但产品的独特性会提高设计和制造成本，所以企业很难同时以低成本作为战略目标。若想兼顾二者，则企业在设计、制造、销售和市场形象塑造上往往会无所适从。

另外，成本领先和差异化本身就是竞争优势的一种表现，但集中化战略并不是直接的竞争优势，因为"集中化"并不是产品本身表现出来的一种特性。集中化（聚焦战略）只是一种战略形式，是为了获得竞争优势而采用的手段或途径。在这种策略下，要想赢得竞争，必须通过集中攻取某特定市场（如因地域、年龄或者消费者档次形成的细分市场）而获得低成本优势，或者因集中而获得别具一格的特点（差异化）从而具有竞争优势。因此，从竞争优势表现形式上，集中化战略又可分为成本集中化（或称成本聚焦）和别具一格集中化（也称差异化集中或差异化聚焦）两类，如表9-4所示。

表 9-4 战略目标与战略优势

战略目标	战略优势	
	低成本	独特性
整个产业范围	成本领先战略	差异化战略
特定细分市场	成本集中化/成本聚焦战略	别具一格集中化/差异化聚焦战略

二、生产系统的战略性构造

（一）五类基本生产系统

可以大致将生产系统类型分为单件小批型（job shop，JS）、批量流水型（batch flow，BF）、人工节拍流水线（operator-paced line flow，OPL）、机器节拍流水线（equipment-paced line flow，EPL）和连续流程型（continuous process，CP）生产系统五个基本类别。此外还有项目型生产，可近似理解为单件小批生产的一种极端情况。

考虑生产系统的布局－物流（layout and material flow，LF）维度，以及产品－批量（products and volumes，PV）维度，可以构建一个二维矩阵。上述各类型生产系统的结构和功能之间的关系所形成的 LF-PV 矩阵如图 9-11 所示。

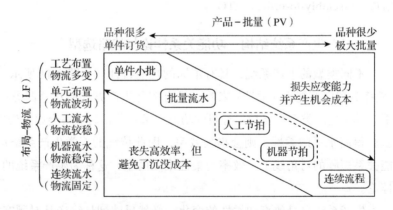

图 9-11 生产系统的结构－功能关系矩阵

单件小批型生产系统主要生产客户定制化的产品，种类多、差异大，需求难以预测，如特殊零部件、特殊加工件、特种设备的生产等。

批量流水型生产系统的产品种类较少，产品差异在一定时间内变化不大，需求预测相对容易一些，如服装生产、通用零件制造、某些医药生产等。

流水线型（大量流水）生产系统包括人工节拍流水线和机器节拍流水线两类主要形式。人工节拍流水线，其批量比单件小批和批量流水型生产系统更大，物流和产品种类相对比较稳定，生产效率取决于线上工人的人数和团队配合与操作熟练程度，如肯德基、麦当劳这类快餐店，就是典型的人工节拍生产线。这类生产线在需求发生变化时，可以承受相对较大的生产批量变化。

机器节拍流水线的批量进一步加大，物流和产品种类更加稳定。这类生产线包含甚广，特别是各类自动化生产线、装配线等，均属于这类生产系统，如汽车生产、家具陈设、电子装备、计算机和通信设备、家电生产等。涉及的产品种类往往不是很多，且更标准化，需求更容易预测。

最后一类是连续流程型生产系统。该类生产系统一般生产标准产品，产品种类在较长时间内变化不大，需求容易预测，包括冶炼、化工、制药、食品和饮料、造纸等生产过程。

生产管理的难点就在于，没有任何一种管理方法，能适用于上述所有种类的生产系统。对于连续流程型生产，因其产品标准、需求容易预测，因此可以根据预测的需求信息，提前生产产品并维持一定库存，当顾客到达时能及时满足顾客需求，即采用备货型生产（MTS）管理方式。而单件小批型生产系统的不确定性很强，产品变化多，要精确预测需求会很困难。这类生产系统不适合提前生产，一般采取收到订单之后再开始生产的按单生产（MTO）策略。

处于单件小批型和流水线生产方式之间的批量流水型生产系统，既可能采取MTS推式生产，也可能采取MTO拉式生产，甚至是二者的结合。装配线型生产系统的计划与管理方式，同样会有多种选择。在装配线环境下，拉式生产也称为按单装配（assembly-to-order，ATO）。

（二）生产系统结构 - 功能关系悖论与战略选型

不同类型的生产系统，具有不同的功能特性。如图 9-11 所示，从物流连续性（效率）和应变能力（柔性）来看，没有哪种生产方式能在这两方面都达到最高水平。单一生产类型只能满足有限的功能要求：获得高效率会以丧失柔性为代价，而若获得高水平的柔性，则会损失效率，因此传统的五类生产系统均处于结构 - 功能关系矩阵的对角线上。效率与柔性难以两全，这称为生产系统的"结构 - 功能"悖论。

生产系统自身效率和柔性的变化，必然反映到最终产品对顾客需求的满足上。（物流）效率降低直接导致成本升高、质量不稳定、交付难以保障；而反过来，追求大批量稳定物流，则会提高交付和质量的稳定性并降低成本。但对于高效率的生产线而言，其生产批量一般偏大而数量弹性有限，且由于设备的固化，当面对新产品时，又难以做到灵活调整，因而创新性有所降低。

单件小批生产系统没有稳定的批量，生产波动较大，因此质量稳定性和成本会受到影响。虽然其生产较为灵活，可在顾客需要时，通过赶工和加班实现及时交付，但赶工生产并非系统的常态功能，因此长期来看交付能力一般。在上述综合因素的影响下，要实现产品的优异性较为困难。但是，由于单件小批生产系统的构造目的就是面向多品种小批量产品的生产，因此能适应产品数量和品种的各种变化，具有很高的弹性和创新性。

批量流水型生产系统与单件小批生产相比，由于同类产品数量较多，因此物流稍微稳定一些，其单位成本、质量都比单件小批生产系统要好。由于批量较大时，不容易通过赶工生产做到及时交付，因而其交付性能比单件小批生产稍差。然而，批量的增加使得企业可以提供更优质的产品设计、更好的制造流程，反倒可以实现优异性；同时，也会具有相当程度的弹性和创新性。

对于人工节拍流水系统，由于批量更大，因此其质量可维持在稳定水平，且能更进一步优化设计和制造流程并及时做出调整，从而提高产品的优异性。但其毕竟是流水生产，因此虽然在数量弹性上有一定变化能力，但不如单件小批和批量流水系统。而在创新性上，流水线一般应对的产品种类更少，因此创新性较弱。

机器节拍流水线，在质量上比人工节拍流水线更高，而且由于机器生产更为稳定、效率更高，因此在大批量生产时，其交付和成本具有好的表现。然而，在优异性方面，虽然机器节拍流水线有能力改进设计和生产流程，但由于机器流水线调整起来比较麻烦，因此其优异性不如人工节拍系统，有时甚至表现不好。类似地，由于生产调整较为困难，在批量弹性和创新性上表现较差。

连续流程型系统主要被设计用来大量生产固定品种的标准产品，一般投资大、设备昂贵、采取不间断运行方式，因此其交付、成本和质量都不成问题。但由于品种固定、质量标准统一，且设备调整困难，因此并不能实现突出的优异性和创新性。加上难以实现很小批量生产方式，因此弹性很差。

企业应该在产品六项特性（交付、成本、质量、卓越、弹性和创新性）中的某一项或几项上取得优势，才能赢得订单。由于生产系统的结构－功能悖论，不同类型的生产系统，在产品六项特性上的表现差异很大，一般情况下，并不存在一种生产系统能同时使产品在所有六项指标上都取得竞争优势。在构建生产系统时，要根据产品竞争战略的需要，考虑不同类型的生产系统在满足顾客需求方面的表现，选择合适的生产系统类型和结构，这称为生产系统的战略选型。在这种情况下，如果一个企业既想提供高定制、高创新性的产品，又想提供价廉物美、质量稳定的低成本大众化产品，那么就应该考虑将生产业务拆分，构建两种不同的生产系统分别应对两类需求。

三、世界级制造

（一）JIT

日本丰田汽车公司提出的准时制（just in time，JIT）生产，即在必要的时间生产必要数量的正确产品，并主张持续改进和追求零库存，也在很大程度上解决了生产系统的结构－功能悖论。特别是在流水型生产系统中，JIT 能满足产品的所有特性需求，在各方面都表现良好。准时制生产也已发展成为当今主要的生产管理流派之一。

美国学者罗伯特·H. 海耶斯（Robert H. Hayes）和史蒂文·C. 惠尔赖特（Steven C. Wheelwright）在1984年把解决了结构-功能悖论的生产系统称为世界级制造系统（world class manufacturing，WCM）。之后，美国华盛顿州立大学的理查德·J. 舍恩伯格（Richard J. Schonberger）进一步对世界级制造系统做了明确阐释，正式提出了世界级制造的概念（1986）。舍恩伯格根据100家美国公司（包括惠普、通用汽车等著名企业）实施日本生产方式的成功经验，将当时的日本生产方式定位为"世界级制造"，将成功实施日本精益生产技术的企业称为世界级制造企业。

1996年，舍恩伯格出版了《世界级制造Ⅲ》，为企业制定了一整套评估自己在全球竞争中具有的实力和水平的衡量指标，从此"世界级制造"不仅仅是企业为达到"世界级"水平所需的许多管理概念和方法的集成，而且成为企业竞争能力最高水平的测评标准和标志。世界级制造将"持续改进"作为其核心理念，这与主张不断改进的准时制生产或者精益生产相一致。就最近几十年的发展来看，以JIT为核心理念的世界级制造系统应用越来越广泛。

（二）大规模定制

在生产系统的基本类型中，大量流水生产线是生产效率很高的一种结构。而如果能在大量生产的同时，实现多品种变化，且能根据顾客需求进行产品的模块化配置，就将赋予生产系统更强的竞争力。实现这一功能的生产系统，就是大规模定制（mass customization）生产系统。

大规模定制生产就是对产品按照其功能进行划分并采用模块化设计，顾客可以根据自身需求对模块进行选择和组合，从而构成"不同"的产品。模块化产品可以按照不同要求快速重组，把产品的多样性和零部件的标准化有效地结合起来，实现变化的同时保证一定的生产效率，这有助于将定制产品的生产转化为批量生产。大量定制流程是快速、低成本地生产顾客所需要的个性化产品或服务，以满足不断变化的顾客需求的生产或服务方式。它的特点是既能提供顾客所需要的不同的商品，又能实现生产的低成本，因此这种方式既具有定制化生产或服务过程生产多品种小批量产品的能力（产品的柔性），也具有装配线生产高效率、低成本的特征。实现大量定制生产或服务过程的基础，是产品或服务的模块化、零部件的标准化和通用化设计。

汽车、计算机、家用电器制造以及快餐业广泛采用这种生产方式。按照大量流程建立的生产系统通常要求使用专用设备，因此初始投资往往较大，生产设备的产品品种相对柔性较低。但是，采用这种生产类型的生产过程效率高，生产计划与控制较为容易，在制品数量可以保持在较低水平，因此可以降低生产的变动成本。

大规模定制生产是生产系统表现出来的一种能力，包括快速反应能力、创新能力、持续改进能力以及施行精益生产方式等。

（三）个性化制造

个性化（individuation）制造是用户参与产品设计，根据个人的性格、喜好、脾气以及文化背景等因素，为自己设计制造在世界上"独一无二"的产品。在人类社会掌握制造技术之后直到标准化、互换性等概念诞生之前，可以说每件产品都是"个性化"的。古代生产者依靠手工制作，生产的每件产品都不一样。理论上说，彼时的产品种类多而批量小，虽然可以根据自身需求做各种个性化设计，但质量参差不齐。到了工业革命之后，标准化生产逐渐占据主导，使得产品的种类变少，但质量稳定、批量变大。这一阶段，客户需求稳定，企业面临的环境和竞争压力较小，主要依靠大批量生产降低成本即可取得经营成功。

随着社会经济水平的不断提高，人们对产品的需求越来越多样化，大批量生产方式逐渐过渡到定制生产，允许客户在设计好的候选模块中选配适合自己需求的产品，甚至参与一定的产品设计。定制化生产在保证一定批量和质量水平的前提下，使得产品生产向多品种方式发展。而个性化生产则更进一步，将用户个人的特性、喜好融合在产品设计和制造中，在理论上将产出无穷多种类的产品，且每种产品只为一个顾客制造。

从手工业时代的"个性化"生产，到后工业时代的"个性化"制造，是一个历史的循环（见图9-12）。然而，后工业时代的"个性化"制造，其生产技术水平、个性化定制水平、市场反应速度、制造技术，远超前者，是手工业时代所谓"个性化"生产的螺旋上升。总的来说，虽然现代个性化制造在工业生产领域起步不久，但它将成为众多生产系统的发展方向。个

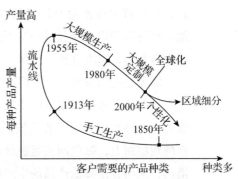

图9-12 个性化生产的历史循环

性化定制也是未来世界级制造系统所能展现出来的强大功能之一。

第四节 绿色制造战略

一、全球环境与绿色制造

人类活动对气候的影响越来越显著：地球大气二氧化碳含量已从公元1000年的280ppm（280/1 000 000）左右，经工业革命骤升至目前的350ppm。国际能源署警告，如果大气二氧化碳含量不能从2008年的最高点，即430ppm回落，则温室

效应造成地球冰盖的局部融化将带来灾难。然而，人类活动造成的二氧化碳排放量自工业革命之后却一直在持续大幅度增加。1890年，人类活动的二氧化碳排放总量为25亿吨，而到了1950年则猛增至90亿吨，到2010年更是高达390亿吨。其中134亿吨直接源于产品制造，200亿吨则与工业品的制造和使用间接相关。在产品制造、使用、回收处理等过程中考虑对环境的影响，通过绿色制造手段实现节能减排、降低资源消耗，是现代工业制造技术的发展趋势。

20世纪末，美国制造工程师学会提出了绿色制造（green manufacturing）的概念。绿色制造又称环境意识制造（environmentally conscious manufacturing）、面向环境的制造（manufacturing for environment）等，是一个综合考虑环境影响和资源利用效率的先进制造模式，其目标是尽量降低产品全生命周期过程（设计、制造、包装、运输、使用到报废和回收处理）的环境影响，提升资源和废弃物的利用率，对废弃物进行无害化处理，使系统的经济效益和全社会总体效益达到最优，实现制造业可持续发展。从"绿色制造"的概念可以看出，绿色制造贯穿产品全生命周期的各个阶段。因此，绿色制造的内容也相当广泛，包括绿色产品设计、清洁生产、绿色包装等，任何一项都会影响到绿色制造战略的具体实现。

人类社会中的生产与消费往往相互作用，制造模式的改变也会带来消费方式、观念的转变。对应绿色制造，一种新的消费方式——绿色消费已然兴起。绿色消费也叫可持续消费，是一种新型的消费行为和过程，它通过适度节制的消费理念和形式，尽量减少或避免对环境的破坏，促进消费过程与自然环境的和谐互动。具体地，绿色消费的行为包括购买不造成污染的绿色产品，注重消费过程中相关物资的回收再利用，追求自然、环保、节约和健康的可持续消费形式等。

绿色制造的发展模式对可持续发展有着十分重要的意义。从宏观层面上看，绿色制造既综合考虑当前的经济发展需求，又兼顾资源环境在未来的可持续发展，在改善生态环境的同时，提升资源利用率，促进人、资源、环境和社会的和谐发展。在微观层面上，绿色制造通过最大限度提高原材料和废旧品的利用率，减少了资源消耗，从而直接降低产品的生产成本，提高其市场竞争优势。此外，绿色制造还通过提供高品质的绿色产品满足消费者的绿色消费需求，在市场上树立良好的绿色企业形象和品牌。

自改革开放以来，中国制造业发展迅速，逐渐成为推动中国经济发展的主要驱动因素。但中国制造业总体上刚从"高资源消耗"的状态出发谋求新的发展路线，产品质量和生产效益虽然已经有了较大提高，但还未达到所期望的高水平。人们不断增长的消费需求推动制造业不断开发新的产品，然而在产品更新换代、大规模生产的同时，有限资源在不断被消耗，生产过程中的废弃物也在不断增加，对人们的生产和生活环境造成了不同程度的危害。传统的生产制造业在其基本生产过程中，只考虑如何设计、生产适销对路的产品，迎合市场需求、获得利润，基本不考虑产品废弃处置和回收再利用问题；而落后的制造工艺和环保意识的欠缺，也导致生产过程中各类原料、燃料的利用率较低，制造过程产生的废弃物也得不到有效处理，这些都不利于我国建设可持续发展的社会模式。

2020年，习近平主席代表中国政府在第七十五届联合国大会上表示，中国将提高国家自主贡献力度，采取更加有力的政策和措施，二氧化碳排放力争于2030年前达到峰值，努力争取2060年前实现碳中和。为了肩负大国责任，尽量降低制造过程中的高消耗以及造成的环境污染问题，有必要坚决践行符合我国国情的绿色制造模式和发展战略。

二、绿色产品设计与绿色制造技术

（一）绿色产品及其设计

所谓绿色产品（green product），也称为环境意识产品（environmental conscious product，ECP），就是在其全生命周期过程中，符合环保要求，对生态环境影响较少或者无害，生产及使用过程中的能耗低、资源利用率高，能够进行回收再利用的产品。绿色产品是一个全生命周期的概念：首先，在产品的生产过程中选用清洁原料、采用清洁工艺；其次，用户在使用绿色产品时，可以较少或者避免污染环境；再次，绿色产品在回收处理过程中很少产生废弃物；最后，绿色产品应尽量最大限度地减少材料使用量和节约能源。

绿色产品的首要环节就是设计，设计阶段决定了产品70%~80%的成本，因此只有从源头将绿色理念融合到产品设计中，实施面向全生命周期的绿色产品设计，才有可能设计出高品质、环境行为友好的绿色产品。

绿色产品设计，是指在产品设计过程及其全生命周期中，满足基本功能要求、质量要求和成本要求的同时，将产品的环境属性要求（如可拆卸、可回收、可维护、可重用等）融入设计中，充分协调优化各设计要素，力图将产品及其制造过程的环境污染和资源消耗降到最低，产品及其部件做到可回收、可循环和可再利用。绿色产品设计保障了从根本上和源头上防止和减少环境影响和资源浪费，它是实施绿色制造战略的基础和起点。

绿色产品设计的主要技术和方法包括面向可回收的设计、面向可拆卸的设计以及生命周期评估技术等。

1. 可回收设计

可回收设计是指在产品设计中充分考虑零部件及材料回收的可能性、回收价值大小、回收处理方法、回收处理的结构工艺性等与回收有关的一系列问题，使回收产品的零部件达到最大的重复利用率、尽可能最大化材料回收量，并最小化最终处理量，从而实现零部件及材料、能源的充分有效利用。例如，减少产品所使用材料的种类数、使塑料件和金属件易于区分从而减少对回收材料进行分类的工作量，同时能提高回收效率，减少回收工作的能量消耗。此外，减少有毒有害材料的使用、在设计时考虑易于拆解的结构等，都是可回收设计所采取的重要技术手段和方法。

2. 可拆卸设计

可拆卸设计将产品维护及回收相关的拆卸要求作为产品结构设计的目标，使产品结构设计布局合理，明确界定将来要被拆卸和回收的零部件，易于毫无损伤地拆解目标组件并回收再利用。根据可拆卸的目标不同，可拆卸设计可以分为两类：一类是面向回收的可拆卸性设计，是指在产品设计早期便考虑零部件及产品材料回收的可能性（如材料组分分析）、回收价值及回收处理方法（如可再生、可降解）等问题，从而达到节约资源、减少环境污染的目的；另一类是面向维修的可拆卸设计，它注重提高产品的可维护性，考虑在产品的正常生命周期内，产品零部件维护的便利性。面向维修的可拆卸设计尤其适用于包含较多易磨损、需定期维修或更换零部件的产品。可拆卸设计的基础，是零部件的标准化和产品的模块化。

3. 生命周期评估

生命周期评估（life cycle assessment，LCA），是指评估某一产品或产品系统从原材料取得、生产制造、使用，直至废弃的全过程所造成的潜在环境影响。LCA技术可以量化一个产品在其全生命周期过程中所产生的总体环境影响，从而为产品的设计改进和优化提供有效指导。它是绿色产品设计的核心工具之一，主要包括四个阶段的内容：①明确界定生命周期评估的目的与范围；②编制并分析选定产品或产品系统相关的投入产出清单，包括资源使用和污染排放等内容；③针对生命周期清单分析结果，评估潜在环境影响；④对其中最严重的环境问题进行评价，并提出相关产品设计改进的策略。

从产品全生命周期角度评估产品设计和制造对环境的影响，是绿色制造非常重要的一种分析方法。如果单就产品的制造过程而言，提高制造要求可能会增加成本或者能源消耗，似乎显得不那么环保，但如果从全生命周期角度来看，却会提高其环境友好性。

（二）绿色制造的技术、方法与管理体系

1. 绿色设计

绿色设计本质上是一种面向产品全生命周期的设计，在考虑产品或服务的基本功能、质量等要素的同时，重点关注其环境属性，例如可复用性、可回收性、可拆卸性等，以此来最大限度地减少产品或服务对所在环境的污染、降低资源消耗，实现产品级、部件级的再生利用。例如，华硕推出的一款"竹韵"笔记本，不仅将可回收的竹材作为外壳的主要材料，还使用了轻薄节能的 LED 背光屏幕。

凭借独特的绿色概念，该款产品设计成功获得了"2008创新盛典"最佳绿色设计大奖。

2. 绿色生产工艺

绿色生产工艺是指在加工生产产品的过程中，通过采取一定的绿色技术（如精确成型技术），选择资源消耗低、废弃物排放少的加工方案，以避免加工过程产生难以处理的危害物质，污染环境。例如，在印刷行业中，传统的胶印制版工艺从软片输出、显影和定影，到晒版生产的曝光、显影和修版等作业工序，往往因为版材特性的不合适造成纸张消耗加大，而采用计算机直接制版工艺（CTP），可以有效减少废液排放，也能够消除紫外光对人体的危害，减少空气污染。

3. 绿色材料选择

绿色材料选择是绿色设计的起点，是指在绿色设计的选材过程中，尽量选择在生产加工中无污染、易回收、可循环的材料，减轻其对环境的危害，提升产品及其构成材料的回收再利用的可能性，节约资源。材料的选择是实现绿色设计和绿色制造的重要环节，决定了后续产品绿色性能的绩效。波音787和空客A350客机的大型部件都采用碳纤维材料，便是一个很好的绿色材料选择的例子。

4. 绿色包装

绿色包装是指从包装材料选择、包装产品制造、包装使用、包装回收和废弃的全过程均对环境无污染，对人体无害，能回收循环使用。日本三得利公司用麦壳加工制成精美的礼品啤酒包装盒，这种包装一旦废弃后，即可自行分解，变成土地的肥料，该包装理念便很好地遵循了"原材料—制造—销售—使用—废弃—回收"的循环模式。

5. 产品回收

产品回收，是指按照法律、交易合同的特定要求，原制造企业对自身生产的产品、零部件负有回收、处置的责任义务，从而在满足相关环境、法规和技术限制的条件下，实现以较少的费用恢复产品的经济价值。

6. 绿色标准与管理体系

绿色管理体系是指以经济、环境、社会协调发展为目标建立的管理系统，它包括绿色战略子系统、绿色设计子系统、绿色制造子系统、绿色供应链子系统、绿色营销子系统、绿色服务子系统等，这些子系统相互影响，共同作用，全方位实现"绿色化"战略。为达成战略目标，国家往往根据自身的生产水平和技术水平通过立法制定强制性的环保技术标准。现阶段影响范围最广的绿色标准是欧盟的

ISO 14000 环境管理体系标准，它要求所有进入欧盟市场的产品从生产制造到最后处理都要达到规定的绿色技术标准。

三、绿色制造战略

绿色制造是企业的一项长期发展战略，需要从产品的全生命周期分析入手，考虑绿色技术的先进性和前瞻性，最终在全局高度达到绿色环保的目标。绿色制造战略的实施是一项复杂的系统工程，需要全方位综合考虑相关因素，才能取得成功。

1. 全生命周期评估

如前所述，制造对环境的影响需要从产品的全生命周期角度综合评估。相应地，绿色制造战略应该是企业解决产品全生命周期过程中环境问题的总体规划。因此，绿色制造战略涵盖了从研发设计到原材料供应、生产制造、废弃物处理、包装、营销、客户服务以及回收处理这一产品的全生命周期，是一种综合考虑产品功能、成本、环境影响和资源效率的现代制造战略。绿色制造战略必须能指导企业正确分析产品全生命周期各环节对环境的影响，确定需要运用绿色生产技术的重点环节，步步推进，最终实现资源、能源的高效利用，并减小对环境的有害影响。

2. 先进性与前瞻性

企业应根据自身的发展战略、国内外制造业和该企业所在行业的发展趋势，综合考虑企业内部资源环境问题和当前绿色技术发展状况，做出企业绿色制造的总体发展战略。一方面，企业绿色制造的总体发展战略应以企业的长远发展战略和近期经营发展目标为基础；另一方面，还需要具备一定的先进性和前瞻性，在绿色制造技术方面进行深入研发，提前布局，做好技术储备。当前的技术投入，会在未来取得效益，这是在时间尺度上的系统性考量。

3. 全局性

绿色制造战略的制定不能仅仅着眼于单个企业或单独一个行业，而应该具有全产业观点，全局性地看待绿色制造问题。这包括三个方面：其一，企业自身在制定产品的绿色制造战略时，要考虑对本企业其他产品或业务的影响；其二，制定绿色制造战略，需要考虑相关行业的技术状况、绿色制造技术的支撑基础；其三，从国家层面看，应该考虑全行业在实践绿色制造战略时的总体效果，并考虑通过政策手段推进绿色制造战略的实施。

在政治方面，环境压力导致世界各国政府对企业的节能减排、环境友好提出了更高的要求；而在社会方面，人类社会的环保理念，如绿色生活、绿色出行、绿色消费等已逐渐深入人心。因此，传统的"原料—生产—使用—报废处理"的开环模式，已不适应未来社会发展。而绿色制造是从设计到生产使用、报废处理并回收利用再循环的闭环模式，将会成为企业的重要战略方向。为了有效实施绿色制造战略，企业需要对战略层层分解、逐级落实，并建立动态监控机制，根据评价结果调整改进绿色制造战略的实施方案，从而形成一个系统性的战略执行、反馈与改进系统。

第五节 服务型制造战略

一、服务型制造产生背景

随着全球经济一体化进程的加快和产业结构的转型升级，制造业进入全新时代。从全球范围来看，发达国家"再工业化""制造业回归"的步伐加快，制造业面临的环境呈现复杂化、动态化，市场竞争愈发激烈，产品同质化严重，难以满足客户对产品的个性化需求。当前我国的制造业也存在发展不平衡、不充分的问题：一些核心技术、关键技术尚未掌握，高端制造业尚未形成体系，而低端制造业产能严重过剩。在这种背景下，制造业服务化为中国制造业提供了创新和发展的机遇。

服务是指某制造业主体通过行为、流程和产品交付，应用自身专门能力（知识和技能）来服务于另一个主体或者本主体利益的过程。这里的服务包括传统意义上的实物商品和无形服务，实物商品可以看作制造业主体在提供直接服务的过程中将实物商品作为工具或渠道进行应用的过程。例如，航空发动机这一实物商品可以看作帮助航空公司实现航空运输服务的工具。企业可以通过直接出售航空发动机来实现价值，也可以通过提供基于航空发动机的相关运维服务来获取价值。在服务主导逻辑下，后者更具有通用性。制造业长期以来遵循新经典主义经济学范式，将相关主体之间的关系视为"生产—消费"二元关系，生产者创造价值而消费者使用价值，生产者占主导地位，而消费者只是被动地接受。在数字经济时代，需要将这种简化的二元关系拓展为多元关系。服务型制造突破了传统制造业通过自身加工产生价值的局限，融合了制造业产出的商品和服务属性。

早在 20 世纪 60 年代，就有学者对制造与服务之间的关系进行了研究。20 世纪 90 年代，西方发达国家的一些制造企业在提供产品的基础上，开始为客户提供更多的生产性服务，开始了由产品提供商向服务提供商的转型。"服务化"（servitization）一词最早由 Vandermerwe 和 Rada 于 1988 年提出，认为制造企业服务化（servitization of manufacturing）是指制造企业以客户为中心，从提供物品向提供"物品＋服务包"转变的过程，并将制造业服务化划分为三个阶段：在第一阶段，制造企业只负责提供产品；在第二阶段，制造企业在提供产品的基础上增加提供增值服务；在第三阶段，制造企业为客户提供"产品＋服务包"，强调"服务包"在其中的主导地位，并指出服务包为制造企业创造的价值要远高于产品。

不少发达国家都制定了实施制造业服务化的计划。其中，不同国家对制造业服务化的提法各有不同：美国更多地称其为基于服务的制造（service-based manufacturing）；澳大利亚称其为服务增强型制造（service-enhanced manufacturing）；日本称其为服务导向型制造（service-oriented manufacturing）；英国则称其为产品服务系统（product service system）。在我国，多数文献都把服务化转型称作服务型制造。

二、服务型制造的特征

服务型制造是制造企业围绕产品全生命周期的各个环节，不断融入能够带来市场价值的增值服务，以云计算、数据融合处理与分析技术为支撑，拓展产品研发设计、工程总包、大修维护 MRO、产品全生命周期管理等服务，使企业从产品生产销售向专业服务商、总包商、系统集成服务商转型。典型的例子就是航空发动机制造商提供的发动机运行状态诊断系统服务，可将航空发动机的运行参数通过无线通信技术实时返回给发动机制造商。用户购买了这类服务，不仅可以追踪自己的发动机处于何种位置，还可以借助发动机制造商的诊断模型，对故障做出提前预防，提高飞行安全性，降低事故成本。而发动机制造商往往以此为基点开发服务产品并销售给客户，不仅带来了更高的利润，更进一步增加了客户黏性，巩固了市场地位。

与传统的产品制造相比，服务型制造具有如下特征。

（1）价值增值方式：传统制造的盈利模式主要来源于对生产所需物料及时准确地传递所产生的价值增值，而服务型制造则是一种以向产业链的下游提供依附在产品上的服务组合，进而实现增值的盈利模式。根据微笑曲线（见图9-13），生产制造环节（主要是低端制造）创造出的价值是有限的，而服务型制造通过从生产制造向产品设计方向延伸，或者向构建自己的品牌销售能力方向发展，为产品增值提供了更多的选择路径。

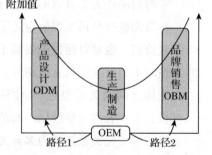

图 9-13　价值链利润率的 U 形曲线简图（"微笑曲线"）

在有形产品同质化竞争日益激烈的市场环境中，制造服务化是企业产品价值增值的重要来源。服务化可以通过个性化服务发现顾客需求，为产品和技术研发与设计、金融服务、市场营销提供依据。通过服务型制造，企业可以为顾客提供全生命周期的服务，扩大盈利空间范围和时间范围，并以此策略绑定顾客，提高顾客对企业的价值。通过提供服务，产品制造商可以直接与顾客接触，从而有助于制造商发现顾客的潜在需求，进而引导和开发顾客需求，为企业创造创新和增值机会。

（2）满足顾客需求方式：传统制造通过向顾客提供产品，来满足顾客的需求，而服务型制造则是通过为顾客提供持续的服务，来满足顾客需求，形成了一个持续满足顾客需求的产品服务系统（product service system，PSS）。通过顾客全程参与产品形成过程锁定顾客，同时提高顾客满意度，并借助个性化的服务形成产品差异化竞争优势。与此同时，通过利用顾客创新资源丰富产品内涵，可以增加产品种类和产品线深度，有利于通过形象设计、定制广告、维护服务等实现产品增值。

（3）创新方式：与企业原有的产品制造业务不同，提供服务需要企业在技术、人员、管理、业务整合等各方面实现创新，这给企业带来了实现创新的机会。产品和技术研发、设计是技术密集型和知识密集型服务，要求企业引进具有创新精神和能力的高层次人才，这也是引领企业走向高端的有力保证。提供围绕有形产品的服务，可以帮助企业丰富其产品内涵，提高企业产品和技术的创新能力。企业还可以借助给顾客提供相关服务的机会，加强与顾客的合作，利用顾客资源，如需求、信息、知识、技术等，扩大企业的资源范围和规模，开拓企业创新的视野和途径。

三、服务型制造的国内外实践

基于服务型制造的概念和相关理论，国内外一些制造企业已经实现了从传统制造企业向服务型制造企业的成功转型。

美国通用电气（GE）、IBM、罗尔斯－罗伊斯（Rolls-Royce，以下简称"罗罗"）等公司将服务型制造的理论和方法应用于生产实践中。GE公司通过开展设备出租（飞机出租）和金融业务（为供应链上下游企业提供贷款等）等服务，从典型的制造企业转型成为为客户提供金融服务、消费者服务、设备管理服务的服务提供商。IBM从向用户提供硬件、网络和软件服务的IT设备制造商，成功转型为一家IT整体解决方案供应商。IBM通过为顾客提供增值服务创造的价值获取利润，增强了企业的竞争力。罗罗公司是全球最大的航空发动机制造商，它所推出的"Power by the Hour""Total Care"发动机维修保养服务，是一种典型的服务化转型。罗罗公司的盈利模式也从原先的直接向飞机制造商出售航空发动机转为向飞机制造商出租发动机的服务时间，在规定时间内，罗罗公司负责承担发动机的保养与维修服务。对于罗罗公司，这种出租航空发动机的模式增加了公司的服务收入，提高了客户的满意度，最终提高了公司的总体效益。目前，围绕发动机全生命周期的服务收入已占总收入的50%以上，超过了发动机自身产品的销售收入。同时，对于航空公司，它们不再需要建立和运营专门负责发动机的维修队伍，大大降低了航空公司用于发动机修理和维护的运营成本。

以陕西鼓风机（集团）有限公司（以下简称"陕鼓"）、青岛红领集团（以下简称"红领"）、小米科技（以下简称"小米"）等企业为代表的中国制造企业在服务型制造领域也进行了成功的探索。在服务化转型之前，陕鼓是一家向客户出售鼓风机设备的设备供应商。通过业务模式创新，陕鼓在金融服务、运维服务、远程监控、系统集成等方面为顾客提供相应的配套服务，基本实现了产品全生命周期的服务覆盖，陕鼓也从产品制造商转变为服务提供商。红领集团通过将西装制作的传统手工艺与现代信息化技术充分融合，建立起了拥有自主知识产权的全球西装高级定制平台 RCMTM（red collar made to measure），借助 RCMTM 平台，客户可以在线上设计出自己的专属定制服装，从面料、质地、颜色、配饰，到交货时间、工艺等，都可以由客户自由选择，体现了高级服装的个性化定制，实现了西装定制全过程的全球平台化运作。小米科技公司是国内借助信息技术开展服务型制造模式创新的典型企业。小米围绕其核心产品，进行模式上的创新，为客户提供了更多的信息增值服务，如为企业客户提供设备状态检测、产品质量检测、在线技术支持服务、基于硬件产品的软件服务等。目前，小米已经成功构建起了规模较大、多种智能设备与软件产品有机结合的智能设备生态系统。小米的智能设备生态系统满足了客户的需求，为客户提供了更多、更好、更新的服务。经过技术和模式上的创新，小米实现了从传统产品制造向融入大量信息服务要素的产品服务系统的升级。

我国对服务型制造发展高度重视，2015 年 5 月，国务院发布的《中国制造 2025》从战略层面提出了我国制造业发展服务型制造的战略构想，《中国制造 2025》提出，加快制造与服务业的协同发展，推动商业模式与业态创新，促进由生产型制造向服务型制造的转变。2016 年 7 月，工业和信息化部、国家发展和改革委员会、中国工程院三部门印发《发展服务型制造专项行动指南》（以下简称《指南》），提出了发展服务型制造的总体要求，以及发展服务型制造需要采取的行动与措施。《指南》发布以来，我国服务型制造快速发展，制造企业基于服务化理念所产生的新模式、新业态不断涌现，有效推动了制造业转型升级。2017 年下半年，工信部公布了全国首批服务型制造示范企业（项目、平台）名单，随后各省陆续发布了省级服务型制造示范企业和项目。2020 年 6 月，工信部、发改委、教育部等十五部门联合发布了《关于进一步促进服务型制造发展的指导意见》，对我国服务型制造发展提出了新要求，提出了服务型制造的新模式。

值得注意的是，服务型制造并不意味着制造企业放弃制造而转向服务。制造业是我国国民经济的主导，是全社会基础物质生产和产业创新的支柱。制造业搭建了创新活动的物理系统，是技术创新的"母体"。2020 年发布的《中共中央关于制定国民经济和社会发展第十四个五年规划和二〇三五年远景目标的建议》强调要"保持制造业比重基本稳定"。美国 70% 的创新活动直接依托于制造业或者间接受到制造业的助力，虽然其制造业增加值仅占经济总量 11%，但 60% 以上服务业都是为制造业提供服务。日本在产业向外转移的同时保留了部分国内产能，将国内工厂定位成精细生产、研究开发试制基地、海外工厂样板。

服务型制造的实质是制造企业依据其核心产品及制造技术，开展与制造相关的一系列服务活动，目的是在为用户提供更好的产品效用的基础上，实现制造产品的增值，实现企业与客户的价值共创。价值共创，即界定差异化角色，在配套环境的支持下，通过整合各种资源来共创价值、产生创新。

服务型制造拓展了制造业价值创造的"生产—消费"二元基础，根据服务交换的性质和整合资源的类型引入多元角色共同创造价值。共创的价值不仅仅体现在传统的、有形产品，还集中体现在广义的制造业服务创新。有形产品可视为制造业主体在提供服务的过程中所用到的载体或工具。例如，当今制造业越来越重视客户主体在创新中的作用，我们可以进一步将客户主体划分成构想者、设计者和中介三类。构想者主体能够将他们的需求和特定工作环境知识带给公司，设计者主体则可以通过重组现有产品模块帮助企业开发新的服务，中介主体则可以传播跨生态相关知识。这三种角色可以带来不同的价值体验，如实用体验、社交体验、效用体验和享乐体验等，并带来新的制造业创新机会。创新的关注点由创新产品自身特征和属性，转移到在所有应用该创新的服务过程中共同创造的价值。创新不再是单个个体价值的最大化，而是整个群体价值的最大化。

第六节　全球化战略

适合 21 世纪人类社会发展的现代新型企业，应该注重新产品的研发能力，在设计、制造或品牌方面具有某一项或几项核心竞争力，并善于进行社会协作，构建生产和经营一体化的管理体系，在全球产业链中寻找自己的合适位置，才能实现企业经营的成功。

一、全球化与全球竞争

随着科学和技术的进步，人类的活动能力日益增强，活动范围不断扩大。首先是汽车的发明，使人类在陆地上的运动速度陡然提升；然后出现了飞机，人们可以轻易跨越海洋在各大洲之间自由穿梭；轮船、火车等交通工具，进一步提升了人类的运输能力、增加了运输手段。这些交通工具不断演进，速度更快，运力更大，效率更高。海运、空运、陆地运输的空天地一体化交通，使人类的交通运输能力达到了空前高度。科学和技术的发展为交通、物流的全球化奠定了基础。

人类通信能力也取得了惊人的进步。1969 年互联网初创时，带宽只有几十 K 比特，用户只局限于美国军事单位和几所大学，现如今已经发展到骨干网带宽可达 10G 比特以上。5G 网络的建成，使得下载一部电影只需几秒钟。冰岛、挪威、瑞典等国的网络普及率已达 90% 以上，中国也已接近 50%。而在 2012 年，通过移动设备上网的人数首次超过了固定设备上网人数，因此 2012 年也被称为"移动互联网元年"。网络的普及，使人们的交流日益方便，联系更加紧密。信息已经跨越了国界，以往需要数天、数月甚至数年才能传达的消息，现在只需要几秒钟，即可传遍全世界。信息全球化不仅是趋势，更是现实。

在信息全球化和交通全球化的推动下，世界经济也呈现全球化的态势。100 多年前，打破闭关锁国靠的是坚船利炮，影响他国经济靠的是实际贸易；在今天，对一国经济产生影响仅需要计算机网络加上鼠标。各国的经济互相依赖、信息的传播又快速无比,直接导致了世界经济会因某单个国家的政治经济波动而发生重大变化。2008年开始的美国次级贷款危机,借助网络信息的传播,瞬间使得全世界投资者的信心大受打击,紧跟着出现了连锁反应:欧洲经济下滑、日本经济下滑,直到影响中国的进出口和GDP。2010年以来,希腊的经济持续低迷,导致欧盟的贷款出现危机,欧洲各国都受到拖累。中国作为新兴经济体,当GDP增长强劲时,世界经济也会紧随其后快速增长。

经济基础决定上层建筑,伴随经济全球化而来的,是政治的全球性碰撞、文化的世界性融合,世界政治和经济的相互影响更加强烈和深远。2003年,当美国在海湾发动伊拉克战争时,由于石油产出受到影响,国际石油价格大幅飙升,这立即引起大宗能源物资价格上涨,导致相关企业成本上升,消费品价格上涨。2015年,当沙特支持的也门政府武装和伊朗支持的胡塞武装在海湾开战时,国际油价同样大幅波动上升。反过来,经济诉求也可能直接诉诸政治手段。当美国光伏企业没有能力与中国的光伏产业竞争时,便诉诸所谓的"法律武器"在2012年开始频频"起诉"中国企业合谋在美"倾销"太阳能板,并提出巨额索赔。

可见,在政治、经济、信息、交通等全球化的大潮之下,没有任何一个国家能独善其身,也没有任何一个企业可以仅仅关注其自身所处地区的经济状况就能获得企业经营的成功。在这种态势下,制造企业更应该考虑自己的生产水平在全球制造网络中所处的地位,结合自身的技术特长、发展愿景、优势劣势、竞争压力,制定企业竞争的全球战略。

二、全球战略及其目标与手段

全球战略又称全球化战略,一般是指跨国公司基于全球视野的考量,利用不同国家和地区的区位比较优势(如成本、技术、人力资源优势等),把价值链上的各个环节和职能加以分散和配置,使它们有机地结合起来,实行综合一体化经营,努力降低生产经营成本,以期获得长期、稳定的全球竞争优势,实现最大化的全球效率。

全球战略的总目标,是在分布于多个国家的企业经营业务基础上取得最大经济收益,而不是仅局限于国际业务活动中一时一地的得失。其优点在于能集中力量在全球范围内建立公司统一的竞争优势,表现在:①可将其生产经营设施安排在最有利的国家内,对它们的战略行动统一协调;②能将位于不同国家的活动连接起来,及时转移在技术开发、管理创新上的成果,更充分地利用公司的核心竞争力;③可以选择在最有利的地区挑战竞争对手,便于公司建立持久的竞争优势。

在制定全球战略时,必须注意要适应东道国的特点,兼顾各国不同的情况,防止政治冲突,做好跨文化管理。美国通用电气公司(GE)在其照明事业部的全球化过程中,首先通过收购欧洲本土企业而将业务成功扩展到欧洲,而在其当地企业的高级管理人员中,有一半来自欧洲本土。从 1992 年开始,GE 在向印度、中国、东南亚、南美洲等地扩张时,紧扣地域特点,结合自身的技术和制造优势,执行人才本土化策略,公司业务取得了巨大成功。其营业额从 1995 年的 700 亿美元,上升到 2013 年的 1 460 亿美元。

就市场进入来说,跨国公司进入全球市场的策略一般有三类:

第一类,在目的国寻找销售代理,纯粹通过贸易出口,使自己的产品杀入新市场。

第二类,通过收购当地的业务关联企业,以自身的技术和管理优势对所收购企业做运营提升,借助其原有销售渠道迅速占领当地市场。

第三类,通过在当地投资建厂,以自身能力构造全新的本地生产系统,制造和销售自己的产品。

其中后两类方式,能提升东道国的国内生产总值,促进其经济发展,因而是各国政府比较欢迎的方式。

企业执行全球战略,必然会在世界范围内设立研究机构,进行新产品的研发。就主要跨国公司的实际运作情况来看,其研发机构主要有两种类型:①母国基地扩张型(home base augmenting,HBA),将研发机构设立在科技比较发达的地区,研发活动主要是为了从公司的竞争者以及国外研发机构获取信息并传回母国的研究与开发总部;②母国基地开拓型(home base exploiting,HBE),研发活动主要是为了支持海外制造基地生产出能与当地需求相适应的标准化产品,研发信息由母国研究与开发机构总部传向国外有关机构。调查指出,55% 的跨国企业采用母国基地开拓型研发机构,说明跨国企业本身的研发实力还是略强于其海外业务区。

在遇到经济动荡时,企业能否争取到足够时间度过风险的冲击,是其生死存亡的关键。而当企业实现了全球战略时,由于其业务区域相对分散,当世界局部发生经济或政治动荡时,稳定地区的业务仍然能为企业带来稳定的现金流,以对冲地区风险,度过危险期。如壳牌石油公司,由于原油供应受世界政治局势影响甚深,因此在其全球战略中,力争在多国市场上取得垄断地位来确保高收益,但对于风险大的国家,如果不能赚取丰厚利润,便立即撤退。壳牌公司的产品战略也集中于相互紧密关联和协同配合的能源和化工行业,极少大幅度离开自己熟悉的业务范围。通过全球化,壳牌石油公司将各季度的市场起伏拉平,保持了整个产业链的良好平衡。

三、中国制造业的全球地位

跨国公司追求全球战略除了平衡风险、开拓市场,另一主要目的就是参与和主导全球价值链利润分配。制造业价值链分为三大环节:产品研发与设计、生产加工、品牌与销售。对应承担这三个环节的企业分别称为原始设计制造商(original design manufacturer,ODM)、原始设备制造商(original equipment manufacturer,OEM)和原始商标制造商(original brand manufacturer,OBM)。三者的利润率呈现 U 形曲线(也称"微笑曲线")的形式。

处于全球价值链两端的产品设计和品牌销售企业,将获得利润的绝大部分。承担关键零部件生产的企业利润次之;承担产品组装的制造业,由于没有设计优势掌握技术核心、没有品牌优势抓住市场需求,所以只能分享全球价值链的极低利润。

2019 年,美国制造业增加值占 GDP 的比重为 11.1%,德国为 19.4%,日本为 19.5%,英国为 8.6%。虽然比重不高,但占据产业链、价值链的高端环节,掌控全球产业发展主导权。

在一个国家制造业发展的初级阶段,广泛承担原始设备制造任务,以市场换技术,是一个可行的选择。然而,随着国民经济水平的发展,一个国家的制造业绝不应永远处于全球产业链的低端,加上制造业对环境和资源的破坏相对较高,因此寻求产业升级是纯制造企业发展到一定阶段的必然战略选择,中国也不例外。一般而言,可以从 OEM 先过渡到 ODM,掌握产品设计创新能力,最后经营自己的品牌,成为品牌制造商 OBM。目前中国的很多企业承担了广泛的原始设备制造业务,在参与国际产业链的过程中,已经积累了丰厚的行业经验,制造产业规模已经有了质的飞跃,成了名副其实的"制造大国"。2010 年,中国制造业产值达到 1.923 万亿美元,占全球制造业总额的 19.4%,超过美国成为世界第一制造业大国,在失去这一地位 180 多年后重新问鼎[1]。

但就整体而言,中国制造业目前仍然处在产业链较低端,只是在个别领域形成了分享高端超额利润的能力,如某些重型装备制造领域、轨道交通领域、航天领域等。为改变这一局面,中国政府在 2015 年发布了《中国制造 2025》,提出了花 30 年建设制造强国的"三步走"战略。第一步,提出围绕创新驱动、智能转型、强化基础、绿色发展、人才为本等关键环节以及先进制造、高端装备等重点领域,加快制造业转型升级、提升技术水平与核心竞争能力,力争到 2025 年从制造大国迈入制造强国行列;第二步,到 2035 年我国制造业整体达到世界制造强国阵营中等水平;第三步,到新中国成立 100 年时,综合实力进入世界制造强国前列。《中国制造 2025》也被称为"中国版工业 4.0"。[2]

值得注意的是,抢占全球产业链高端,并不等于放弃制造业而只关注微笑曲线的两端,更不等于"去工业化",造成国家制造业空壳。在任何阶段,制造业都是一个国家核心竞争力的体现,也是劳动就业、国际贸易平衡的稳定器。特别是高端制造技术,在 U 形曲线中与设计、品牌通常很难分开,其本身的利润附加值也一样很高。只有那些附加值和技术含量都很低的低端制造业,才可以考虑大量转移到其他国家和地区。

---

[1] 约在 1820~1830 年,中国制造业产值位居世界第一。
[2] 世界主要经济体在 21 世纪的第二个 10 年都制定了制造业发展战略:德国在 2013 年发布了《工业 4.0》,提出基于物联网信息建立智能工厂,实现智慧制造和智慧物流,使德国制造业居于世界领先地位;美国的"再工业化"战略以高新技术为依托,发展高附加值制造业,如先进制造、新能源等新兴产业,以图重新拥有具备强大竞争力的新工业体系;而日本提出以"机器人新战略"保持自己"机器人大国"(以产业机器人为主)的优势地位。

最后，全球战略虽然一般是跨国公司或者国家级产业政策所关注的重点战略之一，但对普通企业一样重要。从世界经济发展来看，任何一个企业必然会处于全球供应链中的某个环节。即便只是跨国公司的跟随者，也应该理解跨国企业的全球战略目标，审时度势地将自己嵌入适宜的全球产业链中，以达到企业生存、学习、创新并最终实现超越的目标。

本章小结

生产运作流程由基本的作业流程组成，不同的流程结构具有不同的生产效率。流程分析与评价可帮助企业不断改进生产流程，提升效率，减少浪费，赢得利润。

基本的生产线布置包括工艺式布置、对象式布置和固定式布置三类。基于成组技术，进一步出现了单元制造、柔性制造系统和计算机集成制造系统。常见的生产系统形式包括单件小批生产、批量流水型生产、人工节拍流水生产、机器节拍流水生产和连续流程型生产。生产管理方式可分为推式生产和拉式生产两类，没有任何一种生产管理方式可适用于所有类型的生产系统，这两类生产管理方式可混合存在于实际的生产管理之中。

按照物流连续性和应变能力，五类常见的生产系统具有不同的生产能力，没有任何一种生产类型能兼具极高的物流稳定性和极强的品种与数量柔性，这称为生产系统的结构-功能关系悖论。由于该悖论的存在，我们必须慎重确定赢得订单要素，以构建竞争优势，然后考虑选择合适的生产系统结构，保证产品竞争战略的成功。

当生产系统既具备生产的高效率，又具备足够的柔性时，称为世界级制造系统。目前实现了世界级制造能力的生产系统是准时制生产（JIT）系统和计算机集成制造系统（CIMS）。从实践来看，JIT生产系统投资较小、持续改进的灵活性较大，因而得到了世界级制造企业的更多青睐。大规模定制和个性化生产是制造系统发展的新趋势，特别是个性化生产，是对大规模定制生产中"定制"元素的进一步深化，会成为未来世界级制造系统的重要特点之一。

本章最后探讨了绿色制造战略、服务制造战略和全球化战略。绿色制造不光是解决全球环境恶化的需要，也是企业维持良好公众形象、赢得市场竞争的需要。当今的制造业越来越重视基于核心产品制造技术上的服务延伸，特别是高端制造业的服务化往往会带来新的超额利润增长点。而全球化战略随着全球化的到来更加势不可当，任何企业要想存活，就必须加入全球产业链。

阅读材料1

红领集团个性化服装设计与制造

红领集团（山东青岛）是一家服装生产企业。该企业运用大数据技术和现代制造技术，在传统大量定制生产的基础上将产品设计进一步细化到每一个顾客和每一件产品，实现了完全的个性化定制。红领集团的服装制造系统积累了海量的包含流行元素在内的版型数据、款式数据、人类尺寸数据、工艺数据等信息，能满足超过百万万亿种设计组合，满足人类99%以上的个性化西装设计需求。

阅读材料 2

绿色设计促进环境保护与资源节约

钢铁行业的碳排放量占整个制造业排放量的 1/4 左右。仅在 2010 年,全球制造商生产的产品中包含了 44 亿吨金属和矿物质,其中含钢铁 10 亿吨,而全球 2010 年冶炼钢铁约 14 亿吨,2014 年超过 16 亿吨。可见,如果对产品中的钢铁实现充分的回收再利用,就能够节约大量资源、能源并减少二氧化碳排放。

拆卸回收是节约资源的一个重要途径。美国每年报废的 1 000 万辆汽车中,95% 可被拆卸,整车质量的 75% 被回收,可产生再生钢材 120 万吨,再生非金属材料 80 万吨。然而,中国在 2012 年报废的 300 余万辆汽车中,仅回收报废机动车 115 万辆,占比仅达到报废总量的 1/3。因此,进一步提高产品的拆解和回收水平,对于我国降耗减排、节约资源,实现保护环境的战略目标具有重要意义。

1969 年,可口可乐公司研究发现,尽管生产玻璃比生产塑料更环保,而玻璃材质也更便宜,但就饮料的运输、消费和回收的全生命周期来看,更轻质的塑料瓶的"碳足迹"仍然少于玻璃瓶。目前,很多饮料进一步使用了铝罐进行灌装。看起来其单罐饮料因为铝材的使用成本会提高,但由于重量变轻、回收利用率更高(在英美,铝罐的回收率为 50%,而玻璃和塑料罐的回收率只有 20%~30%),结果节约了运输能耗和材料使用量,比起玻璃瓶或者塑料瓶的碳足迹,反倒进一步减少了。

另一个典型的例子是将碳纤维材料用于波音 787 和空客 A350 客机的大型部件制造。使用碳纤维时,飞机制造本身的成本会比铝合金更高,而且碳纤维的生产比金属和塑料材料的生产投入更高。因此若仅仅评估其生产制造本身的成本和环境影响,使用碳纤维显得并不环保。但由于碳纤维的材质更轻、强度更高,所以使用碳纤维可使飞机的燃油消耗大幅度降低,可承载人数、飞行距离大大增加。结果,在一架飞机的整个生命周期内,碳纤维构造的飞机对环境的破坏反倒更小。目前,碳纤维在波音 787 和空客 A350 客机中的使用率达到了 50%。

通过前瞻性技术研发,百事可乐公司在 2012 年采用柳枝、松树皮和玉米壳制成"生物瓶"来灌装饮料。这一新技术本身的投资可能比传统塑料瓶生产系统更高,却大大降低了塑料的消耗量。百事可乐的这一做法还直接促进了生物物质废料的回收利用,并降低了塑料产品的污染。所以,从局部来看,使用新技术本身的制造成本可能会增加(相应会增加生产能耗或排放),但从全局和全行业来看,却大大有利于环境保护。

阅读材料 3

苹果公司占据产业链高端

2015 年,一部苹果 iPhone 6 平均可卖到 800 美元,平均利润率可达 70%。由于设计和品牌均掌握在美国的苹果公司手里，作为其代工厂的富士康，虽然承担了主要制造和组装的生产过程，但从中只能获得大约不到 30 美元的收入。除掉成本，富士康在苹果手机生产上的利润率大约只有 5%。而苹果公司在美国获取暴利的同时，在中国市场上的售价高达 5 500～8 000 元人民币，从中国消费者身上攫取了 1 000 元 / 部的利润。即便如此，苹果手机仍然供不应求，主要原因就是苹果公司占据了手机产品产业链中最有利可图的部分。

思考与练习题

1. 举例说明面向订单生产方式和面向库存生产方式的区别。
2. 说明跨职能流程图的作用。
3. 选择你熟悉的至少有六个步骤的活动。要求：①绘制流程程序图；②确定增值活动、非增值活动及浪费；③确定该流程的关键绩效指标。
4. 分析职能型组织和流程型组织实现不同效率目标的区别。
5. 现代制造企业面临的环境与传统企业有什么不同？请考察一下，有哪些企业是基于制造的服务类企业。
6. 生产系统有哪些基本类型？生产高档豪华型汽车和普通家庭轿车，各自可采取什么类型的生产系统？
7. 为什么柔性制造系统在品种上，并不比单元制造更"柔性"？请从品种柔性和生产效率两个方面比较单元制造和柔性制造系统。
8. 什么是客户定制分离点？它处于生产流程的什么位置？
9. 拉式生产系统适用于所有企业吗，为什么？举例说明拉式生产系统和推式生产系统，在生产管理方式上的区别。
10. 思考手机产品从诞生之日起到如今的变化，说明赢得订单标准是如何随着产品生命周期而变化的。
11. 2015 年，媒体报道了一种超声波清洁器（Dolfi），堪称最小的便携式洗衣机。其基本构成是一块香皂大小的超声波发生器，将该发生器与衣服同时浸泡在水中，即可通过其产生的超声波驱动水波清洁衣物（见图 9-14）。请分析这类洗衣机可采取什么样的产品竞争战略，切入市场赢得竞争优势？

图 9-14　Dolfi 超声波清洁器：最小洗衣机

12. 特定类型的生产系统只能在特定订单要素上获得竞争优势。那么，如果一个家具生产企业生产的 A 类产品是高档家具，要求根据客户需求实现高度定制化生产，为用户提供具有创新性和艺术品质的产品；其 B 类家具是普通大众产品，需要实现低成本和稳定质量。如果该企业不想使用世界级制造系统，那么你有什么建议能使该企业提供这两类具有截然不同特性的产品？
13. 请选择日常生活中所用到的某种消费品（如洗衣机、电视、煤气灶、运动鞋），考虑有什么手段可以实现该产品和制造的绿色化。
14. 收集相关资料，通过典型企业分析中国太阳能光伏产业在全球生产和价值链中处于什么位置？在设计、制造和品牌销售三个环节中，是否具有全球竞争优势？如果要进一步提高利润贡献能力，那么从你的观点来看，如何在全球实现光伏产业链这三个环节的战略布局。
15. 回忆宏观经济分析中的社会就业问题。从全球战略来看，如何权衡制造业的低利润与其很强的解决就业问题能力之间的关系？

16. 世界级制造系统解决了什么悖论？CIMS 和 JIT 系统各自有哪些优势和劣势？

17. 服务型制造与传统制造的主要区别是什么？

参考文献

[1] 王晶，贾国柱，张人千，等. 制造业服务化案例研究 [M]. 北京：机械工业出版社，2015.

[2] 北航经管学院课题组. 统筹创新链、产业链、供应链和价值链，构建制造业生态 [R]. 2020.10

[3] 酒卷久. 佳能细胞式生产方式 [M]. 杨洁，译. 北京：东方出版社，2006.

[4] 派恩，吉尔摩. 体验经济 [M]. 夏业良，鲁炜，等译. 北京：机械工业出版社，2012.

[5] Jacobs F R, Chase R B. Operations and Supply Management [M]. 16th ed. New York: McGraw Hill, 2019.

[6] 希尔. 集成的信息系统体系结构（ARIS）：经营过程建模 [M]. 李清，张萍，译. 北京：机械工业出版社，2003.

[7] Davenport T H. Process Innovation-reengineering Work through Information Technology [M]. Boston, Massachusetts: Harvard Business School Press, 1993.

[8] Dutta S, Manzoni J F. 过程再造、组织变革与绩效改进 [M]. 焦叔斌，等译. 北京：中国人民大学出版社，2001.

[9] Flynn B B, Schroeder R G, Flynn E J. World Class Manufacturing: An Investigation of Hayes and Wheelwright's Foundation [J]. Journal of Operations Management, 1999, 17(3): 249-269.

[10] Flynn E J, Flynn B B. Achieving Simultaneous Cost and Differentiation Competitive Advantages through Continuous Improvement: World Class Manufacturing as A Competitive Strategy [J]. Journal of Managerial Issues, 1996, 8(3): 360-379.

[11] Guinée J B. Handbook on Life Cycle Assessment Operational Guide to the ISO Standards [J]. The International Journal of Life Cycle Assessment, 2002, 7(5): 311-313.

[12] Hammer M. Beyond Reengineering: How the Process Centered Organization is Changing Our Work and Our Lives [M]. New York: Harper Business, 1996.

[13] Hammer M. Reengineering Work: Don't Automate-obliterate [J]. Harvard Business Review, 1990, July-August:104-112.

[14] Hayes R H, Wheelwright S C. Restoring Our Competitive Edge: Competing through Manufacturing [M]. New York: John Wiley and Sons, 1984.

[15] Jacobs R F, Chase R. Operations and Supply Chain Management [M]. New York: McGraw-Hill/Irwin, 2013.

[16] Johansson P, Olhager J. Linking Product-process Matrices for Manufacturing and Industrial Service Operations [J]. International Journal of Production Economics, 2006, 104(2): 615–624.

[17] Krajewski L J, Ritzman L P. Operations Management [M]. 7th ed. New York: Pearson Education Limited, 2005.

[18] Kuemmerle W. Building Effective R&D Capabilities Abroad [J]. Harvard Business Review, 1997.

[19] Liker J K. The Toyota Way [M]. New York: McGraw-Hill, 2004.

[20] Melnyk S A, Smith R T. Green Manufacturing [M]. Dearborn, Michigan, USA: Computer Automated Systems of the Society of Manufacturing Engineers, 1993.

[21] Miltenburg J. Manufacturing Strategy [M]. 2nd ed. New York: CRC Press, Taylor & Francis Group, 2005.

[22] Peppard J, Rowland P. The Essence of Business Process Re-engineering [M]. Upper Saddle River, New Jersey: Prentice Hall,

1995.

[23] Pine B J. Mass Customization: The New Frontier in Business Competition [J]. Journal of Product Innovation Management, 1993, 10(4): 360-361.

[24] Porter M. Competitive Advantage [M]. New York: The Free Press, 1985.

[25] Silver E A, Pyke D F, Peterson R. Inventory Management and Production Planning and Scheduling [M]. 3rd ed. Hoboken, New Jersey: John Wiley & Sons, 1998.

[26] Skinner C W. Manufacturing-missing Link in Corporate Strategy [J]. Harvard Business Review, 1969, May–June, 136–145.

[27] Slack N, Brandon-Jones A, Johnston R. Essentials of Operations Management [M]. New York: Pearson Education, 2011.

[28] Stevenson W J. Operations Management [M]. 11th ed. New York: McGraw-Hill, 2012.

[29] Suri R. Quick Response Manufacturing: A Companywide Approach to Reducing Lead Times [M]. Boca Raton, Florida: Productivity Press (CRC Press), 1998.

[30] Wheelwright S C, Hayes R H. Competing through Manufacturing [J]. Harvard Business Review, 1985, 1-2: 1-12.

[31] 宝胜. 跨国公司全球战略及其技术转移方式 [J]. 科技管理研究, 2005(5): 20-21.

[32] 马什. 新工业革命 [M]. 赛迪研究院专家组, 译. 北京: 中信出版社, 2013.

[33] 陈禹六, 李清, 张锋. 经营过程重构 (BPR) 与系统集成 [M]. 北京: 清华大学出版社, 2001.

[34] 陈禹六. IDEF 建模分析和设计方法 [M]. 北京: 清华大学出版社, 1999.

[35] 海山. 可持续消费模式论 [M]. 北京: 经济科学出版社, 2002.

[36] 琼斯. 中国的全球化革命 [M]. 张臣雄, 译. 北京: 机械工业出版社, 2014.

[37] 韦尔奇, 拜恩. 韦尔奇自传 [M]. 曹彦博, 孙立明, 译. 北京: 中信出版社, 2013.

[38] 林明珠. 跨国公司在华研发的空间布局战略 [D]. 华东师范大学, 硕士学位论文, 2010.12.

[39] 刘飞, 曹华军, 张华, 等. 绿色制造的理论与技术 [M]. 北京: 科学出版社, 2005.

[40] 刘志峰, 许永华. 绿色产品评价方法研究 [J]. 中国机械工程, 2000, 11(9): 968-971.

[41] 梅绍祖, Teng J T C. 流程再造: 理论、方法和技术 [M]. 北京: 清华大学出版社, 2004.

[42] 倪文斌, 田也壮, 姜振寰. 制造战略研究: 现状、问题及趋势 [J]. 管理科学学报, 2003, 6(5): 79-86.

[43] 潘家轺. 现代生产管理学 [M]. 3 版. 北京: 清华大学出版社, 2011.

[44] 斯米尔. 美国制造: 国家繁荣为什么离不开制造业 [M]. 李凤海, 译. 北京: 机械工业出版社, 2014.

[45] 吴澄. 现代集成制造系统的理论基础: 一类复杂性问题及其求解 [J]. 计算机集成制造系统, 2001, 7(3): 1-7.

[46] 吴晓波, 齐羽, 高钰, 等. 中国先进制造业发展战略研究: 创新、追赶与跨越的路径及政策 [M]. 北京: 机械工业出版社, 2013.

[47] 张平. 全球价值链分工与中国制造业成长 [M]. 北京: 经济管理出版社, 2014.

[48] 祖林, 怀海涛. 中国制造的世界级战略 [M]. 北京: 中华工商联合出版社, 2013.

[49] Walker L. IBM Business Transformation Enabled by Service-oriented Architecture[J]. IBM Systems Journal, 2007, 46(4): 651-667.

[50] Vandermerwe S, Rada J. Servitization of Business: Adding Value by Adding Services[J]. European Management Journal, 1988(6): 314-324.

[51] 李晓华, 刘尚文. 服务型制造内涵与发展动因探析 [J]. 开发研究, 2019(2): 94-101.

[52] 黄群慧, 霍景东. 全球制造业服务化水平及其影响因素: 基于国际投入产出数据的实证分析 [J]. 经济管理, 2014, 36(1): 1-11.

[53] 谢文明, 江志斌, 王康周, 等. 服务型制造与传统制造的差异及新问题研究 [J]. 中国科技论坛, 2012(9): 59-65.

[54] 孙林岩, 李刚, 江志斌, 等. 21 世纪的先进制造模式: 服务型制造 [J]. 中国机械工程, 2007(19): 2307-2312.

第十章 生产与供应链管理

本章主要介绍生产与供应链的管理,包括库存、生产计划体系与生产计划方法,介绍目前广泛存在的两类制造管理系统:制造资源计划(manufacturing resource planning,MRP)系统和准时制(just in time,JIT)生产系统。最后讲述供应链的基本概念及其结构、管理与协调问题。

第一节 库存管理

一、需求预测

(一)需求变化的影响因素

制造企业会保持一定量的原料、零部件或者在制品以备生产所需;商贸企业会保持一定量的成品以备销售满足市场需求。企业所持有的原材料、零部件、产成品等用于生产或销售的物资,称为库存。

企业的库存储备量应该和市场需求相匹配:如果库存储备过少,会造成企业缺货,丧失了赚钱机会;但如果储备过多,又会造成库存积压而形成巨额损失。所以,要正确把握市场机遇,首先要做的就是合理预测市场需求。

市场需求一般并不是稳定的,经常呈现变动的形式,如图10-1所示。

市场需求量的变动通常是四类波动因素综合作用的结果,即趋势因素、季节因素、周期因素和随机因素。

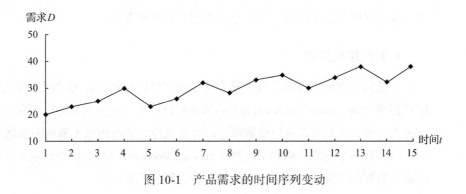

图 10-1　产品需求的时间序列变动

1. 趋势因素

趋势因素使需求依时间序列呈现出稳定持续的增长或者下降。趋势变动又可分为线性趋势和非线性趋势，一般的需求预测模型多假设趋势变化是线性的。

2. 季节因素

季节性变化指的是每隔固定时间长度（年、季度、月、周等）就出现的一种波动模式。长期的，比如在每年冬天，羽绒服的市场需求会出现明显增长，而夏天的空调需求会出现明显增长。短期的，比如每天用电需求的高峰和低峰，都是固定间隔期出现的需求变化。这些都被认为是季节因素导致的。

3. 周期因素

周期因素和季节因素比较类似，区别在于周期因素出现的时间间隔、影响的波动量可能会变化，比如宏观经济情况对需求的影响周期和影响程度并不固定。

4. 随机因素

随机因素指的是在所预测的序列模式中无法辨识的数据波动。如果预测模型已经考虑了前述三类所有因素，但预测结果与实际需求还有误差，那么这个误差一般就归结为是随机因素引起的。随机因素难以追踪和控制，这部分因素一般使用安全库存来应对。

趋势变化和季节变化，一般具有明确的数量规律，合称为常态变动；周期变动和随机因素比较难以预料，有时将二者作为剩余变动处理。需求预测就需要在消除随机因素影响的情况下，获取趋势变化、季节变化和周期变化的定量结果。

（二）需求预测方法

需求预测可分为主观预测法和客观预测法。主观预测法是根据预测者或参与预测的专家团队的主观判断给出需求信息，可用于解决没有历史销售记录的产品（比如新产品）的需求预测问题。其预测的准确程度依赖预测者的个人经验和判断能力,受主观因素影响较大。这里重点介绍客观预测方法。

1. 时间序列预测

产品的历史销售或需求数据通常可以按照时间排列,称为时间序列数据。时间序列预测(time series forecasting)的基本假设就是,过去出现的序列模式,在未来会再次出现,因此可以从历史数据总结变化规律,从而得出未来的需求状况。

(1)移动平均法。移动平均法(moving average,MA)使用最近 n 个时期的实际需求数据的平均值估计下一期的预测量,用公式表示为

$$F_t = \sum_{i=1}^{n} D_{t-i} / n \tag{10-1}$$

式中,F_t 表示第 t 期预测的需求量;D_{t-i} 为第 $t-i$ 期的实际需求量;n 为移动平均的期数。n 的取值一般可通过试探或者凭经验确定,其目的就是使预测误差最小。

有时候,距离当前越近的时期,对未来的影响可能越大,因此可以考虑一种加权移动平均方法,赋予不同计划期以不同的权重,预测公式为

$$F_t = \sum_{i=1}^{n} c_i D_{t-i} / n \tag{10-2}$$

式中,c_i 为赋予第 $t-i$ 期的权重,且有 $\sum_{i=1}^{n} c_i = n$。

很多产品,特别是必需品,其需求基本围绕某个固定数据波动,变化不大。如食盐、食用油,在一年甚至几年时间内,虽然有小的波动,但表现的都相对平稳。这类比较平稳的需求,可以使用移动平均法进行预测。而对于具有一定趋势变化的需求模式,移动平均法也有可能取得较好的预测效果。

(2)指数平滑法。对于有趋势变化的情况,指数平滑法(exponentially weighted moving average,EWMA)通过对上期预测值与预测误差取加权平均来得到本期预测值,可以克服简单移动平均法的缺点。其基本思想是把实际需求量和预测需求量之间的差额的一部分归因于需求趋势的变动,其余部分归因于随机因素。

例如,某产品本月预测需求量为 100 件,而本月实际需求量为 110 件,则预测误差为 10 件,现在要预测下个月的需求量。我们假设这 10 件预测误差的 20% 是由于趋势变动(剩余的 80% 则归因于随机因素)。下个月的预测量,就等于上个月预测量(100 件)与预测误差(10 件)的 20% 之和:$100+10\times20\%=102$。这里的"20%"称为平滑系数,在公式中用 α 表示。指数平滑法的预测公式为

$$F_t = F_{t-1} + \alpha(D_{t-1} - F_{t-1}), (0 \leqslant \alpha \leqslant 1) \tag{10-3}$$

上式稍做变形,有

$$F_t = \alpha D_{t-1} + (1-\alpha)F_{t-1}, (0 \leqslant \alpha \leqslant 1) \tag{10-4}$$

式中,F_t 为第 t 期预测需求,D_{t-1} 为第 $t-1$ 期实际需求。

显然，较大的 α 表明当前需求信息起的作用更大而历史需求信息影响较小，反之则当前需求信息权重较小，历史需求信息权重较大。在实际中，α 的取值范围一般为 0.1~0.2。

（3）回归分析法。回归分析（regression analysis）是一种典型的时间序列趋势预测方法。通常地，对于线性趋势模型，假设第 t 期的预测量满足

$$F_t = a + bt$$

根据最小二乘法，有

$$b = \frac{n\sum_{i=1}^{n}t_i D_i - \sum_{i=1}^{n}t_i \sum_{i=1}^{n}D_i}{n\sum_{i=1}^{n}t_i^2 - \left(\sum_{i=1}^{n}t_i\right)^2}, \quad a = \left(\sum_{i=1}^{n}D_i - b\sum_{i=1}^{n}t_i\right)\Big/n$$

只要将历史数据 (t_i, D_i) 代入，即可确定上述参数。

若进一步考虑季节因素、周期因素，则时间序列预测模型将变得复杂，可进一步参见相关文献给出的霍特指数平滑法（Holt 法）、温特指数平滑法（Winter 法）、博克斯－詹金斯模型（Box-Jenkins 模型，也称为 ARIMA 模型）等。

2. 因果预测模型

因果预测模型，指的是不光使用时间序列关系，还考虑其他因素和预测量的关系，因此自变量可能是多元的，且预测量有一定的因果联系或者相关关系：$Y = f(X_1, X_2, \cdots, X_n)$。例如，预测汽车销售量，可能考虑它和销售地区的国内生产总值 GDP、时间 t 以及销售价格 P 同时有关，那么销售量 $Y = f(\text{GDP}, t, P)$。假设它们呈线性关系，则因果预测模型形式为

$$Y = \alpha_0 + \alpha_1 \text{GDP} + \alpha_2 t + \alpha_3 P$$

式中，系数 α_0、α_1、α_2、α_3 可由经济计量方法确定。

（三）预测误差

预测误差定义为预测值和实际值之间的差距，可以使用历史数据校验得到。假设一共有 N 期的历史数据，给定预测期数 $n < N$。那么使用第 1 期到第 n 期的历史数据，可以得到第 $n+1$ 期的预测值 F_{n+1}。由于第 $n+1$ 期的实际值是已知的，因此其预测误差就是

$$e_{n+1} = D_{n+1} - F_{n+1}$$

同理，使用第 2 期到第 $n+1$ 期的历史数据，得到第 $n+2$ 期的"预测"值为 F_{n+2}，其预测误差就是 $e_{n+2} = D_{n+2} - F_{n+2}$。类似得到预测误差 $e_{n+3} = D_{n+3} - F_{n+3}, e_N = D_N - F_N$。则平均绝对偏差（mean absolute deviation，MAD）和均方差（mean squared error，MSE）定义为

$$\text{MAD} = \frac{1}{N-n-1}\sum_{i=n+1}^{N}|e_i|$$

$$\text{MSE} = \frac{1}{N-n-1}\sum_{i=n+1}^{N}e_i^2$$

如果随机误差服从正态分布，则该正态分布的标准差 σ_e 一般可取为 MAD 的 1.25 倍。一种好的预测方法，要求预测误差尽可能小。对于简单移动平均法而言，预测误差和平均期数 n 的取值有关，可以通过数值仿真实验，找到使预测误差最小的 n。

二、经济订货批量

（一）库存与库存成本

简单地说，企业所持有的原材料、零部件、在制品、产成品以及在途货物，都称为库存，不同类型的库存对应的库存量称为库存水平。企业在购进成品、零部件或原材料时，库存增加，在满足顾客需求时，库存减少。企业之所有持有库存，一般出于下述几个方面的考虑。

（1）规模经济。每次只订购一件产品，不如一次订购多件产品更能节省订货成本，甚至采购数量多还能获得价格折扣的好处，因此企业会偏向于批量订货而产生库存。

（2）需求不确定性。需求本身的随机性、订货提前期（从下订单到产品入库的时间）的随机波动等因素，使得企业需要储备安全库存以应对需求的不确定性。

（3）预期变化。如果产品的采购价在未来可能升高，那么企业会提前多采购，以避免在未来某个时期采购而支出额外的成本。

（4）运输与物流。货物运输需要时间，所以在运输途中的商品自然而然形成库存。此外，货物的采购、分拣、生产、分销等都需要时间，这些都需要企业提前储备库存来满足顾客需求。

（5）时变需求。需求可能是随着时间变化的，如季节波动、周期波动等。如果供货商的产能有限，那么就需要在淡季提前储备库存以应对旺季需求。

在库存系统中，采购库存产品本身需要支付一笔采购资金，这笔资金等于产品的采购价格。而除此之外，还存在单纯因库存操作所引起的成本，主要包括保存成本、订购成本和缺货惩罚成本三个部分。

（1）保存成本。保存成本指的是持有存货需要付出的代价，也称为持有成本，一般包括：库存占用资金的机会成本，或称为资金成本；维持物理存储空间的仓储成本；保险和税费；损坏、腐烂、损耗、陈旧、丢失造成的价值减少。其中，资金成本是指投资人不把资金投在库存储备上，而投资在别处所能获得的收益。例如，若将资金投资到某种收益稳定的金融产品，年利 10%，那么相比于投资在库存产品上，该年利收入就是资金的机会成本。

一般来说，投资人投资某企业以经营某种产品，会要求该企业通过产品经营而获得的利益至少大于其他投资渠道的资金回报率。从企业的角度来说，向投资者所支付的这一部分收益，相当于企业成本。如果产品处于库存状态，那么它所占用的资金对应的预期投资回报，就相当于因库存而产生的成本。该成本往往可达到平均贷款利率的 2 倍以上。

第二大类保存成本是维持物理存储空间的仓储成本，它和企业的库存管理水平相关，一般可基于财务数据进行估算：假设按采购价计算，库存产品平均每年占用资金 100 万元，而该仓库的年运行费用为 6 万元，那么仓储成本占单位库存价值的比例可估计为 6÷100×100%=6%。如果库存的资金成本为 10%，其余各项占比为库存价值的 3%，那么产品单位价值对应的库存持有成本占比就是 10%+6%+3%=19%。那么采购价为 1 000 元的单件产品保存一年的库存持有成本就是 C_h =1000×19% = 190 元 /（年・单位产品）。

单位时间长度不一定使用"年"作单位，也可以月、季度、星期等为单位。例如，若将上述库存成本按月为单位计算，则库存持有成本对产品价值的占比大约是 19%÷12 =1.58%，而单位产品的持有成本就是 C_h' =1000×1.58% = 15.80 元 /（月・单位产品）。可见，同一件产品的库存持有成本和时间有关系。时间越长，库存持有成本就越大。

（2）订购成本。订购成本包括为采购库存物资或商品而进行的业务洽谈、运输、验收、搬运、分拣等费用。其中运输费用往往占据主要部分。如果一次只订购一件产品，那么单件产品承担的订购成本会很高，而多件产品则可以共同分担这些费用从而降低单件产品的订购成本。

在库存管理中，一般近似假设订购成本不会随着订货量的变化而变化。例如，如果使用同样的货车运输 10 台冰箱和运输 20 台冰箱，其所支付的主要成本，即汽车运输费用，则几乎相当。因此，在一些有关库存管理策略的定量分析模型中，可以假设订购成本保持不变。

（3）缺货惩罚成本。当产品缺货时，如果顾客愿意等待，那么零售商可能会采取调货、加急订货等方式满足顾客需求，但这需要付出成本。比如：若从别的零售商处调货，可能要让出一定的利润；若加急订货，则供应商会提出额外的加急费用。这都是一种缺货惩罚成本。如果顾客在缺货时不愿等待，而选择了其他有货的销售商购买所需产品，那么缺货企业就损失了预期利润，由此产生了机会成本。最后，不论是顾客愿意等待而产生加急或调货成本，还是不愿意等待而使企业丧失了销售机会，缺货都会使顾客对企业的良好愿望（good will）产生损害。这一部分损害也可以折算为成本，作为缺货惩罚的一部分。

（二）经济订货批量模型

最简单的一类库存管理策略，是哈里斯在 1913 年提出的经济订货批量（economic order quantity，EOQ）模型。该模型用来处理具有稳定需求的单一产品库存问题非常有效。该模型假设不允许缺货，订货提前期为 0，且补货过程可以瞬间完成，那么就应该在库存水平刚好变为 0 时补充库存，才有可能节省库存成本。假设每次订货量为 Q，则库存水平变化过程就如图 10-2 所示。

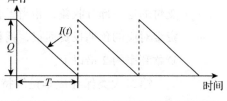

图 10-2 经典 EOQ 模型的库存水平变化

图 10-2 中库存水平 $I(t)$ 是斜率为 $-D$ 的直线。因为单位时间需求量为 D，又不允许缺货，因此单位时间订货次数为 D/Q，订货周期就是 $T=Q/D$。

其中发生了两类库存成本：订购成本和库存持有成本。设订购费用为 A 元/次，那么单位时间内的订购成本就等于 AD/Q；而根据图 10-2，平均库存量为 $Q/2$，所以单位时间内总的库存持有成本就是：$C_hQ/2$。由此，得到总成本表达式和决策模型为

$$\min C(Q) = AD/Q + C_hQ/2 \tag{10-5}$$

易知函数 $C(Q)$ 是关于订货量 Q 的凸函数，因此一阶条件给出最优订货量，即经济订货批量为

$$\text{EOQ} = Q^* = \sqrt{2AD/C_h} \tag{10-6}$$

将其代入成本函数 $C(Q)$，得到最低总成本

$$C^* = \sqrt{2ADC_h} \tag{10-7}$$

从式 10-6 可以看出，单位价值较高的产品因其对应的单位库存持有成本 C_h 也会较高，所以每次订货量就较小。也就是说，对较贵重的产品需采取多频次小批量的订货策略；相反，如果订购成本相对较大或产品价值比较低，则需要小频次大批量订货。

设某产品年需求量为 1 200 台，每次订购成本为 10 元，单件产品保存成本为 5 元/（月·件），求经济订货批量 EOQ 和最低库存总成本。

注意，求 EOQ 时，首先需要统一单位。如果单件产品保存成本为 5 元/（月·件），那么按年计算，保存成本就应该为 60 元/（年·件）。代入公式，得到经济订货批量、最优库存成本分别为

$$\text{EOQ} = \sqrt{2AD/C_h} = \sqrt{2\times 10\times 1\,200/60} = 20\,(\text{台}/\text{次})$$

$$C^* = \sqrt{2ADC_h} = \sqrt{2\times 10\times 1\,200\times 60} = 1\,200\,(\text{元}/\text{年})$$

该问题也可以将需求转换为按月计算，即需求等于 100 台/月，最后得到的经济订货批量仍然是 20 台/次，得到的最优库存总成本是 100 元/月，刚好等于 1 200 元/年。

在现实中，从下订单到产品入库需要消耗时间，即订货提前期一般是大于 0 的。此时 EOQ 仍然可按上述模型确定，只是在实际操作时，需要注意按照订货提前期早一点下订单即可。EOQ 模型的另两个前提条件——瞬间补货、订购成本与批量无关，在实践上也不能完全满足。但作为对现实世界很好的近似，EOQ 模型及其各种变形在实践中仍然得到了广泛应用。

三、库存控制策略

（一）库存分类

企业库存所涉及的物资可能多达几百、上千甚至上十万种，从管理的精力付出和成本收益考虑，对每种产品都采取同样的策略做同样精细的管理是不现实的。在实践中，往往区分重要产品和一般产品，对前者投入较多精力做精细管理，而对后者采取一般管理。这一管理原则来自帕累托法则：重要的少数和次要的多数[一]。具体到库存管理实践中，通常约占物资种类 20% 的重要物资，其价值可达库存总价值的 80%。将库存物资各自价值按从大到小排列，然后计算其价值累加，即可观察到如图 10-3 所示的库存总价值和产品种类的关系。

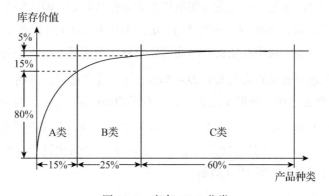

图 10-3　库存 ABC 分类

根据图 10-3，可把库存物资按其价值分为 A、B、C 三类。A 类物资约占物资总数的 15%，但是占用库存资金可达 80%；B 类物资约占总数的 25%，但总价值只占 15%；C 类物资数量最多，但是占用资金却最少。这就是库存管理中的 ABC 分类法。根据 ABC 分类，不同物资的管理思路不同。

A 类物资：贵重物资，宜实行重点管理，严格控制库存储备，尽量缩短采购周期，采购次数较多，加快资金周转速度，最大限度地减少资金占用。

B 类物资：适当控制库存量，根据供应和采购能力，可延长采购周期，适当减

[一] 意大利经济学家维弗雷多·帕累托（Vilfredo Pareto，1848—1923）在 1906 年分析意大利居民家庭财富状况时发现，在当时的意大利，20% 的人拥有国家 80% 的财产，而其余 80% 的人只拥有 20% 的财产。就财富占有来说，前者是重要的少数，后者是次要的多数，这一发现后来被管理学家约瑟夫·朱兰（Joseph M. Juran，1904—2008）等人概括为帕累托法则。

少采购次数，储备天数可稍长。

C 类物资：资金占用上可以放宽，采购周期可以更长，储备天数可以更多，简化采购和管理工作，以减少交易成本。

（二）库存控制

针对不同库存产品确定其订购批量、订货周期，设置安全库存等，这就是库存控制。常用的有定量订货和定期订货两类模型。

1. 定量订货模型

定量订货模型也称为订货点法，要求企业连续监测库存水平，一旦库存产品数量低于某个特定的值 r，即订货点，就下达新的订单补充库存。其特点是每次的订货量一般是固定不变的，但面对随机需求时，订货周期可能不固定。

对于需求恒定的 EOQ 型库存系统，如果补货提前期（以 L 表示）是确定的，那么在提前期 L 内库存消耗量就恒等于 DL。此时，只要在库存水平降低到 DL 时立即下达订单，就可保证在库存量刚为 0 时，下一次补货恰好到达而满足需求。因此，EOQ 型库存系统可设置订货点为：$r = DL$。

如果需求是随机变化（期望值和方差保持稳定）的，则在补货提前期 L 内，库存的消耗量并不确定，可能大于 DL。若按照 EOQ 的管理策略，则在订货提前期内，很可能出现库存缺货，因此需要设置安全库存。以正态分布为例，假设单位时间的需求量服从正态分布：$D \sim N(\mu, \sigma^2)$，且在订货提前期 L 内，需求的标准差为 σ_L。那么，在订货提前期 L 内，库存平均消耗量为 μL。因为需求是不确定的，所以就需要额外储备一个安全库存以应对需求波动。若安全系数为 k，则安全库存设置为 $ss = k\sigma_L$。于是订货点就是 $r = \mu L + k\sigma_L$。若每次订货量都为定值 Q，则整个库存运行过程就如图 10-4 所示。

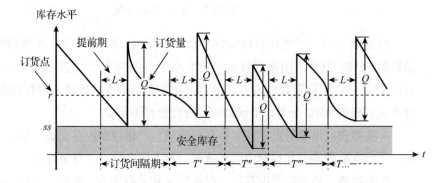

图 10-4　定量订货策略下的库存系统

对于正态分布的随机需求，如果设定安全系数 k=1.96、2.58，则分别可以 95%、99% 的概率保证不缺货。另外，最佳订货量 Q^* 一般可在需求期望值 μ 所计算的最佳批量 EOQ 的基础上乘以一个系数得到。对于需求在任意概率分布下的最佳订货量 Q^*、安全库存 ss 以及订货点 r，目前并不存在统一的计算公式，需要针对具体问题寻找专门的求解方法。

2. 定期订货模型

定期订货模型的特点是订货周期固定，但每次订货量不一定相等。其库存策略是每隔一定时间，都将库存补充到目标水平 S。如果需求是随机变化的，那么在任意两个订货时间点上，剩余库存并不一定相等，结果每次订货量都是不同的。库存变化过程如图 10-5 所示。

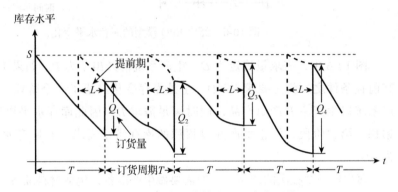

图 10-5 定期订货策略下的库存系统

由于需求有随机性，这类库存控制策略也需要考虑一个安全库存。针对不同的随机分布和需求变化模式，该策略的最优目标库存 S^*、最优订货周期 T^* 的计算方法可能都不相同。

一般来说，定量库存控制法可以比较容易地控制缺货，在相同的服务满足率下，安全库存量可以设置得相对较低，且可以考虑恒定批量订货，入库盘点比较简便。但因其订货周期不固定，对于昂贵物资就难以编制严密的采购计划，也难以采用倍数周期和其他产品进行联合补货以节约订购成本。因此，定量订货法一般适用于价值较低、需求比较稳定的物资，特别是库存分类中的 B、C 类产品。

定期订货法具有固定的订货周期，可以制订严密的补货计划，对库存量施行严格的上限控制，在保证生产或销售需要的同时避免了物资过分囤积，节省了资金占用。但由于每次订货量都不固定，因此在库存管理上需要花费更多精力，一般用于处理需求变化大、比较重要和昂贵的物资，多用于 A 类产品的库存管理。

第二节 批量问题与生产计划

一、经济生产批量

由于生产需要时间，所以如果边生产边补充库存，就不可能如 EOQ 模型那样,瞬间完成补货过程。例如,若装配中心向制造中心下达 20 个齿轮的补货任务,除非提前存货,制造中心实际上不可能瞬间产出 20 个齿轮,而是以一定的生产率完成该任务。若制造中心产出率为 40 个齿轮/天,那么生产 20 个齿轮就需要 0.5 天时间。所生产的这 20 个齿轮,就称为一个产品批次,其库存补充和消耗过程如图 10-6 所示。

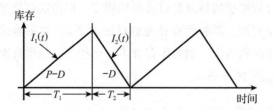

图 10-6 经典 EPQ 模型的库存水平变化

图 10-6 中,需求量稳定为 D,生产系统的产出率为 P。如果不允许缺货,则其前提条件之一就是要求 $P \geq D$。于是库存变化经历了两个阶段:第一阶段,生产系统以生产率 P 产出产品,同时满足需求 D,因此库存水平以斜率 $P-D$ 递增累积;第二阶段,停止生产并以累积的库存满足需求,其库存水平的变化斜率为 $-D$。

每生产一个批次的产品,一般需要做生产准备,包括材料准备、设备调试、批次检修等,这都需要花费一定的费用或者付出时间成本,称为生产准备成本(set-up cost)。生产准备成本的性质类似于 EOQ 问题中的订购成本:与批量大小无关。一次生产太多或太少都不会使总成本最低,而是存在一个使总成本最小的经济生产批量(economic production quantity,EPQ)。经济生产批量问题表明,库存订货或者产品生产并不是一次性得到越多的产品就越好,而是存在经济批量和最优的计划安排,因此制订合适的库存与生产计划是生产管理的核心问题之一。

二、生产计划

(一)生产计划体系结构

简单地说,生产计划就是要确定所生产产品的种类、数量和生产时间。但在实际中,产品种类的多样性、结构的复杂性、需求的不确定性和组织结构的层级性使得生产计划问题变得复杂起来。首先,企业往往经营多种产品,而经济批量模型只能处理单一产品。从单产品到多产品的计划综合和生产协同并不容易。其次,每一种产品本身的结构可能会非常复杂,包含众多零部件。例如,汽车一般涉及 2 000 多种零部件总成,包含 3 万多种零件;飞机所涉及的零件种类数可达到数十万种。在制订生产、采购计划时,面对如此庞大且相互关联的产品系统,一个简单的计划体系是难以胜任的。最后,企业结构也是分级的,不同级别关心的核心问题并非一样，也就不可能使用同一种计划策略。因此，在实际应用中，企业往往采用一种分层递阶的生产计划体系，其主要结构如图 10-7 所示。

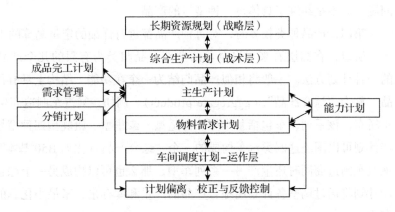

图 10-7　分层递阶生产计划体系

最高层是战略层计划，主要涉及新产品开发、资源计划、市场开发等决定企业在未来 5~10 年或更长时期的战略性规划。其目的是确定企业的发展方向，虽然一般比较粗略，但仍然要求具有可行性，以便逐层向下分解，为综合计划奠定基础。

（二）综合生产计划

综合生产计划（aggregate production planning，APP）需要制定 0.5~2 年内每个月或者每个季度的产量计划。企业产品的种类可能很多，但对于高层管理者来说，为了总体上实现各产品系的正常生产，在综合生产计划层所关注的主要问题是：

- 有计划地进行工厂生产能力和生产计划之间的平衡，根据市场总体需求，配置足够数量的原料、燃料、生产设备以及生产人员。
- 根据计划产量进行生产能力调整，或决定外协、外购一部分或者全部零部件。
- 为所需购买的原料、燃料、零部件以及所需配置的人员测算所需资金，以便制订资金筹措计划等。

综合生产计划并不详细到具体的产品，因为从企业整体来看，在较高计划和管理层对每种产品都进行精确的需求预测，然后根据需求信息制订生产计划是不合适的。其原因在于：

第一，综合生产计划一般以一年或者数年为计划期，其需求信息变化较大，单一型号的具体产品可能很难表现出有规律的需求模式。

第二，在以年为跨度的时间长度上，顾客的消费行为往往是变化的，他们实际上并不知道自己最终会选择什么样的产品，因此过早计划和生产具体产品并没有好处。

第三，高层管理者更关心生产的总体情况，特别是产能配置、生产要素采购等问题，而不是纠缠于具体每一种型号的产品。

第四，产品种类较多时，对每种产品都进行详细的定量测算的工作量过大。

所以，在高层看来，将企业的全部产品归类为有限的几个产品族是比较可行的一种计划方法。一般将相似产品归结为一个在功能、结构上具有代表性的虚拟产品，称为"综合产品"（aggregate product）。例如，某汽车制造商生产 B50 系列的小轿车，该系列轿车包括基本型、舒适型、豪华型、旗舰型四种型号。那么综合生产计划可以围绕这四类汽车构成的一个"综合产品"（比如 B50 基本型）来进行。若该汽车制造商同时还生产另一系列车型，那么也可以构成另一个综合产品。综合生产计划将通过调整各计划期综合产品的产量和库存量，来最小化总的生产成本和库存成本。

设企业经营 n 种综合产品，需要制订从第 1 期到第 T 期的生产计划。第 i 种综合产品在第 t 计划期的计划产量为 x_{it}，预测需求为 D_{it}，单件产品生产成本为 c_{it}，单件产品需要消耗的产能为 a_{it}，库存水平为 I_{it}，单位产品在单计划期的库存成本为 h_{it}。企业在第 t 计划期的总生产能力为 C_t，则综合生产计划模型为

$$\min f(x_{it}, I_{it}) = \sum_{t=1}^{T} \sum_{i=1}^{n} (c_{it}x_{it} + h_{it}I_{it}) \tag{10-8}$$

s.t.

$$\begin{cases} \sum_{i=1}^{n} a_{it}x_{it} \leq C_t, \ t = 1, 2, \cdots, T \\ I_{it} = I_{i,t-1} + x_{it} - D_{it}, \ t = 1, 2, \cdots, T; i = 1, 2, \cdots, n \end{cases}$$

其中，第一个约束表示每个计划期的生产能力约束，第二个约束表示第 t 期的库存水平等于第 $t-1$ 期的库存量加上当期产量，减去当期为满足需求而消耗的量。运用优化方法，求出式（10-8）关于 (x_{it}, I_{it}) 的最优解，即可得到最优综合生产计划。

在综合计划模型中，还可以考虑其他条件，比如是否通过加班、外购来满足产能不足的情况，是否考虑能力可以变动的情况，是否考虑批量问题等。除了使用上述数学模型的方法制订综合生产计划，在实践中，还有一种所谓"可行解"（feasible solution）方法，即设法得到一个可行但不一定是最优的计划方案，使得总成本不至于太高。比如可以根据上一年已成功实施的生产计划，考虑新的需求进行微调而得到新的综合计划。

（三）主生产计划

主生产计划（master production scheduling，MPS）在综合生产计划基础上，一方面细化了时间粒度，另一方面，具体化了产品品种，同时需要更多考虑实际生产和市场信息。主生产计划所要解决的问题及其与综合生产计划的区别有如下几点：

第一，主生产计划的总计划期更短，一般不会超过半年；而在时间粒度上，主生产计划的生产指令规定了每星期，甚至细致到每工作日的产量。

第二，主生产计划细化到每种最终产品，生产任务具体下达到成品车间，而不是停留在综合生产计划的整体企业层面。

第三，在主生产计划层面，必须考虑产品是按订单进行定制生产，还是按需求预测进行备货生产。

在生产系统定制分离点的上游，需要根据需求预测，以备货生产方式提前维持一定的零部件库存或半成品库存，并为之制订生产计划；而在定制分离点下游，可以在拿到订单之后再按要求进行定制生产。因此主生产计划在定制分离点的上游将发挥重要作用。而正是从主生产计划层开始，按单生产方式和备货型生产方式才开始体现出实质性区别。

（四）物料需求计划

主生产计划将生产的成品种类、数量、交货期等指令下达到了各成品车间。成品车间要根据生产指令启动生产，还必须从上游车间获得零部件甚至原材料。这就需要将成品生产任务进一步分解为具体的原材料、零部件，并确定它们在每个计划期的产量，从而使生产计划可以下达到所有车间而启动生产，这就是物料需求计划（material requirement planning，MRP）。

物料需求计划在时间粒度上不会比主生产计划更细，但是在产品结构上从成品推进到了产品的各组成元素层面，并将主要面向成品车间的主生产计划分解落实到了所有生产车间。因此，物料需求计划将生产计划管理的逻辑过程与生产系统的物理结构紧密联系了起来。

（五）车间调度计划

车间调度（scheduling），是将各车间的生产任务，进一步细化落实到具体的加工中心、工位、每件或每批次产品，并确定其合理的生产顺序、交货期等而制订的生产计划。

举例来说：假设经物料需求计划分解后，下达给车间的生产任务是在某个工作日，完成3种零件A、B、C的生产。那么在车间调度层，就需要进一步确定各零件的生产顺序和具体的交货期。显然，对某一零件而言，不同的生产顺序下的交货期是不同的。另外，由于生产设备从生产一种零件转换到生产另一种零件所需要的时间也可能不同，比如先生产A，再生产B，需要5分钟的生产转换时间，而反过来，其转换时间很可能不是5分钟。所以，不同的生产调度顺序对生产计划的完成时间有很大影响。

调度问题的决策目标有很多，若允许交货延迟，那么车间会寻求一个延迟时间最小的调度方案；如果考虑延迟惩罚，则车间会寻求一个延迟惩罚最小的方案；或者，如果提前完成有奖励，那么车间调度又会寻找一个获取最大奖励的方案。另外，如果考虑生产系统与流程结构，会有单机调度问题、多机调度问题、流水线调度问题等。更广义地，还有项目调度、器官移植调度、救灾调度、农业生产调度等。解决这些问题的数学模型，多数是 NP-Hard 问题，目前仍然是研究热点。

（六）生产计划滚动

通过预测得到需求信息或者直接拿到客户订单，是制订计划和进行生产的开始。但在实际中，往往很难完美执行所制订的生产计划。因为预测会出现误差、订单可能出现变化、生产过程也可能出现偏离，这就需要不断考察计划执行的实际情况以及实际的市场环境，修正原有计划而形成新的生产计划。每隔一段时间重复这一操作，就会使生产计划体系具有应对未来变化和对偏离的自我修正能力，这就是生产计划滚动，如图 10-8 所示。

图 10-8 生产计划滚动示意图

总的来说，生产计划滚动的基本思路就是"得陇望蜀"。当前计划在执行时，要预计到更长时期的未来变化，时刻做好准备，以应对计划偏离。一旦执行期结束，马上评估偏离，修正还未执行的旧计划而形成新的执行期计划，如此往复循环。

第三节 MRP 和 JIT

一、物料需求计划

如果通过预测得到了未来一段时间内产品的需求信息，就可以根据产品结构，从成品需求逐层分解到零部件、原材料的需求，以制订生产计划并安排生产，这称为物料需求计划（material requirement planning，MRP）。

（一）产品物料清单

产品物料清单（bill of material，BOM）以树状分层结构将产品分解为子系统、部件、零件直至原材料，反映了产品组成结构，是 MRP 计划方法的数据基础之一。比如，汽车整车一般由车身、底盘、发动机和电气系统组成。而车身可进一步分解为车体骨架、发动机罩、行李箱盖、车门总成；底盘可分解为传动系、行驶系、转向系和制动系；发动机可进一步分解为曲柄连杆、配气机构、燃料供给系统、润滑系统、冷却系统、点火系统；电气系统还可进一步分解为电源系统、电子控制系统、启动系统等，如图 10-9 所示。

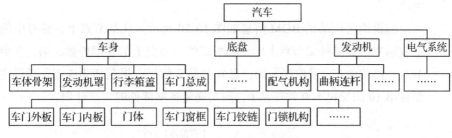

图 10-9　汽车结构示意图

如果对上述每个子系统继续细分，就可以得到最终所需要的零部件或者原材料的物料清单。如车门总成可进一步分解为车门内外板、车门体、车门窗框等。考虑各零部件的生产提前期（从下料到完成生产所需的时间）、节点逻辑和数量关系，可整理成类似表 10-1 的产品 BOM 清单，有时也称为 BOM 表。

表 10-1　产品 BOM 清单基本形式

物料名称	物料代码	层次	父节点	单位	每台件数	制造类型	生产周期（周）
汽车	10000	1	—	台	1	自制	2
车身	11000	2	10000	台	1	自制	1
车体骨架	11100	3	11000	件	1	自制	1
发动机罩	11200	3	11000	件	1	自制	0.5
行李箱盖	11300	3	11000	件	1	自制	0.5
车门总成	11400	3	11000	件	4	自制	1
车门外板	11401	4	11400	件	1	自制	0.5
车门内板	11402	4	11400	件	1	自制	0.5
车门体	11403	4	11400	件	1	自制	0.5
⋮	⋮	⋮	⋮	⋮	⋮	⋮	⋮
底盘	12000	2	10000	件	1	外购	2
发动机	13000	2	10000	件	1	外购	3
电气系统	14000	2	10000	件	1	自制	2

BOM 表显示：生产车门体需要 0.5 周，和车门各种组件组装成车门需要 1 周；将车门、车体骨架、发动机罩、行李箱盖等组装为车身，又需要 1 周；最后将四大系统组装成一部汽车需要 2 周的装配时间。

注意，从生产计划的角度来看，不一定要求将产品结构分解到最底层零件的水平。比如，若发动机是外购产品，那么就不需要将发动机做进一步分解。在生产计划中，只要按照计划，考虑发动机的采购周期（订货提前期）让供应商及时供应发动机即可。

（二）MRP 计划方法

MRP 计划方法的基本逻辑是逆工艺路线，从成品的主生产计划开始，按照产品物料清单向下逐层分解，直到得到零部件以及外购原材料的生产和采购计划。由于 MRP 是在需求发生之前以主生产计划为推动的生产控制方法，因此是一种推式生产。

假设给定产品的 BOM 信息如图 10-10 所示。在某节点上，括号中的第一个数字表示生产其单件父节点上的产品所需的该节点上的零部件数，第二个数字表示该节点产品的生产/采购提前期。已知产品 P 的生产提前期为 3 周，假设主生产计划要在第 10 周交付 100 件产品 P，现要确定各零部件的生产计划。

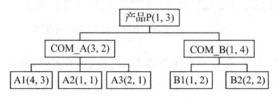

图 10-10　产品的 BOM 结构图

首先，产品 P 的生产提前期为 3 周，因此产品 P 必须在第 7 =（10-3）周开始生产。产品 P 由 3 个部件 COM_A 和 1 个部件 COM_B 组成，生产提前期分别是 2 周和 4 周。那么 COM_A 显然应该在第 5（=7-2）周开始，共生产 100×3 = 300 件，而 COM_B 应该在第 3（=7-4）周开始，生产 100×1 = 100 件。零件 A1 的生产需要在第 2（=5-3）周开始，这样才能在第 5 周交付 300×4 = 1 200 件零件 A1 用于部件 COM_A 的生产。同理，可以得到其他所有产品的生产计划，如表 10-2 所示。

表 10-2　产品 P 的物料需求计划

产品	产品 P	COM_A	A1	A2	A3	COM_B	B1	B2
计划产量	100	300	1 200	300	600	100	100	200
生产日期	7	5	2	4	4	3	1	1

MRP 适合 BOM 结构较为复杂，但是需求和生产不确定性较低的离散制造装配型生产环境。早期的 MRP，是一个从主生产计划开始，不断向下分解的开环系统，如果某生产节点的生产能力不足，则无法进行调整。有鉴于此，IBM 在 20 世纪 70 年代推出 MRP 系统之后，进一步考虑了生产能力约束，提出了能力需求计划，使得 MRP 具有反馈修正和调整的功能，称为闭环 MRP。20 世纪 80 年代初，在闭环 MRP 的基础上，增加了财务管理，实现了生产、库存、采购、销售、财务和成本的信息集成。这一新的系统仍简称为 MRP，但其全名已改为"制造资源计划"（manufacturing resource planning，MRP）。为了与第一代 MRP 相区别，一般称其为 MRP Ⅱ。

从 20 世纪 90 年代开始，人们将 MRP Ⅱ 的功能进一步扩展，使之具备了供应链管理功能、在线分析能力，集成了商业智能、客户关系管理等新的模块，并具有了跨平台、跨生产类型的适应能力，形成了一个集成所有资源，能对企业进行全面管理的信息系统，称为企业资源计划（enterprise resource planning，ERP）。ERP 系统是当今大型企业实现高水平管理的重要平台之一。

（三）MRP 系统的生产批量

MRP 给出了各计划期所应交付的合格产品的数量，但这并不是说在每期只生产当期应交付的产品量就是最合理的。因为每启动一次生产线，都会发生生产准备成本，而若在一次启动后生产过多，则又需要持有一定库存而付出库存成本，所以每次生产都存在一个合适的生产或者订货批量，此即经济生产与订货批量。

假设经 MRP 计算，要求某工序在未来 10 个月每月交付 100 件零件（相当于单位时间的需求量 $D=100$ 件/月）。已知每启动一次生产，消耗生产准备成本 $A=400$ 元/次，库存持有成本为 $C_h=2$ 元/件·月。若采用每月生产 100 件的方案，那么 10 个月一共需要启动 10 次生产线，每次生产 100 件零件且立即交付，因而没有库存，总成本（不考虑生产成本）即为 10 次生产准备成本：10×400 元/次 $=4\,000$ 元。

如果忽略生产时间，则可使用经济订货批量模型，确定生产批量为

$$EOQ = \sqrt{2AD/C_h} = \sqrt{2 \times 400 \times 100/2} = 200（件/批次）$$

这样，只需每 2 个月启动一次生产，每批生产 200 件，共生产 5 次就能满足所有需求。其中每批有 100 件立即交付而不引起库存，剩下的 100 件产品需要保存一个月。因此总成本为库存持有成本 + 生产准备成本，即

$$5 \text{计划期} \times 100 \text{件} \times 2 \text{元}/(\text{件·计划期}) + 5 \text{次} \times 400 \text{元}/\text{次} = 3\,000 \text{元}$$

可见，针对 MRP 计划，存在最优生产批量，使得生产总成本最小。

多数情况下，经过 MRP 分解之后，各计划期所要求交付的产量并不一定是恒定的而是随时间变化（时变）的，此时就不能使用 EOQ 模型确定最优批量。针对这种时变需求的情况，有很多其他方法可以确定最优或近似最优批量，如 Wagner-Whitin 方法、Silver-Meal 方法等。此时在不同的生产点，最优生产批量可能并不恒定。

二、准时制生产（JIT）

（一）JIT 基本概念

MRP 计划系统的核心假设之一就是预测的需求信息和实际需求完全一致且确定，因而可以在客户订单到达之前就进行备货生产以满足未来的市场需求。但实际上，需求预测不一定准确，且预测的时间跨度越长，就越不准确。所以完全按照预测进行生产就可能导致产品过剩而造成资金占用，或者产品短缺而造成机会损失。一种可行的解决办法，就是在实际需求发生之后才开始生产，由此出现了准时制（JIT）生产方式。

JIT 生产是由丰田喜一郎（1894—1952）构思于 20 世纪 30 年代，而后由丰田英二（1913—2013）和大野耐一（1912—1990）于 20 世纪 70 年代在丰田汽车公司完全实现的一种生产管理方式，也称为丰田生产系统（Tokyo production system, TPS）。所谓准时制，就是要求产品线各环节将必要的产品（原材料、零部件或成品），以必要的数量和完美的质量，在需要的时间送往正确的地点。如果企业达到了理想的 JIT 生产，则其库存应该为 0，因此 JIT 又称为"零库存"管理。显然，从理想 JIT 的角度来看，当实际需求还没有发生，客户订单还没有到达时，不应该进行任何生产。否则，就因库存而造成了浪费。为了实现这种高效的生产方式，JIT 遵循下述思想：

（1）消除一切形式的浪费。JIT 对浪费的定义为：凡是不增加顾客价值的活动都是无效和浪费的。

（2）不断改进，不断完善，追求尽善尽美。

（3）把调动人的积极性和创造性放在首位，推行"以人为中心"的管理。

JIT 的目标是提高企业经济效益和提高企业竞争力，要求尽一切可能消除浪费，降低成本。JIT 定义了 7 大浪费：过量生产、等待、搬运、无效的流程、库存、冗余（无效）的动作、次品和缺陷。可见，在 JIT 方式下，"超额与提前完成任务"并不是什么好事，因为它们会造成库存积压，抬高资金成本，从而降低企业盈利能力，这与 JIT 的目标完全相悖。

JIT 是一种需求拉动（拉式生产）的管理模式，它要求生产系统具有足够快速的反应能力，在客户订单到达之后，以最短的生产提前期及时满足客户需求。因此，采用准时制的丰田生产系统高效而精良，其基础是高素质的员工队伍，其支柱是准时制生产、全面质量管理和全员生产维修制。

JIT 系统在进行计划管理时，也需要用到产品的 BOM 分解，但它与 MRP 的计划推动的管理逻辑完全不同。图 10-11 给出了拉式生产系统 JIT 与推式生产系统 MRP 的区别。

如图 10-11 所示，虽然 MRP 和 JIT 都做需求预测，但推式的 MRP 生产系统将直接根据需求预测制订生产计划并下达给各车间或者工序，各生产单位即按计划在真实需求发生之前进行生产。拉式 JIT 生产系统只是根据需求预测进行原材料、零部件等的生产准备，直到实际销售发生了才下达生产计划，指令各车间或者工序开始生产和交货。另外，推式生产要维持零部件以及大量成品库存，而拉式生产主要维持零部件等在制品库存。还有一个区别是，推式生产的正式生产指令下达给所有车间，而拉式生产的正式生产指令仅下达给装配车间，其他车间依据一种"看板"系统，获得正式生产指令。

（二）看板管理

在 JIT 系统中，生产计划和指令以图表的方式呈现在工序之间的展示板上，称为"看板"。看板管理系统的生产指令开始于成品工序或者终端工序。终端工序拿到客户订单之后,根据产品结构推算上道工序应该供应的零部件数量和交货期,然后以看板方式将需求信息展示给上道工序;上道工序继续这一过程,直到源头工序启动生产,再不断向下游交货,直到终端工序完成生产并交付产品。

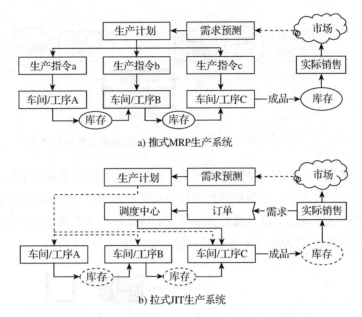

图 10-11 推式、拉式生产系统的计划与生产方式

要实现看板管理,首先,要合理布置生产设备,使得每种零件只有一个来源,零部件在加工过程中有明确固定的路线;其次,合理布置工作地,将在制品与零部件存放在工作地旁边,而不是放在仓库;最后,每个工作中心有两个存放地——入口存放地和出口存放地。

使用两种看板——搬运看板和生产看板。搬运看板在上道工序的出口与下道工序的入口之间往返运动,标明了某批次零件的生产者(出口存放号),以及交付的目的工作地(入口存放号)。生产看板则规定了生产内容,以及生产的零部件在出口存放地的存放点(与下道工序对应)。

以一个装配线为例来说明两看板生产系统的运作机理。在该生产系统中,零件存储在装配线与加工中心之间的出入口存放地;在装配线入口存放地的容器中有一个搬运看板,加工中心出口存放地的容器中有一个生产看板,构成两看板系统,如图 10-12 所示。

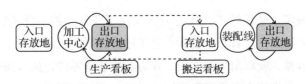

图 10-12 装配线的两看板系统

作为拉式系统，JIT 生产开始于终点工序。

第一步，装配线（下道工序）给加工中心（上道工序）发送一个生产看板和一个搬运容器（内含搬运看板），提出需要生产什么零件，生产看板连同搬运容器放在上道工序出口存储区，如图 10-13 所示。

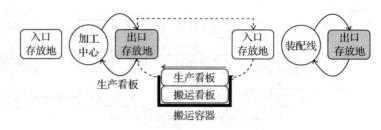

图 10-13　终点工序发出搬运看板开始拉式生产

第二步，上道工序工人发现生产看板，就按照要求进行生产，并将完成的零件放在生产容器中，以便移到搬运容器运送至下道工序的入口存放地（注意，生产量与生产容器和搬运量与搬运容器不一定相等）；生产看板则回收到指定的收集箱（看板收集器），或者继续传送给更上游工序，如图 10-14 所示。

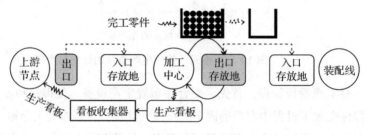

图 10-14　按照生产看板进行生产

第三步，上道工序工人将零件连同搬运看板从生产容器放进搬运容器（这很可能需要一段时间），传送到下道工序的入口存放地，如图 10-15 所示。

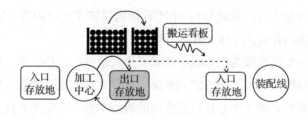

图 10-15　上道工序将零件连同搬运看板传送至下道工序

第四步，装配线工人在存储区发现了所需要的零件（搬运看板），于是取走零件，放入新的生产看板，告诉上道工序继续下一批零件的生产；加工中心工人发现了搬运容器，就取出生产看板，在容器中装满零件，放入搬运看板，将该容器送到装配线；取出的生产看板则保留，以进行下一次循环。

看板系统的核心原则就是"看板为王":无看板,不搬运;无看板,不生产。因此需要整个生产系统的前后工序严格按照数量、时间、标准化批量和节拍等进行生产。由于其生产指令完全由需求驱动,生产计划能在当期内随时调整,因此在制品的计划数量与实际消耗出入不大,而产成品又能及时销售出去,结果大幅降低了库存储备。

(三) JIT 系统的生产批量与看板数量

为了实现"准时"生产,JIT 系统要求将生产线调整和转换的时间压缩至极短⊖。随着生产转换时间的缩短,其生产准备成本几乎接近于 0。根据 EOQ 与 EPQ 原理,相应的合理生产批量就可以很低而不再受限于生产准备成本。为方便管理,JIT 系统一般将生产批量直接设定为生产或搬运容器的容量,且要求容器的容量不能太大,由此就可通过小批量多频次生产满足大规模需求。而在给定批量等于生产或搬运容器容量的前提下,生产与搬运的总批次数就等于看板数,即生产与搬运容器被反复填满和搬运的次数。

考虑一种单看板系统(生产看板就是搬运看板),每批产出直接装在生产容器(也当作搬运容器)中完整地交付给下道工序。设生产与搬运容器的容量为 a 件产品,单位时间需求量为 D,完成 a 件产品的生产并交付给下道工序所需时间为 L(包括生产准备时间),安全系数为 S(大约在 10% 左右),那么合理的看板数量 k(正整数)应满足

$$k \geqslant \frac{DL(1+S)}{a} \tag{10-9}$$

考虑一个为装配线供应零件的加工中心,其生产与搬运容器的容量设定为 10,那么生产批量即为 $a=10$ 件。加工中心完成 10 件零件的生产并搬运到装配线的时间总共为 $L=4$ 小时。装配线每小时需要 7 个零件组装成品,即该零件的需求量 $D=7$ 件/小时。若取安全系数 $S=5\%$,则在加工中心和装配中心之间的生产与搬运看板数应满足

$$k \geqslant \frac{DL(1+S)}{a} = \frac{7 \times 4 \times (1+5\%)}{10} = 2.94$$

取整可知,本例需要 $k=3$ 个看板,也就需要准备 3 个容量为 10 的生产与搬运容器。

对于两看板系统,需要分别设定两种容器各自的容量,并分别考虑生产容器中零部件的生产时间和搬运容器中零部件的搬运时间,确定两种看板各自的数量。

需要强调的是,只有当生产准备时间达到极低程度时,才可以将合理生产批量设定为生产与搬运容器的容量从而实现小批量生产。如若不然,势必会因反复启动

⊖ 在 20 世纪 70 年代末,丰田公司的胶印工人能在 10 分钟内完成 800 吨压力机的换模,而当时美国和德国的工人分别需要 6 小时和 4 小时。在今天,10 分钟内完成换模已不稀奇,三菱重工的工人将镗床的刀具换装时间从过去的 24 小时降低到了惊人的 2 分 40 秒。

生产线而发生高额的生产准备成本。有观点认为，并不是因为实施了 JIT 的看板管理而提高了生产水平，而是因为提高了生产水平才使得生产系统可以按照 JIT 的看板管理方式运行。当然，在实施 JIT 的看板管理过程中，为了不断降低生产批量而向"零库存"目标进发，生产水平也会得到不断提高。就此而言，JIT 的手段和目标是相辅相成、有机结合的统一体。

（四）增强版 JIT：精益生产

20 世纪 70 年代日本准时制生产的成功，使美国人开始关注日本汽车工业的生产方式。美国麻省理工学院 1979 年启动了"国际汽车项目"（International Motor Vehicle Program，IMVP）研究，其 1990 年出版的 *The Machine That Changed the World* 一书指出：日本人在工作上追求尽善尽美、精益求精，在制造上讲究零缺陷和零库存。这种生产方式不仅适用于汽车制造行业，更可以推广应用到所有制造业，不光适用于制造系统的管理，也可以推广到产品研发、采购供应、销售服务甚至财务管理等环节，由此形成一种新的全面精益求精的生产管理模式，其含义将大大超过 JIT 的原始意义。IMVP 将这种新的生产管理思想和管理方式称为精益生产（lean production，LP）。

精益生产是从 JIT 的一系列复杂生产管理技术中抽取其精髓形成的更高理念的管理理论，其总原则是"一切从简"（"lean"的原意是"精瘦""精干"）和"不断改进"（精益求精）。"一切从简"是要删除一切冗余和不利因素，包括简化企业组织结构、简化产品开发过程、简化制造过程、简化产品结构、简化与供应商的联系；"不断改进"强调企业时刻只处于"良好"状态而不是"最优"状态，因此要不断进取，永远追求理想境界。目前，精益生产管理方式已在世界各国多家企业成功应用。

（五）拉式生产系统的适用性

对于一些顾客定制性较多、花样较为繁复的产品，如果在需求实现之前盲目生产，很可能造成库存积压。拉式生产系统正是在获得顾客订单之后才开始成品的生产，因此对于顾客定制性较强、需求变化较大的一类产品，可考虑采用拉式生产系统。

然而，若采用 JIT 系统施行拉式生产，则要仔细考虑生产提前期问题。一般来说，成品的生产提前期不应该过长，否则会因等待时间长而造成过多的顾客流失。所以，JIT 系统一般会在生产线上存储最低数量的在制品零部件，一旦发生了实际销售，则会在较短时间内启动产品的装配生产，快速满足顾客需求。因此，JIT 系统一般适用于按订单装配（assembly-to-order，ATO）的定制产品生产线，如汽车、电子产品等。

对于标准产品，如家电行业，其产品花色、零部件规格的可选择性较小，因此采用拉式生产和推式生产区别不大。另外，对于大型工程、轮船、重型机械等产品，并不适合采用 JIT 施行拉式生产，因为这不是简单的装配过程，不可能做到如 JIT 水平的快速响应。对这类产品，一般采用项目管理方式，以项目型制造系统应对。总之，JIT 以及 MRP 能解决部分批量生产、离散制造－装配类型的生产系统计划问题，对于单件小批生产、连续流程型生产系统并不完全适用。

第四节　供应链管理

一个企业要从其上游企业采购必需的生产要素才能完成生产以满足顾客需求，而这个企业也可能借助其下游企业分销自己的产品。多个企业以供应－需求关系为基础，组成了链状或者网状结构，称为供应链。现代企业竞争不纯粹决定于单个企业的实力，而要在供应链层面上展开，因此一个完善可靠的供应链对于现代企业非常重要。

一、供应链的基本概念

（一）供应链的提出

为实现对制造资源和生产过程的有效控制，在传统上，很多企业通过扩大自身规模或整合参股供应商的方式，建立拥有从原材料开始，到毛坯制造、零部件加工、装配、包装、运输销售等一整套机构的"大而全"的企业经营模式，称为"纵向一体化"模式。在"纵向一体化"模式下，企业规模日趋庞大而臃肿，经营投资大，风险高，难以集中优势技术，最终无法快速响应顾客需求而导致竞争力分散和经营失败。

鉴于此，现代企业逐渐转向"横向一体化"的管理模式，即集中做好自己擅长的业务，通过与其他企业密切合作，整合供应链上的资源而获得成功。众多电子商务网站，如京东商城、亚马逊等，并不具备所有产品的制造能力，但通过一个强大的信息平台，能广泛整合不同的制造商、零售商、物流配送商，成功实现几十万种产品的销售。在"横向一体化"模式的指引下，现代企业从关注企业内部转向关注企业外部关系的管理，包括与供应商的关系、与分销商以及零售商的关系、与客户的关系等，形成了基于供应链的横向集成管理模式。

在供应链上，企业的竞争能力往往受制于其他企业。若上游供应商不具有"准时制"供货的能力，那么下游企业就不可能在"正确的时间和地点获得必要数量和完美质量"的生产要素，JIT 也就无从谈起。供应链上各企业想在技术能力、管理水平、协同关系上相互匹配，就需要通过供应链管理以提升整个供应链的竞争能力[一]。

[一] 虽然供应链早已存在，但"供应链管理"（supply chain management，SCM）的概念直到 1982 年才由 Booz & Company 咨询公司的咨询师 Keith Oliver 正式提出。

所谓供应链管理，就是企业为获得竞争优势，对供应链中的物料流、信息流、资金流、工作流以及贸易伙伴关系等进行的计划、组织、协调与控制的一体化管理，它将供应链各环节有效集成在一起，在正确时间将正确数量的产品配送到正确的地点。

（二）供应链基本结构

供应链由直接或间接履行顾客需求的各方组成，如制造商、供应商、运输商、仓储商、分销商、零售商，甚至包括顾客本身。图 10-16 粗略展示了冰箱生产和销售的基本供应链网络。首先，冰箱生产企业（制造商）需要采购原材料，包括钣金件、管线材料等，这些由采购部门向原材料供应商订购；其次，冰箱制造商还需要自制或者外购制冷压缩机，这些由压缩机制造商完成，如果涉及进出口，还要遵守海关相关业务流程；最后，在成品完成之后，还需要分发给分销商，并进一步通过各零售商销售给顾客。所有这些环节还需要物流运输的支持，而物流运输可以由冰箱制造企业自己承担，也可以由专门的物流公司负责运输（也称为第三方物流）。

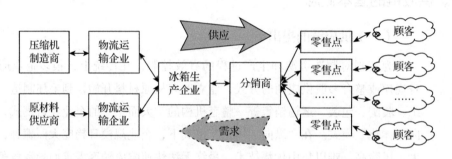

图 10-16　冰箱生产和销售的供应链系统示意图

图 10-16 只是展示了制造－销售供应链的一部分，还不包括因企业融资所发生的和金融机构的关系、售前/售后服务发生的和顾客的关系、生产制造过程发生的与电力等能源供应企业的关系，以及废料处理、旧家电回收等逆向物流问题。

就企业关系来说，制造商还可能跨过分销商、零售商直接和顾客接触，了解市场需求，确定新产品研发战略等。同一个企业还可能处于不同的供应链之中，比如压缩机制造商，可能为多个冰箱制造商甚至空调制造商提供压缩机。因此，一个典型的制造企业供应链实际上是由多个角色形成的多对多、跨环节的供给－需求网络，如图 10-17 所示。

供应链结构是根据实际情况而变化多样的，如：一些计算机制造商可根据订单，直接供货给顾客，供应链上需要的是零配件供应商，而分销商和零售商并不重要；家居公司的供应链则包括木材供应商、家居制造商和销售商，并不一定需要分销商；汽车行业仅在制造商这一个环节上，就包括了零件制造商、部件制造商、装配制造商等多个角色。

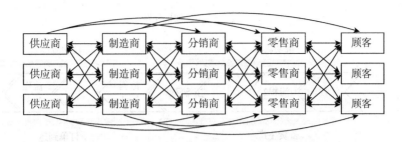

图 10-17　供应链网络的基本元素和基本关系

（三）供应链流程与战略构造

1. 供应链流程

在逻辑结构上，供应链由一系列流程组成，这就是工作流。以工作流为基础，供应链完成了资金流、信息流、物流的循环。工作流分为两类：相邻环节（或者具有直接关系的环节）之间的业务循环流和整体供应链的产品增值流。

（1）业务循环流。在供应链两个相邻环节之间，或者具有直接关系的环节之间，存在一系列的业务过程，这些业务过程构成了不同的业务循环。一个完整的供应链流程可以分为四类循环过程：顾客订单循环、补货循环、制造循环和采购循环，如图 10-18 所示。

图 10-18　供应链流程循环

每个循环又由 6 个子流程组成，包括：供方推销产品→买方发出订单→供方接受订单→供方提供商品→买方接受供货→买方向供方或第三方返回的逆向物流。

（2）推拉过程增值流。供应链是一个产品增值链。其前半部分，即原材料→零部件→成品，是通过不断注入有形的物质和付出劳动而使产品价值不断增长。后半部分：分销→零售→顾客，其增值通过两点达到：第一，分销环节通过物流运输，提高了顾客购买产品的便利性，是一种服务的增值；第二，大宗物资从大批量分销到小批量零售，需要进一步做分拣、包装、移动等作业，其中注入了劳动并提高了产品满足需求的能力，因此也是价值增值的过程。

在这个增值链上，有的环节可以在观察到实际需求之前，根据预测信息提前完成，如零部件制造，而有些环节可以在拿到实际订单之后再开始，如按订单装配，然后通过物流运输交货。类似于生产过程，根据预测提前开始的业务环节是一种推式流程，而获得实际订单之后才启动的业务环节是拉式流程（见图 10-19）。

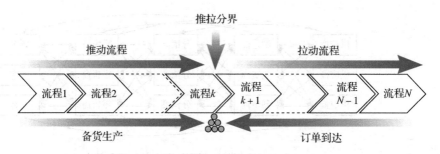

图 10-19　供应链的推动流程与拉动流程

供应链上的推拉分界点类似于生产系统的客户定制分离点。一个供应链系统，需要根据其竞争策略确定合适的推拉分界位置。竞争策略不同的产品，其供应链推拉分界的设置策略以及供应链结构截然不同。

2. 供应链流程结构与战略匹配

为了满足顾客需求，供应链需要具有适度的响应能力。供应链的响应能力表现在对商品需求量大幅变动的响应、对快速交货要求的响应、对不同产品多样性的响应、对产品创新的响应、满足顾客要求的服务水平，以及处理供应链自身的供应不确定性的能力。

与生产系统类似，供应链上也存在着一对相互矛盾的因素：响应性和生产效率。几乎没有哪个供应链能在实现高响应性的同时，还具有极高的生产效率。也就是说，高效率供应链和高响应供应链是供应链的两个极端类型，一般的供应链处于这两个极端之间，如图 10-20 所示。

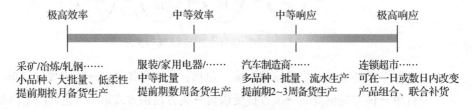

图 10-20　供应链能力：响应性和效率连续带

图 10-20 表明，只能构建不同战略结构的供应链从而获得不同的响应性和生产效率。如果想提高供应链响应能力，就需要加大投资，构建更先进的生产系统。但生产系统响应性的提高而带来的增益，并不一定能弥补投资支出。因此，应该以合适的供应链战略结构应对具有一定需求特性的产品，这称为供应链战略匹配（见图 10-21）。

图 10-21 表明，应该以高响应性供应链应对极不确定的需求，而以高效率供应链应对确定性需求；反之，以高响应性供应链应对稳定和确定的需求是没有效率的。因为稳定的需求是可以精确预测的，没有必要投资于更柔性化的生产技术，造成技术能力过剩（过剩是浪费）；反之，在极端不确定的需求下想实现高效率大批

量生产几乎是不可能的,此时应该合理规划产品结构,引进具有更高柔性的生产制造系统,并考虑以单件生产方式应对不确定需求。

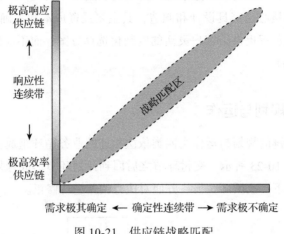

图 10-21　供应链战略匹配

根据需求不确定性所匹配的供应链类型构造供应链战略结构,其核心任务就是要通过适当规划物流、资金流、信息流在供应链上的分布,将不确定性合理分配给供应链上的不同角色。以家具生产为例:在中低档家具市场,顾客需要的多是标准尺寸、样式,以及有限风格的家具产品。此类企业的竞争战略是以低价格和备货零售随时满足客户需求而赢得市场。为了实现低价格,就必须严格控制生产成本。所以,供应链应该保证家具制造过程稳定可控,从而以经济批量实现高效生产。一个策略就是,家具零售商承担较大库存以平抑需求变动,使得家具制造商面对的物流相对稳定,从而能实现低成本批量生产。此时,零售商承担较大不确定性,而供应链上游各部分物流相对稳定(见图 10-22a)。

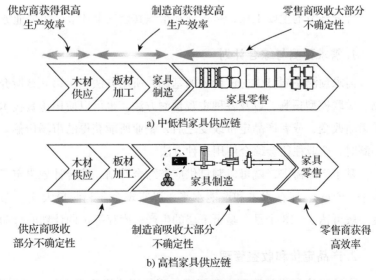

图 10-22　不同类型的供应链战略构造

相反，高档家具的竞争战略是以高品质、个性化设计的家具产品满足高端顾客需求来赢得相应的细分市场，其顾客对家具品质和个性化设计要求较高，需求不确定性较大，所以要求制造系统以高度的制造柔性实现供应链的高响应。可见，这类供应链的核心是家具设计和制造，其主要投资成本和不确定性将分配在制造环节，零售商只负责提供给客户灵活的定制化选择方案，而不应该大量储备成品库存（见图 10-22b）。

二、供应链的规划与运作

供应链的规划与运作由四类依次相连的业务循环组成：计划—采购—制造—交付，如图 10-23 所示。交付环节之后回到计划环节形成计划滚动：一方面制订新的计划进行下一次循环，另一方面对执行偏差进行修正。

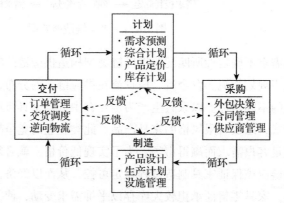

图 10-23　供应链运作的主要业务过程

（一）计划

计划环节的主要工作，是规划和组织其余三个环节的主要业务活动。

1. 需求预测与综合计划

需求预测是制订供应链计划的基础，所用方法包括第九章所介绍的时间序列预测、关联模型预测，以及各种主观预测方法。也可以使用仿真技术，模拟当竞争对手策略改变，或者产品定价改变之后，企业所能获得的市场份额。在进行实际需求预测时，企业往往会综合使用多种方法。

基于产品需求，就可以制订供应链综合计划。综合计划决定了每个时期的生产水平（产量）、库存水平和产能水平，以实现企业利润最大化。综合计划的时间跨度一般可达 3～18 个月，是更下层的生产、库存等短期计划的行动框架。

2. 产品定价和收益管理

产品定价和收益管理主要解决是否使用价格手段进行促销以提高盈利的问题。

一般而言，市场和销售部门倾向于在销售旺季通过调整价格刺激需求，以尽量提高销售业绩；而生产部门可能希望在销售淡季通过调价刺激需求，以避免产能闲置或库存积压。到底采用何种策略，取决于产品成本结构。

对于单价较高的产品，如果企业在生产数量上具有较高柔性，比如能在短时间内扩大产能，并且其库存持有成本也较高，那么就应该在销售旺季以低价促销。如果企业生产数量比较固定，人力和产能调整的柔性较低，而库存持有成本也较低，那么就应在淡季通过降价刺激需求。对于生产稳定、单价较低的产品，降价会影响其边际利润，所以旺季以价格调整进行促销是不合适的；反之，在淡季，对于低价薄利的产品，要想收回投资，就必须维持一定的产出和销售量，此时通过降价促销，可使企业的生产过程稳定在满负荷状态上，避免因为付出固定投资的沉没成本而亏损。

3. 库存计划

通过需求预测制订综合计划，给出了各计划期应该维持多大的库存水平才能满足需求。而在库存计划中，需要进一步解决库存订货的批量问题、策略问题、不确定环境下的安全库存问题等，这些都需要使用库存管理的专门技术来解决。

（二）采购

1. 外包决策

外包决策主要决定企业所需要的生产要素、产品以及物流服务等是自己生产或自营，还是通过向第三方采购来完成，也称为"make-buy"决策。外包决策在供应链的战略构造中就已经开始考虑了。在确定供应链的推拉分离点位置、各环节的生产和制造角色时，就确定了产品在各环节之间的供需关系。

但供应链某环节提供某产品，并不等于该环节就必须自己生产这一产品。一般而言，当多个企业共同需要一项同样的产品或者物流服务时，若将这些需求打包，寻找同一家上游企业统一提供，那么由于规模效应，可以降低成本，提高专业化水平，简化供应商关系，从而提升供应链盈利水平。这时就应该采用外包模式依靠对外采购满足需求。

然而，外包是通过向第三方采购而获得需要的产品或服务，并不能完全掌控交货时间、质量、数量等，因而有一定的风险。一项具体的产品或服务是否决定通过外包获得，取决于对外包带来的好处和外包之后的供应风险的权衡。

2. 合同管理

供应链的合同详细规定了购买者从供应商采购的商品种类、价格、数量、交货时间、交货方式、服务水平、付款方式等采购细节，主要分为四类：第一类是为提高商品可获得性和提高供应链利润的合同，如回购合同、收入共享合同、数量柔性合同等；第二类是协调供应链成本的合同，如数量折扣合同、集中采购合同等；第三类是激励代理商努力的合同，比如在经销商销售超过一定数量时，给予超额销售奖励等；第四类是促进绩效改进的合同，比如，若供应商缩短供货提前期，就能在库存管理上获益，那么采购者与供应商可以签订合同共享这一部分收益，从而提高供应链整体绩效。

3. 供应商管理

企业往往面临多个供应商，因此需要对供应商进行评价，并选择合适的供应商。价格是选择供应商的一个重要指标，但并非唯一指标。除了价格之外，还需要考虑供货提前期、准时交付率、供应的数量柔性、最小批量、质量、运输成本、信息协调能力、设计协调能力、供应商生存能力等因素。对供应商的评价和选择是一个多准则决策问题。

在采购业务中，还要负责完成许多其他职能，如付款、风险管理、合同洽谈、入库出库、消耗管理与库存控制等，不再赘述。

（三）制造

1. 产品设计

除了产品功能本身的设计，供应链对产品设计提出了更高的要求。首先，基于供应链做产品设计，需要更多考虑产品设计的简单化、模块化以及通配性，这样为简化供应商管理、降低制造成本、提高生产要素或产品的可获得性打下基础；其次，供应链产品设计需要考虑零部件或产品模块的最优获取方式，这需要与采购管理的外包决策紧密结合；再次，需要考虑产品在物流运输、安装服务方面的简便性，特别是要考虑产品在回收过程中，逆向物流的经济性要求；最后，要综合考虑所设计产品的采购、制造过程能基于高效率供应链而实现。

2. 生产管理

生产管理开始于生产计划，生产计划开始于需求预测。因此，供应链中的生产管理是从其综合计划模块（规定了产量、库存量）出发，进一步分解为主生产计划、物料需求计划直到车间生产计划，最后根据不同的生产类型，启动生产过程。

实际上，从流程的观点来看，供应链和制造系统是相似的。生产系统要实现拉式按单生产或者推式备货生产，都必须放在供应链环境中考虑才能得到合适的解决方案。特别是拉式生产系统，供应商提供零部件或者可定制半成品的时间、数量、质量以及技术水平，往往决定了拉式生产系统的结构（如推拉分离点位置等）和运作绩效。

（四）交付

1. 订单管理

订单管理是将客户订单从顾客传递给零售商、分销商、制造商和供应商的管理过程，以及将承诺的正常交付的产品和日期等信息，或者因缺货而建议的替代产品或者延期交货等信息，通过供应链传递给顾客。

传统上，这些工作可以通过电话或者纸质文档完成信息传递。但随着信息技术的发展，特别是电子商务的兴起，这些工作均可在互联网上瞬间完成。一方面提高了这些工作本身的效率，另一方面提高了整个供应链的时间响应能力。为了高效利用信息技术，还需要做到如下几点：第一，从源头采集且仅采集一次数据，保持数据一致性；第二，订单处理自动化，尽量避免手工干预；第三，订单处理过程可视化；第四，将订单管理系统与其他相关系统，如制造管理系统等集成，保持数据完整性。

2. 交货调度

交货调度与运输和配送方式密切相关，一般分为两种调度方式：直接交付和循环取货。直接交付是从起始地点出发，直接定向配送到目的地，需要解决的是从出发点到目的地之间的最短路径，或者最小运输费用问题。如果目的地需要的产品数量满足经济批量，则采用直接交付方式是合适的。而循环取货是从一个单一的配送点出发，依次给多个目的地供货。如果单次运输能力远远大于各目的地的需求量，那么将这些目的地联合起来采用循环取货将有利于节省配送成本。

不论何种交货方式，交货调度都包含路线选择、运输方式、交付量、交付时间等问题，这方面由专门的运输与配送技术解决，大多使用运筹学方法通过精确算法或启发式方法确定最优的配送路线和交付计划。此外，交货策略还和工厂与仓库选址、设施-市场匹配等问题有关，并进一步影响到供应链结构，这需要在战略层就加以考虑。

3. 逆向物流

商品逆着供应链的供应方向，由下游向上游流动，叫作逆向物流。如果配送了错误的产品、配送的产品损坏、产品有缺陷、配送了过多的产品，就需要把产品返回到源头，由此产生逆向物流。另一种非常重要的逆向物流，是在产品生命周期最后阶段，旧产品通过一定方式被供应链回收，以进行废旧物处理，或者进行翻新再售（如回收废旧轮胎、翻新生产新的轮胎），实现产品在供应链上的再循环。在地球资源日益匮乏、环境保护形势日益严峻的今天，逆向物流已经成为供应链上各企业不得不重视的问题。

三、供应链中的物流管理

（一）物流与供应链

供应链是包含物流、信息流、资金流的一个网络结构，其中物流是最重要的组成部分也是供应链管理的核心问题之一。所谓物流有两个层面的含义：第一，指物质实体从供应者向需求者的物理移动，这些物质实体包括原材料、零部件、半成品、成品等；第二，指一系列创造时间价值和空间价值的经济活动，包括运输、保管、配送、包装、装卸、流通及物流信息处理等多项基本活动。虽然供应链管理离不开物流管理，但物流只是供应链管理的一个方面，二者有一定的区别。

首先，物流管理强调运输、采购、仓储、销售功能及其支持系统等有形物资的管理和运作，而供应链管理则包括了物流、资金流、信息流、供应链协调与合作以及工作流等的集成，是比物流更广的概念，可以说物流是供应链的一部分。其次，供应链管理强调企业之间的战略合作伙伴关系，物流重点关注的是企业之间，以及企业内部的物质流动关系。最后，物流管理一般以实现一定约束下的物流成本（如运输成本）最低为目标，而供应链管理是要实现整条供应链对顾客需求的快速响应，实现企业的目标利润。

随着市场环境的变化，物流管理越来越不能脱离信息流、资金流、供应商关系以及工作流而单独存在。在现代企业实践中，广义上都将物流与供应链视为一体，认为二者通用，或者统称为"物流与供应链管理"。有效的物流系统有助于供应链战略目标的达成，而物流系统的配置也必须和供应链总体战略一致才能有利于企业竞争，二者是密不可分的。

（二）第三方物流

第三方物流（third-party logistics，3PL），是由产品提供方与需求方以外的专业物流企业负责产品运输的物流管理模式。这里的产品，可以是成品，也可以是原材料、零部件等。当企业物流越来越复杂，如产品种类繁多、交货频繁，以及需要更专业的运输和仓储条件时，企业自营物流相对成本太高，只有将多个企业的类似物流需求进行统一集成，由专业公司负责完成才能显出规模效益，因此作为交易第三方的专业物流公司便应运而生。

第三方物流企业最早产生于20世纪80年代的美国，这些企业按照合同负责供货商、制造商、销售商甚至普通客户的物流业务，可以提供个性化定制的运输与仓储服务。物流企业将相关的作业流程、操作、工具、设施以及管理进行专业化以提高物流水平，并通过管理的系统化和信息的网络化保证物流效率和效益。所以，第三方物流企业并非简单地只负责货物的"运输"，而是包括了运输、仓储、信息技术服务、物流方案咨询等多项功能。

专业物流服务已经成为一些地区的重要经济增长点，是保证供应链正常运作不可或缺的重要环节。据统计，截止到 2012 年，经营规模超过 10 亿元人民币的中国物流企业近百家，而美国的三大物流企业——UPS、Fedex、DHL 的年营业收入都在数百亿美元以上。欧洲的物流企业 TNT，年营业收入也在 100 亿欧元[①]以上。

（三）第四方物流

第四方物流（fourth-party logistics，4PL）是第三方物流 3PL 的高级化。3PL 主要关注物流环节的某一个方面，而 20 世纪 90 年代，埃森哲咨询公司提出一种"整合自己组织和其他组织的资源、能力和技术来设计、构建、运行复杂供应链解决方案的集成商"，称为第四方物流（4PL）。4PL 关注供应链完整的流程。

简单地说，3PL 是根据货主企业的要求，将其需要的产品按时送到或者存贮到指定地点。其中并不考虑货主企业所在的供应链是否得到了优化、是否有改进的空间和增值的可能。而 4PL 的企业将会在第三方物流的基础上，进一步为货主企业提供整个供应链的解决方案，包括如何安排运输量、运输路线，如何选择存储位置，如何整合整条供应链的物流信息等。一些著名的国际物流公司，如 UPS[②]、DHL[③]等都提出了自己的 4PL 解决方案。中国的 4PL 则需要在完善 3PL 的基础上进一步发展。

四、供应链协调

（一）供应链失调与牛鞭效应

供应链失调指的是供应链各环节不能彼此协同而降低了供应链整体绩效的现象。比如：当分销商向制造商订货时，制造商却不能及时提供产品，或者在零售商库存完全满足需求的情况下，分销商却再次囤积了大量库存。这些都会使供应链损失利润或者付出额外成本。造成这一现象的原因有两个：其一，各环节的目标不同，各自为营造成决策不一致；其二，信息跨环节传递发生延误和扭曲，造成决策失误。

最典型的信息扭曲，就是实践中所观察到的"牛鞭效应"（bullwhip effect）。所谓牛鞭效应，指的是下游客户需求的微小波动，会引起上游制造商、供应商等所获信息的剧烈变化。也就是说，当需求信息从客户传递到上游各环节时，各环节观察到的需求的变化或扰动会越来越大。就像赶牛的皮鞭，在其手柄处施加一个很小的挥动就会造成鞭梢处一个巨大的甩动，因此这类现象被称为"牛鞭效应"（见图 10-24）。

[①] 1 欧元＝7.958 元人民币。
[②] http://www.ups-scs.com/support/4pl.html?srch_pos=1&srch_phr=4PL。
[③] http://www.dhl.co.uk/en/logistics/supply_chain_solutions/fourth_party_logistics_4PL.html。

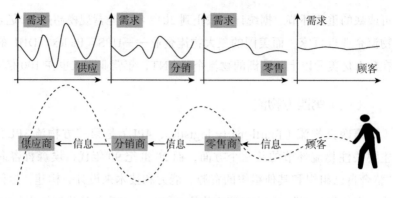

图 10-24 牛鞭效应造成信息失真

造成牛鞭效应的原因有很多，包括：①需求信息加工。若当期需求增加，企业会预期下期需求也可能增加，于是人为抬高需求预测值。②配给和短缺博弈。在制造商生产能力不足时，会按照订购量以份额配给方式向多个零售商供货（零售商订货越多则得到的也越多），零售商为了获取更多配额，所下订单会比实际需求更多。③大批量效应。固定成本（生产准备成本、订货成本等）、数量折扣等因素会导致订购批量增加。④价格波动。无法预期未来价格，导致分销商或零售商在当前大量订货，对制造商扭曲了需求信息。⑤其他原因。如缺货恐惧、错误估计反馈信息和提前期、促销和提前订购等。

供应链失调和需求信息不准，容易造成缺货，延长了供货提前期，或者生产过多而导致库存积压，使得生产和库存成本上升。此外，对运输成本、产品可获得性以及供应链响应性等都会造成不好的影响。供应链失调还会造成各环节配合失败，影响合作伙伴关系，最终使供应链各方都丧失利润，企业绩效劣化。

（二）供应链协调

为了避免供应链失调，供应链上各环节应该统一目标，共享信息以提高信息的准确性，并建立可靠的战略合作伙伴关系，在定价、仓储、供货、成本和利润分摊等问题上达成长期稳定的协作，设计有效的冲突消解机制，以实现供应链的协调运作。

1. 库存共享

多个零售商共享一个中央仓库以联合管理库存（joint managed inventory，JMI），是一种消除需求不确定性的方法。具体做法是，在地区分销中心，各零售商只保存少量库存，大量库存由中央仓库储备。理论和实践表明，中央仓库统一管理的库存缓冲池（pooling）策略，确实会降低各零售商的总库存成本。

库存共享是一种双方风险共担的模式，而下面的供应商管理库存则是一种供应链集成化运作的模式。

2. 供应商管理库存

供应商管理库存（vendor-managed inventory，VMI）是将零售商处的产品库存决策转交给制造商或供应商来负责。在大部分 VMI 模式中，这些库存自然归供应商所有，零售商负责销售管理，收集需求信息并与供应商或制造商共享该信息。其好处是减少了需求信息的传递延误和失真，因此制造商或供应商能提高需求预测精度，使供应链提供的商品与顾客需求在数量和时间上都能更好地匹配。

一些连锁零售企业或者大型超市，如沃尔玛、家乐福等就成功应用了这类销售模式。宝洁公司供给沃尔玛销售的某些清洁用品，沃尔玛并不直接负责库存补货决策，而是将销售情况和库存信息传递给宝洁公司，由宝洁公司自己对其所销售的商品进行库存补货管理。像戴尔这样的计算机公司，也尝试了使用 VMI 提高其供应链运作水平。

3. 协同计划、预测和补货

协同计划、预测与补货（collaborative planning, forecasting and replenishment，CPFR）比 VMI 的集成性更强，功能也会更强大。它通过共享业务过程，打破供应链各环节之间的割裂关系，实现信息共享，改善零售商和供应商之间的计划协调性，提高预测精度，达到提高效率、减少库存和提高顾客满意度的目标。

CPFR 需要在供应链上进行多企业、跨环节、跨平台的信息集成，因此强大的信息技术支持必不可少。信息技术实现了各种信息的可靠获取，同时基于其强大的数据在线分析能力，可实现实时智能化决策。一批 ERP 软件提供商，如 SAP、Oracle 等公司，已经提出了关于供应链信息集成和决策协调的解决方案。沃尔玛已经联合了宝洁、SAP 公司，进行 CPFR 系统的开发与应用。

五、供应链管理的最新发展

供应链管理快速发展了 30 多年，至今仍未发展成熟。一些新的问题、新的领域需要供应链管理的理论和方法不断创新，由此出现了很多新的发展。

1. 电商平台

电子商务（e-business/e-commerce）是利用信息和通信技术实现的、能支持实际业务处理流程的软件应用系统或平台。在电子商务环境下，商品采购、合同签订、业务成交等过程，均可在互联网上完成，解决了业务交互、同步、信息的快速传递等问题，而实际业务交割，仍然需要在线下通过供应链和物流的实体环节完成。

电子商务在顾客服务水平以及物流成本两个方面都提升了供应链系统的绩效。在顾客服务水平方面，电子商务缩短了顾客响应时间、产品面市时间，提高了订单可视性。信息技术的高效管理使企业有能力经营更多样化的产品，并且提高了需求预测水平。这都使得产品与需求更加匹配，产品可获得性因此得到了提高。此外，在顾客体验、退货管理、直销、产品组合、定价促销、现金回流速度、逆向物流等方面都有获益。

在供应链成本方面，由于电子商务的信息可以高度共享，因此提高了供应链协调水平，从而减少库存决策失误，降低了库存成本。此外，在设施投资、产品运输等方面，通过电子商务平台进行集成管理，也会达到成本节省的目的。

在供应链战略构造方面，因为电商平台使需求信息能快速从销售前端传递到制造商乃至供应商，因此商品交付时间比传统供应链大大缩短。这样一来，供应链的推拉分界点有可能向上游移动：计算机公司可以从传统的零售店模式变成按单制造和销售模式，零售平台也可以采用直销模式而不必在零售终端持有存货。

随着信息和通信技术的发展，相当一部分企业的供应链已经和电子商务密不可分。有的企业甚至是从电子商务平台开始，然后才建立物流网络。但是要注意，电子商务并不是灵丹妙药，尽管有些企业使用在线销售模式取得了成功，但也有相当一部分企业的线上业务失败。企业对此需要全面评估，谨慎从事。

2. 现代物流

（1）物流标准化。物流活动涉及运输、仓储、邮政、包装、信息技术等多个行业。只有建立标准物流体系才能统筹各行业资源，提高物流运作效率。物流标准化工作需要制定和遵守的标准包括物流通用标准、物流技术标准、物流信息标准、物流管理标准、物流服务标准等。

（2）绿色物流。绿色物流首先包括前面提到的逆向物流，可以实现材料和产品的再循环、垃圾的回收和再利用，因此也称为循环型物流。其他绿色物流还包括：环境可持续发展的环境共生型物流；考虑包装、运输资源消耗的资源节约型物流；实现低碳排放的低熵型物流等。目前美国、日本、欧洲等绿色物流发展迅速，一些发展中国家需要解决认识不足、法律缺失、缺乏规模效益、专业人才缺乏等问题。

（3）应急物流。2008年我国南方冻雨、汶川地震，2011年日本海啸、福岛核电站爆炸，2013年四川雅安地震，2015年尼泊尔王国大地震等，都要求救援和物资运输高效准确、保障有力。这种紧急事件下的物资、人员、资金等的调度和分配，称为应急物流。应急物流在维护政治安全和应对自然灾害等方面具有重要意义，其特点包括突发和不可预知性、随机性、时间约束的紧迫性、峰值性、弱经济性、非常规性、政府－市场的耦合性等。应急物流的管理系统、管理方法和管理技术已经取得了长足进步，但还需要更多的理论研究和实践应用。

（4）冷链物流。一些易腐食品、特殊药品的运输和配送需要特殊的条件，最常见的条件之一就是需要低温运输——在整个过程中，商品的环境温度要控制在2～8摄氏度，这称为冷链物流。和普通物流相比，冷链物流往往投资较大，需要更高的组织协调性、运输的封闭性，因此运作成本高，需要更多的专业技术。

3. 供应链金融与全球供应链

供应链是物流、信息流和资金流的集成。长久以来，供应链的研究多集中在物流、信息流方面，但供应链最终还是要创造更大的价值，获取更高的利润，因此需要考虑供应链的财务绩效。大约从 2000 年起，供应链的资金流动渐受重视，在供应链中考虑金融因素引起的问题产生了供应链金融。供应链金融是银行、第三方物流服务提供商、供应链上各企业在供应链运作全过程中向客户提供结算和融资服务的金融过程，是涉及供应链的构建、规划以及运作和管理的融资活动。

此外，世界经济一体化使得多数企业都不可能完全在本地或者国内完成产品的制造和销售。特别是一些高科技企业，如飞机制造、武器制造、信息技术、医药企业，甚至包括汽车制造、钢铁冶炼、石油冶炼等传统行业，都不可避免地要基于国际化视野来构建自己的全球供应链系统。通过全球供应链，可以全面、迅速地了解世界各地消费者的需求、原料燃料供应的变化，并对其进行计划、协调、操作、控制和优化，实现供应链的一体化运作和快速反应，达到商流、物流、资金流和信息流的协调通畅，以满足全球消费者的需求。

4. 3D 打印与供应链

3D 打印（three-dimensional printing），是增材制造（additive manufacturing）、直接数字制造（direct digital manufacturing）或者快速成型（rapid prototyping）技术的一种，是近几十年发展起来的新型制造技术。一般认为，3D 打印技术最早是 1984 年由查尔斯·胡尔（Charles Hull）首先发明的，而其萌芽可以追溯到 20 世纪 60~70 年代。其基本原理，是基于产品的三维数字化结构信息，即从某个维度做二维切片，因而可由高级成型技术逐层堆塑而成，就如打印机将材料逐层"印刷"在一起，形象地称为"3D 打印"。由于这种制造方式具有极大的灵活性，目前在一些复杂产品制造方面，如汽车零部件（通用汽车公司、奥迪公司）、航空零部件（空中客车公司、波音公司、美国国家航空航天局）等方面有了相当程度的应用。此外，在首饰制造、电子产品等行业，也有广泛应用。

3D 打印技术将成为未来制造业发展的重要趋势之一，它对生产制造方式的一个重要冲击就是：产品将能通过 3D 打印机在客户端本地完成，因此客户购买的是产品设计，而不再是产品本身。具有设计能力的普通用户甚至可以方便地自己设计产品，而产品制造也不依赖于原产品制造商，形成了所谓的"网络制造民主化"，对传统供应链可能造成巨大冲击。从供应的产品来说，客户定制化程度将空前提高，生产提前期将极大缩短。从供应链结构来看，传统供应链上的产品到客户的物流配送过程很可能大量消失，零售终端变得无足轻重，成品库存大量减少，物流管理的重点将集中在 3D 打印所用的原材料上。因此，在 3D 打印制造时代，供应链物流成本可能会大幅降低。

目前，3D打印技术虽然并不一定能降低产品的设计和制造成本，但是综合考虑供应和物流问题，将有可能获得综合成本更低的个性化产品。特别是在那些小批量、高定制但又需要快速响应的行业，3D打印技术对制造和供销的影响将是深远的。对于一些特殊零部件的维修服务，3D打印技术将会成为重要的补充手段之一。

供应链的发展方兴未艾，除了上述最新进展，还包括医疗供应链、物联网与供应链、全球定位系统与供应链的构建等。这些新发展对于完善供应链管理方法，提高供应链运作效率都具有重要意义。

本章小结

要制订合适的生产计划，需要知道需求信息。需求信息来自需求预测或者顾客订单。如果按照需求预测制订生产计划并启动生产，那么就是备货型推式生产，而如果拿到订单之后才开始生产，就是拉式按单生产。

一般而言，生产或销售需要储备一定量的库存。对于稳定需求，可以确定经济订货批量，而对一般的情况，需要根据预测的需求序列模式，考虑库存产品的不同分类，选择合适的订货策略来管理和控制库存系统。

在生产系统中，根据需求信息，可以确定一个使成本最小的生产批量，称为经济生产批量。对于更复杂的生产系统，应从综合生产计划逐层分解，形成分层递阶生产计划体系。当主生产计划确定了具体产品的完工计划之后，物料需求计划进一步将生产任务分解到零部件、原材料并下达给生产系统的所有车间，由此启动生产。这类生产管理方式的代表，就是物料需求计划MRP，是一种基于需求预测、由计划推动的推式生产。

拉式生产是看到实际需求实现之后开始生产，因此应变能力较强，其最早成功应用在丰田汽车公司，日本人称之为"准时制"生产，美国人进一步发展之后，又称之为精益生产。准时制与精益生产需要尽量缩短生产周期，建立高素质快速反应的生产系统。因此，"持续改进"是其核心理念。

不同企业的供给-需求关系构成了供应链，供应链管理就是要将其中的物流、信息流、资金流、工作流以及贸易伙伴关系等进行集成，实现企业外部协调和横向一体化，赢得利润目标，取得竞争优势。而在确定供应链的战略构造时，应根据产品需求的不确定性，匹配合适的供应链类型。

供应链的规划和运作包括计划—采购—制造—交付四个主要环节，需要各环节通力合作才能使供应链协调运转。但由于供应链各环节经营目标的不一致，以及存在牛鞭效应这类造成信息扭曲的因素，供应链各方往往不能彼此协调，从而降低了供应链整体绩效。要实现供应链协调，就需要建立一些冲突消解机制，实现供应链计划、预测和补货的协同。

供应链的实践和理论仍处于不断发展之中，标准化、绿色环保要求、新技术的出现，都对供应链的构建和运作提出了新的问题。

思考与练习题

1. 产品需求量的变化是哪几类波动因素综合作用的结果？
2. 某产品历史需求数据如右图所示：

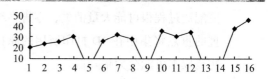

是否可以基于现有数据使用移动平均或者指数平滑法对该产品进行需求预测，为什么？

3. 某产品历史需求数据如下表，要求使用移动平均法计算第 3 个周期以后各期的预测值，并与实际需求做对比，计算每期的预测误差（取移动平均期数 $n=3$）。

时期 t	1	2	3	4	5	6	7	8	9	10	11	12	13	14	15	16
需求 D_t	20	23	25	30	32	31	33	36	38	41	44	44	46	48	50	54

4. 企业为什么需要维持一定库存？库存成本主要包括哪几方面？

5. 假设某超市出售铅笔，月需求量 10 只，每只铅笔进价 0.2 元，每年的保存成本占其价值的 5%。每次订货成本为 10 元，确定最佳订货量、最优订货周期和最低库存成本。

6. 下表给出了 20 种产品的库存量和价格，要求做 ABC 分类，并思考各产品应该使用什么样的库存控制策略。

产品编号	1	2	3	4	5	6	7	8	9	10	11	12	13	14	15	16	17	18	19	20
库存量	2	7	80	6	30	12	80	3	20	3	45	80	7	70	200	45	100	7	3	5
单价	6	1	2	4	10	4	100	10	90	2 000	7	5	3	12	100	2	5	20	10	1

7. 综合生产计划和主生产计划的主要区别是什么？物料需求计划 MRP 是如何制订的？

8. 企业不同级别的管理层，关注的生产指标粗细程度不同，这是生产计划由粗到细分层递阶的原因之一。请问还有什么其他可能的原因？

9. 假设给定产品的 BOM 信息如下图所示，其中 (a,b) 表示其父节点上的单件产品所需要的该节点上的零部件数为 a，而该零部件的生产与采购提前期为 b。现在产品 P 在第 20 周需要交货 240 件，请确定物料需求计划。

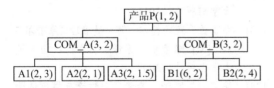

10. JIT 的拉式生产与 MRP 推式生产在计划管理上有什么区别？JIT 是否完全不依赖于 MRP 的计算逻辑？若否，MRP 计划重点体现在客户定制分离点的上游还是下游？

11. 考虑 JIT 的看板管理运作过程。如果是两看板系统，那么如何分别确定生产看板和搬运看板的合理数量？

12. JIT 系统的库存是绝对为 0 吗？为什么？

13. 为什么企业不可能脱离供应链而单独存在？

14. 为了有效管理供应链的物料流、信息流和资金流，供应链管理中还需要考虑其他哪些方面的管理问题？

15. 一个企业是否只能服务于一个供应链，为什么？

16. 供应链的推拉分离点与生产系统的客户定制分离点有什么相同和不同之处？

17. 如何基于需求的不确定性和供应链的响应性实现供应链战略能力的匹配？

18. 学生食堂的普通菜品需求与高档饭店的高档菜品需求，其稳定性有什么区别？请针对这两类产品，匹配合适的供应链战略能力，并解释原因。

19. 思考电子商务对供应链运作管理方式有什么影响。请选取一个你在现实生活中曾经使用过的电子商务网站，说明其从下订单到付款、交货的大致流程。

20. 供应链的运作与管理包括哪些主要过程？

21. 什么是第三方物流，它和第四方物流有什么区别？

22. 举出几个牛鞭效应发生的原因。它对供应链管理有什么影响？有什么方法可以达到供应链协调？

参考文献

[1] Cachon G, Terwiesch C. Matching Supply with Demand [M]. 2nd ed. New York: The McGraw-Hill Companies, Inc. 2009.

[2] 雅各布斯，蔡斯. 运营管理（原书第13版）[M]. 任建标，译. 北京：机械工业出版社，2011.

[3] Harris F. How Many Parts to Make at Once [J].Factory, The Magazine of Management, 1913, 10(2): 135-136, 152. Reprinted in Operations Research, 1990, 38(6): 947-950.

[4] Nahmias S. Production and Operations Analysis [M]. 6th ed. New York: The McGraw-Hill Companies, Inc., 2009.

[5] Pentico D W, Drake M J, 2009. The Deterministic EOQ with Partial Backordering: A New Approach [J].European Journal of Operational Research, 194(1), 102-113.

[6] Silver E A, Pyke D F, Peterson R. Inventory Management and Production Planning and Scheduling [M]. 3rd ed. New York: John Wiley & Sons, 1998.

[7] Turner W C, Mize J H, Case K E, Nazemetz J W. 工业工程概论（原书第3版）[M]. 张绪柱，译. 北京：清华大学出版社，2007.

[8] 马世华，林勇. 供应链管理 [M]. 6版. 北京：机械工业出版社，2020.

[9] 孙亚彬. IE与单元生产 [M]. 厦门：厦门大学出版社，2013.

[10] 伊俊敏. 物流工程 [M]. 北京：电子工业出版社，2009.

[11] 周信侃，姜俊华. 工业工程 [M]. 北京：航空工业出版社，1995.

[12] 佐藤正明. 丰田领导者 [M]. 王苗，顾洁，译. 北京：清华大学出版社，2010.

[13] D'aveni R A. 3-D Printing Will Change the World [J].Harvard Business Review, 2013, 91(3): 34.

[14] Hugos M. Essentials of Supply Chain Management [M]. 2nd ed. New York: John Wiley & Sons, 2006.

[15] Lipson H, Kurman M. Fabricated: The New World of 3D Printing [M].New York: John Wiley & Sons, 2013.

[16] Liu P, Huang S H, Mokasdar A, et al. The Impact of Additive Manufacturing in the Aircraft Spare Parts Supply Chain: Supply Chain Operation Reference (Scor) Model Based Analysis [J].Production Planning & Control, 2014, 25(13-14): 1169-1181.

[17] Nahmias S. Production and Operations Analysis [M]. 6th ed. New York: The McGraw-Hill Companies, Inc., 2009.

[18] Russell R S, Taylor Ⅲ B W. Operations Management [M]. 7th ed. New York: John Wiley & Sons, 2011.

[19] Silver E A, Pyke D F, Peterson R. Inventory Management and Production Planning and Scheduling [M]. 3rd ed. New York: John Wiley & Sons, 1998.

[20] Weller C, Kleer R, Piller F T. Economic Implications of 3D Printing: Market Structure Models in Light of Additive Manufacturing Revisited [J].International Journal of Production Economics, 2015, 164: 43-56.

[21] 冯耕中，刘伟华. 物流与供应链管理 [M]. 北京：中国人民大学出版社，2010.

[22] 潘家轺. 现代生产管理学 [M]. 北京：清华大学出版社，2011.

[23] 乔普拉，迈因德尔. 供应链管理（原书第3版）[M]. 陈荣秋，等译. 北京：中国人民大学出版社，2008.

[24] 徐剑，周晓晔，李贵华. 物流与供应链管理 [M]. 北京：国防工业出版社，2009.

[25] 伊俊敏. 物流工程 [M]. 北京：电子工业出版社，2009.

第十一章 质量管理

质量管理是生产运作管理的一个重要职能,但随着人们对工作和生活品质的要求越来越高,质量管理在企业管理中的地位变得越来越重要,出现了一系列以质量为核心的先进管理方式,质量管理本身遂发展成为一个独立的学科。

本章主要介绍质量管理的基本概念、全面质量管理、ISO 9000 标准、质量管理体系、统计质量控制、质量成本分析、六西格玛管理等内容。

第一节 质量管理概述

一、质量与质量管理

在日趋激烈的市场竞争中,质量成为企业占领市场的有力武器。生产者要依靠自身产品或服务的质量吸引更多的顾客,就要求企业必须加强自身的质量管理,并将质量管理与其经营管理紧密联系起来。现代质量管理发源于美国制造业,主要关注有形产品的质量,但到了 20 世纪 90 年代,越来越多的厂商开始关注服务的质量。它们发现,对于留住顾客来说,服务质量与人们所购买的有形产品的质量同样至关重要,从此开始重视诸如订单管理、交货和投诉处理这样一些支持性过程。纯粹的服务型公司也开始思考提高顾客忠诚度的新方法。

人们对质量的认识也经历了一个不断发展和深化的历史过程。沃特·休哈特基于制造产品的视角,把质量定义为"产品'好'的程度"。菲利普·克劳士比(Philip B. Crosby,1926—2001)从生产者视角出发,把质量概括为"产品符合规定要求的程度"。约瑟夫·朱兰基于顾客视角,提出"质量是一种适用性",而所谓适用性是指使产品在使用期间能满足使用者的需求。雷纳特·桑德霍姆（Lennart Sandholm，1932—）也提出与朱兰类似的观点，即"质量是产品能够满足顾客期望的能力"。国际标准化组织的 ISO 8402：1994 标准文件，将质量定义为"反映实体（产品、过程或活动等）满足明确或隐含需要能力的特性总和"。之后，伴随着产品与服务质量的大幅度提高，ISO 9000：2000 标准改进了质量的定义，提出质量是"一组固有特性满足要求的程度"。定义中的"特性"是指可区分的特征，"要求"是指明示的、通常隐含的或必须履行的要求或期望。

从生产者视角、消费者视角和综合视角，可将质量分为"符合性质量""适用性质量"和"全面质量"三类。符合性质量以符合技术标准的程度作为衡量质量的依据。但是，"规格"和"标准"不可能将顾客的各种需求和期望都规定出来，特别是隐含的需求与期望。适用性质量从使用者角度定义产品质量，要求从"使用要求"和"满足程度"两个方面去理解质量的实质。质量从"符合性"发展到"适用性"，使人们逐渐认识到质量标准是由顾客需求决定的。全面质量的概念由费根鲍姆和朱兰等学者提出，之后被社会逐渐认同。全面质量也称广义质量，是指产品全生命周期中的产品质量、服务质量、过程质量、体系质量等一切与产品和服务有关的过程的质量。质量定义的发展经历了由具体的、孤立的、客观的和解析式的，到抽象的、系统的、主观的和综合式的不断演变。质量的含义具有与时俱进的特性，将随着生产发展和社会进步不断丰富内涵和拓展外延。

与质量有关的活动都可称为质量管理。质量管理通常包括制定质量方针和质量目标，以及为实现质量目标所开展的质量策划、质量控制、质量保证和质量改进等一系列活动。质量策划致力于制定质量目标并规定必要的运行过程和相关资源以实现质量目标。质量控制致力于满足质量要求，对全过程中影响质量的人（man）、机（machine）、料（material）、法（method）、环（environment）（简称"4M1E"）等因素进行控制。质量保证致力于向企业最高管理者和顾客（或第三方）提供质量信任。质量改进致力于增强满足质量要求的能力，如有效性、效率和可追溯性等。通过对质量管理理论的产生、形成、发展和完善过程的分析，结合质量管理在各个不同时期解决问题所采用的理论知识、技术手段、具体方法的演变，可以把质量管理的发展大致分为四个阶段：质量检验阶段、统计质量控制阶段、全面质量管理阶段和标准化质量管理阶段（参见本书第七章）。

二、质量管理大师

（一）爱德华兹·戴明

爱德华兹·戴明（W. Edwards Deming，1900—1993）是世界著名的质量管理专家。他对世界质量管理发展做出的卓越贡献享誉全球。以戴明命名的"戴明质量奖"至今仍是日本质量管理领域的最高荣誉。作为质量管理的先驱，戴明的质量学说对质量管理理论的发展产生了极其重要的影响。戴明的质量管理学说简洁明了，其主要观点是"质量管理 14 要点"（Deming's 14 Points），后逐渐成为全面质量管理的理论基础。戴明提出的质量管理 14 要点如下：

- 建立恒久目标，改善产品和服务；
- 接受新的理念；
- 质量不能仅依赖于产品检验；
- 价格不是采购的唯一考量标准；
- 永续改进产品与服务；
- 建立现代岗位培训方法；
- 改善领导方式；
- 驱除恐惧；
- 打破部门壁垒；
- 不对员工喊口号；
- 取消量化标准与目标定额；
- 消除影响员工工作自豪感的因素；
- 鼓励再教育及自我提高计划；
- 落实到行动，完成大转型。

戴明最早提出了 PDCA 循环，也称戴明环、戴明轮（Deming wheel）或持续改进螺旋（continuous improvement spiral）。PDCA 循环是一个质量持续改进模型，包括四个循环反复的阶段：计划（plan）、执行（do）、检查（check）和处理（act）。这四个阶段周而复始，在循环运行过程中质量改进工作持续进行。作为一个基本的质量工具，PDCA 循环与生产管理中的"准时制生产"（JIT）和"改善"（Kaizen）等紧密相关。

（二）约瑟夫·朱兰

约瑟夫·朱兰是世界著名的质量管理专家，他所倡导的质量管理理念和方法深刻影响着世界企业界以及世界质量管理的发展。朱兰认为"质量是一种适用性"，而所谓适用性是指使产品在使用期间能满足使用者的需求。可以看出，朱兰对质量的理解侧重于用户需求，强调了产品或服务必须以满足用户的需求为目的。事实上，产品的质量水平应由用户给出。只要用户满意的产品，不管其特性值如何，就是高质量的产品，而没有市场的所谓的"高质量"产品是毫无意义的。朱兰主编的《朱兰质量手册》（Juran's Quality Handbook）被称为当今世界质量管理科学的"圣经"，为奠定全面质量管理的理论基础和基本方法做出了卓越的贡献。

朱兰提出的质量螺旋完整地揭示了质量产生、形成和实现的各个环节。根据质量螺旋理论，产品质量是在市场调研、开发、设计、计划、采购、生产、控制、检验、销售、服务、反馈等全过程中形成的，同时又在这个全过程的不断循环中螺旋式提高，所以也称为质量进展螺旋。

第二次世界大战后，美国出现了质量危机，传统的管理和工程方法已经失去效力，迫切需要一种新的管理理念和方法，"朱兰质量三部曲"（Juran's trilogy）应运而生。质量管理三部曲是由质量计划、质量控制和质量改进三个过程组成的质量管理体系，每个过程都有一套固定的内容和执行程序，实施中还需要三个过程的循环反复（见图11-1）。质量计划主要是实现质量目标的准备程序，质量控制可以对过程进行控制来保证质量目标的实现，而质量改进则有助于发现更好的管理工作方式。

图 11-1　朱兰质量三部曲

（三）菲利普·克劳士比

菲利普·克劳士比于20世纪60年代提出"零缺陷"（zero defect）思想，主张企业发挥人的主观能动性来进行经营管理，生产者和工作者都要努力使自己的产品、业务没有缺点，并向着高质量标准目标而奋斗，被称为"零缺陷之父"。"零缺陷"思想要求生产者从一开始就本着严肃认真的态度把工作做到准确无误，而不是依靠事后的检验来纠正。"零缺陷"思想最早在美国推行成功，后传至日本并在制造业中得到全面应用，使日本制造业的产品质量得到迅速提高，并领先于世界水平，继而扩大到工商业所有领域。

克劳士比提出，质量和成本不是排斥的，而是相容的，质量搞好了，成本必然会降低，效益必然会提高，而且得到的好处比质量控制所花费的投入要大得多，真正费钱的是第一次没把事情做对。他认为：第一次就把事情做对总是较便宜的；"零缺陷"就是缺陷预防的呐喊，意味着"第一次就把事情做对"；所谓第一次就做对，是指一次就做到符合要求，因此若没有"要求"可循，就根本没有一次就符合"要求"的可能了；基本的工作哲学是预防为主，坚持"第一次就把事情做对"的态度，使质量成为一种生活方式。据统计，在美国企业，总营业额的15%～20%被用在测试、检验、变更设计、维修、售后保证、售后服务、退货处理以及其他质量成本上。如果第一次就把事情做对，这些费用就可以避免。

（四）阿曼德·费根鲍姆

阿曼德·费根鲍姆（Armand V. Feigenbaum，1922—2014）是全面质量管理理论的创始人之一。他于1961年出版了《全面质量控制》（*Total Quality Control*）一书，提出了全面质量管理的原理和方法，主张用系统或者说全面的方法管理质量，在质量控制过程中要求所有职能部门参与，而不仅局限于生产部门。这就要求在产品形成的早期就建立质量控制体系，而不是在既成事实后再做质量的检验和纠正。

他将质量控制定义为"一个协调组织中人们的质量保持和质量改进努力的有效体系,该体系是为了用最经济的水平生产出客户完全满意的产品"。

费根鲍姆主张解决质量问题不能局限于制造过程,因为80%的质量问题是在制造过程以外产生的。解决问题的手段局限于统计方法也是不够的,而必须是多种多样的。他认为全面质量管理就是要用最经济的方法充分满足顾客的要求,为此应将设计、制造、销售和服务等部门共同组成一个有效的质量管理体系,而"质量是产品本身和售后服务,以及市场销售、工程控制、上游制造、产品维护等多方面的一个复合体,在顾客使用该产品和享受它的服务的时候,其质量应该达到或者超过顾客的预期"。他指出,质量控制包括制定质量标准、按标准评价符合性、不符合标准时采取的行动和策划标准的改进等。

费根鲍姆提出全面质量管理的10项准则如下:

- 质量是全公司范围的过程;
- 质量是由顾客来评价的;
- 质量和成本是统一的,而不是矛盾的;
- 质量成功要求个人和团队的热情和协作精神;
- 质量是一种管理方法;
- 质量与创新相互依赖;
- 全面质量是一种道德规范;
- 质量要求不断地改进;
- 全面质量是提高生产率最有效的贡献者;
- 质量是通过联系顾客和供方的全面体系来实现的。

(五)石川馨

石川馨(Kaoru Ishikawa,1915—1989)是日本著名质量管理专家、"鱼骨图"(fishbone diagram)的发明者、质量管理小组(QC小组)方法的奠基人之一,是将美国先进质量管理理论和方法与日本企业实践相结合的专家。石川馨认为质量的定义是不断变化的,高质量就是满足顾客不断变化的期望。质量不仅是指产品质量,还指工作质量、部门质量、人的质量、体系质量、公司质量、方针质量等。

石川馨提出的"鱼骨图",又称因果图、石川图,用来辨识和处置事故或问题的原因,其特点是简捷实用、直观易懂。由于该图看上去有些像鱼骨,因而称为"鱼骨图"。图中将问题或缺陷(即后果)标在"鱼头"上,在鱼骨上长出鱼刺,上面按出现机会多寡列出产生问题的可能原因(见图11-2)。"鱼骨图"有助于说明多个原因之间如何相互影响,也能表现出各个可能的原因是如何随时间而依次出现的,这有助于着手解决问题。

石川馨提出的质量圈(quality control circle,QCC),又称质量控制圈、解决问题组或质量组。质量圈是一种解决问题的形式,员工在自愿的基础上,自发形成质量圈,共同解决与质量有关的问题,努力提高产品质量。质量圈由相同、相近或互补的员工自发组成数人一圈的小团体(又称"QC小组"),然后全体合作、集思广益,按照一定的活动程序,活用质量管理方法解决质量问题。质量圈是由一些基层管理人员及一般员工自愿组成的,非常适合人数较小的团队或小组,一般包含6~12人,便于所有成员相互间进行自由交流。成员定期开会,解决通常在工作环境中出现的各种重要质量问题。一个公司内可能会有许多质量圈,一个质量圈通常要解决的问题限定在自己的责任范围内。QC 小组活动可以激发员工的潜能,调动员工的积极性,使他们有更大的工作满足感和工作动力。

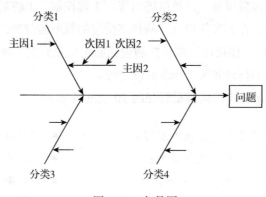

图 11-2 鱼骨图

三、全面质量管理

(一)全面质量管理的定义

自从费根鲍姆于 20 世纪 60 年代提出全面质量管理的概念以来,全面质量管理在世界范围内得到了广泛重视和推广应用,其中最有效果的当属日本企业。日本企业于 20 世纪 60 年代末开始引入全面质量管理的理论和方法,并结合日本的国情和企业的实际,形成了具有日本特色的全面质量控制系统,在提高企业管理水平和产品质量方面发挥了巨大作用。目前,全面质量管理是现代企业质量管理的基石和主要内容。

费根鲍姆主张用系统或者说全面的方法管理质量,在质量管理过程中要求所有职能部门参与,而不局限于生产部门。他将全面质量控制(total quality control,TQC)定义为"以最经济的水平充分满足用户要求的条件下,进行调研、设计、生产和服务,把企业各部门在研制质量、维持质量和提高质量的活动构成一体的有效体系"。他指出质量并非意味着"最佳",而是"用户使用和产品价格之间的最佳平衡"。国际标准 ISO 8402:1994 文件《质量管理和质量保证术语》将全面质量管理(total quality management,TQM)定义为,"一个组织以质量为中心,以全员参与为基础的一种管理途径,目的是通过顾客满意和本组织所有成员及社会受益而达到长期成功"。

从上述定义可以看出,全面质量管理的特点主要有全员参加、全过程管理、管理对象全面性、管理方法全面性和经济效益全面性等。总之，全面质量管理的核心思想是，企业的一切活动都围绕着质量来进行，通过实施全面质量管理，提高产品质量，改善产品设计，加速生产流程，鼓舞员工的士气和增强质量意识，改进产品售后服务，提高市场接受程度，降低质量成本，减少经营亏损，降低现场维修成本，减少责任事故。

（二）全面质量管理的实施方法

全面质量管理活动的全部过程，就是质量计划的制订和组织实现的过程，这个过程将按照 PDCA 循环，周而复始地运转。如图 11-3 所示，PDCA 循环把全面质量管理划分为计划、执行、检查、处理四个阶段，共对应八个步骤。

第一阶段：P（计划）阶段

第 1 步：分析质量现状，找出存在的质量问题。

第 2 步：分析产生质量问题的各种原因和影响因素。

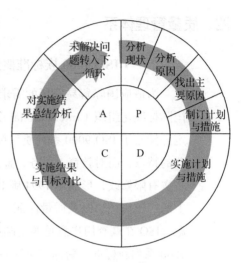

图 11-3　PDCA 的循环过程

第 3 步：找出影响质量的主要原因。

第 4 步：针对影响质量的主要原因，制订质量改进活动的计划与措施。

第二阶段：D（执行）阶段

第 5 步：按照制订的计划和措施认真实施。

第三阶段：C（检查）阶段

第 6 步：检查计划的执行情况和实施效果。

第四阶段：A（处理）阶段

第 7 步：总结经验教训，修正制度和标准，巩固取得的成绩。

第 8 步：将本次循环出现的新问题转入下一 PDCA 循环中解决。

PDCA 循环可以使全面质量管理的思想方法和工作步骤更加条理化、系统化、图像化和科学化。它具有如下特点：①大环套小环，小环保大环，互相促进，推动大循环；②PDCA 循环是阶梯式上升的循环，每转动一周，质量就提高一步（见图 11-4）；③PDCA 循环是综合性循环，四

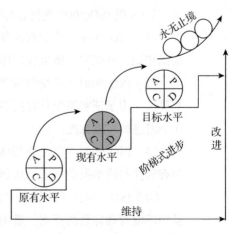

图 11-4　PDCA 循环的特点

个阶段顺序进行，组成一个大圈，缺一不可；④推动 PDCA 循环的关键是 A（处理）阶段。

PDCA 循环是实施全面质量管理的有效方法，但并不是说运用了 PDCA 循环就能一劳永逸地解决质量问题。在实施全面质量管理过程中，还要公司高层领导高度重视，不断树立质量意识，让全体员工认识到，好的产品是设计制造出来的，不是检验出来的，促进质量水平的不断提升。

四、质量管理体系

（一）ISO 9000 族标准概述

为适应国际贸易发展的需求，在总结和参照各国质量保证制度经验的基础上，国际标准化组织（International Organization for Standardization，ISO）于 1987 年制定并颁布了 ISO 9000 系列质量标准。1987 版的 ISO 9000 系列标准突出体现了制造业的特点，而对教育、服务、金融等行业难以适用，ISO 于 1994 年对该标准进行了一次有限修改，形成了 1994 版 ISO 9000 系列标准。随着 ISO 9000 系列标准在国际上的广泛应用，以及质量保证、质量管理理论和实践的发展，针对实施中出现的问题，ISO 在调查用户意见的基础上，再一次对标准进行了修订，形成了 2000 版 ISO 9000 系列新标准。新标准对提高组织的运作能力、增强国际贸易、保护顾客利益以及提高质量认证的有效性等方面产生了积极而深远的影响。从 2004 年开始，ISO/TC176（质量管理和质量保证技术委员会）策划了对 2000 版 ISO 9000 标准的修订工作，在全球范围内征求了 2000 版 ISO 9000 标准的使用意见之后，颁布了 2008 版 ISO 9000 标准，适用于制造、服务、教育、金融、公用事业等多个行业。

制定 ISO 9000 标准的目的是将质量管理工作标准化和规范化，帮助企业建立健全质量管理体系，提高员工的质量意识和企业的质量保证能力，从而增强企业素质，最大限度地满足顾客和市场的需求。

2008 版 ISO 9000 族核心标准构成如下：

（1）ISO 9000《质量管理体系—基础和术语》。该标准阐述了质量管理体系的基础知识，并规定了质量管理体系相关术语。

（2）ISO 9001《质量管理体系—要求》。该标准规定了建立质量管理体系的基本要求，用于证实组织具有提供满足顾客要求和适用法规要求的产品的能力，目的在于增进顾客满意度。

（3）ISO 9004《质量管理体系—业绩改进指南》。该标准为实现质量管理体系的有效性和效率提供指南，从而实现组织业绩改进和顾客及其他相关方满意。

（4）ISO 19011《质量和（或）环境管理体系审核指南》。该标准提供了审核质量和环境管理体系的指南，适用于所有运行质量和环境管理体系的组织，指导它们的内审和外审的管理工作。

（二）质量管理体系

对一个组织来讲，要实现质量管理的方针和目标，有效地开展各项质量管理活动，就必须建立相应的质量管理体系。质量管理体系（quality management system，QMS）是指在质量方面指导和控制组织的管理体系，它提供了一个能够持续改进的框架，能够帮助组织增进顾客满意度。质量管理体系还能够向组织及其顾客提供信任。组织成功导入质量管理体系能够明确部门和岗位分工，理清部门的工作流程，使工作标准规范化，防止管理经验流失，提高声誉和竞争力，满足顾客要求。

质量管理体系由"管理职责""资源管理""产品实现"和"测量、分析和改进"四个大过程组成，每个大过程还包含若干个子过程。ISO 9000族标准把以过程为基础的质量管理体系用一个模型来表示（见图11-5）。

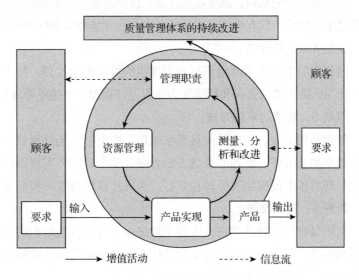

图 11-5 以过程为基础的质量管理体系模型

在ISO 9000的模型中，质量管理体系的四大过程彼此相连，通过体系的持续改进而进入更高的阶段。从水平方向看，顾客的要求形成产品实现过程的输入，产品实现过程的输出是最终产品。产品交付给顾客后，顾客将其对产品满意程度的意见反馈给测量、分析和改进过程，作为体系持续改进的一个依据。在新的阶段，"管理职责"过程把新的决策反馈给顾客，后者可能据此而形成新的要求。该模型的优点在于能对系统中单个过程之间的联系以及过程的组合和相互作用进行连续的控制，改进体系的有效性。

（三）质量管理原则

质量管理原则是在总结先进企业质量管理实践经验的基础上得到的，以高度概括和易于理解的语言所阐述的，质量管理最基本、最通用的一般规律，可以指导一个组织在长期内通过关注顾客及其他相关方的需求和期望而达到改进其总体业绩的目的。ISO 9000 给出的质量管理原则主要包括以下几个。

原则 1：以顾客为中心。

组织应当时刻关注顾客的动向，理解顾客当前和未来的需求，以及对现有产品的满意程度，从而根据顾客的要求和期望做出改进，以满足顾客要求并争取超越顾客期望，获得顾客信任，最终稳定地占领市场。

原则 2：领导作用。

领导是质量管理的关键。要想有效地控制和管理企业的质量，领导有责任建立组织统一的目标、方向，营造一个能使员工充分参与实现组织质量目标的良好内部环境和企业质量文化。

原则 3：全员参与。

员工是组织的基础，高质量的产品、优质的服务、组织的业绩都基于每位员工的工作之上。因此，只有全体员工的充分参与，才能建立和健全组织的质量管理体系。

原则 4：过程方法。

过程方法就是要系统地识别和管理组织所应用的过程，特别是这些过程之间的相互作用。将相关的资源和活动作为过程进行管理，才能更有效地实现预期的结果。

原则 5：管理的系统方法。

管理需要方法，而方法如具有系统性，则更有助于管理目的的实现并能提高管理的效率和有效性。管理的系统方法着眼于整个系统和实现组织的总目标，并使系统内策划的各个过程相互协调和兼容，实现其目标的效率和有效性。

原则 6：持续改进。

组织只有坚持持续改进，才能不断进步。为了改进组织的整体业绩，组织必须不断地改进产品质量，改进质量管理体系和过程的有效性和效率，才能满足顾客和其他相关方日益增长和不断变化的需求与期望。

原则 7：基于事实的决策方法。

组织的成功，需要正确的决策，而正确的决策应以客观事实或正确的数据、信息为基础，再通过合乎逻辑的分析和判断才能得到。

原则 8：与供方的互利关系。

组织与供方是相互依存的关系，供方向组织提供的产品质量对组织向顾客提供的产品质量有着重要的影响，而且直接影响到组织对市场的快速应变能力。因此，组织与供方应建立互惠互利的合作关系，以提高双方创造价值的能力。

第二节 质量管理工具

一、检查表

检查表又称调查表或统计分析表，是一种收集整理数据和粗略分析质量原因的工具。常用的检查表有缺陷位置检查表、不合格品检查表和质量分布检查表。

(一) 缺陷位置检查表

缺陷位置检查表主要用于记录、统计、分析不同类型的外观质量缺陷所发生的部位和密集程度,进而从中找出规律,为进一步调查和找出解决问题的办法提供事实依据。在缺陷位置检查表上,首先画出产品示意图,并规定不同外观质量缺陷的表示符号,然后将发生缺陷的位置标记在产品示意图上(见表 11-1)。

表 11-1 机翼划伤位置记录表

(二) 不合格品检查表

不合格品检查表主要用于调查生产现场不合格品数和不合格品率,以便用排列图等统计工具做进一步分析。不合格品检查表主要有三种:不合格品原因检查表、不合格品类型检查表和不合格品项目检查表。表 11-2 是不合格品项目检查表的一个实例。

表 11-2 铸件缺陷检查表

零件名称:　　　　　　零件图号:　　　　　　日　期:
单　位:　　　　　　　操 作 者:　　　　　　填表人:

缺陷	检查记录				小计
	Ⅰ	Ⅱ	Ⅲ	Ⅳ	
欠铸	正正正	正一	正	正一	32
缩裂	正正	正	丅	正	22
气孔	正	王	丅	丅	13
夹渣	一		一	丅	4
折叠	丅		一		3
其他			一		2
合计	33	16	11	16	76

(三) 质量分布检查表

质量分布检查表主要是使用计量值数据进行现场调查,根据以往资料,将某一质量特性项目的数据分布范围分为若干区间而制成的表格,用以记录和统计每一质量特性数据落在某一区间的频数。表 11-3 给出了一个质量分布检查表的例子。

表 11-3　某零件质量分布调查表

调查人：					调查日期：					
调查数(N)：121 件					调查方式：根据原始凭证统计					
频数	1	4	10	12	19	27	22	15	9	2
25						丅				
20						正	丅			
15						正	正			
10			丅	正	正	正	正	正		
5		正	正	正	正	正	正	正		
0	一	正	正	正	正	正	正	正	正	丅
0.5	5.5	10.5	15.5	20.5	25.5	30.5	35.5	40.5	45.5	40.5

二、分层法

分层法又称分类法或分组法，是按照一定的标志，把收集到的大量有关某一特定主题的统计数据加以归类、整理。分层的准则是使同一层次内的数据波动幅度尽可能小，而层与层之间的差别尽可能大。分层法常与其他统计方法结合起来应用，如分层排列图法、分层因果图法、分层直方图法、分层散点图法和分层控制图法。

常用的分层标志有：

（1）人员：可按年龄、工级、性别等分层；

（2）机器：可按设备类型、新旧程度等分层；

（3）材料：可按产地、批号、成分等分层；

（4）方法：可按工艺要求、操作方法等分层；

（5）环境：可按使用条件、气候条件等分层；

（6）时间：可按不同的班次、日期等分层。

[例 11-1]　在生产过程中发现有 50 套产品的汽缸垫与汽缸体之间的缝隙漏油。通过调查发现：小王、小李和小张三个操作者的操作方法不同；汽缸垫由甲、乙两个生产商提供。

为了弄清漏油的原因并找到降低漏油率的方法，将数据进行分层。按操作者分层，得到统计情况如表 11-4 所示；按生产商分层，得到统计情况如表 11-5 所示。表面看来，基于表 11-4 和表 11-5 的信息，为降低漏油率，应该采用小李的操作方法和乙厂提供的汽缸垫。

表 11-4　按操作者分层

操作者	漏油	不漏油	漏油率（%）
小王	6	13	32
小李	3	9	25
小张	10	9	53
合计	19	31	38

表 11-5　按生产商分层

生产商	漏油	不漏油	漏油率（%）
甲厂	9	14	39
乙厂	10	17	37
合计	19	31	38

实际情况是否如此呢？这需要进一步对两种因素进行交叉分层，得到表 11-6。从表 11-6 可以看出上述简单分层是有问题的。正确的做法应该是：①当采用甲厂生产的气缸垫时，应采用小李的操作方法，漏油率为 0；②采用乙厂生产的气缸垫时，应采用小王的操作方法，漏油率为 0。

表 11-6　按两种因素交叉分层

操作者	漏油情况	生产商		合　计
		甲厂	乙厂	
小王	漏油	6	0	6
	不漏油	2	11	13
小李	漏油	0	3	3
	不漏油	5	4	9
小张	漏油	3	7	10
	不漏油	7	2	9
合计	漏油	9	10	19
	不漏油	14	17	31
总计		23	27	50

示例表明，使用分层法时，需要考虑各因素的交叉影响，结合实际情况，按不同层次进行分层组合，以使问题显露得更清晰、更彻底。

三、排列图

排列图又称帕累托图，是寻找主要问题或确定影响质量主要因素的一种图示技术。排列图的理论基础是帕累托法则，即"关键的少数和次要的多数"。在质量改进项目中，少数关键因素起着决定性的作用，通过区分"关键的少数和次要的多数"，可找到最具改进潜力的问题，从而用最小的努力获得最大的改进。

排列图由一个横坐标、两个纵坐标、几个由高到低（"其他"项例外）依次排列的矩形和一条累计百分比折线组成，其绘制步骤为：

（1）将所记录的数据分类；

（2）按分类项目进行统计；

（3）计算各项目的累计频率；

（4）画出横坐标和纵坐标；

（5）按频数大小顺序画出矩形；

（6）按累计频率画出排列曲线；

（7）找到关键的少数项目。

对排列图进行分析时，通常采用 ABC 分类法把影响因素或质量问题分为三类：A 类因素，约占 70%，是主要影响因素；B 类因素，约占 20%，是次要影响因素；C 类因素，约占 10%，是一般影响因素。

[例 11-2]　某厂对活塞环槽侧壁不合格的 275 件产品进行缺陷分类统计，统计结果是：精磨外圆不合格 229 件；精镗销孔不合格 56 件；磨偏差不合格 14 件；精切环槽不合格 136 件；垂直摆差不合格 42 件；斜油孔不合格 15 件；其他不合格 8 件。

用排列图进行分析。首先按缺陷数量自多至少进行排列，计算出累计频数和累计频率，绘制缺陷分类统计表（见表 11-7）。

表 11-7　活塞环槽侧壁加工缺陷分类统计表

序号	缺陷项目	频数	累计频数	频率（%）	累计频率（%）
1	精磨外圆	229	229	45.8	45.8
2	精切环槽	136	365	27.2	73.0
3	精镗销孔	56	421	11.2	84.2
4	垂直摆差	42	463	8.4	92.6
5	斜油孔	15	478	3.0	95.6
6	磨偏差	14	492	2.8	98.4
7	其他	8	500	1.6	100.0
合计		500		100	

然后绘制排列图，如图 11-6 所示。

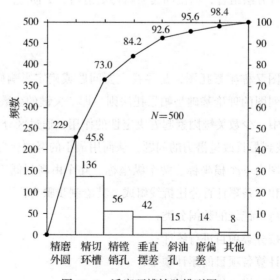

图 11-6　活塞环槽缺陷排列图

采用 ABC 分类法对图 11-6 进行分析，可以发现：精磨外圆和精切环槽是主要缺陷，解决了这两个主要问题，将显著降低不合格品率；精镗销孔为次要缺陷；其他不合格项为一般缺陷。

四、因果图

因果图又称鱼骨图、鱼刺图、石川图，是用来寻找质量问题"根本原因"的一种直观有效的分析方法，其数据通常来自头脑风暴。因果图形象地表示了探讨问题的思维过程，通过有条理地逐层分析，可以清楚地看出"原因—结果"之间的关系，使问题的脉络清晰显示出来。

绘制因果图的步骤为：

（1）确定需要分析的质量问题，绘在主干线箭头的右侧。

（2）确定影响质量问题的原因类别，通常按人员、设备、材料、方法、环境等影响因素分类。绘图时，依次画出大枝，箭头从左向右斜指主干线，箭尾写上原因类别项目。

（3）将原因类别项目展开，绘制表示造成质量问题主要原因的中枝。

（4）将主要原因再展开，绘制造成中枝原因的小枝，依次展开，直到细致到能采取具体措施的程度。

图 11-7 是一个产生噪声问题的因果图示例。

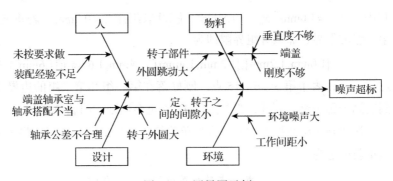

图 11-7　因果图示例

绘制因果图时，应注意：①问题尽量具体、明确、有针对性；②集思广益；③细化到能采取具体措施为止；④大原因并不一定是主要原因；⑤对关键因素采取措施后，再用排列图等方法来检验其效果。

五、直方图

直方图又称频数分布图，是通过对测定或收集来的数据加以整理，统计其在不同区间上的频数分布，来判断和预测生产过程质量和不合格品率的一种常用工具。直方图的作图步骤如下：

（1）收集数据。数据个数（N）一般应大于 50。

（2）找出数据中的最大值和最小值，并确定极差。一般用 x_{max} 表示最大值，用

$x_{\min}$ 表示最小值，极差 $R = x_{\max} - x_{\min}$。

（3）确定组数（K）。组数要适当，太少会引起较大计算误差，太多会影响数据分组规律的明显性。一般来说，当 $N<50$ 时，分 5~7 组；当 $50<N<100$ 时，分 7~10 组；当 $100<N<200$ 时，分 10~20 组。或者，可按照数据个数 N 的平方根，即 $K = \sqrt{N}$ 取整数作为分组数量。

（4）确定组距（h）。组距 $h = R/K$，即极差除以组数，也就是直方图各组的宽度。

（5）确定组界。各组的上下界之差应等于组距 h。而为了避免数据点刚好落在分组边界上造成频数计算困难，还应将各组的边界值细分到数据点最小度量单位值的 1/2。例如，若采样数据的最小单位值细分到了 0.1mm，那么分组边界值就应该以 $0.1 \times 1/2 = 0.05 \text{(mm)}$ 为最小度量值，并将第一分组的下界取为

$$\text{第一分组下界} = x_{\min} - \text{数据点最小单位值}/2$$

即 $x_{\min} - 0.05 \text{mm}$，而不应刚好取为 $x_{\min}$。基于此，其余各组的分界按组距依次累加即可得到。设给定数据如表 11-8 所示。

表 11-8 数据分组边界示例 （单位：mm）

NO.	1	2	3	4	5	6	7	8	9	10	11	12	13	14	15
值	1.1	1.1	1.2	1.3	1.3	1.2	1.4	1.6	1.8	1.8	1.6	1.8	1.0	1.7	1.2

其中，$x_{\min} = 1.0 \text{mm}$，$x_{\max} = 1.8 \text{mm}$。假设取组距 $h = 0.2 \text{mm}$，若将 $x_{\min} = 1.0 \text{mm}$ 作为第一组的下界，那么分组界限即为

$$[1.0 \text{mm}, 1.2 \text{mm}]; [1.2 \text{mm}, 1.4 \text{mm}]; [1.4 \text{mm}, 1.6 \text{mm}]; [1.6 \text{mm}, 1.8 \text{mm}]$$

这样一来，表中第 3、6、15 点，刚好落在第一组和第二组的边界上，就不好判定到底属于哪一组。同理，第 7、8、11 点也会出现"归属争议"。

注意到该组数据点的最小度量单位值为 0.1mm，那么可以将第一组数据的下界值重新设定为

$$x_{\min} - \frac{\text{数据点最小单位值}}{2} = 1.0 - \frac{0.1}{2} = 0.95 \text{(mm)}$$

其后各组的上下界按照组距依次累加，得到新的分组边界为

$$[0.95, 1.15]; [1.15, 1.35]; [1.35, 1.55]; [1.55, 1.75]; [1.75, 1.95]$$

显然，由于所采集的数据点度量值并没有细分到 0.05mm，因此新的分组边界就有效避免了数据点分组的"归属争议"问题。

（6）编制频数分布表。把多个组上下界限值分别填入频数分布表内，并把数据表中的各个数据列入相应的组，统计得到各组数据的频数（f）。

（7）画直方图。横坐标表示质量特性值，纵坐标表示频数，在横坐标上标明各组组界，以组距为底、频数为高，画出一系列的方柱，即为直方图。

（8）在直方图空白区域标记相关数据。如公差范围（T）、公差中心（M）、样本容量（N）、样本平均值（$\bar{x}$）、样本标准差（S）等。

[例 11-3] 某厂产品的重量规范要求为 1 000+0.50g，现从加工过程中随机抽取 100 件产品，测得 100 个数据，绘制直方图并进行分析。

（1）收集数据，如表 11-9 所示。

表 11-9　产品重量数据表

测量单位（厘克：cg）									N=100
44	29	28	27	34	30	19	25	33	15
35	23	31	30	23	25	23	29	49	2
25	30	36	37	31	35	15	43	39	7
29	33	23	26	37	40	25	19	29	11
39	37	22	21	27	21	19	9	13	38
41	29	29	13	31	32	31	27	29	48
43	33	35	21	29	35	21	25	28	25
30	19	22	47	15	11	22	23	35	23
29	29	21	39	13	33	20	31	29	20
31	21	25	36	21	29	25	25	33	41

注：表中数据是实测数据减去 1 000g 的简化值。例如，44cg，对应原值为 1 000+0.44g。

（2）确定极差，$R = x_{max} - x_{min} = 49 - 2 = 47 (cg)$。

（3）确定组数，$K = 10$。

（4）确定组距，$h = R/K = 47/10 = 4.7 \approx 5 (cg)$。

（5）确定各组的界限值，各数据点的最小度量单位值为 1cg（即 0.01g），因此分组边界值应该细分到最小单位值的 1/2，即 $1cg \div 2 = 0.5 cg$（即 0.005g）。由此确定分组为

$$\text{第一组下限值} = x_{min} - 0.5 = 2 - 0.5 = 1.5 (cg)$$

$$\text{第一组上限值} = \text{第一组下限值} + \text{组距} = 1.5 + 5 = 6.5 (cg)$$

$$\text{第二组下限值} = \text{第一组上限值} = 6.5 (cg)$$

$$\text{第二组上限值} = \text{第二组下限值} + \text{组距} = 6.5 + 5 = 11.5 (cg)$$

依此类推，得到第三组以后各组的界限值为 16.5、21.5、26.5、31.5、36.5、41.5、46.5、51.5。

（6）编制频数分布表，如表 11-10 所示。

表 11-10　产品重量频数分布表

组号	组界	组中值	频数
1	1.5～6.5	4	1
2	6.5～11.5	9	3
3	11.5～16.5	14	6
4	16.5～21.5	19	14
5	21.5～26.5	24	19
6	26.5～31.5	29	27
7	31.5～36.5	34	14
8	36.5～41.5	39	10

(续)

组号	组界	组中值	频数
9	41.5~46.5	44	3
10	46.5~51.5	49	3
合计			100

（7）绘制直方图并标记，如图 11-8 所示。

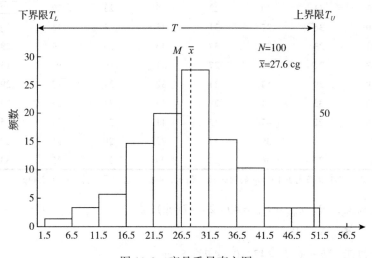

图 11-8　产品重量直方图

产品质量特性值一般服从正态分布或近似正态分布。当产品质量特性值的分布不具有正态性时，往往意味着生产过程不稳定。因此，通过直方图的分布形状，可以判断生产过程是否稳定，并对产品的质量状况做出初步判断。图 11-9 给出了几种主要的直方图类型。

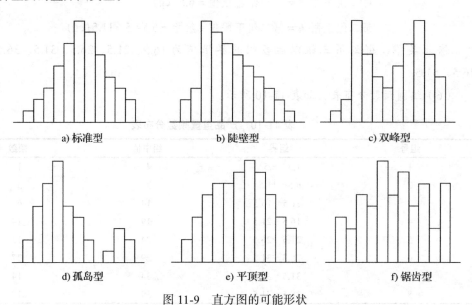

图 11-9　直方图的可能形状

（1）标准型：是指过程处于稳定状态的直方图，它的形状是中间高、两边低，左右近似对称。此时可判定过程运行正常，处于稳定状态。

（2）陡壁型：直方图像高山的陡壁向一边倾斜。这很可能是在生产中通过检查，剔除了不合格品后的数据做出的直方图，是一种非自然形态。

（3）双峰型：直方图中出现了两个峰。这是由于数据来自不同总体造成的。例如，两个工人（或两批材料，或两台设备）生产出来的产品混在一起。此时应当对数据进行分层。

（4）孤岛型：直方图旁边有孤立的小岛出现。这可能是由于过程中有异常情况出现，如不熟练工人替岗、刀具严重磨损或松动、原料发生变化、测量有误差等。此时应查明原因并采取改正措施。

（5）平顶型：直方图没有突出的顶峰，呈平顶型。这种情况一般是由生产过程中某种因素缓慢作用而造成的，如工具的磨损、操作者的疲劳等。

（6）锯齿型：直方图出现凹凸不平的形状。这是由于作图时数据分组太多、测量仪器误差过大或观测数据不准确等造成的，此时应重新收集和整理数据。

从表格形式看，质量分布调查表与直方图的频数分布表相似。两者的不同之处是：质量分布调查表是根据以往资料，首先划分区间范围，然后制成表格，以供现场调查记录数据时使用；直方图的频数分布表则是首先收集数据，再适当划分区间，然后制成图表，以供分析现场质量分布状况时使用。

六、散点图

散点图又称相关图，是判断两组数据之间是否存在相关关系的图示方法。散点图通过研究点子集的分布状态可推断成对数据之间的相关关系。判断散点图的相关关系主要有三种方法：对照典型图例判断法、象限判断法和相关系数判断法。

在对照典型图例判断法中，散点图的典型样式如图 11-10 所示。

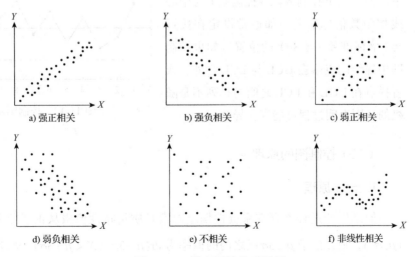

图 11-10　散点图的典型图例

象限判断法又叫中值判断法、符号检定判断法。首先在散点图上画一条与 Y 轴平行的中值线，使其左、右两边的点数大致相等。同理，画一条与 X 轴平行的中值线，使其上下两边的点数也大致相等。两条线把散点图分成 4 个象限区域Ⅰ、Ⅱ、Ⅲ、Ⅳ（见图 11-11）。然后，统计落入各象限区域内的点数。若 $n_Ⅰ+n_Ⅲ>n_Ⅱ+n_Ⅳ$，则判为正相关；若 $n_Ⅰ+n_Ⅲ<n_Ⅱ+n_Ⅳ$，则判为负相关。

还可以使用相关系数来判断样本的相关程度，比如皮尔逊相关系数。皮尔逊相关系数是描述两个变量之间相关程度的统计指标，其计算公式为

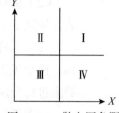

图 11-11 散点图象限

$$\gamma = \frac{\sum XY - \sum X \sum Y / N}{\sqrt{\sum X^2 - (\sum X)^2 / N}\sqrt{\sum Y^2 - (\sum Y)^2 / N}}$$

相关系数 γ 的取值范围为 $[-1,1]$。$\gamma>0$ 表示正相关，$\gamma<0$ 为负相关，$\gamma=0$ 为不相关。γ 的绝对值越大，则表明相关程度越高。

七、控制图

（一）控制图的基本结构

控制图是对过程质量特性进行测定、记录、评估，从而监测过程是否处于控制状态的一种用统计方法设计的图，用于甄别由异常或特殊原因所引起的波动。一般来说，控制图上有三条平行于横轴的直线：上控制线（upper control line，UCL）、下控制线（lower control line，LCL）和中心线（central line，CL），并有按时间顺序抽取的样本统计量数值的描点序列（见图 11-12）。UCL、LCL 和 CL 统称为控制线。中心线 CL 是所控制的统计量的平均值，上下控制界限（控制线）与中心线相距数倍标准差，如通常设定在接近 ± 3 倍标准差（$\pm 3\sigma$）的位置。如果控制图中描绘的点落在 UCL 与 LCL 之外，或者描点在 UCL 和 LCL 之间的排列不是随机的，则表明过程可能存在异常。

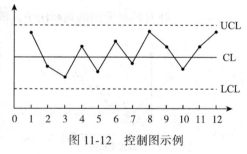

图 11-12 控制图示例

（二）控制图的原理

1. $\pm 3\sigma$ 原理

如果生产过程不存在系统性偏差因素且质量特性值服从正态分布，即 $X \sim N(\mu, \sigma^2)$，则 X 位于 $\mu \pm 3\sigma$ 线之内的概率为 $\Pr(\mu-3\sigma<X<\mu+3\sigma)=99.73\%$，而其落在 $\mu \pm 3\sigma$ 线之外的概率则只有 0.27%。如果从处于统计控制状态的生产中任意抽取

一个样品 X，则应该认为 X 一定位于分布范围 $\mu\pm3\sigma$ 之内，并且出现在分布范围之外是小概率事件，是不可能发生的，这就是 3σ 原理，也称小概率事件原理。根据 3σ 原理，在一次抽样试验中，如果样品测量值分布在 $\mu\pm3\sigma$ 之外，就认为发生了小概率事件。而在一个正常稳定系统中，小概率事件是不可能发生的，那么就只能推定该系统出了问题，生产处于非控制状态。

这种把 $\mu-3\sigma$ 定为 LCL、$\mu+3\sigma$ 定为 UCL、μ 定为 CL 的控制图称为 3σ 原理控制图，也称休哈特控制图（休哈特控制图在我国被称为常规控制图，已经纳入国家标准 GB4091）。还有很多其他类型的控制图，其上下控制线不一定正好处在 $\mu\pm3\sigma$ 的位置。

2. 两类错误

正常系统所产出的产品，也可能会有很小的概率表现得"不正常"，而不正常系统也可能会有很小的概率表现得"正常"。因此，运用小概率事件原理判定系统状态会出现"弃真"和"取伪"两类错误。

"弃真"（第Ⅰ类错误）：虚发警报的错误。这类错误是将正常判为异常，即生产仍处于统计控制状态，但由于随机因素的影响，使得点子超出了控制限，虚发警报而将生产误判为出现了异常。第Ⅰ类错误发生的概率记为 α。"弃真"一般对生产者不利，所以又称生产者风险。

"取伪"（第Ⅱ类错误）：漏发警报的错误。这类错误是将异常判为正常，即生产已经变化为非统计控制状态，但点子还没有超出控制界限，没有发出警报，而将生产误判为正常。第Ⅱ类错误发生的概率记为 β。"取伪"一般对使用者不利，所以又称使用者风险。

从图 11-13 中可以看出，假设其他因素不变的条件下，控制界限幅度对 α 与 β 同时存在影响。为了降低第Ⅰ类错误，可以将 UCL 与 LCL 的间距增大，这样 α 减小，但 β 却增大了；反之，为了降低第Ⅱ类错误，可以将 UCL 与 LCL 的间距减小，这样 β 减小，但 α 却增大了。根据统计原理，同时避免两类错误是不可能的，解决办法是根据使两种错误造成的总损失最小来确定控制图中 UCL 与 LCL 之间的

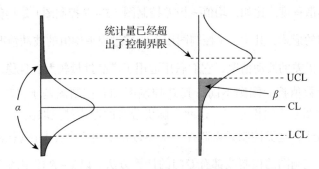

图 11-13　控制图的两类错误

最优间距。研究发现，犯两类错误的总和呈抛物线，并恰好在以 $\mu\pm3\sigma$ 作为控制界限处最小。实践也证明，能使两类错误造成的总损失最小的控制界限大致在 $\mu\pm3\sigma$ 的位置，即休哈特所提出的 $\mu\pm3\sigma$ 界限。因此选取 $\mu\pm3\sigma$ 作为控制界限是最经济合理的。

（三）控制图的分类

按照统计量的不同，控制图可分为计量值控制图和计数值控制图。计量值控制图用于监控产品质量特性为长度、重量、时间、强度等连续变量的情况；计数值控制图用于监控不合格品数、不合格品率、缺陷数等离散变量。常用控制图的种类见表 11-11。

表 11-11　控制图的种类

类别	名称	符号	分布	用途
计量值控制图	均值—极差控制图	$\bar{x}-R$	正态分布	最常用、最基本的控制图。适用于产品批量较大，且稳定、正常的过程
	中位数—极差控制图	$\tilde{x}-R$	正态分布	适用于现场需要把测定数据直接记入控制图进行控制的场合
	均值—标准差控制图	$\bar{x}-S$	正态分布	适用于样本容量较大（$n>10$）的过程
	单值—移动极差控制图	$x-R_s$	正态分布	适用于加工周期长、测量成本高、单个数据获取周期长的过程
计数值控制图	不合格品数控制图	P_n	二项分布	适用于样本数量 n 相同的过程，用于控制一般的过程
	不合格品率控制图	P	二项分布	适用于样本数量 n 可以不同的过程，用于控制关键的过程
	缺陷数控制图	C	泊松分布	适用于样本数量 n 相同的过程，如对铸件表面的砂眼等缺陷数的控制
	单位缺陷数控制图	U	泊松分布	适用于样本数量 n 可以不同的过程，需要将数据转换为标准单位缺陷数

计量值控制图涉及的统计量基本服从正态分布。正态分布取决于期望值 μ 和标准差 σ 两个参数，因而需要使用一对控制图：一个用于控制集中程度，另一个用于控制离散程度。比如，均值-极差控制图（$\bar{x}-R$ 控制图）是均值 $\bar{x}$ 和极差 R 两种控制图联用的形式，其中，$\bar{x}$ 控制图用于监控过程平均值的波动情况，R 控制图则用于监控过程极差的波动情况，它们联用适用于产品批量较大，且稳定、正常的生产过程。

计数值控制图则不同，其 P_n 控制图和 P 控制图基于二项分布，而 C 控制图和 U 控制图基于泊松分布。这两类随机分布的形式都只取决于一个独立参数，即平均值。因此，这类控制只需监控一个参数，使用一个控制图就够了。

各控制图的控制线都有专门的计算方法。以 $\bar{x}-R$ 控制图为例，当 $X\sim N(\mu,\sigma^2)$ 时，按照 3σ 原理，$\bar{x}$ 图控制线的计算公式为

$$CL_{\bar{x}} = \bar{\bar{x}}$$

$$UCL_{\bar{x}} = \bar{\bar{x}} + A_2\bar{R}$$

$$LCL_{\bar{x}} = \bar{\bar{x}} - A_2\bar{R}$$

R 图控制线的计算公式为

$$CL_R = \bar{R}$$

$$UCL_R = D_4\bar{R}$$

$$LCL_R = D_3\bar{R}$$

其中，$\bar{x}$ 图的控制中线 $CL_{\bar{x}} = \bar{\bar{x}}$，意指样本均值的均值（接近总体的期望值）。$R$ 图的控制中线 $CL_R = \bar{R}$ 表示极差的均值。比如：第一次抽样 5 个点，其均值为 $\bar{x}_1$，极差为 R_1；第二次又抽样 5 个点，其均值为 $\bar{x}_2$，极差为 R_2；依此类推，第 i 次抽样 5 个点，均值为 $\bar{x}_i$，极差为 R_i；直到第 m 次抽样，均值为 $\bar{x}_m$，极差为 R_m。那么，$\bar{\bar{x}} = \frac{1}{m}\sum_{i=1}^{m}\bar{x}_i$，$\bar{R} = \frac{1}{m}\sum_{i=1}^{m}R_i$。对于控制上线和下线，参数 A_2、D_4、D_3 是与样本数量有关的系数，可从控制图系数表中查得（见表 11-12）。

表 11-12　控制图系数简表（部分）

n	A_2	D_3	D_4
2	1.880	0	3.267
3	1.023	0	2.575
4	0.729	0	2.282
5	0.577	0	2.115
6	0.483	0	2.004
7	0.419	0.076	1.924

$\bar{x} - R$ 控制图的使用步骤如下：

（1）收集数据。收集一定时期内处于稳定状态的数据，个数应多于 50 个，取 100 个以上为佳。

（2）分组数据。每 n 个（n 通常取为 3~5 个）数据组成一个样本，称为子组。

（3）计算各子组样本的均值 $\bar{x}_i$ 和极差 R_i，计算样本均值的均值 $\bar{\bar{x}}$ 和样本极差的均值 $\bar{R}$。

（4）计算 R 图控制界，将数据点描绘在 R 图中，对状态进行判断；若判稳则进行步骤（5），若判异，则去除异常数据组，转回步骤（3）。

（5）计算 $\bar{x}$ 图控制界，将数据点描绘在 $\bar{x}$ 图中，对状态进行判断；若判稳则进行步骤（6），若判异，则去除异常数据组，转回步骤（3）。

（6）延长 $\bar{x} - R$ 控制图的控制线，作为实际控制用的控制图。

（四）控制图的判析

1. 判稳准则

当控制图上的点同时满足没有越出控制界限和排列没有缺陷两个条件时，可以判断过程稳定，称为判稳。所谓点没有越出控制界限是指：

（1）连续 25 个点都在控制界限内；

（2）连续 35 个点，至多 1 个点落在控制界限外；

（3）连续 100 个点，至多 2 个点落在控制界限外。

点的排列没有缺陷，是指其排列形式符合大概率随机排列结果。如果出现了小概率情况下才能出现的排列形式，则认为点的排列有缺陷。此时，即便样本点都处于控制线内，过程也不一定处于稳态，就不能判稳。

2. 判异准则

当控制图上的点越出控制界限或排列不随机时，可以判断过程异常，称为判异。在实际应用中，常规控制图的判断有相应的国家标准，主要有 8 个判异准则（见图 11-14）。

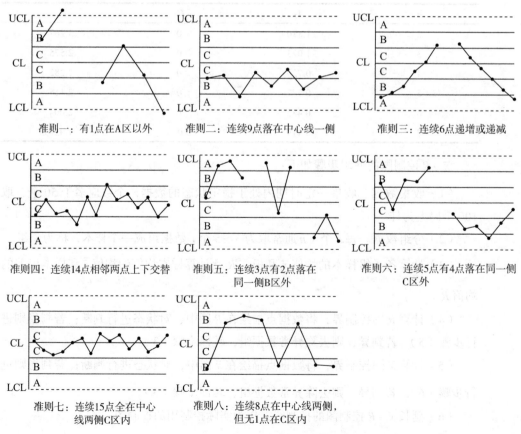

图 11-14 控制图判异准则示例

上述过程都是小概率事件，一旦出现，表明质量发生了非随机性波动，应该采取相应措施，提前进行控制，以有效预防质量异常情况的出现。

第三节 质量成本

一、质量成本的定义和构成

质量之所以获得如此广泛重视，是因为组织已经认识到质量会影响其各个方面，特别是对成本有显著影响。低质量最明显的后果是造成顾客不满意而最终失去业务和商机，同时会推高生产成本和客户成本。20世纪50年代，费根鲍姆首次提出质量成本的概念。1951年，朱兰在《质量控制手册》中的质量经济学中提出了质量成本的一般性论述，将不良质量成本比喻成"矿中黄金"。随后，质量成本管理活动在发达国家相继开展并取得了显著性成效。20世纪80年代，我国一些企业引进了质量成本管理理念，并开展了质量成本核算工作。

质量成本是指为保证满意的质量而发生的费用以及没有达到满意的质量所导致的损失。从上述定义可以看出，质量成本大致可分为两类：第一类是质量运行成本，是指为实现高质量所付出的成本，主要分为预防成本和鉴定成本；第二类是质量故障（损失）成本，是指由于低质量造成后果所引发的费用，主要分为内部故障成本和外部故障成本。

预防成本是指为了预防出现不合格品与质量故障而发生的各种费用，主要包括质量计划费用、质量培训费用、质量改进措施费、质量奖励费用、专职质量管理人员工资等。

鉴定成本是指为了检查和评定产品是否满足规定质量水平所需要的费用，主要包括进货检验费用、工序检验费用、成品检验费用、质量审核费用、检验设备折旧费等。

内部故障成本是指产品出厂前因不满足规定的质量要求而支付的费用，主要包括返修损失费用、废品损失费用、停工损失费用、减产损失费用、产品降级损失费用等。

外部故障成本是指成品出厂后因不满足规定的质量要求，导致索赔、修理、更换或信誉损失等支付的费用，主要包括用户诉讼费用、索赔费用、产品退换费用、产品召回费用、折旧损失费用等。这类成本引发的后果尤其严重，因为很难重新获得客户信任和忠诚。

图11-15描述了质量成本和质量水平之间的关系：①预防成本和鉴定成本随着质量水平的提高而增加；②内外部故障成本随着质量水平的提高而减少；③总质量成本是一条先递减再递增的曲线。在质量成本特性曲线上可以找到一个最佳质量水平点，对应最低的总质量成本，从而实现质量与成本之间的平衡，即组织的质量成本目标。

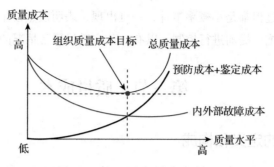

图 11-15 质量成本特性曲线

二、质量成本核算和分析

（一）质量成本核算

质量成本核算是以货币的形式综合反映企业质量管理活动中的费用支出和质量损失，是企业质量成本管理的重要内容。在我国，质量成本核算一般分为三级科目。一级科目：质量成本；二级科目：预防成本、鉴定成本、内部故障成本和外部故障成本；三级科目：质量成本细目。国家标准 GB/T 13339—1991《质量成本管理导则》中推荐了 21 个科目，企业可依据实际情况及质量成本的用途、目的、性质，增减选用。

企业在进行质量成本核算时，主要有统计核算法、会计核算法和业务核算法等。统计核算就是收集和整理在经济活动中，能够反映经济现象特征和规律性的数据资料来核算质量成本；会计核算主要是运用货币形式，通过记账、算账和报账等手段，连续和系统地反映和监督经济活动的全过程；业务核算就是对个别业务事项的记载，主要是进行单个业务的抽样核算，其形式多种多样，没有一套专门的方法。三种核算可以综合使用、互相补充，形成质量成本核算体系。根据质量成本核算结果，编制质量成本报告。

（二）质量成本分析

质量成本分析是基于质量成本核算，分析质量成本数据以找出影响质量的主要问题和质量管理的薄弱环节，为提出质量改进意见提供依据。质量成本分析主要包括：①质量成本总额的构成内容分析；②质量成本总额的构成比例分析；③质量成本各要素之间的比例关系分析；④质量成本占预算成本的比例分析。质量成本分析有定性和定量两种方法：定性分析可以加强质量成本管理的科学性和实效性；定量分析能够计算出定量的经济效果，作为评估质量体系有效性的评价指标。质量成本评价指标一般有三类：①占基数比例指标，反映质量成本占各种基数的比例关系，基数主要有总产值、销售收入、销售利润和总成本等；②结构比例指标，反映质量成本中各主要科目占质量总成本的比例；③质量效益指标，反映可控成本（投资成本）增加而使结果成本（即损失成本）降低的情况。

三、质量损失和劣质成本

（一）质量损失

质量损失是产品在整个生命周期中，由于质量问题而导致的损失。它存在于产品的设计、制造、销售、使用直至报废的全过程，涉及生产者、消费者和整个社会的利益。

1. 生产者的损失

生产者的损失主要包括因质量不符合要求，在产品交付前和交付后的两方面损失，既包括有形损失，也包括无形（隐性）损失。有形损失是指可以通过价值计算的直接损失，如废品损失、返修损失、退货损失、赔偿损失、降价损失等。据统计，生产和销售中的损失约占总损失的90%，其中次品、废品、返修、返工、包装不合格等又是主要因素。因此，提高产品投入产出一次合格率是减少生产者质量损失的有效手段。

2. 消费者的损失

消费者的损失是指产品在使用过程中，由于质量缺陷而使消费者蒙受的各种损失，如使用过程中造成的人身健康、生命和财产损失，能耗和物耗增加，人力浪费，停用、停工、停产、误期或维修费用等。

3. 社会的损失

生产者和消费者的损失，广义来说都属于社会损失；反之，社会损失最终也构成对个人和环境的损害。社会损失主要是指由于产品缺陷对社会造成的公害和污染，对环境和社会资源的破坏和浪费，以及对社会秩序和社会安定造成的不良影响等。

（二）劣质成本

劣质成本是指由于质量低劣而造成的成本损失，即由于"第一次没有把事情做对"而额外付出的成本。劣质成本包括显性成本和隐性成本，显性成本体现在财务成本核算中，但这类成本只是冰山一角，仅占总成本的5%～8%；隐性成本占总成本的15%～20%，属于冰山之下很难直接发现的部分，并且很难计算。

由于许多质量成本支出是隐性的，很难通过常规的质量成本评估系统进行测定。即使发现，其中很大一部分也会被当作企业的正常经营支出。多数质量成本系统无法检测的隐性成本主要集中在客户补救成本、信誉损失成本、客户不满成本三方面。虽然这些成本不能通过常规质量成本系统确定,但在成本构成中却占有相当大的比重。现有与未来客户是否购买产品就与这些成本有关。消除了外部问题因素,这些支出也随之消失。

总的来说,劣质成本主要由非增值损失成本和故障损失成本组成。非增值损失成本是指由现行过程中存在的非增值过程造成的损失,而故障损失成本是指由现行过程中的故障造成的损失。非增值损失成本包括预防成本和鉴定成本中的非增值部分,而故障损失包括鉴定成本和内外部故障成本(见表 11-13)。

表 11-13 劣质成本的分类

劣质成本	非增值损失成本	预防成本(非增值部分) 鉴定成本(非增值部分)	花费的预防成本中没有达到预期目的的那部分 花费的鉴定成本中没有达到预期目的的那部分
	故障损失成本	鉴定成本(分析故障原因) • 内部故障损失成本 • 外部故障损失成本	分析质量低劣原因而进行的鉴定和检查的费用 产品在交付前不能满足质量要求所造成的损失 产品在交付后不能满足质量要求所造成的损失

第四节 六西格玛管理简介

一、六西格玛的起源

20 世纪 80 年代中期,摩托罗拉公司确立了以客户完全满意(total customer satisfaction,TCS)为目标的质量方针并实施了六西格玛计划,旨在降低生产过程中产品及流程的缺陷次数,以超越日本产品的质量水平。由于六西格玛质量计划的成功实施,摩托罗拉于 1988 年获得了首届"鲍德里奇国家质量奖"(Malcolm Baldrige National Quality Award)。进入 20 世纪 90 年代以后,美国各大公司,如通用电气等开始实施六西格玛质量计划,六西格玛质量计划为这些企业带来了显著的效益。由于这些公司应用六西格玛取得了巨大的成功,许多企业发现六西格玛对自己也产生了深远的影响,它们也开始大力推行六西格玛计划。事实上,六西格玛并不是一项纯粹的统计质量控制技术,它的实施是对企业管理的一次变革。目前六西格玛计划已成为许多公司实现企业业务整体改进的一项竞争战略。

二、六西格玛的内涵

(一)过程能力

过程能力(process capability)也称工序能力,是指过程处于稳定状态下实际的加工能力,表示工序对产品规范的保证程度,用来评价加工工艺系统满足加工技术要求的水平。过程产出物(成品、半成品等)的质量特性值一般服从正态分布。在分布中心与规格中心重合且规格要求不变的情况下,如果标准差(σ)较大,那么产品质量特性值落在上规格界限(upper specification limit,USL)和下规格界限

（lower specification limit，LSL）[⊖]之间的概率就较小，说明过程能力较低；反之，产品合规的概率就较高，过程能力也较高。

如果产品的质量特性参数分布的期望值（μ）和规格中心值（M，比如公差中心）相等（称为"无漂移"），那么过程能力指数为

$$C_p = \frac{USL - LSL}{6\sigma}$$

若 $C_p = 1$，则表明 $\pm 3\sigma$ 处于规格界限之中，此时产品合格率为 99.73%；若 $C_p = 2$，则表明 $\pm 6\sigma$ 处于规格界限之中，此时产品合格率将达到 99.999 999 8%，相应不合格率只有五亿分之一！此时，称系统达到了 6σ（六西格玛）水平（见图 11-16）。

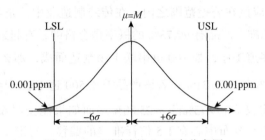

图 11-16 无漂移的 6σ 正态分布图

但是，多数情况下分布中心 μ 和规格中心 M 并不重合，在长期运行过程中，一般会有 $\pm 1.5\sigma$ 的"漂移"（见图 11-17）。

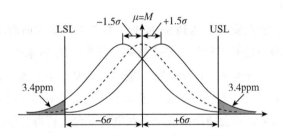

图 11-17 有 $\pm 1.5\sigma$ 漂移的 6σ 正态分布图

设漂移量为 Δ，那么有漂移的过程能力指数为

$$C_{pk} = \frac{USL - LSL - 2\Delta}{6\sigma}$$

在 $\Delta = 1.5\sigma$ 的情况下，对应 $C_p = 2$ 的带漂移过程能力指数将为 $C_{pk} = \frac{12\sigma - 2 \times 1.5\sigma}{6\sigma} = 1.5$。此时，产品合格率与无漂移的情况相比也会有所降低，大约为 99.999 66%，不合格率大约为百万分之 3.4（3.4ppm：parts per million）。

⊖ 规格界限不是控制界限。前者是区分产品合格与不合格的科学界限，而后者则是区分偶然波动与异常波动的科学界限。从前述控制图的计算公式可知，控制界限取决于产品样本的特性值分布，但规格界限取决于产品的质量要求。为了达到最低的生产成本，规格界限一般在控制界限之外（更宽）。

世界工业制造的质量水平经历了半个世纪左右的发展才从很低水平提高到当今的 ppm 级缺陷水平：在 20 世纪 70 年代，美国工业相当于 2σ 水平，在 80 年代达到了 3σ 水平；日本在 20 世纪 80 年代早期就已达到 4σ 水平，并于 80 年代中期发展到了 5σ 水平；到 20 世纪 80 年代后期，摩托罗拉公司进一步提出并达到了 6σ 质量水平。六西格玛水平已经成为当今世界级企业的普遍目标。

（二）六西格玛的含义

从统计质量控制角度可以看出，六西格玛的含义是指当过程处于稳定状态时，计量型质量特性值在分布中心和公差中心重合时，质量特性数据的 6 倍标准差（$\pm 6\sigma$）应该在公差范围之内。在传统制造业中，企业执行的质量标准是 $\pm 3\sigma$，按照这一标准，产品有 99.73% 的概率是合格的，看起来合格率还挺高。但是，若产品需经多道工序，如 100 道串联工序制造而成，那么成品的最终合格率也只能达到 $(99.73\%)^{100} = 76.31\%$；若该产品需经 500 道串联工序制造而成，那么成品的最终合格率将仅为 $(99.73\%)^{500} = 25.88\%$。而如果能按照 6σ 标准控制质量，即便允许公差中心与分布中心有 1.5 倍标准差的偏移，每道工序的产品合格率也将达到 99.999 66%，意味着每 100 万件产品中，只有 3.4 个是不合格的，称为 3.4DPMO（defect per million opportunities，DPMO）。在这种质量水平下，经过 100 道工序之后的成品合格率仍达 99.97%；即便是经过 500 道工序，成品合格率也在 99.83% 以上。

然而，要在质量上达到 6σ 水平，不考虑其他方面的改进，纯粹依靠产品质量控制手段本身是做不到的。经验显示：若企业从 3σ 水平开始，全力实施 6σ，则每年可提高一个 σ 水平，直至 4.7σ，资本投入基本不会太大，且利润率提高显著。但是，在 4.8σ 以后，若想再提高质量水平，就需要对作业过程重新设计、重组流程和提升管理水平，才会使产品或服务在更高平台上获得竞争优势。

因此，帮助企业实现成功的六西格玛管理，已经超出了质量管理的范围，成为一套系统的业务改进方法体系，旨在持续改进组织业务流程，实现顾客满意。6σ 管理通过系统地、集成地采用质量改进流程，实现零缺陷[①]的过程设计（6σ 设计），并对现有过程进行界定、测量、分析、改进和控制，消除过程缺陷和无价值作业，从而提高产品质量和服务水平。它不仅是一种质量目标，更重要的是，它已经成为一种理念、文化和方法体系的集成。换句话说，六西格玛就是一个代名词，其含义是顾客驱动下的持续改进。其方法体系的运用不仅局限于解决质量问题，还包括业务改进的各个方面。其方法体系也不仅仅是统计技术，而是一系列管理技术和工业工程技术的集成。

---

① 由于随机因素的存在，"零缺陷"几乎是不可能实现的。但六西格玛管理使产品的不合格率低至 ppm 级，并且强调持续改进，所以有时候也将六西格玛誉为追求"零缺陷"的质量管理。

企业成功实施六西格玛管理能够获取最佳的经济效益。一方面，六西格玛管理模式下实现的正确产品特性能够使产品在市场竞争中以更优越的价格占据更广阔的份额，从而为企业带来更高的经济效益；另一方面，六西格玛管理能够实现生产过程的最低缺陷，即在最大程度上预防质量问题的产生，降低了返工维修、售后保证、退货处理等成本。低废品和低返修还能缩短生产周期、及时交货，从而为企业降低了成本、提高了顾客满意度和忠诚度，最终实现最佳的经济效益。

三、实施六西格玛管理的组织结构

六西格玛管理需要一套合理、高效的人员和相关组织结构来保证改进活动得以顺利实施，其团队组成需要特定的管理角色和组织职能。6σ管理委员会是企业实施6σ管理的最高领导机构，该委员会主要成员由公司领导成员担任，主要职责是：设立6σ管理初始阶段的各种职位；确定具体的改进项目及改进次序，分配资源；定期评估各项目的进展情况，并对其进行指导；当项目小组遇到困难或障碍时，帮助它们排忧解难等。六西格玛组织结构由组织的高层管理者、六西格玛倡导者、黑带大师、黑带和绿带组成。

- 高层管理者：六西格玛组织结构中的最高领导者。
- 倡导者：六西格玛整体推进的主要负责人，负责六西格玛战略展开、目标确定、资源分配、组织协调。
- 黑带大师：六西格玛项目关键业务过程的主要负责人，负责接受项目成果及成果固化。
- 黑带：六西格玛组织的核心力量，专职从事六西格玛项目，是项目的团队负责人，具有较高的六西格玛管理水平，熟练使用六西格玛工具。
- 绿带：非专职参加六西格玛项目的基层管理者或一般员工，通常是黑带团队的成员或较小项目的团队负责人，培训与黑带相似，内容所达层次略低。

四、六西格玛改进模式

六西格玛经过20多年的发展，现在已经演变成为一套行之有效的解决问题和提高企业绩效的系统方法论。推动企业持续改进的六西格玛管理的具体实施模式——DMAIC，已经成为世界上持续改善的标准流程（见图11-18）。

图11-18 DMAIC改进模式

DMAIC代表了六西格玛改进的五个阶段：

（1）界定（define）：确认顾客的关键需求并识别需要改进的产品或流程，决定要进行测量、分析、改进和控制的关键质量因素，将改进项目界定在合理的范围内。

（2）测量（measure）：通过对现有过程的测量和评估，制定期望达到的目标及业绩衡量标准，识别影响过程输出变量的影响因子，并验证测量系统的有效性。

（3）分析（analyze）：通过数据分析确定影响过程输出变量的关键影响因子。

（4）改进（improve）：寻找最优改进方案，优化过程输出变量并消除或减小造成波动的因子，使过程的缺陷或变异降至最低。

（5）控制（control）：通过修订文件使成功经验制度化，通过有效的监测方法维持过程改进的成果并寻求进一步提高改进效果的持续改进方法。

除了质量管理常用的几种工具而外，DMAIC改进模式的五个阶段都使用了更多的有关测量、分析、改进和控制的方法和技术，请参见相关文献。

本章小结

自20世纪初企业将质量的概念引入生产中以来，不断涌现的质量大师使有关质量的理论逐渐得到了完善。戴明的PDCA循环、朱兰的质量三部曲、克劳士比的零缺陷、费根鲍姆的全面质量管理、石川馨的鱼骨图等，为企业提高产品和服务质量提供了理论支持。ISO 9000系列质量标准将质量管理工作标准化和规范化，帮助企业建立和健全质量管理体系，提高员工的质量意识和企业的质量保证能力，从而增强企业素质，使其能够最大限度地满足顾客和市场的需求。检查表、分层法、排列图、因果图、直方图、散点图和控制图等七种质量管理方法，为质量过程控制提供了工具。质量成本分为保证满意的质量而发生的费用以及没有达到满意的质量所导致的损失两类，有助于发现质量成本和质量水平之间的关系，从而实现质量与成本之间的最佳平衡。六西格玛管理是一套系统的业务改进方法体系，旨在持续改进组织业务流程，实现顾客满意的管理方法。更重要的是，六西格玛已经成为一种理念、文化和方法体系的集成。

思考与练习题

1. 列举著名质量管理大师并简述其主要贡献。
2. 简述全面质量管理方法的PDCA循环。
3. 理解质量管理体系及其过程模型。
4. 简述ISO 9000标准中的质量管理原则。
5. 某物流公司负责三个手机厂商的手机配送业务，每种手机按照路途远近采取两种包装：一级防摔包装和二级防摔包装，但公司近期却因手机屏幕破损经常接到客户投诉。公司认为是配送时的产品包装问题，考虑要将所有二级防摔包装统一加固为一级防摔包装，但这要付出额外成本。公司收集了近一个月的配送记录，如表11-14和表11-15所示。

表11-14 按手机厂商整理数据

手机厂商	屏幕破损数	屏幕完好数	破损率（%）
甲	2	6 000	0.03
乙	40	9 000	0.44
丙	20	1 200	1.64
合计	62	16 200	0.38

表 11-15　按包装级别整理数据

包装级别	屏幕破损数	屏幕完好数	破损率（%）
一级	6	8 200	0.06
二级	56	8 000	0.79
合计	62	16 200	0.38

以上数据表明，所有二级防摔包装都应该升级为一级防摔包装，但公司运用分层法进一步分析，得到表 11-16 中的结果。

表 11-16　按两种因素交叉分层整理数据

手机	破损情况	包装		合计
		一级	二级	
甲	破损	2		
	完好	3 000		
乙	破损			
	完好	5 000		
丙	破损	4		
	完好			
合计	破损			
	完好			
	总计	8 206		

请完成两因素分层表 11-16，并分析该公司应该采取什么措施才能以较低的成本降低配送时手机屏幕的破损率。

6. 已知某产品被用户投诉的问题和频数如表 11-17 所示，请绘制排列图，并指出主要问题。

表 11-17　某产品客户投诉问题统计

序号	缺陷项目	频数
1	包装损坏	12
2	电源过热	89
3	数据线破损	56
4	USB 接口松动	42
5	外壳碎裂	150
6	背板划痕	14
7	摄像头污渍	25
8	缺少配件	36
9	缺少赠品	122
10	触屏迟钝	45
11	其 他	16
合计		607

7. 对某产品抽样 120 件并测量其尺寸，结果如表 11-18 所示。请绘制直方图，并根据直方图形状判断当前工序状态。

表 11-18　120 件产品抽样尺寸数据表

测量单位（毫米：mm）									$N=120$
100.31	100.45	100.07	100.30	100.99	100.49	100.10	100.25	100.23	100.53
100.53	100.37	100.28	100.98	100.78	100.26	100.73	100.08	100.69	100.52
100.24	100.40	100.54	100.46	100.16	100.76	100.94	100.23	100.42	100.63
100.94	100.42	100.29	100.92	100.55	100.05	100.41	100.47	100.48	100.15
100.32	100.94	100.90	100.04	100.86	100.02	100.34	100.78	100.41	100.05
100.30	100.29	100.21	100.74	100.60	100.16	100.03	100.70	100.51	100.14
100.01	100.27	100.74	100.04	100.01	100.35	100.44	100.80	100.36	100.21
100.69	100.86	100.30	100.20	100.46	100.55	100.18	100.63	100.65	100.65
100.82	100.35	100.04	100.52	100.64	100.67	100.90	100.32	100.75	100.94
100.50	100.34	100.02	100.50	100.76	100.72	100.01	100.11	100.05	100.45

8. 绘制因果图来解释患近视眼的原因。
9. 简述控制图的原理及控制图的分类。
10. 判稳准则需要满足哪两个条件？为什么判异准则是基于小概率事件原理？
11. 用图示说明质量与成本之间的关系。
12. 分别从统计意义和管理角度，阐述六西格玛管理的内涵。

参考文献

[1] 派兹德克,凯勒.六西格玛手册:绿带、黑带和各级经理完全指南(原书第3版)[M].吴秀云,庄孟升,译.北京:清华大学出版社,2011.

[2] 埃文斯.质量管理(原书第7版)[M].苏秦,刘威延,译.北京:机械工业出版社,2020.

[3] Goetsch D L, Davis S B. Quality Management for Organizational Excellence: Introduction to Total Quality [M]. 8th ed. Upper Saddle River, New Jersey: Prentice Hall, 2015.

[4] Juran J M, DeFeo J A. Juran's Quality Handbook: The Complete Guide to Performance Excellence [M].6th ed. New York: McGraw-Hill Education, 2010.

[5] 韩福荣.现代质量管理学[M].3版.北京:机械工业出版社,2012.

[6] 马林.六西格玛管理[M].北京:中国人民大学出版社,2004.

[7] 宋明顺.质量管理学[M].2版.北京:科学出版社,2012.

[8] 苏秦,张冻贤.现代质量管理学[M].2版.北京:清华大学出版社,2013.

[9] 孙跃兰.ISO 9000族质量管理标准理论与实务[M].北京:机械工业出版社,2011.

[10] 伍爱.质量管理学[M].3版.广州:暨南大学出版社,2006.

[11] 尤建新,杜学美,张建国.质量管理学[M].2版.北京:科学出版社,2008.

第四部分　项目管理与经济评价

- 第十二章　项目管理
- 第十三章　投资项目经济评价
- 第十四章　决策分析

第十二章　项目管理

现代企业或组织常常发起一个又一个项目以实现管理和技术的突破,从而获得持续性的竞争优势,这极大地加速了对项目管理的研究和应用,项目管理遂进入了一个高速发展的时代,而项目管理职业也被美国《财富》杂志评为 21 世纪的黄金职业。本章主要介绍项目管理的基本知识和技术。

第一节　现代项目管理简介

一、项目管理基本概念

(一)项目

项目是为获得独特产品、服务或成果而实施的临时性工作。"临时性"指的是项目具有明确的起点和终点,"独特"指的是项目最终交付的产品、服务或成果在整体上是以前没有过的,即使其中有重复性元素,但整体上不会改变项目的独特性。

项目最终的产出有两类:一类是项目提交的产品、服务或成果,如设计图纸、样机、软件系统、企业的一次管理变革、一届奥运会等,该类产出有可能因为项目失败而无法达成;另一类称为项目过程资产,是项目工作过程中积累的经验教训、产生的数据、建立的管理制度、培养的人员等,无论项目是否成功,都会产生过程资产,过程资产的增加需要通过组织学习机制来保证。

项目无处不在,规模和复杂性可大可小,大的如长江三峡水利枢纽工程、北京奥运会、嫦娥探月工程、天问火星探测工程,小的如班级运动会、一次自助游、考研究生等,都可以看成一个项目。无论何种类型的项目,都具有临时性和独特性这两个基本特征。此外，典型的项目还具有如下一些特征。

（1）多个干系人。干系人是指影响项目或受项目影响的人，如项目客户、承包商、项目经理、团队成员、组织高层领导、项目发起人、其他项目经理、职能部门主管、政府相关机构、非政府部门组织等。项目可以看成干系人利益诉求的产物，因此项目经理需要及时了解干系人对项目的需求，分类管理，恰当平衡，从而推动项目成功。

（2）项目工作（也称项目活动）相互依赖，无法分割。团队成员需要团结协作完成共同的目标，他们的工作相互影响，相互依赖，不可分割。如在设计新款手机时，需要来自市场、设计、财务、生产、运营、售后等多个部门的成员参加，这些人必须共同完成设计，但同时又要从各自的专业角度提出对产品的意见，最终设计的手机是综合了各个部门利益和各专业才能的产品。由于这种相互依赖关系的存在，使得多数情况下仅能定性描述各成员对项目成功或失败的贡献，而很难做到定量度量，这给项目管理与人员激励带来了很大的挑战。

（3）资源冲突。项目所需的人、财、物等资源在组织中都是稀缺的。为了获得稀缺资源，项目经理需要与其他项目经理、高层领导、职能部门主管等进行密切的沟通和有效的谈判，要在任何可能的场合推广宣传自己的项目，提升项目在组织中的优先级，以确保在恰当的时间和地点获得项目所需资源。同时，项目团队的内部资源也是稀缺的，多个项目活动会竞争同种资源，这需要项目经理妥善安排本项目中各活动的优先级，合理计划，高效利用资源。

（4）不确定性。项目的独特性决定了项目必然要面临不确定性，例如客户需求的变化、承包商质量、管理效率、组织战略调整、政治经济影响等。不确定性不完全是负面的，它实质上是项目利润的根本来源，因此，如何利用不确定性中的机会，降低不确定性造成的损失，是每一个项目经理需要认真考虑的问题。

（二）项目与运作的区别

除项目外，组织中还有一大类持续重复的工作，它们内容规范、流程化、制度化，面临的环境相对稳定，我们称之为运作，如财务、行政、设备日常维护、批量生产等。

运作和项目处在不确定性的两端：运作面临的不确定性小，项目面临的不确定性大，它们之间的区别如表 12-1 所示。两者都是组织中不可或缺的经营活动：项目工作提升组织效能，而运作维持组织稳定，为项目的开展积累力量，它们是组织赖以成长的两大支柱。

表 12-1　项目与运作的比较

	项目	运作
持续性	临时，独特	持续，重复
典型任务	开发新产品 企业流程改造 软件开发 改进服务 争取立项	生产产品 定期汇报 应用软件 提供服务 维持预算

(续)

	项目	运作
典型目标	达成项目目标	维持业务
目标达成后	项目中止	下一轮重复工作
预算	项目起止期内预算	周期预算
团队	临时性	没有明确的解散
典型产出物数量	1	大于1

（三）项目管理

项目管理是指采用计划、组织、领导和控制等管理手段确保项目成功，是确保实现从项目资源输入到项目产出的过程。项目资源包括项目团队、预算、原材料、专业技术、设备、项目信息等；项目产出包括产品、服务和成果，也包括积累的项目过程资产等，如图 12-1 所示。

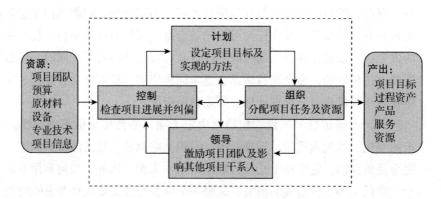

图 12-1 项目管理工作内容

在计划工作中，管理者设定项目目标并制定行动路线。一般情况下，项目总目标可以分成时间、成本和质量这三个相互制约的目标，如果项目在这三个方面都实现了预定目标，就可以认为项目在组织内部是成功的。

在组织工作中，项目经理为团队成员分配任务及相应资源，并确保他们对任务负责。任务分配要考虑团队工作相互依赖的特性，明确工作界面和接口，降低沟通成本。

在领导工作中，项目经理利用自己的影响力和权力去激励团队成员，同时影响其他干系人，如高层经理等，使得项目高效执行。项目经理一方面要承担项目失败的责任，但另一方面又可能由于职位不高、授权不足，无法对团队成员进行有效激励以确保项目顺利执行。因此，项目经理务必设法获得高层领导的支持，通过项目启动会、宣传等各种方式争取获得更大的授权。

在控制工作中，项目经理要对照计划目标检查项目进展情况，当项目发生非允许偏差时，要及时启动纠偏措施。控制活动需要在计划阶段就针对可能的偏差制订主动应对方案，去消除那些能导致偏差的因素。当偏差发生时能迅速采取纠偏措施，当纠偏措施不可行的时候，要能重新引导项目团队正视偏差，更新和修正项目计划。

计划、组织、领导、控制等相互影响，形成统一的项目管理活动。它们是科学，更是艺术，既需要理论的学习，更需要实践经验的积累。

（四）项目管理技术和项目管理知识体系

项目管理需要应用一些专业知识和技术应对项目临时性和独特性的挑战。典型的项目管理技术包括工作分解结构（work break-down structure，WBS）、责任分配矩阵（responsibility assignment matrix，RAM）、关键路径法（critical path method，CPM）、计划评审技术（program evaluation and review technique，PERT）、挣值分析（earned value analysis，EVA）等。

美国项目管理学会将项目管理涉及的术语、知识、业界的成功经验等总结为十大知识体系。

（1）项目整合管理：识别、定义、组合、统一和协调其他项目管理活动。

（2）项目范围管理：定义和控制项目的工作范围，确保项目做且只做所需的全部工作，以成功完成项目目标。

（3）项目时间管理：确保项目按时完成工作。

（4）项目成本管理：确保项目在批准的预算内完成工作。

（5）项目质量管理：确保项目的需求（包括产品需求）得到满足和确认。

（6）项目人力资源管理：组织、管理与领导项目团队，确保高效的产出。

（7）项目沟通管理：确保项目信息及时、准确地在干系人之间交流。

（8）项目风险管理：为提高项目中积极事件的可能性和影响，降低项目中不利事件的可能性和影响所实施的管理活动。

（9）项目采购管理：确保从项目团队外部采购或获取所需产品、服务或成果。

（10）项目干系人管理：确保项目干系人的需求被恰当地考虑到项目目标中。

这些知识体系的建立为项目管理者提供了沟通交流的共同语言。

二、项目生命周期

项目从开始到结束的过程称为项目生命周期，可以根据工作内容、组织结构、专业技术特点等将其划分为若干阶段。项目各阶段是具有逻辑关系的项目工作集合，阶段之间允许重叠，其结束标志是一个或多个可交付成果的完成，也是项目评估的重要节点。项目生命周期一般可以分为启动、规划、实施和收尾四个阶段，如图12-2所示。

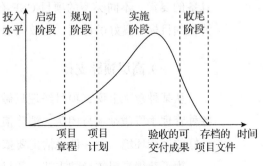

图12-2　项目生命周期

（1）在启动阶段，组织根据发展目标和当前面临的问题，提出实施项目的设想，并进行可行性分析，任命项目经理，组建项目团队和机构，撰写并批准项目章程。项目章程是项目发起人发布的、用来正式批准项目立项，并授权项目经理使用组织资源开展项目活动的文件。如果项目章程没有得到批准，项目就自然中止。所以从某种意义上说，只有建立并批准了项目章程，项目才算真正开始。

（2）在规划阶段，项目团队制订项目的详细计划，包括项目的工作分解、工作责任分配、项目进度计划、项目费用预算、项目合同与采购计划、项目风险及应急计划等。

（3）在实施阶段，项目团队执行已批准的项目计划，提交供验收的可交付成果。项目管理者及时度量项目进展，与预定目标进行比较，进行必要的纠偏，使项目始终处于可控状态。在这一阶段，项目资源投入水平急剧上升，是项目面临风险最大的时期，当出现突发异常状况时，要根据风险和应急计划进行处置，使项目损失降到最低。

（4）在收尾阶段，客户验收并接收项目可交付物，项目团队对项目全过程进行经验总结，并将相关文件存档，项目正式宣布结束，团队解散。一些未尽工作将移交组织相关部门做后续处理。

划分生命周期的目的在于实施有效的项目管理。例如：我国国军标规定，常规武器装备研制项目一般划分为论证阶段、方案阶段、工程研制阶段、设计定型阶段和生产定型阶段；战略武器装备研制项目一般划分为论证阶段、方案阶段、工程研制阶段和定型阶段；人造卫星研制项目一般划分为论证阶段、方案阶段、初样研制阶段、正样研制阶段和使用改进阶段。

项目阶段一般按时间顺序展开，而且在不同阶段因工作内容、工作重点而有所不同，项目管理的重心、采用的管理技术也各不相同。但是，项目生命周期的各个阶段并不是截然分开的，在不同阶段之间通常存在并行重叠、反馈修正的过程。

三、项目关键成功因素

项目关键成功因素（critical success factors，CSF）是指为达成项目成功所必须具备的要素。不同类型的项目 CSF 有所不同，但大量的研究表明，高层领导支持、清晰的目标、良好的计划、有效沟通和高效团队是所有项目成功的共同要素。

（一）高层领导支持

从某种意义上说，项目经理只做两件事：在项目内部高效利用资源，及时使用各种管理手段激励项目团队，消除浪费；从项目外部获得更多资源，使项目有一个良好的运行环境。后一件事情主要依赖高层领导的支持。

为了获得高层领导的支持，项目经理需要有高超的政治才能，在任何可能的场合宣传推销自己的项目，提升项目的优先级，使之免遭延误和取消。项目经理需要与高层领导保持良好的个人关系，及时汇报项目进展情况。

项目发起人是项目最值得依赖的高层领导，项目经理必须得到项目发起人的充分支持，在项目处于困境时，优先向发起人汇报。

（二）清晰的目标

清晰的目标来源于对项目干系人需求（想要什么及愿意付出的代价）的准确及时识别，特别是主要干系人，如客户、承包商、高层领导等的需求。在项目前期邀请干系人参与是一个很好的做法。

目标在表述上要遵循五个方面：一是目标要具体、明确、无歧义；二是目标要可度量，量化的目标最容易度量，但要避免追求量化指标却背离目标的情况；三是目标是通过努力可达到的，过低无意义，过高则无法实现；四是目标要与上层目标相关，都是为一个总目标服务；五是目标要有时间限制，要规定达成的期限。

项目通常涉及多个目标，目标之间相互制衡，因此确定各个目标的优先级是项目经理最重要的工作之一。项目经理需要根据项目内外部环境明确目标优先级，将其纳入项目的计划和执行工作中，并使项目团队明确并认可这种优先级，降低冲突，特别是资源冲突。

项目内外部环境是时刻变化的，因此项目目标的内容和优先级也应随之变化。项目经理需要系统、动态地考虑这些变化，及时修订目标，保证项目在正确的轨道上行进。

（三）良好的计划

计划是项目干系人协调各自行动的主要工具，它给出了一个建立在预设情况下的行动指南，当实际环境与预设情况不符时，需要及时修订。在制订计划的过程中，管理者必须考虑项目可能面临的问题，提前给出应对方案，从而提高项目的成功率。

一个良好计划的标准是能否满足干系人的利益期望，它是所有干系人利益的交集。在项目管理实践中，通常采用 CPM 方法制订进度计划，然后在进度计划的基础上制订成本、质量、风险等管理计划，形成统一的项目计划，供各干系人协调自身的行动。

（四）有效沟通

沟通效率直接影响项目成败。例如，2003 年 2 月 1 日美国哥伦比亚号航天飞机在返回时解体，直接导致 20 亿美元的损失和 7 名航天员丧生。事后的调查表明，事故主要原因在于沟通方面存在缺陷，特别是对飞船独立评估小组提出的问题没有进行有效的沟通。

项目管理比其他管理更需要高效沟通，因为项目团队成员来自不同专业领域，具有不同的文化背景、兴趣爱好、工作习惯等，甚至上班时间都不一致，但他们都必须为共同的目标协同工作。

沟通不是为了寻求理解而是为了消除误解，高效沟通需要制定并推行正式的沟通规范，如会议制度、信息发布规范、冲突解决规则等。高效沟通同时需要注意沟通技能的培训和应用，如避免个人情绪的客观讨论、主动有效地倾听、及时反馈、强调追求共同目标和价值等。

（五）高效团队

项目团队包括项目经理和团队成员，他们是执行项目的核心力量。项目团队像项目一样，是临时性的，具有生命周期，一般要经历形成、震荡、规范、成熟和解散五个阶段，每个阶段需要不同的管理方式和领导风格。

高效项目团队具有一些共同特征，如职责明确、相互依赖、凝聚力强、相互信任、有激情、以结果为导向等。

项目经理要高度重视团队建设，明确自己的领导风格，划分工作责任、建立顺畅的沟通机制，正确处理团队冲突。

四、项目管理的主要组织和相关标准

目前，项目管理领域形成了众多的国内外专业组织，国际上有美国项目管理学会、国际项目管理协会，国内有中国项目管理研究委员会等。这些专业组织发布了一系列的项目管理标准，极大地促进了项目管理的研究与应用。

（一）美国项目管理学会

美国项目管理学会（Project Management Institute，PMI）（http://www.pmi.org/）成立于1969年，总部在美国，是目前国际上最著名的项目管理专业组织，全球会员人数超过50万。

PMI从1996年起正式发布《项目管理知识体系指南》（*A Guide to the Project Management Body of Knowledge*，PMBOK® Guide，《PMBOK® 指南》）的项目管理标准，最新版是2017年发布的第6版，目前是美国ANSI标准，也是事实上的国际标准。国际标准化组织等也大量采用了《PMBOK® 指南》的内容。

（二）国际项目管理协会

国际项目管理协会（International Project Management Association，IPMA）（http://ipma.ch/）成立于1965年，是最早成立的国际项目管理专业组织。IPMA推出的是旨在全面度量项目经理能力的标准，称为IPMA能力基准（IPMA competence baseline，ICB），最新版本是第3版。

(三)中国项目管理研究委员会

中国项目管理研究委员会（Project Management Research Committee，China，PMRC）（http://www.pmrc.org.cn/）正式成立于 1991 年 6 月，挂靠在西北工业大学，是我国跨行业的、非营利性的全国性项目管理专业学术组织，也是 IPMA 的成员组织。

PMRC 推出了中国项目管理知识体系（Chinese Project Management Body of Knowledge，C-PMBOK），其特点是以项目生命周期为主线，以模块化的形式来描述项目管理所涉及的主要工作及其知识领域。

除此之外，英国商务部推出的 PRINCE2 标准、国际标准化组织推出的项目管理指南（ISO 21502: 2020 Project, Programme and Portfolio Management—Guidance on Project Management），都是目前较有影响力的国际标准，从不同方面丰富了项目管理的知识领域，给项目管理者提供了很好的参考。

第二节 工作分解结构和责任分配矩阵

按照干系人的需求明确项目目标之后，项目团队就可以根据技术和管理上的要求确定项目范围。项目范围是为交付具有规定特性与功能的产品、服务或成果而必须完成的工作。项目管理的一个主要工作就是确保团队只做该做的工作，这需要借助工作分解结构和责任分配矩阵这两种管理技术。

一、工作分解结构

工作分解结构（work break-down structure，WBS）用于界定项目工作范围，它是以可交付物为导向的工作层级分解，对象是项目团队为实现项目目标、提交所需可交付物而实施的工作，其最低层次称为工作包。可交付物是指在某一过程、阶段或项目完成时，必须产出的任何独特并可验证的产品、成果或服务。

例如，为了提交客户需要的软件系统，项目组需要实施需求分析、系统分析与设计、开发、集成、测试等工作，每个工作都有一个交付物，分别是需求分析报告、系统分析与设计报告、代码、已测试的代码等。

工作可以根据技术和管理的需要进一步分解，例如，开发工作就可以分解为若干功能模块的开发。所有工作都可以分解到一个合适的水平，在这个水平上，其复杂程度和时间长度都较为确定，因而具备可执行性，并可指定具体的执行人，从而便于控制项目的整体工作进展。

WBS 分解需要注意如下原则。

（1）WBS 应包括所有为达成项目目标所需的、包括项目管理在内的全部工作。

（2）WBS 分解程度应根据项目规模、复杂程度、组织管理的精细程度和管理所需的详细程度而定。

（3）WBS 的工作包应有明确的交付物、工作内容、责任主体、预算要求等，同时应具有明确的分工界面，能分别针对各工作包进行实施或外包。

（4）WBS 应设置不同层级的单元，每个单元有且仅有一个编码与之对应。

（5）WBS 应附加工作说明书，即对需提供的可交付物做详细说明。

图 12-3 给出了一个飞机系统研制项目 WBS 的部分结构。

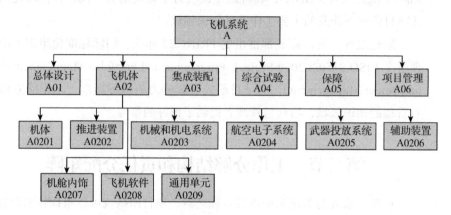

图 12-3　飞机系统研制项目的 WBS（部分）

二、责任分配矩阵

责任分配矩阵（responsibility assignment matrix，RAM）是一种将 WBS 与工作干系人联系起来的二维表，有助于确保 WBS 的每个工作都被分配给了某个人或某个团队，其根本目的是通过对人的激励来完成工作，达到预定目标。

RAM 可以采用 RACI 表来表示。R 指的是工作由谁执行（responsible）；A 指的是工作由谁签字负责（accountable），一般一项具体工作应该仅有一个负责人；C 指的是工作可以向谁咨询（consulted），他们是具有相关能力或信息的人员；I 指的是应该被通知（informed）项目工作进展情况的人员，如表 12-2 所示。

表 12-2　某软件开发的 RAC 表（示意）

WBS	人员					公司项目办公室
	组长张宏	王伟	宏康	李丹	杨树	
需求分析	A	R	I	I	I	I
系统设计	A	C	R	I	I	I
开发	A	C	C	R	I	I
测试	A	C	C	C	R	I
项目管理	R	I	I	I	I	A

对于大型项目，可以在不同的层级上制定 RAM，越低层级的 RAM 工作越详细，人员越具体，人员角色也越多，这取决于项目管理的实际情况。

第三节 关键路径法

为了在给定的时间内完成 WBS 中的工作，需要制订一个合理的工作进度计划。进度计划的制订需要综合考虑工作的技术依赖关系、可用资源约束、外部环境制约、管理实践经验等多种因素并辅以一定的假定条件，是一项复杂的管理工作。

本节介绍进度计划制订中最基本的技术——关键路径技术，它用网络图的形式来表示项目工作之间的先后关系。网络图的形式有两种（见图 12-4），一种是用节点表示项目工作，用箭线表示工作之间的先后关系，称为单代号网络图（见图 12-4a）或 AON（activity on node）网络，是关键路径法（critical path method，CPM）所采用的网络形式；另一种是用箭线表示工作，用节点表示工作的开始或结束，又称为双代号网络图（见图 12-4b）或 AOA（activity on arrow）网络，是计划评审技术（program evaluation and review technique，PERT）采用的网络形式，由于比较复杂，目前在实际中很少使用。

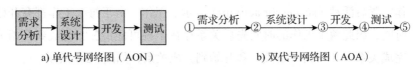

a) 单代号网络图（AON）   b) 双代号网络图（AOA）

图 12-4 网络图的两种表示方式

CPM 考虑项目工作的持续时间，通过持续时间推导项目活动的开始时间、结束时间等时间参数来确定项目网络的关键路径。关键路径上的工作称为关键工作，决定了项目总工期。项目进度计划就围绕关键路径上的项目工作展开。

一、CPM 的基本术语

（一）活动的时间参数

CPM 假定项目活动的持续时间在计划期内是不变的，因此可根据项目工期、项目各个活动的持续时间以及活动之间的先后关系，确定活动的最早开始日期和最晚完成日期，从而识别出关键路径及关键活动。

CPM 涉及如下 7 个时间参数。

（1）最早开始日期（early start date，ES）：在满足先后关系、资源限制等约束条件的情况下，项目工作可以最早开始的时点。非关键活动的最早开始日期可随项目的进展和项目管理计划的变更而浮动。

（2）最晚完成日期（late finish date，LF）：在满足先后关系、资源限制等约束条件的情况下，项目工作在保证不延误项目完成日期时最晚必须结束的时点。

（3）持续时间（duration，DU）：完成某项目工作所需的时间长度（不包括节假日和其他非工作时段)。

(4) 最早完成日期 (early finish date, EF): 等于工作最早开始日期加上工作持续时间。

(5) 最晚开始日期 (late start date, LS): 等于工作最晚完成日期减去工作持续时间。

(6) 总浮动时间 (total float, TF): 在不延误整个项目完成日期或不违抗进度制约因素的前提下,某工作可以推迟的总时间量(从其最早开始日期起算),等于最早开始(完成)日期与最晚开始(完成)日期之间的差值,也称为总时差。

(7) 自由浮动时间 (free float, FF): 在不延误其紧后工作最早开始日期的前提下,某工作可以推迟的时间量,也称为自由时差。

(二) 时间依赖关系

项目工作之间存在由于技术、管理和环境等原因导致的时间上的依赖关系,称为项目工作的先后关系。在网络图上,用紧前活动 (predecessor activity) 表示前工作,紧后活动 (successor activity) 表示后工作。由于每个工作都有开始时间和完成时间,因此两个工作的时间先后关系存在 4 种可能情况:完成到开始关系、完成到完成关系、开始到开始关系和开始到完成关系,如图 12-5 所示。

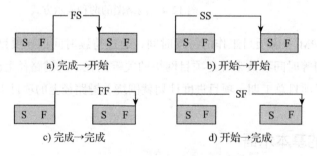

图 12-5 项目工作之间的依赖关系

(1) 完成到开始 (finish to start, FS): 只有紧前活动完成,紧后活动才能开始。例如:无人机飞行试验时,在起飞阶段完成之后,才能开始任务执行阶段;比赛活动结束之后,才能举行颁奖典礼。

(2) 开始到开始 (start to start, SS): 只有紧前活动开始,紧后活动才能开始。例如,在软件系统快速开发过程中,系统设计开始后不久,编码开发工作就可以开始了。

(3) 完成到完成 (finish to finish, FF): 只有紧前活动完成,紧后活动才能完成。例如,只有完成学位论文撰写(紧前活动),才能完成论文的编辑(紧后活动)。

(4) 开始到完成 (start to finish, SF): 只有紧前活动开始,紧后活动才能完成。例如,只有第二位保安人员开始值班(紧前活动),第一位保安人员才能结束值班(紧后活动)。

一般情况下，逻辑关系后会加一个时间，如：FS 10 表明前活动结束后至少间隔 10 天，后活动才能开始；FF 5 表明前活动结束后至少间隔 5 天，后活动才能结束。缺省不标注逻辑关系时，都指的是 FS 0 的关系，即紧前活动结束后，紧后活动可以马上开始。

需要注意的是，根据图 12-5 给出的活动前后逻辑关系，后活动的开始时间不一定晚于前活动的结束时间。例如，对于图 12-5b 所示的 SS 关系，若前活动的持续时间为 15 天，而给定时间关系为 SS 10，那么，显然在前活动结束前的倒数第 5 天，后活动就开始了。

二、CPM 的运用步骤

（一）绘制网络图

CPM 使用 AON 网络图，即用节点代表活动，箭线表示活动之间的逻辑关系。一般可用九宫格填入活动时间参数，如图 12-6 所示。

绘制网络图时需要遵循以下规则。

（1）网络图只能有唯一的起点和唯一的终点。当多个活动可以同时开始或结束时，需要引入虚拟的开始或结束活动，虚拟活动的持续时间为零。如图 12-7 所示，活动 1 和活动 2 可以同时开始，因此引入一个虚拟开始节点。而整个项目刚好终止于活动 k，因此不必再引入虚拟结束节点。

图 12-6　AON 网络图的活动时间参数

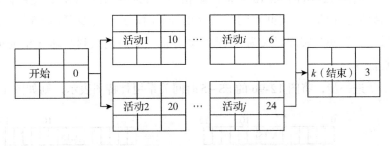

图 12-7　项目网络具有唯一的开始节点与结束节点

（2）网络图从左向右展开，每个活动都有唯一的标识，且后活动编号大于前活动。

（3）箭尾连接的是前活动，箭头指向的是后活动，不允许出现箭头循环的回路。

（二）将所有非 FS 关系转化为 FS 关系

由于 SS、FF 和 SF 这三种非 FS 关系较难理解，因此可以将它们全部转化为较易理解的等价 FS 关系，从而降低计算复杂度。转换关系如图 12-8 所示。

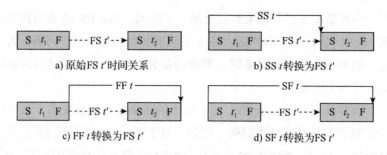

图 12-8　将其他时间关系转换为 FS 时间关系

（1）SS t 关系转换为 FS t' 关系时，有：$t'=t-t_1$（见图 12-8b）。
（2）FF t 关系转换为 FS t' 关系时，有：$t'=t-t_2$（见图 12-8c）。
（3）SF t 关系转换为 FS t' 关系时，有：$t'=t-t_1-t_2$（见图 12-8d）。

例如，图 12-9a 中的 SS 10 关系，意思就是，从活动 A 的开始时间点到活动 B 的开始时间点，至少延后 10 天。如果转换为 FS 关系，就相当于 FS(10−6)=FS 4，意思是说，"从 A 的完成时间点到 B 的开始时间点，至少延后 4 天"。

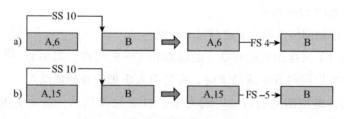

图 12-9　SS 关系转换为 FS 关系示例

而图 12-9b 的 SS 10 关系，则相当于 FS(10−15)=FS−5 关系，其字面意义为，"从活动 A 的完成时间点到活动 B 的开始时间点，至少延后−5 天"。通过逆否逻辑转换，可知其实际意义为，"从活动 B 的开始时间点到活动 A 的完成时间点，至多提前 5 天"。

进一步，将图 12-9b 的 FS−5 时间关系用甘特图表示，则如图 12-10 所示。

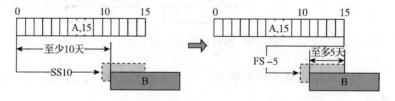

图 12-10　FS−5 的甘特图

对于情况（2）和情况（3），图 12-11a 中的 FF 10 关系就相当于 FS(10−7)=FS 3 关系，而图 12-11b 中的 SF 10 关系则相当于 FS(10−9−7)=FS−6 关系。

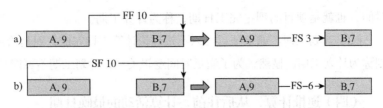

图 12-11　FF、SF 关系转换为 FS 关系示例

(三) 正推计算，从前往后，计算活动的最早日期

1. 活动最早时间计算

从网络图的开始节点起进行正推计算，到结束节点停止，计算出所有活动的最早日期。一般把开始节点的最早开始日期定为零。设活动 i 的所有紧前活动集合为 P_i，$EF_j (j \in P_i)$ 为活动 i 的紧前活动 j 的最早结束日期，t_{ji} 为 j 和 i 之间 FS 逻辑关系的时间长度，D_i 为活动 i 的持续时间，则活动 i 的最早开始日期 ES_i 为

$$ES_i = \max_{j \in P_i}\{EF_j + t_{ji}\} \quad (12\text{-}1)$$

其最早结束日期为 $EF_i = ES_i + D_i$。

如图 12-12 所示，活动 C 的紧前活动集合 P_C 包括了活动 A、O、B。那么，活动 C 必须等到活动 A、O、B 的时间关系都满足了才能开始。

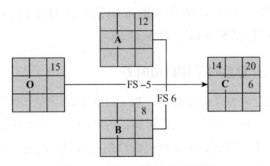

图 12-12　活动最早时间计算

如果满足活动 A 的时间关系，则 C 的最早开始日期为 $ES_C = 12 + 0 = 12$；满足活动 O 的时间关系，则 $ES_C = 15 + (-5) = 10$；满足活动 B 的时间关系，则 $ES_C = 8 + 6 = 14$。显然，只有等到第 14 天所有时间关系才能都得到满足，因此活动 C 的最早开始日期为

$$ES_C = \max\{12 + 0, 15 + (-5), 8 + 6\} = 14$$

活动 C 的最早完成日期为 $EF_C = ES_C + D_C = 14 + 6 = 20$。

2. 计算工期与计划工期

（1）计算工期。通过正推计算，最终可以得到结束节点的最早结束时间 $EF_{结束}$。这个时间是所有活动在满足前后逻辑关系、没有任何时间浪费的情况下所能完成的

时间，也就是项目的理论完工日期，称为计算工期。

（2）计划工期。如果项目可以不按理论计算工期完成，而是给定实际完成日期，则称为计划工期。显然，为了满足时间逻辑关系，计划工期不可能早于计算工期。

（四）逆推计算，从后往前，计算活动的最晚日期

逆推计算方向与正推相反，是从网络图结束节点起进行计算，到开始节点停止，计算出所有活动的最晚日期。为启动这一过程，首先要确定结束节点的最晚完成日期 $LF_{结束}$。

很明显，结束节点的最迟完成时间应该等于总工期，否则的话项目就无法在给定的工期内完成。所以，根据具体情况，结束节点的最晚完成日期 $LF_{结束}$ 就取为计算工期或者计划工期。无论哪种情况，计算过程不会有实质性差异，这里选择计算工期作为逆推的初始值。

设 Z_i 为活动 i 的所有紧后活动集合，LS_j 为 i 的紧后活动 j 的最晚开始日期，t_{ij} 为 i 和 j 之间的 FS 逻辑关系的时间长度，D_i 为活动 i 的持续时间。那么，活动 i 的最晚完成日期 LF_i 为

$$LF_i = \min_{j \in Z_i}\{LS_j - t_{ij}\} \qquad (12\text{-}2)$$

其最晚开始日期 $LS_i = LF_i - D_i$。

如图 12-13 所示，活动 A 的最晚完成日期为 $LF_A = \min\{20-3; 18-(-2)\} = 17$，最晚开始日期为 $LS_A = LF_A - D_A = 17 - 8 = 9$。

（五）计算总时差和自由时差

活动的总时差（total float，TF）是在不耽误整个项目工期的前提下，所能机动的所有时间。从上述计算过程可知，活动的最晚开始日期就位于其所在路线的当前最迟时间点上。因此，活动所能机动的总时差，就是其最晚开始（完成）日期与最早开始（完成）日期之差：$TF_i = LS_i - ES_i = LF_i - EF_i$。

自由时差指的是在不影响所有紧后活动最早开始日期的前提下，活动所能自由浮动的时间。设 Z_i 为活动 i 的所有紧后活动集合，ES_j 为 i 的紧后活动 j 的最早开始日期，t_{ij} 为 i 和 j 间 FS 逻辑关系的时间长度，则活动 i 的自由时差为 $FF_i = \min_{j \in Z_i}\{ES_j - t_{ij} - EF_i\}$。

如图 12-14 所示，活动 A 的总时差为 $TF_A = 9 - 5 = 4$；自由时差为 $FF_A = \min\{20-3-13; 12-(-2)-13\} = 1$。

当一个活动延误了其整个总时差时，经过该活动的所有路线上的其他活动将没有任何自由浮动时间，否则将会影响到总工期。而一个活动的自由时差却不会影响其他活动的最早日期，也就不会影响总工期。也就是说，总时差的延误比自由时差来得更大。可以证明，活动的自由时差总是小于总时差，所以总时差为零的活动其

自由时差也必然为零。

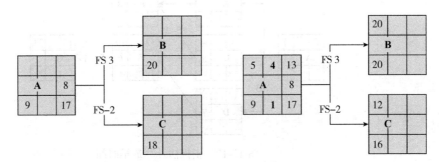

图 12-13　活动最晚时间计算　　　　图 12-14　活动的时差

（六）确定关键路径

总时差为零的活动构成的从项目开始节点到结束节点的路径称为关键路径，它是项目中历时最长的路径，直接决定项目工期的长短。网络中可能存在多条关键路径。

举例：给定项目网络如图 12-15，计算其活动时间参数并确定关键路径。

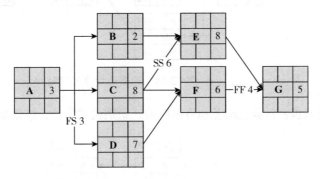

图 12-15　示例的项目网络图

第一步：将所有非 FS 关系转化为 FS 关系，如图 12-16 所示。

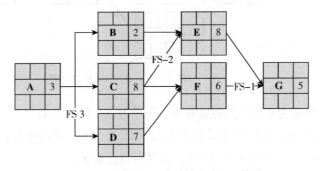

图 12-16　将非 FS 关系转化为 FS 关系

第二步：正推法计算活动最早时间，设初始日期为 0，计算结果如图 12-17 所示。

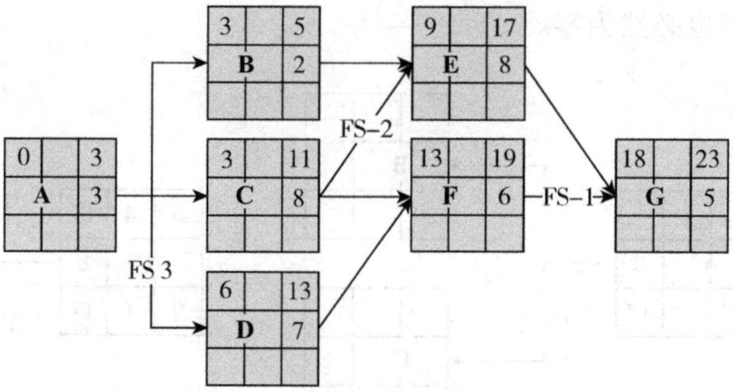

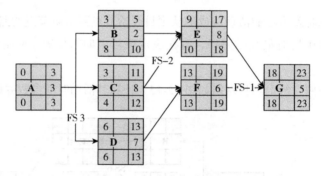

图 12-17　正推法计算最早时间

第三步：逆推法计算活动最晚时间，取计算工期 23 作为推算起点，结果如图 12-18 所示。

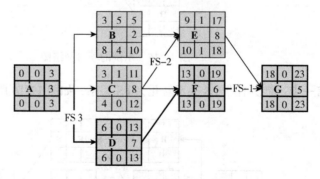

图 12-18　逆推法计算最晚时间

第四步：计算总时差和自由时差，识别关键路径，结果如图 12-19 所示。

图 12-19　时差与关键路径

总时差为 0 的活动构成的关键路径为 A→D→F→G。

本例中，如果将活动 C 的持续时间改为 9，则该项目就会有两条关键路径：A→D→F→G 和 A→C→F→G，读者可自己验证。

需要注意的是，CPM 计算得到的活动时间还不是真正的进度计划，在将网络图转化为真实进度计划时，还需要考虑以下因素。

（1）网络图上要叠加上真实日历时间。如第一个活动的最早开始日期在网络图中为零，但在实际工作中对应的是 2013 年 9 月 1 日上班时开始，那么其完成时间就应该是 9 月 3 日下班时。此外，每周工作时间只有 5 天，还要扣除法定假日等，有些组织还有多班制等，这些都需要考虑到网络图中去。

（2）考虑资源约束，进行优化。网络图中最早开始日期隐含着"如果可能，尽早开始"原则，这有可能导致多项工作同时开始，使资源负荷超出了组织能力范围，因此需要根据一些规则，将某些活动推后开始。例如，优先推后非关键活动，尽量保持工期不拖延。资源受限情况下的进度安排是一个复杂的优化问题，往往需要计算机工具的协助。

（3）计划需要得到权威部门批准，并通知项目干系人，成为协调干系人行动，并进行项目进度绩效评价的基准。此外，在整个项目期间还需要持续修订进度计划，以确保进度计划始终现实可行。

CPM 在实际项目管理工作中发挥了巨大的作用。有研究表明，采用 CPM 管理项目的组织，其项目成功率比不采用 CPM 的组织高很多。但是，实际中人们发现 CPM 也存在不少问题，原因是 CPM 隐含的一些假设并不符合实际。例如，CPM 假设人们在项目开始时就能估计项目工作所需时间（至少是均值），以及工作之间的逻辑依赖关系，但实际上人们在开始时很难准确估计这些信息。此外，CPM 的某些做法可能并不利于计划的严格执行。例如，CPM 在项目活动估计时，可能会加上一定的缓冲时间，以期用缓冲时间吸收由于异常情况导致的工期延长。但事实上，人们往往按照活动的截止日期安排工作，导致包括缓冲时间在内的很多时间都在拖延和等待中被浪费了。

针对这些情况，人们开发了其他一些方法，如关键链法等，但到目前为止，还无法取代 CPM 作为主流进度计划和控制方法的地位。

第四节　挣值分析

一、挣值分析简介

挣值分析（earned value analysis，EVA）是将范围、进度和资源综合起来，进而客观测量项目进展的一种绩效管理方法。EVA 需要获取三种不同的费用值，分别是计划价值（planned value，PV）、挣值（earned value，EV）和实际成本（actual cost，AC），通过这些值构造进度和费用上的绩效指标，用来度量项目当前实施情况，并对项目未来结果进行预测。

在 EVA 中，计划价值是指为计划工作分配的预算；挣值是已完成的工作以分配的预算为标准折算的价值，已完成工作必须经过验收，符合质量要求；实际成本是指已完成工作消耗的实际费用。

假设项目有 A、B、C 三项工作，预算分别为 100、400 和 900，项目进度安排如图 12-20a 所示。如果工作均匀展开，成本均匀发生，则可以得到图 12-20b 所示的成本累计图，反映了计划工作消耗预算的一个基准，即项目在任何一个时间点的 PV 值。

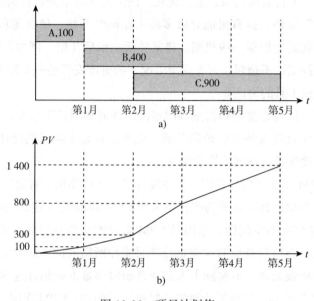

图 12-20　项目计划值

明确了这三个费用值后，就可以从成本和进度两方面构造绩效指标：在成本方面有成本偏差和成本绩效指数；在进度方面，有进度偏差和进度绩效指数。

- 成本偏差（cost variance，CV）：项目成本绩效的一种指标，是挣值（EV）与实际成本（AC）之差，$CV = EV - AC$。
- 成本绩效指数（cost performance index，CPI）：项目成本效率的一种指标，是挣值（EV）与实际成本（AC）之比，$CPI = EV / AC$。
- 进度偏差（schedule variance，SV）：项目进度绩效的一种指标，是挣值（EV）与计划价值（PV）之差，$SV = EV - PV$。
- 进度绩效指数（schedule performance index，SPI）：项目进度效率的一种指标，是挣值（EV）与计划价值（PV）之比，$SPI = EV / PV$。

EVA 不仅可以回答项目进展情况如何的问题，还可以预测项目完工时的成本情况。后者需要两个额外概念：完工预算（budget at completion，BAC）和完工估算（estimate at completion，EAC）。

完工预算 BAC 指的是项目工作、工作分解结构组成部分或进度活动的所有预算之和，即项目的总计划价值；完工估算 EAC 指的是为完成某进度活动、工作分解结构组成部分或整个项目所需的预期总成本。其中，预算指的是为完成 WBS 中的工作而经批准的成本估算，一旦确定，就成为该工作的成本控制目标。

根据对未来情况估计不同，EAC 有三种计算方式：

（1）EAC= 实际支出 + 按目前情况对剩余预算所做的修改。此类估算通常使用在认为项目将按照目前的情况持续发展下去，而且现在的变化可以反映未来趋势的场合。如果计算出目前的费用绩效指数（CPI），则 EAC = BAC / CPI。

（2）EAC= 实际支出 + 对未来剩余工作的重新估算。当目前的项目执行情况表明原有的计划和假设等基本失效时，需要对未完成的工作重新估算，那么项目完工时总的估算成本就是实际支出与重新估算部分之和。

（3）EAC= 实际支出 + 剩余的预算。当项目管理者认为目前情况仅仅是一种特殊情况，不必要对项目剩下的预算进行变动时，可以使用此方法。

二、挣值法的实施步骤

EVA 的实施遵循如下步骤。

（1）将项目工作分解到规模适宜的工作包，给工作包赋予相应的预算，并安排其进度，从而可确定各个时间上的计划值 PV。

（2）建立项目成本追踪体系，统计是谁在什么工作上花了多少钱，从而可以确定工作实际支出的成本。

（3）跟踪项目的实施情况，明确工作的完成程度，确定在检查点上项目的挣值 EV，并统计当前项目发生的实际成本 AC。

（4）判断项目当前的进度和成本绩效，并估计项目未来的进展，必要时采取纠偏措施。

例如，某项目共有 6 项任务，在第 4 周周末有一个检查点。项目经理在该点对项目实施检查时发现，一些任务已经完成，一些任务正在实施，另外一些任务还没有开工，如表 12-3 所示（百分数表示当前任务的完成程度）。各项任务花费的实际成本和预算成本在表最后两列中给出。假设费用是均匀发生的，请利用 EVA 方法判断当前项目进展。若项目按照目前情况发展，最终项目成本是多少？

表 12-3　某项目第 4 周进展情况

	1	2	3	4	5	6	7	8	预算费用	实际费用
A	100%								100	120
B		80%							150	150
C				40%					300	150
D				40%					200	150
E						10%			200	50
F							0%		150	0

检查点

在第 4 周周末，计划应执行的工作有 100% 的工作 A、100% 的工作 B、50% 的工作 C、50% 的工作 D，E 和 F 按计划都不用做，所以项目的计划值为

$$PV = 100\% \times 100 + 100\% \times 150 + 50\% \times 300 + 50\% \times 200 = 500$$

到第 4 周周末，实际执行的工作有 100% 的工作 A、80% 的工作 B、40% 的工作 C、40% 的工作 D、10% 的工作 E（注意，只要被确认为已完成的工作，都需要计入挣值），所以项目的挣值为

$$EV = 100\% \times 100 + 80\% \times 150 + 40\% \times 300 + 40\% \times 200 + 10\% \times 200 = 440$$

到第 4 周周末，项目实际成本 AC 是已执行工作耗费的全部成本，所以

$$AC = 120 + 150 + 150 + 150 + 50 = 620$$

根据以上数据，项目费用绩效情况为

$$CV = EV - AC = 440 - 620 = -180 < 0$$

$$CPI = \frac{EV}{AC} = \frac{440}{620} = 0.71 < 1$$

因此，费用超支了。CPI 显示，项目团队每耗费 1 个单位的资金，却只能完成 0.71 单位价值的工作。

项目进度方面的绩效为

$$SV = EV - PV = 440 - 500 = -60 < 0$$

$$SPI = \frac{EV}{PV} = \frac{440}{500} = 0.88 < 1$$

因此，进度延误了。从成本和进度两方面，项目进展都不理想。如果项目按照目前情况发展，则项目最终实际成本为

$$EAC = \frac{BAC}{CPI} = \frac{1\,100}{0.71} = 1\,550$$

三、使用挣值法应注意的一些问题

第一，EVA 不是一种完美的方法，它需要和 CPM 配合使用，同时要注意提前执行计划工作会导致误判项目实际进展。例如，关键路径上工作落后于计划，项目工期实际上延误了，但如果非关键路径上工作快于计划，在计算进度偏差时，可能出现整体 EV 大于 PV 的情况。此时，若用 EVA 判断，则是进度提前的情况，明显出现误判。

第二，工作完成情况的判断。项目活动完成程度有些容易度量，如某项工作需要完成 100 个零件，到检查时间时完成了 30 个，完工程度很容易确定为 30%；有些却无法明确度量，如软件开发中某个功能模块的完成程度，就无法用完成的代码量等去度量。现实中人们通常采用一些简单法则去判断活动完工程度，例如：

- 0~100 规则，除非工作全部完成，否则就认为工作完成程度为 0。
- 50~50 规则，除非工作全部完成，否则工作只要一开始，就认为完成了 50%。

- 30~70 规则，除非工作全部完成，否则工作只要一开始，就认为完成了 30%。

不同的比例规则对工作执行者的约束不同，实际中可以按照行业惯例确定。无论哪种方式，完成的工作都需要权威部门认可，达到规定的质量要求。

第三，实际 AC 是为完成项目工作而发生的。在检查点可能出现这种情况：费用实际已经发生，但项目并没有分配这种工作，此时发生的费用不能计入 AC。例如，项目当前工作需要采购一台设备，项目组支付了一部分定金，这部分费用实际已经发生，已经从公司账户上划走。但如果项目 WBS 中没有"支付定金"这项工作，则这部分实际发生的费用不能计入当期 AC 中，只有当该工作实际有完成程度，哪怕 1%，这部分费用才可计入 AC。这表明，EVA 的费用跟踪体系可能与组织的会计制度存在一定的冲突，需要在使用 EVA 时特别注意。

本章小结

本章简要介绍了项目管理的基本知识和技术。项目管理作为一门管理临时性和独特性任务的管理艺术和科学，在防务系统研制、新产品和服务开发、商业和组织变革、通信系统开发、赛事和会议举办、工程建设、信息系统开发、国际合作、媒体和娱乐节目制作等几乎人类生活的所有领域都发挥着重要作用。

项目管理通过识别干系人需求以明确项目目标；为达成目标，利用 WBS 工具界定工作的范围和内容，采用 CPM 方法安排工作进度，并采用 RAM 将工作责任落实到个人；在实施中可采用 EVA 技术度量项目绩效状况，及时采用纠偏措施，使项目一直朝着预定的目标前行，最终高效完成任务。

思考与练习题

1. 什么是项目？列举周边项目的例子。
2. 项目具有哪些特征？项目与运作有何区别？
3. 什么是项目干系人？他们对项目会产生何种影响？
4. 项目生命周期一般划分为哪几个阶段？试举出三个不同项目生命周期阶段的例子。
5. 项目关键成功因素有哪些？
6. 什么是项目管理？项目管理主要实施哪些工作？
7. 如何才能较好地进行 WBS 分解？
8. 为什么需要 RAM？
9. 开发新产品，要完成的工作及需要的时间见表 12-4。请绘制 AON 型的网络图。

表 12-4 项目活动逻辑关系和时间

序号	工作名称	工作代号	工作持续时间（天）	紧后工作
1	产品设计和工艺设计	A	60	L
2	外购配套件	B	45	L
3	锻件准备	C	10	F
4	工装制造 1	D	20	G, H
5	铸件	E	40	H
6	机械加工 1	F	18	L
7	工装制造 2	G	30	K
8	机械加工 2	H	15	L
9	机械加工 3	K	25	L
10	装配与调试	L	35	/

10. 用 CPM 方法计算网络图（见图 12-21）的时间参数，并确定关键路径。

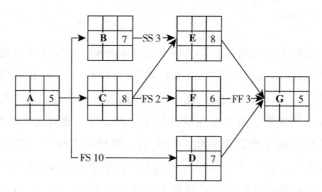

图 12-21　项目网络图

11. 1999 年 10 月 15 日，公司对某软件项目实施检查，发现一些任务已经完成，一些任务正在实施，另外一些任务还没有开工，如表 12-5 所示（百分比是各工作的完工程度）。各项任务的预算和实际成本在表 12-6 的第 3 列和第 4 列给出。

表 12-5　1999 年 10 月 15 日项目进度状态图

序号	任务名称	开始时间	完成时间	第3季度			第4季度			2000
				7	8	9	10	11	12	1
1	方案设计	1999-07-01	1999-07-15	100%						
2	功能框架设计	1999-07-16	1999-07-31		100%					
3	需求调研	1999-08-01	1999-08-15			100%				
4	输入功能代码编制	1999-08-16	1999-09-30				40%			
5	查询功能代码编制	1999-08-16	1999-10-14				0%			
6	数据功能代码编制	1999-09-01	1999-11-30					50%		
7	主界面代码编制	1999-10-16	1999-12-01					50%		
8	登录界面代码编制	1999-11-15	1999-11-30					100%		
9	界面美化代码编制	1999-11-15	1999-11-30					0%		
10	Beta 测试	1999-12-01	1999-12-31						0%	

表 12-6　项目费用表　　　　　　　　　　　　　　　　（单位：元）

序号	任务名称	预算	AC	EV	PV
A	方案设计	20 000	18 000		
B	功能框架设计	10 000	11 000		
C	用户需求调研	25 000	21 000		
D	用户输入功能代码编制	30 000	15 000		
E	用户查询功能代码编制	85 000	0		
F	用户数据功能代码编制	80 000	40 000		
G	主界面代码编制	50 000	30 000		
H	安全登录界面代码编制	10 000	12 000		

(续)

序号	任务名称	预算	AC	EV	PV
I	界面美化代码编制	10 000	0		
J	Beta 测试	20 000	0		
合计		340 000	147 000		

（1）用 EVA 方法判断当前项目的进展情况和成本情况。

（2）假设未来情况与现在相同，试计算项目的 EAC。

参考文献

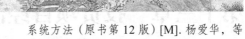

[1] 宾图. 项目管理（原书第 3 版）[M]. 鲁耀斌, 赵玲, 译. 北京: 机械工业出版社, 2015.

[2] 科兹纳. 项目管理: 计划、进度和控制的系统方法（原书第 12 版）[M]. 杨爱华, 等译. 北京: 电子工业出版社, 2018.

[3] 项目管理学会. 项目管理知识体系指南 [M]. 6 版. 北京: 电子工业出版社, 2018.

第十三章 投资项目经济评价

项目投资是指以特定项目为对象，直接与项目有关的长期投资行为。对所投资的项目进行经济评价，可以使企业对投资活动有正确的把握，减少项目决策过程的主观性和盲目性，提高投资效益、降低项目投资风险、优化资源配置，从而为企业的投资决策和资本运作提供科学的决策依据。

本章介绍投资项目经济评价的基本概念、资金的时间价值以及投资项目经济评价的基本方法。

第一节 投资项目经济评价的基础

一、经济评价概述

项目经济评价是运用工程经济学的理论与方法，对各种投资建设项目、技术方案、措施、政策等的经济效益进行分析、计算、评价和比较，选择技术上先进、经济上合理、实践上可行、社会上相容的最优方案的过程，是工程经济学所研究的核心问题之一。

（一）工程经济学的产生与发展

1. 工程经济学的含义

工程经济学是工程学和经济学的交叉学科，是利用经济学的理论和分析方法，研究如何有效利用资源，提高经济效益，研究在生产和建设中如何使技术因素与经济因素实现最佳结合的学科。长期以来，工程经济学以项目的经济效益评价为主导，因此工程经济学也被认为是一门运用经济理论和定量分析方法，研究工程投资的经济效益，选择最优投资项目与投资方案的应用经济学科。

2. 工程经济学的产生

工程经济学的萌芽可以追溯到19世纪80年代。1887年，美国土木工程师亚瑟·梅林·惠灵顿（Arthur Mellen Wellington，1847—1895）出版了《铁路布局的经济理论》，第一次从"费用-效益"角度分析研究了工程项目的企业经济效益，开启了对工程项目进行经济评价的先河。惠灵顿对工程经济下了第一个简明的定义："一门少花钱多办事的艺术。"费希（John Charles Lounsbury Fish，1870—1962）在1915年出版的《工程经济学：基本原理》，成为引领工程经济领域发展的开山之作。然而，真正使工程经济成为一门系统化科学的学者，则是尤金·格兰特教授（Eugene L. Grant，1897—1996），他在1930年发表了被誉为工程经济学经典的《工程经济原理》。在之后20年间，学术界深入研究并探讨了动态经济评价法与静态经济评价方法。

20世纪60年代以来，工程经济学研究主要集中在风险投资、决策敏感性分析和市场不确定性因素分析等三个方面。1978年，林恩·布西（Lynn E. Bussey，1920—2010）在他的著作《工业投资项目的经济分析》中，全面系统地总结了工程项目的经济评价、资金筹集、项目的风险和不确定性分析以及优化决策等内容。

3. 工程经济学在我国的发展

工程经济学在我国的研究和应用开始于20世纪50年代初期，60年代开始引进国外技术。1978年以后，项目的技术经济评价在我国得到真正快速的发展，投资者开始重视项目的前期评判、预测工作。项目评价开始借鉴国外的经验和方法，加强了投资决策在项目可行性论证阶段的评价工作，将可行性研究正式纳入了项目建设前期的主要程序。1987年10月，国家计划委员会公布了《建设项目经济评价方法与参数》，对经济评价的程序、方法、指标等做出了明确规定和具体说明。1993年，国家计委和建设部以计投资〔1993〕530号文颁发了《建设项目经济评价方法与参数》（第2版）。2006年，由国家发展和改革委员会、建设部以发改投资〔2006〕1325号文印发了《建设项目经济评价方法与参数》（第三版），提出了一套比较完整的、适用广泛、切实可行的投资项目经济评价方法和参数体系。目前，技术经济评价研究不仅丰富和完善了原有微观层次的理论体系，而且开始涉及中观和宏观层次的相关问题。

（二）工程经济学的研究对象及内容

1. 工程经济学的研究对象

工程经济学是从研究工程项目的经济效益发展起来的，但是随着工程经济学理论研究与实际应用的互动发展，其研究对象也在不断细分与拓展。在《建设项目经济评价方法与参数》（第三版）中就细分了企业的一般工程项目和政府的公共项目，区分了新建项目和改扩建项目，更注意到了林业、水利、市政和房地产等不同领域的经济评价特点。此外，近20年来，工程经济学理论出现了宏观化研究的新趋势，国家的制度和政策等宏观问题已成为当代工程经济学新的研究对象。

2. 工程经济学的研究内容

伴随着工程经济学研究对象的细化与拓展，工程经济学的研究内容也在不断丰富和发展。工业的飞速发展带来了巨大经济效益，也造成了生态自然环境的恶化和破坏，对人们的生活环境和社会环境产生了极大影响，越来越多的项目迫切需要考虑其生态效益和社会效益。因此，除了经济效益评价中所涉及的资金时间价值、经济评价指标、财务分析、不确定性分析、方案经济比选等内容外，经济增长指标、技术先进指标、收入分配指标、劳动就业指标、绿色 GDP 等，也成为工程经济学的研究内容。

（三）工程经济学的应用

工程经济学作为技术经济评价的一种较为成熟的方法，在我国的经济建设中发挥了重要的作用。微观方面，合理客观的技术经济评价可以在项目比选、生产工艺装备选择、工艺参数确定的过程中起到非常重要的作用，实施项目的可行性研究即其集中的体现。可行性研究可以避免或减少项目决策的失误，提高项目投资收益和综合效果。宏观方面，工程经济学能指导国民经济生产力布局、经济产业结构调整以及资源优化配置，也能指导法规标准和政策力度的合理确定，促进政策、法规的有效执行。

二、经济评价的基础数据

（一）资产的概念

在工程经济学中，投资是指为实现某项目的建设而预先垫付的资金。对于一般的工业投资项目来说，总投资主要包括建设投资和生产经营所需要的资金、建设期的借款利息以及固定资产投资方向调节税㊀等。投资发生后形成企业的资产，包括固定资产、无形资产、递延资产和流动资产。

1. 固定资产

固定资产是指使用期限较长、单位价值较高、能在使用过程中保持原有物质形

㊀ 固定资产投资方向调节税开征于1991年4月16日，由原建筑税发展而来。该税已于2000年1月1日起暂停征收，于2013年1月1日起正式废止。

态，并能为多个生产周期服务的资产，如厂房、机器设备、运输设备、大型工具器具、住宅和生活福利设施等。固定资产在生产经营过程中其价值逐渐损耗，并转移到产品价值中去，以折旧的形式逐年摊销计入产品成本。

在会计核算中，固定资产的原始价值即为购建固定资产的实际支出，简称"固定资产原值"。如果建设投资所使用的资金中含有国内外借款，则固定资产原值还可能包括建设期借款利息、外币借款汇兑差额等。对于国家要征收投资方向调节税的投资项目，其固定资产原值还应该包括固定资产投资方向调节税。

固定资产的原值扣除以往各年折旧的累计值，称为当年的固定资产净值（也称为固定资产的账面余额）；项目寿命期结束时固定资产的残余价值称为固定资产的残值。固定资产的期末残值一般是指在当时市场上可实现的价值。

2. 无形资产

无形资产指企业持有的、不具有实物形态、能为企业长期使用并为企业提供某些权利或利益的资产，如专利权、非专利技术、商标权、著作权、特许权、土地使用权和商誉等。

会计上处理无形资产的价值时类似于固定资产，也是在其服务期内以摊销的形式逐年转移到产品价值中去。只是此时不叫作"折旧"，而是以"无形资产摊销"的形式计入管理费用，并通过产品的出售而回收投资额——在利润核算时，管理费用作为抵减项从销售收入中扣除。

3. 递延资产

递延资产指集中发生的、在会计核算中需要在以后年度内分期摊销的费用，主要包括开办费、租入固定资产的改良支出、设备大修费等。

和无形资产类似，递延资产的价值在其服务期内以"递延资产摊销"的形式作为管理费的一部分，形成利润的抵减项，实质上也就是逐年转移到产品价值中，并通过产品的出售而回收投资。

4. 流动资产

流动资产也称流动资金，是在生产经营期投入的维持项目或企业运营所需要的周转资金，一般在项目投产前预先垫付。在整个项目寿命期内，流动资金循环地、周而复始地流动。在生产经营过程中，流动资金用于购买原材料、半成品，支付职工工资和其他生产、流通费用，一般以现金和各种存款、存货、应收及预付款项等流动资产的形态出现。流动资金经过一个生产周期就将其价值全部转移到产品的价值中去，并通过产品的销售实现价值回收。在项目寿命期结束时，全部流动资金才能退出生产与流通，以货币资金的形式被回收。

（二）总成本与经营成本

1. 总成本

企业的一切开支和耗费（包括建设期和运行期）都属于支出；支出中凡是与本企业的生产经营有关的各项耗费称为费用；费用中符合规定的部分才构成成本。成本通常指企业为生产商品和提供劳务而实际发生或应发生的各项费用。技术经济分析强调对现金流量的考察分析，在这个意义上费用和成本具有相同的性质。因此，在工程经济学中，一般不严格区分费用与成本的概念，统称为总成本费用。

2. 经营成本

经营成本是为了经济分析方便，从总成本费用中分离出来的一部分费用，即总成本中扣除折旧费、摊销费、"维简费"、流动资金利息后的成本。在工程经济学中之所以这样处理，是因为投资在其发生时就已经作为方案的费用支出计入了现金流量，所以为避免重复计算，在项目建成投产后，运营期间各年的现金流出量，必须从总成本费用中将折旧费与摊销费剔除掉。借款利息是企业实际的现金流出，但在评价工业项目全部投资的经济效果时，并不考虑资金来源问题，也不将借款利息计入现金流量。

（三）折旧及计算

1. 折旧的概念

折旧是指固定资产由于使用过程中的磨损或因时间而发生的陈旧等因素所造成的价值降低。作为固定资产投资的回收方式，折旧是固定资产投资归集到产品中的费用，是产品成本的一部分。

固定资产的损耗分为有形损耗和无形损耗。有形损耗是指固定资产由于使用和自然力影响而引起的使用价值和经济价值的损失，也称为物理损耗；无形损耗是指机器设备由于技术进步、消费者偏好的变化、经营规模扩张等原因而引起的价值损失。一般而言，有形损耗决定了固定资产的最长使用寿命，即物理使用寿命；无形损耗决定了固定资产的经济使用寿命。

2. 折旧的计算

折旧费是按国家的有关规定计算的。常用的计算折旧的方法有匀速折旧法和加速折旧法两类，具体的折旧计算方法如表 13-1 所示。

表 13-1　各种折旧方法

按效用计算	按时间计算			
	不考虑利息		考虑利息	
	匀速折旧法	加速折旧法	匀速折旧法	加速折旧法
产量法	直线法	年限总和法	偿债基金法	一般复利方法
工作量法		余额递减法	年金法	
		双倍余额递减法		

直线折旧法（straight-line depreciation）是使用最广泛的一种匀速折旧计算方法。其特点是按固定资产使用年限平均计算折旧。固定资产按直线折旧法的每年折旧额为

$$年折旧额 = \frac{固定资产原值 - 固定资产净残值}{折旧年限}$$

式中，固定资产净残值是固定资产残值减去清理费用后的余额。固定资产净残值与固定资产原值之比称为净残值率，一般为3%～5%。各类固定资产的折旧年限由相关财政法规分别统一规定。

（四）收入、税金与利润

1. 收入

工程项目的收入包括两部分

$$产品销售收入 = 产品销售量 \times 产品销售价格$$
$$其他收入 = 固定资产出租 + 无形资产转让 + 非工业性劳务 + \cdots$$

式中，销售收入是指向社会出售商品或提供劳务的货币收入。

2. 税金

税金是指企业或纳税人根据国家税法规定向国家缴纳的各种税款，是企业和纳税人为国家提供资金积累的重要方式。国家按照法律规定和标准无偿地取得财政资金的手段叫作税收。税收是国家凭借政治权力参与社会产品和国民收入分配的一种方式，具有强制性、无偿性和固定性的基本特征。税收不仅是国家取得财政收入的基本形式，也是国家对各项经济活动进行宏观调控的重要经济杠杆，有利于调节、控制经济运行，促进国民经济健康发展。

我国主要的税收种类有18种，可分为五大类：

（1）流转税类。指在商品生产、流通环节以产品流转额或者数量，以及非商品交易的营业额为征税对象的各种税，包括普通增值税、消费税和营业税。

（2）资源税类。指以被开发或占用的资源为征税对象的各种税，包括资源税和土地使用税等。

（3）所得税类。指以单位（法人）或个人（自然人）在一定时期内的生产经营所得或其他所得为征税对象的税种，包括各种企业所得税、个人所得税等。

（4）财产税类。指以法人和自然人拥有及转移的财产的价值或增值额为征税对象的各种税，主要包括车船税、房产税等。

（5）特定目的税类。指国家为达到某种特定目的而设立的各种税，如城市维护建设税、土地增值税、车辆购置税、印花税等。

3. 利润

工业投资项目投产后所获得的利润可分为纯收入、销售利润（税前利润）和税

后利润（企业留利）三个层次，即

$$纯收入 = 销售收入 - 总成本$$
$$销售利润 = 纯收入 - 销售税金$$
$$税后利润 = 销售利润 - 资源税 - 所得税$$

对于企业来说，除国家另有规定外，企业留利一般按下列顺序进行分配：

（1）弥补以前年度亏损。

（2）提取法定公积金，法定公积金用于弥补亏损及按照国家规定转增资本金等。

（3）提取公益金，公益金主要用于职工集体福利设施支出。

（4）向投资者分配利润。

三、净现金流与现金流量图

（一）净现金流

净现金流指的是在某个期间，流入和流出项目的资金流之差。在项目建设阶段，为了形成项目资产，一般只有资金流出，因而净现金流一般为负。而在项目建成之后的运营阶段，通过销售产品或提供劳务获得销售收入，这是现金流入；同时还需要支付运营期间发生的各种成本，这是现金流出，二者之差为运营阶段的净现金流。

在成本核算过程中，我们将建设期投资形成的固定资产、无形资产和递延资产分别以折旧、无形资产摊销、递延资产摊销的形式计入了总成本。因此，企业净利润是销售收入减去资产类摊销和其他相关成本之后的盈余。

但是，从现金流角度来看，一方面，在投资形成资产的过程中所花费的资金已经在项目建设期以现金流出的形式计入了项目的资金流出量，那么，如果在运营阶段再从销售收入的现金流入量中减去，就形成了重复扣减，这是不正确的。另一方面，折旧和各资产类摊销并没有使企业拥有的现金真正减少，也就不应该是净现金流的抵减项。因此，在经营阶段的企业现金流，应该是利润加上折旧和资产类摊销，即

$$企业净现金流 = 利润 + 折旧 + 资产类摊销$$

考虑一个简单的例子：某企业投资固定资产1 000万元建厂（不考虑无形资产和递延资产），企业运行20年，按照直线折旧法，每年折旧50万元。在运营阶段，每年向供应商购买原材料、向员工支付工资花费成本总共为40万元（不考虑其他费用），年销售额200万元。那么

$$总利润 = 200 - (40 + 50) = 110(万元)$$

然而，不像购买原材料和支付工资要将资金分别支付给供应商和企业员工，折旧虽然作为利润的抵减项，但它并没有对应真实的资金支出（不存在折旧的支付对象）。因此，折旧对应的50万元资金仍然为企业所拥有。因此，销售收入对应+200万

元的现金流,而购买原材料和支付员工工资对应企业 –40 万元的现金流,因此企业净现金流就是

净现金流 = 200 – 40 = 200 – (40 + 50) + 50 = 利润 + 折旧 = 160(万元)

同理,对于其他类型的资产摊销,也具有同样的性质。

(二)现金流量图

任何工业项目的建设与运行,都有一个时间上的延续过程,因此对于投资者来说,资金投入与收益的获取往往构成一个时间上有先有后的现金流量序列。将多个期间发生的现金流按照时序关系绘制在坐标轴上,就形成现金流量图(见图 13-1)。

现金流量图是描述工程项目在整个计算期内各时间点上的现金流入和现金流出的序列图。其中,横轴表示时间轴;纵轴是现金流量轴,表示现金流入或流出。箭头的长短表示现金流量的大小,箭头的方向与现金流量的性质有关:箭头向上一般表示现金流入,箭头向下表示现金流出。

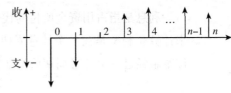

图 13-1 现金流量图

在项目建设和运营期内,现金流量的发生次数可能非常多,且不同时间点上发生的现金流量又不尽相同。现金流量图能够清楚、完整地描述建设项目的资金投入、产出时序,比文字或表格等描述得更加准确、简捷。因此,现金流量图是现金流量分析的有力工具。

第二节 资金时间价值与等值换算

一、资金的时间价值与资金等值

1. 资金的时间价值

在日常生活中,今天 100 元钱的价值显然不同于 5 年前 100 元钱的价值,这就是资金时间价值的体现。资金的时间价值就是指资金在运动过程中的增值或不同时间点上发生的等额资金在实际价值上的差别。

对于资金的时间价值,可以从两个方面理解。首先,被正确使用的资金随着时间的推移其价值会增加,这种现象叫资金增值。资金增值的实质是劳动者在生产过程中创造了剩余价值。从投资者的角度来看,资金增值的特性使资金具有时间价值。其次,资金一旦用于投资,就不能用于现期消费。从消费者的角度来看,资金的时间价值体现为对放弃现期消费的损失所应做的必要补偿。在项目经济分析中,对资金时间价值的计算方法与银行利息的计算方法相同。实际上,银行利息也是一种资金时间价值的表现方式。

2. 资金等值

在不同时间点发生的额度不同的资金，其经济价值可能相等，称为资金等值。例如，按年复利10%计算，第一年的100元等值于第二年的110元、第三年的121元等。

资金等值实质上是一种等价折算，资金是否等值取决于资金金额、资金发生的时间和利率三个因素。

二、利息

1. 利息与利率

利息是指占用资金所付的代价或放弃使用资金所得的补偿，利息通常根据利率来计算。利率是在一个计息周期内所得的利息额与借贷金额（即本金）之比，即单位本金经过一个计息周期后的增值额，一般以百分数表示。

2. 单利与复利

资金时间价值的等值变换借助于利息公式，利息的计算有单利计息和复利计息之分。单利计息指仅用本金计算利息，利息不再生利息，如我国国债的利息。复利计息是用本金和前期累计利息总额之和进行计息，即除了最初的本金要计算利息外，每一计息周期的利息都要并入本金，再生利息。因此，复利也称利滚利，如商业银行的贷款。

复利计息比较符合资金在社会再生产过程中运动的实际状况，因此，项目经济评价或技术经济分析一般采用复利。

3. 名义利率与实际利率

在项目经济评价中，复利计算通常以年为计息周期。但在实际经济活动中，计息周期有年、季、月、周、日等多种，这样就出现了名义利率和实际利率的问题。我们将计息周期实际发生的利率称为计息周期实际利率；名义利率则等于每一计息周期的利率与每年的计息周期数（即每年的计息次数）的乘积。设名义利率为r，计息周期为一年，但一年中计息次数为m，则一个计息周期的利率应为r/m，而一年的实际利率i为

$$i = (1+r/m)^m - 1$$

例如，按月计算利息，月利率为1%，一般就称为"年利率12%，每月计息一次"。那么，1%就是月实际利率，$1\% \times 12 = 12\%$，即为年名义利率，而$(1+1\%)^{12} - 1 = 12.68\%$，为年实际利率。通常所说的年利率都是名义利率，如果不对计息周期加以说明，则表示1年计息1次。

当 $m=1$ 时，名义利率等于实际利率；当 $m>1$ 时，实际利率大于名义利率；当 $m \to \infty$ 时，即按连续复利计算时，i 与 r 的关系为

$$i = \lim_{m \to \infty} \left[\left(1 + \frac{r}{m}\right)^m - 1 \right] = \lim_{m \to \infty} \left[\left(1 + \frac{r}{m}\right)^{m/r} \right]^r - 1 = e^r - 1$$

三、资金的等值换算

任何技术方案的实施，都有一个时间上的延续过程，由于资金时间价值的存在，使不同时间上发生的现金流量无法直接加以比较。因此，要通过一系列的换算，在同一时间点上进行对比，才符合客观实际情况。

在项目经济评价过程中，资金等值换算主要是发生于现值、终值和年金之间的换算。现值（present value）一般是指发生或折算在某个特定的时间序列的起始时刻的资金价值，用 P 表示。终值（future value）一般是指发生或折算在某个特定的时间序列的终点时刻的资金价值，用 F 表示。年金（annuity）一般是指在某个特定时间序列内，每隔相同时间都会发生的资金价值，用 A 表示。在工程经济分析中，我们一般约定年金 A 发生在期末。

1. 一次支付终值公式

一次支付终值公式是计算现在时间点发生的一笔资金 P 的将来值 F。其现金流量图如图 13-2 所示。

设年利率为 i，则期初价值为 P 的一笔资金，其各年的终值见表 13-2。

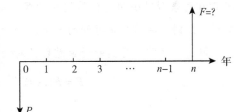

图 13-2 一次支付终值现金流量图

表 13-2 期初资金 P 在各期末对应的终值

计息期	期初金额（1）	本期利息额（2）	期末本利和：$F_i = (1)+(2)$
1	P	Pi	$F_1 = P + Pi = P(1+i)$
2	$P(1+i)$	$P(1+i)i$	$F_2 = P(1+i) + P(1+i)i = P(1+i)^2$
3	$P(1+i)^2$	$P(1+i)^2 i$	$F_3 = P(1+i)^2 + P(1+i)^2 i = P(1+i)^3$
⋮	⋮	⋮	⋮
n	$P(1+i)^{n-1}$	$P(1+i)^{n-1} i$	$F_n = P(1+i)^{n-1} + P(1+i)^{n-1} i = P(1+i)^n$

因此，一次支付终值计算公式为

$$F = P(1+i)^n$$

式中，$(1+i)^n$ 称为一次支付复利系数，记为

$$(1+i)^n = (F/P, i, n)$$

[例 13-1] 某人打算借 100 000 元来买车，并计划五年后偿还所有的本金外加每年 8% 的利息，若按照复利计算，求五年产生的总欠款额。

解：五年产生的总欠款额即对应于 100 000 元现值的终值，即

$$F = P(1+i)^n = 100\,000(F/P, 8\%, 5) = 146\,900 （元）$$

2. 一次支付现值公式

一次支付现值公式是计算将来某时点发生的一笔资金 F，相当于现在值的 P 是多少。其现金流量图如图 13-3 所示。

设年利率为 i，运用一次支付终值公式的逆运算，得到一次支付现值公式为

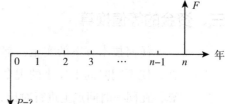

图 13-3　一次支付现值现金流量图

$$P = F(1+i)^{-n}$$

式中，$(1+i)^{-n}$ 称为一次支付现值系数，记为

$$(1+i)^{-n} = (P/F, i, n)$$

[例 13-2] 假设去年小明的祖母把足够的钱放到一个储蓄账户中，打算在今年能有 10 000 元来帮助小明支付学校的学费。如果年利率是 6%，为了现在能够得到 10 000 元的本利和，则一年前应该存储的资金总额为多少？

解：一年前要存储的资金总数就对应于 10 000 元的现值，即

$$P = F(1+i)^{-n} = 10\,000(P/F, 6\%, 1) = 9\,434（元）$$

3. 等额支付系列终值公式

等额支付系列终值，指的是在多个期间的每期末都发生等额的现金流 A，则到最后一期的期末其等价的将来值 F。其现金流模型如图 13-4 所示。

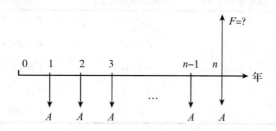

图 13-4　等额支付系列终值现金流量图

设年利率为 i，把每次的等额支付换算为最末期的终值，利用一次支付终值公式有

$$F = A + A(1+i) + A(1+i)^2 + \cdots + A(1+i)^{n-2} + A(1+i)^{n-1}$$

运用等比数列求和技巧，上式两边同乘以 $(1+i)$，有

$$F(1+i) = A(1+i) + A(1+i)^2 + \cdots + A(1+i)^{n-1} + A(1+i)^n$$

两式相减有

$$F(1+i) - F = A(1+i)^n - A$$

整理得

$$F = A\left[\frac{(1+i)^n - 1}{i}\right]$$

式中，$\frac{(1+i)^n - 1}{i}$ 称为等额支付系列终值系数，记为

$$(F/A, i, n) = \frac{(1+i)^n - 1}{i}$$

[例 13-3] 若从今年开始，每年年底以等额的 1 000 元存款存入一个年收益为 6% 的账户，连续存入 5 年，则在第 5 年的年底，账户资金总额为多少？

解：账户最终的资金额度就是 5 个 1 000 元的等额年金所对应的终值，即

$$F = A\left[\frac{(1+i)^n - 1}{i}\right] = 1\,000(F/A, 6\%, 5) = 5\,637(元)$$

4. 等额支付系列偿债基金公式

等额支付系列偿债基金公式是计算与将来值 F 等价的等额年金 A。其现金流量模型如图 13-5 所示。

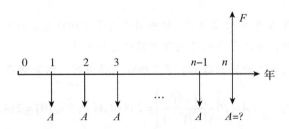

图 13-5　等额支付系列偿债基金现金流量图

设年利率为 i，其计算公式与等额支付系列终值公式是逆运算，即

$$A = F\left[\frac{i}{(1+i)^n - 1}\right]$$

记，$(A/F, i, n) = \frac{i}{(1+i)^n - 1}$，称为等额支付系列偿债基金系数。

[例 13-4] 假定 10 年后你要还给银行 10 000 元，设年利率为 7%，则从今年年底开始，你每年应等额地存入银行多少钱，10 年后刚好还清借款（假设银行按复利计算本利和）？

解：每年的等额存款额就是 10 000 元终值对应的等额年金，即

$$A = F\left[\frac{i}{(1+i)^n - 1}\right] = 10\,000(A/F, 7\%, 10) = 724\,(元)$$

5. 等额支付系列资金回收公式

等额支付系列资金回收公式是计算和现值 P 等价的一系列期末等额支付的金额 A，其现金流模型如图 13-6 所示。

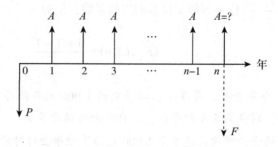

图 13-6　等额支付系列资金回收现金流量图

设年利率为 i，运用等额支付系列偿债基金公式和一次支付终值公式，有

$$A = F\left[\frac{i}{(1+i)^n - 1}\right] = P(1+i)^n \left[\frac{i}{(1+i)^n - 1}\right] = P\left[\frac{i(1+i)^n}{(1+i)^n - 1}\right]$$

记，$(A/P, i, n) = \dfrac{i(1+i)^n}{(1+i)^n - 1}$，称为等额支付系列资金回收系数。

[例 13-5] 假定今年年初你以 7% 的年利率借了 2 000 元，对方要求 10 年还清，并且每年偿还等额的贷款，那么每年偿还的贷款数额应该为多少？

解：每年应该偿还的贷款数额就是 2 000 元现值对应的等额年金，即

$$A = P\left[\frac{i(1+i)^n}{(1+i)^n - 1}\right] = 2\,000(A/P, 7\%, 10) = 284.76\,(元)$$

6. 等额支付系列现值公式

等额支付系列现值公式是计算一系列期末等额支付金额 A 的等价现值 P，是等额支付系列资金回收公式的逆运算。其现金流模型如图 13-7 所示。

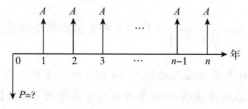

图 13-7　等额支付系列现值现金流量图

设年利率为 i，则有

$$P = A\left[\frac{(1+i)^n - 1}{i(1+i)^n}\right]$$

记，$(P/A, i, n) = \frac{(1+i)^n - 1}{i(1+i)^n}$，称为等额支付系列现值系数。

[例 13-6] 有某投资项目，要求连续 6 年内连本带利全部收回投资，且每年末能够等额收回本利和为 100 万元，年利率 10%。问开始时的期初投资是多少？

解：开始时的期初投资等于 6 个 100 万元等额年金的现值，即

$$P = A\left[\frac{(1+i)^n - 1}{i(1+i)^n}\right] = 100(P/A, 10\%, 6) = 435.53(万元)$$

第三节 项目经济评价指标

项目的经济可行性分析，就是根据调查研究和市场预测，确定项目经济效益评价的基本要素，并计算相关经济评价指标，通过这些经济评价指标来判断项目在经济上是否可行。

评价指标通常包括三类：第一类是以时间为计量单位的时间型指标，如投资回收期和借款偿还期等；第二类是以货币单位计量的价值型指标，如净现值、净年值、费用现值和费用年值等；第三类是反映资源利用效率的比率型指标，如内部收益率和净现值率等。

一、投资回收期

投资回收期是指以项目的净收益抵偿全部投资所需要的时间，一般从项目开始投资之年算起。按是否考虑资金的时间价值，投资回收期有静态和动态之分。

（一）静态投资回收期

静态投资回收期是在不考虑资金时间价值的条件下，考察项目的投资回收能力，它从投资回收速度的角度反映了项目的经济效益。从计算的角度来说，是累计净现金流刚好为 0 的时间点，即满足下述公式的 n 值

$$\sum_{t=0}^{n} F_t = 0$$

式中，F_t 为第 t 年的净现金流量，n 为静态投资回收期，反映了回收项目全部投资需要的时间。

以上是静态投资回收期的理论公式，但在实际计算中，往往会碰到年数 n 不是整数的情况，此时就需要根据投资项目的现金流量表来进行计算，公式为

$$n = (T-1) + \frac{第(T-1)年的累积净现金流量的绝对值}{第T年的净现金流量}$$

式中，T 为项目各年累积净现金流量首次出现正值或零的年份。

假设行业基准投资回收期为 n_0，那么项目的投资回收期必须小于或等于行业基准投资回收期；否则，表示项目未满足行业项目投资盈利性和风险性的要求。因此，静态投资回收期的判别准则为

若 $n \leqslant n_0$，则项目可以接受；

若 $n > n_0$，则项目应予拒绝。

（二）动态投资回收期

动态投资回收期是指在考虑资金时间价值的条件下，按设定的行业基准收益率收回投资所需的时间。计算公式为

$$\sum_{t=0}^{n_d} F_t (1+i_0)^{-t} = 0$$

式中，n_d 为动态投资回收期；i_0 为行业基准收益率。

与静态投资回收期类似，在实际计算中，一般用财务现金流量表中的累积净现金流的现值计算动态投资回收期。计算公式为

$$n_d = (T-1) + \frac{第(T-1)年的累积净现金流现值的绝对值}{第T年的净现金流现值}$$

式中，T 为项目各年累积净现金流量现值首次出现正值或零的年份。

在项目评价中，项目的动态投资回收期必须小于或等于行业基准投资回收期。即

- 若 $n_d \leqslant n_0$，则项目可以接受；
- 若 $n_d > n_0$，则项目应予拒绝。

[例 13-7] 某工程项目各年净现金流量如表 13-3 所示。如果行业的基准投资回收期为 8 年，行业基准收益率为 $i_0 = 10\%$，分别用静态和动态投资回收期指标分析该项目的可行性。

表 13-3 净现金流量表 （单位：万元）

年 序	0	1	2~9
净现金流量	-25	-20	12

解：该项目的现金流量如图 13-8 所示。

计算各年的累积净现金流量

$$\sum_{t=0}^{0} F_t = -25 \, (万元)$$

$$\sum_{t=0}^{1} F_t = -25 + (-20) = -45 \, (万元)$$

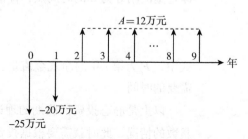

图 13-8 某工程项目现金流量图

$$\sum_{t=0}^{9} F_t = -25 + (-20) + 8 \times 12 = 51 (万元)$$

各年累积净现金流量计算结果如表 13-4 所示。

表 13-4　累积净现金流量表　　　　　　　　　（单位：万元）

年　序	0	1	2	3	4	5	6	7	8	9
净现金流量	−25	−20	12	12	12	12	12	12	12	12
累积净现金流量	−25	−45	−33	−21	−9	3	15	27	39	51

各年累积净现金流量首次出现正值的年份为 $T=5$ 年，该年对应的净现金流量为 12 万元。$T-1=4$ 年对应的累积净现金流量绝对值为 9 万元，根据公式，静态投资回收期为

$$n = (5-1) + \frac{9}{12} = 4.75 (年)$$

显然，$n = 4.75 < n_0 = 8$，因此，该项目可以考虑接受。

如果采用动态投资回收期法判断项目的可行性，则需要首先计算各年净现金流量现值，以及各年累积净现金流量现值。以 $t=3$ 年为例：

第3年的净现金流量现值
$$= F_{t=3}(P/F, i, t) = 12(P/F, 10\%, 3) = 9.02 (万元)$$

第3年的累积净现金流量现值
$$= \sum_{t=0}^{3} F_t (P/F, i, t)$$
$$= -25 + (-20)(P/F, 10\%, 1) + 12(P/A, 10\%, 2)(P/F, 10\%, 1)$$
$$= -24.24 (万元)$$

类似计算，得到各年净现金流量现值和各年累积净现金流量现值，结果如表 13-5 所示。

表 13-5　累积净现金流量现值表　　　　　　　（单位：万元）

年　序	0	1	2	3	4	5	6	7	8	9
折现系数 $i=10\%$	−25	−20	12	12	12	12	12	12	12	12
净现金流量	1	0.91	0.83	0.75	0.68	0.62	0.56	0.51	0.47	0.42
净现金流量现值	−25	−18.18	9.92	9.02	8.20	7.45	6.77	6.16	5.56	5.09
累积净现金流量现值	−25	−43.18	−33.26	−24.24	−16.04	−8.60	−1.82	4.34	9.94	15.00

各年累积净现金流量现值首次出现正值的年份为 $T=7$ 年，该年对应的净现金流量现值为 6.16 万元，$T-1=6$ 年对应的累积净现金流量现值绝对值为 1.82 万元。由此得到动态投资回收期为

$$n_d = (7-1) + \frac{1.82}{6.16} = 6.30 (年)$$

由于 $n_d = 6.30 < n_0 = 8$，因此，根据动态投资回收期，该项目也可以考虑接受。

投资回收期评价项目的可行性，具有如下优点：

（1）意义明确、直观、计算方便，人们容易接受和乐于使用。

（2）选择方案的标准是资金的回收速度越快越好，迎合了一部分怕担风险的投资者的心理，同时在一定程度上反映了投资效果的优劣。

但是，投资回收期也有其缺点：

（1）只考虑投资回收前的情况，不反映投资回收后的效果，因此是短期、片面的指标。

（2）基准投资回收期 n_0 取决于项目寿命，而项目寿命受技术、产品需求及经济方面的影响，因此，部门或行业基准投资回收期 n_0 可能较难确定。

二、净现值

净现值（net present value，NPV）是指按一定的折现率（如行业的基准收益率），将项目方案寿命期内各年的净现金流量折现到计算基准年（通常是期初）的现值之和。计算公式为

$$NPV = \sum_{t=0}^{n} F_t (1+i_0)^{-t} = \sum_{t=0}^{n} F_t (P/F, i_0, t)$$

式中，净现值 NPV 反映了项目整个寿命期内的净收益；i_0 为基准收益率（基准折现率）；n 为项目寿命期。

若 NPV = 0，表示方案刚好达到规定的基准收益率水平；若 NPV > 0，表示方案除能达到规定的基准收益率水平以外，还能得到超额收益；若 NPV < 0，表示方案达不到规定的基准收益率水平。因此，用净现值指标评价单一方案的判别准则是

如果 NPV ≥ 0，则项目方案可行；

如果 NPV < 0，则项目方案不可行。

[例 13-8] 设已知基准收益率 $i_0 = 10\%$，以例 13-7 的投资项目为例，用净现值法判别项目的可行性。

解：根据项目寿命期内各年净现金流量表 13-3 和现金流量图 13-8，该项目净现值为

$$NPV = -25 + (-20)(P/F, 10\%, 1) + 12(P/A, 10\%, 8)(P/F, 10\%, 1)$$
$$= -25 - 20 \times 0.909\,1 + 12 \times 5.335 \times 0.909\,1$$
$$= 15.02 \, (万元)$$

由于 NPV > 0，说明项目在寿命期内能得到高于基准的超额收益，因此项目可行。

净现值法的主要优点：首先是考虑了资金的时间价值因素，并全面考虑了方案在整个寿命期的经营情况；其次是直接以货币额代表项目的收益水平，经济意义明确直观。因此，净现值是动态评价方法中最普遍使用的指标。

在计算净现值时，须事先给定行业基准收益率 i_0。基准收益率是反映投资决策者对资金时间价值估计的一个参数，恰当地确定基准收益率是一个重要而困难的问

题。它不仅取决于资金来源的构成和未来的投资机会，还受项目风险和通货膨胀等因素的影响，通常需要考虑资金成本、最低希望收益率、截止收益率等多种因素。

三、内部收益率

当不太容易获得基准折现率时，可用内部收益率（internal rate of return，IRR）方法评估项目自身的盈利能力。项目的内部收益率就是净现值为零时的折现率，它所满足的方程为

$$\text{NPV} = \sum_{t=0}^{n} F_t (1+\text{IRR})^{-t} = 0$$

由于该式是一个高次方程，因此并不容易直接解析求解内部收益率。

由公式可知，净现值 NPV 是折现率 i 的函数，并且与 i 呈反方向变化。可以证明，对于常规投资项目（即同时满足如下两个条件的项目：①净现金流量的符号，由负变正只一次；②全部净现金流量代数和为正），其净现值函数曲线单调递减，且当 i 值较小时，NPV 为正，i 值较大时，NPV 为负。因此，必有一个 i 值使 NPV = 0。所以，内部收益率就是净现值函数曲线 NPV(i) 与横坐标 i 轴交点处的折现率，如图 13-9 所示。

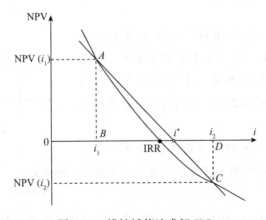

图 13-9 线性插值法求解 IRR

根据图 13-9 所示的几何意义，通常可采用"线性插值法"求 IRR 的近似解。其基本思路是：任取图 13-9 中 IRR 曲线上相异两点，如图中点 $A[i_1, \text{NPV}(i_1)]$ 与点 $C[i_2, \text{NPV}(i_2)]$。要求满足条件：$\text{NPV}_1 \times \text{NPV}_2 < 0$。那么连线 AC 必与横轴相交，相交点记为 i^*。A 和 C 两点越靠近，i^* 就越趋近于曲线 NPV(i) 与横轴的交点 IRR，因此可用 i^* 近似代替 IRR。于是求解 IRR 的高次方程就转化为求图 13-9 的直线 AC 与横坐标的交点问题。根据斜率相等原理，直线 AC 的方程为

$$\frac{\text{NPV}(i_1) - \text{NPV}(i^*)}{i_1 - i^*} = \frac{\text{NPV}(i^*) - \text{NPV}(i_2)}{i^* - i_2}$$

注意到 $NPV(i^*)=0$，由此可求解 i^* 并用 i^* 近似 IRR，有

$$IRR \approx i^* = i_1 + \frac{NPV(i_1)}{NPV(i_1)-NPV(i_2)}(i_2-i_1)$$

整理上述过程，内部收益率 IRR 的计算步骤为：

（1）任意设定一个 i 值，计算相应的净现值 NPV。

（2）依据净现值 NPV 的正负逐步修正 i 值，反复试算净现值 NPV（i 值修正原则是使 NPV 值趋于 0 直至改变符号）。

（3）在多个 i 值中，找到两个折现率 i_1 和 i_2，如果它们对应的净现值符号相异，即 $NPV(i_1)>0$，$NPV(i_2)<0$，并且 $i_2-i_1 \leq 0.05$，则可以根据近似公式计算 IRR 值。

IRR 是在寿命期末全部恢复占用资金的利率，它表明了项目的资金恢复能力或收益能力。IRR 越大，则恢复能力越强（经济性越好）。因此，内部收益率指标的判别准则是：

- 若 $IRR \geq i_0$（基准收益率），则表明项目实际的投资收益率已达到或超过基准收益率水平，在经济效果上可以接受；
- 若 $IRR < i_0$，则表明项目实际的投资收益率未达到基准收益率水平，在经济效果上不可接受。

[例 13-9] 某企业用 10 000 元购买设备，并在使用中带来收益，设备使用寿命为 5 年。各年的现金流量如图 13-10 所示。求项目的内部收益率；若取基准收益率为 25%，请判断该项投资的可行性。

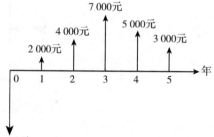

图 13-10 设备购置项目现金流量图

解：本项目现金流的特点是在 0～5 年内各年的现金流入或流出的金额不同，净现值是关于折现率 i 的函数，即

$$NPV = -10\,000 + 2\,000(P/F,i,1) + 4\,000(P/F,i,2) + 7\,000(P/F,i,3) + 5\,000(P/F,i,4) + 3\,000(P/F,i,5)$$

（1）初取 $i=30\%$，得 $NPV=-350$ 元。

（2）再取 $i=25\%$，得 $NPV=775.1$ 元。

上述两个试验 i 值，对应的 NPV 值互为异号，且两个试验 i 值之差为 0.05，符合要求。故取 $i_1=25\%$，$NPV(i_1)=775.1$，$i_2=30\%$，$NPV(i_2)=-350$，计算得到内部收益率 IRR 为

$$IRR = 25\% + \frac{775.1}{775.1-(-350)} \times (30\%-25\%) = 28.44\%$$

由于 IRR=28.44%＞25%，因此该投资项目可行。

内部收益率指标具有的优点：①揭示了项目所具有的最高获利能力，概念清晰

明确，从而成为评价项目效益的非常有效的工具；②内部收益率不是事先外生给定的，而是项目自身的现金流内生决定的。所以，当基准折现率 i_0 不易确定时，可使用内部收益率评价项目的盈利能力。例如，i_0 不是单一值而是落入一个小区间，若发现内部收益率落在该小区间之外，那么就很容易判别项目的可行性。

内部收益率除了计算比较复杂而外，还有其他一些缺点：①对于一些非常规项目，比如纯投资项目或者纯收入项目，并不存在内部收益率，此时就不能使用内部收益率方法；②对于现金流多次改变符号的项目，关于折现率的方程可能存在多个解，此时内部收益率就不唯一，可能失去了经济意义。

第四节 多项目评价

多项目的经济效益评价就是在多个项目方案之间进行比较和选择，以确定其中效益最佳的项目方案。

一、寿命期相同方案的评价

当各方案的寿命期相同时，若各方案所带来的产出相同，则只要比较它们的费用即可，取费用最小的方案为最优方案。但在一般情况下，不同项目方案的投入和产出往往是不同的，为了使这些方案具有可比性，通常用货币单位来统一度量各方案的产值和费用，然后进行方案的对比。

设寿命期相同的方案 I 和方案 II 的现金流如图 13-11a 所示。其中，一次性投资及年净收益的关系满足：$K_I < K_{II}$，$A_I < A_{II}$。⊖ 为了分析方案 II 比方案 I 多投的资金能否带来更多的收益，我们可以运用差量分析的方法，对两个方案现金流量做差，得到相对投资方案如图 13-11b 所示。

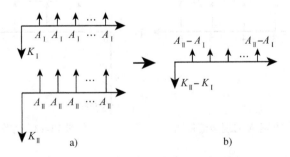

图 13-11 投资差额现金流和相对投资方案

图 13-11b 的净现值称为投资增额净现值。如果投资增额净现值大于 0，则表明投资额大的方案将带来更多收益。这意味着由投资增额引起的收益按基准贴现率计

⊖ 显然，如果 $K_I < K_{II}$，$A_I \geqslant A_{II}$，则说明方案 II 多花了钱却少得了收益，不必比较就可知方案 II 不如方案 I。因此，这里考虑 $K_I < K_{II}$ 且 $A_I < A_{II}$ 的情况。

算的净现值大于所增加的投资的净现值,因此投资的增加是合算的。一般来说,当有多个方案时,经济评价的计算步骤如下:

第一步:将所有方案编号,取基准贴现率为 i_0;将方案按投资额从小到大进行排序。

第二步:取第一方案 A_I 作为临时最优方案,与第二方案 A_{II} 比较;若相对投资方案 $A_{II}-A_I$ 的净现值大于 0,则 A_{II} 为当前最优方案,否则 A_I 为当前最优方案。

第三步:用第二步中的优胜方案与第三方案进行比较计算,并重复上述步骤,直至所有方案计算完毕,最后的优胜方案为最优方案。

为了保证参与评价的方案都是可行的,在上述评价过程开始时,还需要增加一个投资为 0 且收益也为 0 的"全不投资方案",以该方案作为 0 号方案,启动比较过程。这样会自动将经济不可行的项目筛选掉,保证最后所得到的最优方案是可行的。

[例 13-10] 现有两个型号的机床,均可满足企业的生产需要,两种机床的使用寿命均为 6 年,机床的价格和各使用期末的收益等数据如表 13-6 所示。假定基准收益率为 10%,使用投资增额净现值法来比较两种方案的优劣。

表 13-6 两种机床比选方案的数据

机床	A	B
价格(元)	7 000	5 000
产值(元/年)	2 000	1 500
残值(元)	0	500

解:两个方案的现金流量分别如图 13-12 和图 13-13 所示。

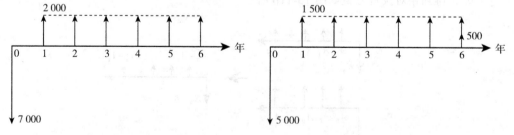

图 13-12 方案 A 的现金流量图　　图 13-13 方案 B 的现金流量图

第一步:增加全不投资方案 A_0,并把方案按照初始投资额递增次序排列如表 13-7 所示。

表 13-7 两种机床比选方案的数据

方案	A_0	B	A
价格(元)	0	5 000	7 000
产值(元/年)	0	1 500	2 000
残值(元)	0	500	0

第二步：选择初始投资最少的全不投资方案 A_0 作为临时最优方案。

第三步：选择初始投资次少的方案 B 与 A_0 进行比较，计算投资增额净现值：

$$\text{NPV}(10\%)_{B-A_0} = -5\,000 + 1\,500(P/A, 10\%, 6) + 500(P/F, 10\%, 6)$$
$$= -5\,000 + 1\,500 \times 4.355\,3 + 500 \times 0.564\,5 = 1\,815.19 > 0$$

计算结果表明方案 B 优于全不投资方案 A_0，因此将方案 B 作为临时最优方案，替代方案 A_0，将方案 A 与方案 B 比较，如图 13-14 所示。

$$\text{NPV}(15\%)_{A-B} = -2\,000 + 500(P/A, 10\%, 5) = -104.6 < 0$$

因此，方案 B 优于方案 A，故机床 B 为最优方案。

实际上，上述过程也可以分别计算各项目自身的净现值，直接比较而得到最优方案，而不必构造投资差额这个虚拟"项目"。但在某些情况下（如虽然已知收益相同但无法确切衡量），则必须使用差量分析法来做多项目评估。

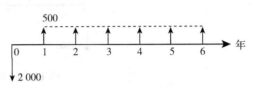

图 13-14 差额现金流量图

二、产出不同、寿命期不同方案的评价

（一）最小公倍法

当要评价和选择的项目方案的寿命彼此不同时，就不能直接使用上面的方法了。此时，必须对各项目寿命做某种假定，使得各方案在相等的期限基础上进行比较，才能保证评价结果的合理性。

一种方法是所谓的研究期法：直接选择项目都存续的前面数年作为统一的比较期限。比如，两个寿命分别为 6 年和 13 年的项目，经专家评估后，认为可以统一基于前 5 年的投资和收益进行比较，那么研究期就取为 5 年，而将后面剩余年限折算为残值。但是研究期如何确定、未到使用寿命的项目残值如何评估，很大程度上依赖于主观判断。

另一种方法是最小公倍法：取两个方案服务寿命的最小公倍数作为一个共同期限，并假定这两个方案在这个期限内可以重复实施若干次，从而将二者的寿命转换为相同长度，再运用净现值等方法进行评估。

［例 13-11］ 某企业进行厂房扩建，共有两个方案可供选择，各方案的有关数据见表 13-8，求在基准折现率为 8% 的条件下的最优方案。

表 13-8 A、B 方案的现金流量

方案	投资额（万元）	年净收益（万元）	寿命期（年）
A	1 200	600	4
B	2 200	800	6

解：两个方案寿命期的最小公倍数为 12 年，在 12 年内，两个方案重复后的现金流量

分别如图 13-15 和图 13-16 所示。

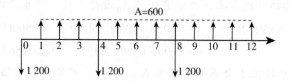

图 13-15　A 方案重复后的现金流量图

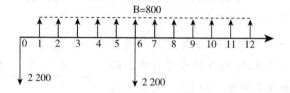

图 13-16　B 方案重复后的现金流量图

从现金流量图中可以看出，A 重复 3 次，B 重复 2 次，计算净现金流如下：

$$\text{NPV}_{A\text{重复}} = -1\,200[1+(P/F,8\%,4)+(P/F,8\%,8)]+600(P/A,8\%,12)$$
$$= 1\,791.3（万元）$$
$$\text{NPV}_{B\text{重复}} = -2\,200[1+(P/F,8\%,6)]+800(P/A,8\%,12)$$
$$= 2\,442.44（万元）$$

因为 $\text{NPV}_{B\text{重复}} > \text{NPV}_{A\text{重复}}$，所以方案 B 优于方案 A。

（二）净年值法

在例 13-11 的最小公倍法中，是将方案所有的现金流都折算到第 0 年求现值，所以叫作现值法。实际上还有一种更简单的方法，即比较各项目在各自寿命期内的年值（net annual value，NAV）。此时，只需取一个周期来计算年值，而不必按照最小公倍数周期来重复项目。所得到的结果与最小公倍法是一致的。计算结果如下：

$$\text{NAV}_A = -1\,200(A/P,8\%,4)+600 = -1\,200 \times 0.301\,9 + 600 = 237.72$$
$$\text{NAV}_B = -2\,200(A/P,8\%,6)+800 = -2\,200 \times 0.216\,4 + 800 = 323.92$$

因为 $\text{NAV}_B > \text{NAV}_A$，所以方案 B 优于方案 A。

用净年值法进行寿命期不等的互斥方案比选，实际上隐含着最小公倍法的假定：各备选方案在其寿命结束时均可按原方案重复实施。因为一个方案无论重复实施多少次，其净年值是不变的，所以净年值法实际上假定了各方案可以无限多次重复实施。特别是对于仅有或仅需要计算费用现金流的寿命期不等的互斥方案，比较费用年值非常方便。

本章小结

本章介绍了工程经济学的发展历史、研究对象、研究内容及其应用，分析了投资、成本、收入、利润、税金和净现金流等工程项目经济评价的基本要素；重点说明了资金的时间价值及其等值换算的方法，为项目经济评价奠定了基础。

对于独立方案的经济可行性评价问题，介绍了投资回收期法、净现值法以及内部收益率法，它们各有优缺利弊。考虑到任何一笔资金都可以有多个用途，因此，就必然会遇到多个投资方案的比较与选择问题。本章分别讨论了寿命期相同和寿命期不同的投资方案的比较方法。前者可直接通过差额净现值等指标来比较，后者可使用最小公倍法将项目寿命期转换为相同之后再行比较。

在本章的分析中，我们都假设项目经济评价中所用的数据是已知且确定的，从而可确切计算出经济评价指标来为项目决策提供科学依据。但在实际中，我们所能获得的数据往往是不确定的，这就会使项目决策面临风险。所谓风险，就是因决策参数或环境的不确定而导致亏损的可能性。本书由于篇幅所限，没有涉及项目（方案）经济评价的风险分析。项目的风险分析可参考盈亏平衡分析、敏感性分析、概率分析等方法，而在多项目的比较、选择和决策方面，可进一步参考决策分析的相关方法。

思考与练习题

1. 简述固定资产与流动资金的概念及其主要区别。
2. 什么是经营成本？什么是机会成本？
3. 解释固定资产原值、固定资产净值及固定资产残值的含义。
4. 什么是折旧？折旧的计算方法有哪些？
5. 什么是现金流量？什么是现金流量图？
6. 什么是名义利率和实际利率？它们有什么关系？
7. 什么是净现值、动态投资回收期和内部收益率，如何计算，评判标准是什么？
8. 一家贷款公司以每月 1.5% 的复利利率提供贷款。求：①名义利率是多少？②年实际利率是多少？
9. 如果某人想从明年开始的 10 年中，每年年末从银行提取 600 元，若按 10% 利率按年计复利，此人现在必须存入银行多少钱？
10. 某企业年初从银行借款 1 200 万元，并商定从第二年开始每年年末偿还 250 万元，若银行按 12% 年利率计复利，那么该企业大约在第几年可还清这笔贷款？
11. 某项目初期投资 200 万元，每年的净收益为 30 万元，问该项目的静态投资回收期是多少？若年折现率为 10%，那么此时投资回收期又为多少？如果第一年的净收益为 25 万元，以后每年逐年递增 2 万元，分别求静态和动态的投资回收期。
12. 某项目初始投资 10 000 元，第 1 年年末现金流入 2 000 元，第 2 年年末现金流入 3 000 元，第 3 年以后每年的现金流入为 4 000 元，寿命期为 8 年。若基准投资回收期为 5 年，问：该项目是否可行？如果考虑基准折现率为 10%，那么该项目是否可行？
13. 某公司拟投资新增一条流水线，预计初始投资 900 万元，使用期限为 5 年。新增流水线可使公司每年销售收入增加 513 万元，运营费用增加 300 万元，第 5 年年末残值为 200 万元。公司确定的基准收益率为 10%，试计算该方案的净现值。
14. 某化工工程项目建设期 2 年，第一年投资 1 800 万元，生产期 14 年，若投产后预计年均收益 270 万元，无残值，基准投资收益率为 10%。试用 IRR 来判断项目是否可行。
15. 某项目净现金流量如表 13-9 所示。当基准收益率 $i_0 = 12\%$ 时，请用内部收益率指标判断该项目的经济可行性。

表 13-9 某项目现金流量表 （单元：万元）

年 序	0	1	2	3	4	5
净现金流量	-100	20	30	20	40	40

16. 某公司计划新建一条生产线，有两个方案：甲方案以手工生产为主，总投资 60 万元，年经营成本 10 万元；乙方案以机械化生产为主，总投资额 80 万元，前 5 年年经营成本 5 万元，后 5 年年经营成本为 4 万元。两个方案的收益相同，寿命期均为 10 年。设基准贴现率为 10%，若用年度费用法进行比较，公司应采用哪个方案？

17. 某公司计划新建一条生产线，有两个方案：甲方案以手工生产为主，总投资 60 万元，年经营成本 10 万元；乙方案以机械化生产为主，总投资额 80 万元，年经营成本 5 万元。两个方案的年销售收入均为 30 万元，寿命期均为 10 年。设基准贴现率为 10%，若采用投资增额净现值法进行比较，公司应选择哪个方案？

18. 有一台设备，如果维修还可以用 3 年，修理费 5 000 元，年使用费为 1 600 元；如果换一台新设备需要 12 000 元，年使用费 600 元，可以用 6 年。设基准贴现率为 10%，应采用哪个方案？

参考文献

[1] 魏法杰, 王玉灵, 郑筠. 工程经济学 [M]. 北京：电子工业出版社, 2007.

[2] 傅家骥, 仝允桓. 工程技术经济学 [M]. 3 版. 北京：清华大学出版社, 1996.

[3] Sullivan W G, Wicks E M, Koelling C P. 工程经济学（英文版·原书第 16 版）[M]. 北京：机械工业出版社, 2020.

[4] 国家发展改革委, 建设部. 建设项目经济评价方法与参数 [M]. 3 版. 北京：中国计划出版社, 2006.

第十四章　决策分析

决策贯穿于我们每天的衣食住行：买件POLO衫还是雅戈尔衬衣？吃卤肉饭还是牛肉拉面？是继续租房还是着手买房？是打出租车还是坐地铁？有些决策对我们的生活影响非常小，我们不假思索或者稍加思考便可以做出，如在日常就餐时的决策。有些决策对我们的生活具有长期的影响，需要反复斟酌，如在购房时的决策。有些决策对我们周围的人甚至整个人类都具有深远的影响，需要掌握更加专业的知识或者有更多相关专业人士参与才能解决，例如，食品供应商选择、核电站选址和空间站建设等。

面对纷繁复杂的实际问题时，我们应该怎么去决策呢？有哪些决策方法可以辅助我们决策呢？在这一章你将找到答案。下面，我们先从决策分析的发展简史开始谈起。

第一节　决策分析概述

一、发展简史

决策分析简称决策。所谓决策就是决定一个对策，是人类在采取一项行动之前反复比较和权衡各种方案优劣的思维活动。决策存在于人类的一切实践活动中。《孙子兵法》《史记》等著作记载了华夏儿女在政治、经济、军事等领域的各种决策活动，其决策思想放在今天依然有一定的启发意义。但是，早期人类活动的范围相对狭小，决策的影响在深度和广度上都有限。人们主要凭借日积月累的经验进行决策，缺乏科学理论的指导。当前科学技术的飞跃发展，使得传统的经验性决策已经很难适用于现代化大生产。

决策分析是在第二次世界大战后，在吸收运筹学、统计学、计算机科学等多门学科成果的基础上发展起来的，是专门研究人类正确决策规律的新科学。决策分析的研究内容包括决策的范畴、结构、原则、程序、方法、组织等。随着决策理论与方法的日益完善与推广，科学决策方法已经渗透到了社会经济的各个领域。

决策分析的发展脉络可以归结于两条主线。

一条线是统计决策。决策分析最初是在统计决策理论的基础上发展起来的。20世纪20年代，统计学家奈曼（J. Neyman）和皮尔逊（E. S. Pearson）提出假设检验理论，利用抽样信息对总体假设做出统计推断：接受或是拒绝？这是最早涉及决策（decision）概念的理论。20世纪40年代，冯·诺依曼（Von Neumann）和摩根斯坦（Morgenstern）在其著作《决策理论和经济行为》中提出了现代效用理论，成为决策分析的重要理论基础。20世纪50年代，萨维奇（L. J. Savage）用统计分析方法研究决策问题，创建了贝叶斯决策。同时，瓦尔德（A. Wald）提出决策函数的概念和方法，倡导利用最大期望值准则进行风险决策。20世纪60年代，霍华德（R. A. Howard）在《决策分析：应用决策理论》一文中，正式提出"决策分析"（decision analysis）这一术语。从此，决策分析理论逐渐丰富，形成了序贯决策、多目标决策、多属性决策、群决策等方法。

另一条线是管理科学。20世纪50年代，西蒙（H. A. Simon）发表《管理决策新科学》等一系列著作，突出了决策在管理中的核心地位，对决策准则、决策程序以及决策过程中目标冲突等问题做出了开创性的贡献，首次将行为科学引入决策分析理论，提出用满意准则替代传统的最优准则，并倡导将人工智能技术引入决策科学，为决策支持系统的研究指出了新方向。西蒙开创性的工作奠定了现代管理决策的理论基础。20世纪60年代，阿罗（K. Arrow）在其著作《社会选择与个人价值》中提出不可能定理，该定理是群决策的重要理论基础，将决策分析理论研究拓展到了更广泛的领域中。

在决策分析理论的发展历程中，两条线索相互交叉和促进，使决策分析在理论和应用方面都取得了长足的进步。通过充分吸收系统科学、行为科学、运筹学、统计学和计算机科学的方法，决策分析在广度和深度方面都得到了充分发展，逐渐形成了现代决策分析的理论框架。

（一）基本要素

对决策的理解有狭义和广义之分。狭义上，决策是人类面临多种备选方案，从中确定一个方案的行为，俗称为"拍板"。广义上，决策是一个包括提出问题、确立目标、设计和选择方案的全过程，即人们为了实现某一个特定目标，基于一定的对象信息或历史经验，根据主客观条件的各种可能性，提出对应的可行方案，并综合运用各种方法或手段对所有方案进行对比、分析和评价，在给定的决策准则下从中筛选出最满意的方案，然后根据方案实施过程中的反馈信息对方案进行修正，直到目标实现的整个系统过程。

无论是狭义的还是广义的，决策都具备如下基本要素。

1. 决策者

决策者，即决策主体，可以是个体或群体。例如，某公司的总经理或董事会。

2. 决策目标

决策者对于决策问题所希望实现的目标，可以是单个目标，也可以是多个目标。决策目标应具有可行性和可检验性。例如，某公司制定的年度目标：加盟店数量增加 1 倍，同时销售利润增长 10%。

3. 行动方案

行动方案是实现决策目标所采取的具体措施和手段。行动方案的个数可以是有限多个，也可以是无限多个。在某些情况下，行动方案也可以用连续变量表示。例如，某公司为实现加盟店数量增加 1 倍的目标，拟通过如下措施形成具体的实施方案：给予已加盟店每新开店适当免除加盟费的优惠，提高加盟店推广专项广告预算，对公司员工开加盟店给予一定的资金支持等。

4. 自然状态

自然状态是指采取某种决策方案时客观存在的各种环境状态。自然状态可以是确定的、不确定的或随机的，可以是离散的，也可以是连续的。但是，无论何种自然状态都不会以决策者的意志为转移。例如，某公司在实施加盟计划时，竞争对手制定相似推广策略或未采取反制措施就是该公司面临的两种自然状态。

5. 条件结果

条件结果是指采取某种行动方案在不同自然状态下所出现的结果。条件结果值可以表示为收益值、损失值或效用值。条件结果值可以是离散的，也可以是连续的。例如，某公司通过加大广告宣传来扩充加盟店，在竞争对手未采取反制措施时，考察期末加盟店数量预计增长 100%，在竞争对手制定相似推广策略时，考察期末加盟店数量预计增长 30%。那么，这两个不同比例的加盟店增量就是该公司采取广告宣传行动在两种自然状态下的结果。

6. 决策信息

决策信息可以帮助决策者消除决策时面临的不确定性，从而有利于做出正确的判断与选择。信息的可靠性及内容直接影响决策的质量。例如，某公司情报人员已获取到竞争对手的品牌推广计划，这对决策者选择何种加盟措施以及是否需要修订决策目标具有重要的参考意义。

7. 决策准则

决策准则是为实现决策目标而选择行动方案所依据的价值标准和行为准则。一般来说，决策准则依赖于决策者的价值倾向和偏好态度。例如，某公司新上任的总经理比较激进，当面对如下两种提升品牌认知度的方案（①一年内扩充加盟店到1万家；②加大在传统媒介中的广告宣传力度）时，会更倾向于选择前者。

（二）基本原则

决策者要进行正确的决策，除了其自身具有的经验、智慧、才能等，还必须掌握决策分析的理论方法，遵循正确的决策原则，并根据问题的性质应用合理的决策程序。科学决策必须遵循的基本原则如下。

1. 信息充分原则

准确、完备的信息是决策的基础。决策信息包括决策问题全部构成要素的数据、结构、环境以及内在规律性。有价值的信息必须具有准确性、时效性和全面性。为决策收集的信息必须准确、全面地反映决策对象的内在规律与外部联系。

2. 系统性原则

许多决策问题都是一个复杂的系统工程，因此需要把决策对象看作一个系统，以系统的观点来分析它的内部结构、运行机理及其与外部环境的联系。坚持局部效果服从整体效果、次要利益服从主要利益、当前利益服从长远利益，谋求决策目标与内部条件及外部环境之间的动态平衡，使决策从整体上最优或令人满意。

3. 科学性原则

面对复杂的决策问题，仅凭经验和直觉无法解决，必须善于运用各学科的知识，尤其是运用运筹学、计算技术、概率统计等方面的知识，做出定量决策，以便提高决策的科学性。

4. 可行性原则

决策方案在现有主客观条件下必须是切实可行的，这样实施方案才能达到预期的效果。因此，决策时应充分考虑到人才、资金、设备、原料、技术等方面的限制，还应把国家与地区的方针、政策、法规和条例的要求作为社会经济系统的环境因素加以考虑，决策方案在技术、经济、社会等方面均应是可行的，这样的决策才具有现实意义。

5. 可反馈原则

由于影响决策的诸因素是复杂多变的，而决策时又往往难以预料到一切可能的变化情况，因此，在决策实施的过程中难免会出现一些意想不到的问题。为了不断地完善决策，始终保持决策目标的动态平衡，并最终真正地达到决策目标，就必须根据决策执行过程中反馈回来的信息对决策进行补充、修改和调整，必要时采取各种应变对策。如果不进行反馈控制，决策者就无法了解到执行过程中所遇到的各种难以预料的问题，不知道决策的实施结果与预先的要求已经发生了较大的偏差，这样一来，先前选择的最佳方案也无法获得预期效果。

（三）基本步骤

决策过程一般随着决策问题的性质、决策目标以及决策者的偏好的不同而不同。一般来说，科学的决策分析大致可以分为两个阶段六个步骤，如图14-1所示。两个阶段即决策分析和优选反馈阶段，六个步骤分别是识别问题、设计目标、制订方案、评价分析、优选方案、实施反馈。在决策过程中，第一阶段要充分掌握决策信息，利用运筹学、统计学、系统科学等现代数量分析技术，应用计算机、网络等现代信息技术，对可行方案进行评价分析。第二阶段要充分应用管理科学和行为科学的理论和方法，对方案的抉择、实施、反馈和修正，做出合理判断。因此，科学决策是客观信息与主观判断、经济数量方法、信息技术与管理科学相结合的逻辑推理结果。

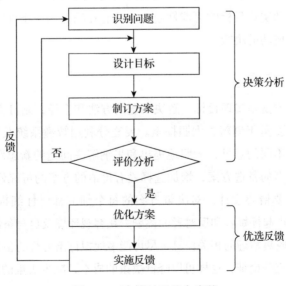

图 14-1 决策过程基本步骤

1. 识别问题

识别问题是解决问题的前提。通常情况下，识别决策问题有以下两种情形：一是在被动情况下出现问题，这是一种人们事先没有预料到而客观事物本身发展暴露出的迫使人们加以承认的问题；二是人们对显示状态主动检查，进而发现的与期望状态之间存在差距的问题。

发现问题后，需要准确而具体地界定问题的性质，问题出现的时间、地点，以及问题的范围和程度。准确地界定问题的性质是分析问题的前提，它可以避免漫无边际地对所有资料或情况的盲目寻求。但是，界定问题的性质只是为分析问题提供线索，并不能从根本上解决问题，因此需要进一步分析问题的原因，由表及里、去伪存真，在错综复杂的因素中抓住主要矛盾，才能提出解决问题的办法和方案。

2. 设计目标

决策目标是在一定的环境和条件下，决策系统所期望达到的结果，是决策分析过程中制订、评价和选择方案的基准。决策目标的确定在决策分析中至关重要，既是决策的出发点，也是决策的归宿点。

要正确地确定目标，通常应注意以下几点：

（1）目标的针对性。目标的针对性要求把握决策系统的本质属性和内在规律，针对决策问题的关键和要害提出目标。

（2）目标的准确性。目标设计要抓住关键和分清主次，目标表述要具体准确，符合各专业领域中的科学技术规范，数量指标要与现行统计口径一致。

（3）目标的约束性。确定目标时，必须同时规定它的约束条件，如各类资源条件，时间限制，制度、法律、政策的限制性规定等。约束条件说明得越清楚，决策的有效性和实现目标的可能性越大。只有在满足约束条件的情况下达到目标的决策才算真正成功的决策。

3. 制订方案

决策方案是实现目标、解决问题的方法和途径，制订方案要注意以下两点。

一是要勇于创新，大胆探索。要充分利用智囊系统及群众的力量，集思广益，善于倾听不同的意见，大胆地提出和采纳解决问题的新思路、新见解、新方法，拟订尽可能多的备选方案，增加选择最有价值的方案的可能性。

二是要精心设计，对决策方案的每个细节都要仔细推敲，反复核算，严格论证，要经得起怀疑者和反对者的挑剔。在客观环境及自身条件允许的情况下，根据决策目标及收集整理的相关信息，尽可能多地拟订出可行的备选方案，通过计算机仿真模拟进行充分论证，这样可以降低决策的成本，减少决策的时间，提高决策的效率。

4. 评价分析

评价分析就是根据决策目标和评价标准，应用科学方法和有效手段，对拟订的可行方案进行分析比较、筛选排序，从中挑选出2～3个较满意的方案，提供给决策者做最后抉择。

评价分析过程中，应当制定合理的评价准则和评价要素，根据可行方案的价值大小、费用高低及风险特性等要素分析评价，有时还要进行灵敏度分析。在条件允许的情况下，尽可能用计算机进行模拟比较分析。在评价分析过程中，根据分析结果，进一步提出修正方案，或综合几个方案的优点提出修正方案。

对于决策目标的不合理因素，经过反馈，需要做出适当修改，并据此进一步修订方案。"评价分析—反馈信息—修正目标—修订方案"，多次循环往复，直到各可行方案的优劣排序情况已经比较清楚时，评价分析步骤方能终止。

5. 优化方案

经过以上四个步骤，根据决策准则和评价标准，在各方案对比分析的基础上，全面权衡各方案的优劣、利弊、得失、好坏，最终由决策者确定选择最满意的可行方案。在这里，决策者或是企业和部门的领导人，或是企业和部门的领导集体。要求决策者具备较强的分析和判断能力、敏锐的洞察能力。决策方案最后优化抉择成功与否，在很大程度上取决于决策者的经验和水平。面对同样的决策问题、同样的机会和风险，不同的决策者可能做出不同的决策，其决策效果也是大相径庭的。

6. 实施反馈

客观事物的发展变化特性及人对客观事物认识的局限性决定了理论与实践总是存在差距，理论的可行与否最终要经受实践的检验，决策方案也是如此。要保证方案最终可行，必须将方案付诸实施，在实践中检验方案的真伪。在实施方案的过程中，要对方案的实施进行追踪控制，针对方案实施过程中出现的新情况、新问题，以及确定决策目标、拟订决策方案时未曾考虑到的因素，对决策方案进行反馈修正。如果主客观条件发生了重大变化，必须对决策目标和方案做出根本性修正时，就要进行追踪决策。对方案进行追踪控制并适时修正的目的是使决策分析过程接近实际，提高决策分析结果的科学性，增强决策方案的实用价值，以更好地指导人们的行动，避免错误决策造成不必要的组织混乱和经济上的重大损失。

（四）决策问题的分类

人们面临的决策问题可以从不同的角度进行划分。

1. 按决策的层次划分

决策问题可以分为战略决策、战役决策和战术决策。战略决策是关系到组织未来发展方向的全局性和长远性利益的重大决策问题，通常由组织的最高领导人做出，例如企业的投资方向、并购重组、公司选址等。战役决策是指为了实现既定战略的资源配置问题，例如企业的生产计划、营销计划、设施布局等。战术决策是指组织的日常业务活动中为提高工作效率的决策问题，例如企业的生产调度、营销方案、活动策划等。

2. 按涉足的领域划分

决策问题可以分为个人事务决策、公共政策决策、商业决策、军事决策等。

3. 按决策者的数量划分

决策问题可以分为个体决策和群体决策。个体决策是指由1个领导人直接决定的决策。决策的质量安全取决于领导个人的性格、胆识和经验。群体决策则是由2个及以上人员组成的集体共同做出的决策。群体决策可以集中群体智慧解决复杂的决策问题。在实践中，有时形式上是群体决策，但本质上是个体决策。

4. 按决策准则的数目划分

决策问题可以分为单准则决策和多准则决策。单准则决策是指只需要考虑一个优化目标的决策。多准则决策是指需要统筹考虑多个优化目标或多方面属性的决策。因此，多准则决策又可分为多目标决策和多属性决策。通常，多目标决策问题的解空间是连续的，多属性决策问题的解空间是离散的。例如，生产排程时既要求完工总时间最短又要求延迟交货的工件数最少，这就是多目标决策问题。选择供货商时要综合考虑供货商的产品质量、价格、资质等，这就是多属性决策问题。

5. 按决策过程的时序划分

决策问题可以分为单项决策和序贯决策。单项决策是指在某时间点上做出的针对某具体事项的决策，又称为静态决策。序贯决策是指一系列在时间上有先后顺序的决策，前一决策的结果将直接影响后一决策。因此，序贯决策又称为多阶段决策或动态决策。例如，采矿企业未进行试采直接挖矿属于单项决策。如果先进行试采，根据试采结果再决定是否深入挖掘，就属于序贯决策。

6. 按决策环境的信息划分

决策问题可以分为确定型决策、不确定型决策和风险型决策。

确定型决策是指问题的自然状态和条件结果完全被决策者所掌握的决策。在决策过程中，各种客观条件是确定的，针对每个确知的客观条件提出的每个备选方案只有一种结果，比较结果优劣即可做出最优的选择。例如，根据盈亏平衡条件决定不同产量规模下的最优生产策略：自产、购买还是外包？这类问题纯属优化问题，因此不在本书讨论。

不确定型决策是指问题的自然状态和条件结果具有偶然性，但这种偶然性无法被决策者所度量的决策。在决策过程中，各种客观条件是随机出现的，但其发生概率是未知的，决策者只能凭其主观倾向选择偏好的方案。例如，由于缺乏历史数据，企业无法估计新产品的销售前景，此种情境下的新产品产量就是一个不确定型决策问题。

风险型决策是指问题的自然状态和条件结果具有偶然性，但其发生规律已经被决策者所掌握的决策。在决策的过程中，各种客观条件是随机出现的但其发生概率是可测的，决策者选择任何一种方案都会面临一定的风险。例如，企业从咨询公司获取了新产品的市场销售前景估计信息，此种情景下的新产品产量就是一个风险型决策问题。

第二节 决策准则

一、不确定型决策

不确定型决策在实践中尤其是在应急过程中很常见。当遇到一些紧急事件时，往往只能了解事物有可能出现哪几种状态，但是由于时间紧迫或者相关历史记录严重匮乏，人们无法收集相关数据和分析各种状态发生的概率。

如果每种应对方案在不同状态下的结果是可测的或已知的，则决策矩阵如表 14-1 所示。其中 m 个应对方案 $a_1, a_2, \cdots, a_m$，在 n 个可能的自然状态 $\theta_1, \theta_2, \cdots, \theta_n$ 下，产生 $m \times n$ 个结果 $o_{ij} (i=1, 2, \cdots, m, \ j=1, 2, \cdots, n)$。

表 14-1 决策矩阵

结果\状态 方案	θ_1	$\cdots$	θ_j	$\cdots$	θ_n
a_1	o_{11}	$\cdots$	o_{1j}	$\cdots$	o_{1n}
$\vdots$	$\vdots$		$\vdots$		$\vdots$
a_i	o_{i1}	$\cdots$	o_{ij}	$\cdots$	o_{in}
$\vdots$	$\vdots$		$\vdots$		$\vdots$
a_m	o_{m1}	$\cdots$	o_{mj}	$\cdots$	o_{mn}

面对这种情况，决策者只能凭借自己的经验和偏好选择应对方案。这些具有主观性的选择方法可以归结为一系列决策准则：乐观决策准则、悲观决策准则、折中决策准则、后悔值决策准则和等概率决策准则等。

1. 乐观决策准则

乐观决策准则采取好中取好的乐观态度：在决策时首先考虑每一个备选方案的最好结果，再从这些最好结果中选出最好的那个方案（好中取好）。结果 o_{ij} 如果表示收益，则乐观决策准则下选择的方案应为 $i^* = \arg \max_{1 \leq i \leq m} \max_{1 \leq j \leq n} o_{ij}$；如果表示损失或成本，则乐观决策准则下选择的方案应为 $i^* = \arg\min_{1 \leqslant i \leqslant m} \min_{1 \leqslant j \leqslant n} o_{ij}$。

采取乐观准则的决策者具有绝对的乐观态度和冒险偏好，认为情况对自己总是最有利的。显然，这种方法只看重最大收益或最小损失，而忽略了其他有价值的信息。如果实际发生的状态劣于决策者的主观预期，决策者可能蒙受巨大损失。

2. 悲观决策准则

悲观决策准则的决策者对客观情况持悲观态度，认为不论选择哪个方案，都将面对最差的情况。所以，在决策时首先考虑每一个备选方案的最坏结果，再从这些最坏结果中选出最好的那个方案。o_{ij} 如果表示为收益，则决策结果为 $i^* = \arg\max_{1 \leqslant i \leqslant m} \min_{1 \leqslant j \leqslant n} o_{ij}$；如果表示损失或成本，则决策结果为 $i^* = \arg\min_{1 \leqslant i \leqslant m} \max_{1 \leqslant j \leqslant n} o_{ij}$。

显然，采用悲观准则的决策者处理问题时总是从最不利的情况出发，较多顾虑自身是否能承受决策失误带来的打击，属于保守策略，但非常稳妥。

3. 等概率决策准则

上述决策准则有一个共同的缺陷，就是只考虑了最好和最坏两种极端情况，未充分利用中间状态的信息。19 世纪著名的数学家拉普拉斯提出了等概率决策准则，即在各自然状态发生的概率不清楚的时候，只能认为各状态发生的概率相等：$p_j = \dfrac{1}{n}(j = 1, 2, \cdots, n)$。然后按相等的概率求出各方案的期望收益值或期望损失值：$\dfrac{1}{n}\sum_{j=1}^{n} o_{ij}(i = 1, 2, \cdots, m)$，而最优期望值对应的方案即为最佳方案。

等概率决策准则假设各自然状态出现的概率相等，由此将不确定型决策问题转化为风险型决策问题来处理。该准则全面考虑了其他情况下的信息，克服了其他不确定决策准则利用信息不充分的缺点，是一种相对合理的决策准则。

但是，这种决策准则也有其局限性。客观上，各种自然状态发生概率相等这种情况出现的可能性很小，按相等权重计算出的等概率期望值并不能准确反映行动方案的实际结果，由此得到的决策方案不甚可靠。要克服等概率决策准则的缺点，只有明确状态参数的概率分布，把不确定型决策问题切合实际地转化为相应的风险型决策问题。

除了上述几种决策准则外，常见的还有折中决策准则、后悔值决策准则等。采用不同的决策准则，得到的决策结果可能不同。

[例 14-1] 某汽车制造企业提出了三个生产线升级方案：a_1 引进国外先进生产线，a_2 新建一条生产线，a_3 扩建原有生产线。经调研，估计未来市场呈现 θ_1 高需求、θ_2 中需求和 θ_3 低需求 3 种情况，但是不同市场需求状态出现的概率难以测定。各方案在不同市场需求状态下的收益值如表 14-2 所示。请根据不确定型决策准则帮助该企业选择一个方案。

表 14-2　某汽车制造企业生产线升级决策表　　　　　　　（单位：万元）

状态 收益值 方案	θ_1	θ_2	θ_3
a_1	1 000	600	−200
a_2	750	450	50
a_3	500	300	80

如果使用乐观决策准则，那么方案 a_1 的最大收益为 $\max(1\,000, 600, -200) = 1\,000$，方案 a_2 的最大收益为 $\max(750, 450, 50) = 750$，方案 a_3 的最大收益为 $\max(500, 300, 80) = 500$。根据"好中取好"的原则，决策结果为方案 a_1，即引进国外先进生产线。

如果使用悲观决策准则，先求各方案的最小收益：$a_{1\min} = \min(1\,000, 600, -200) = -200$，$a_{2\min} = \min(750, 450, 50) = 50$，$a_{3\min} = \min(500, 300, 80) = 80$；然后取最小收益中的最大者：$\max(a_{1\min}, a_{2\min}, a_{3\min}) = 80$，因此选择方案 a_3，即扩建原有生产线。

如果按照拉普拉斯等概率准则，各方案等概率期望收益分别为：$\bar{a}_1 = \dfrac{1\,000 + 600 - 200}{3} = 466.67$，$\bar{a}_2 = \dfrac{750 + 450 + 50}{3} = 416.67$，$\bar{a}_{3\min} = \dfrac{500 + 300 + 80}{3} = 293.33$。显然，应选择方案 a_1。

二、风险型决策

风险型决策的主要特点是其自然状态的不确定性可以依据历史记录或过去的经验由决策者主观估计，称为先验概率，因此在决策准则中可以考虑使用先验概率信息。

1. 期望值准则

期望值准则又称为贝叶斯准则，是根据各方案的期望值 $\mu_i = \sum_{j=1}^{n} p_j o_{ij} (i = 1, 2, \cdots, m)$ 进行决策。如果条件结果是收益值，应选择期望值最大的方案 $i^* = \arg\max\limits_{1 \leqslant i \leqslant m} \mu_i$；如果条件结果是损失值，应选择期望值最小的方案 $i^* = \arg\min\limits_{1 \leqslant i \leqslant m} \mu_i$。

假设例 14-1 中，经专家先验估计得到各状态发生的概率如表 14-3 所示。

表 14-3　各状态发生的概率

状态 收益值 方案	θ_1 $p_1=0.1$	θ_2 $p_2=0.5$	θ_3 $p_3=0.4$
a_1	1 000	600	−200
a_2	750	450	50
a_3	500	300	80

则各方案的期望值如下：

$$\mu_1 = 0.1 \times 1\,000 + 0.5 \times 600 - 0.4 \times 200 = 320$$
$$\mu_2 = 0.1 \times 750 + 0.5 \times 450 + 0.4 \times 50 = 320$$
$$\mu_3 = 0.1 \times 500 + 0.5 \times 300 + 0.4 \times 80 = 232$$

显然，$\mu_1 = \mu_2 = 320 > 232 = \mu_3$。可见采用期望值准则下，方案 a_3 必然不是最优决策，但我们也无法区分剩余两种较好方案的优劣。

2. 期望-方差准则

由于自然状态的不确定，决策者无论选择何种方案都将面临风险，因此有必要考虑方案间风险的差异：在相同期望值的情况下，应选择风险较小的方案。方差是刻画风险的有效测度。期望-方差准则就是将期望和方差组合起来考虑。常用的评价函数如下：

$$\phi(\mu, \sigma) = \mu - \beta\sigma \tag{14-1}$$

$$\phi(\mu, \sigma) = \mu - \beta\sigma^2 \tag{14-2}$$

$$\phi(\mu, \sigma) = \mu - \beta(\mu^2 + \sigma^2) \tag{14-3}$$

式中，β 称为风险偏好系数。当 $\beta > 0$ 时，代表决策者是风险厌恶型的；当 $\beta < 0$ 时，代表决策者是风险偏好型的；当 $\beta = 0$ 时，代表决策者风险中性。对于收益型决策问题，$\phi(\mu, \sigma)$ 的值越大，对应的方案越好，对于损失型决策问题则相反。

如果采用期望-方差准则求解例 14-1，根据表 14-4 可知：当 $\beta = -0.1$ 时，决策者是风险偏好的，此时最佳备选是方案 a_1；当 $\beta = 0.1$ 时，决策者是风险厌恶的，此时最佳备选是方案 a_2。

表 14-4 按期望-方差准则求解实例

收益值 \ 状态 方案	θ_1 $p_1=0.1$	θ_2 $p_2=0.5$	θ_3 $p_3=0.4$	μ_i	σ_i^2	$\varphi(\mu,\sigma)=\mu-\beta*\sigma$ $\beta=-0.1$	$\beta=0.1$
a_1	1 000	600	-200	320	193 600	364	276
a_2	750	450	50	320	56 100	343.69	296.31
a_3	500	300	80	232	18 736	245.69	218.31

除了上述常见的较为简单直观的决策准则之外，还有概率优势准则、最大可能性准则等。有时候考虑决策者的心理偏好和行为等因素，还可能基于效用理论、行为决策等理论构建决策准则，不再赘述。

第三节 贝叶斯方法

处理风险型决策问题时，决策者需要估计各种自然状态出现的概率。这种估计是建立在历史数据或决策者经验基础上的一种无条件概率，称为先验概率。根据先验概率进行决策具有一定的风险，因为先验概率是以往的经验规律总结，不一定完全适用于当下或者未来的情况。为了尽量减少这种风险，需要较准确地掌握和估计这些先验概率。这就需要运用科学实验、调查、统计等方法获得准确的情报信息，来修正先验概率，得到后验概率，并据以确定各个方案的期望值，协助决策者做出准确的选择，这就是贝叶斯决策。

在详细论述贝叶斯决策之前，我们有必要先来复习概率论中的贝叶斯公式。

设有两个事件 A、B，$P(B) \neq 0$，则"给定 B 发生的条件下 A 发生的条件概率"记为 $P(A|B)$，定义为

$$P(A|B) = P(A \cap B)/P(B) \tag{14-4}$$

设 $B_1, B_2, \cdots$ 为有限或无限个事件，它们之间两两互斥且在每次试验中至少发生一个，即

$$B_i \cap B_j = \varnothing \text{（不可能事件）}, i \neq j$$

$$B_1 + B_2 + \cdots = \Omega \text{（必然事件）}$$

这组事件称为"完备事件群"，它把必然事件进行了划分。

考虑任一其他事件 A，有 $A = A\Omega = AB_1 + AB_2 + \cdots$，由于 $B_1, B_2, \cdots$ 两两互斥，因此 $AB_1, AB_2, \cdots$ 也两两互斥，根据加法定理，有

$$P(A) = P(AB_1) + P(AB_2) + \cdots \tag{14-5}$$

根据条件概率定义，式（14-5）可以写成

$$P(A) = P(A|B_1)P(B_1) + P(AB_2)P(B_2) + \cdots \tag{14-6}$$

式（14-6）称为"全概率公式"。

依据全概率公式，给定事件 A 发生的条件下，事件 B_i 发生的条件概率为

$$P(B_i|A) = \frac{P(A \cap B_i)}{P(A)} = \frac{P(B_i|A)P(A)}{\sum_j P(A|B_j)P(B_j)} \tag{14-7}$$

式（14-7）称为贝叶斯公式。

一般地，对于离散型随机变量 $\theta = \{\theta_i | i = 1, 2, \cdots, m\}$，$X = \{x_j | j = 1, 2, \cdots, n\}$，贝叶斯公式可以表示为

$$p(\theta_i | x_j) = \frac{p(x_j | \theta_i)p(\theta_i)}{\sum_k p(x_j | \theta_k)p(\theta_k)} \tag{14-8}$$

贝叶斯决策中，$p(\theta_i | x_j)$ 称为后验概率，$p(\theta_i)$ 称为先验概率，$p(x_j | \theta_k)$ 称为似然率。

对于连续型随机变量来说，记先验密度函数为 $\pi(\theta)$，后验密度函数为 $\pi(\theta|x)$，似然函数为 $h(x|\theta)$，Θ 为 θ 取值范围，则贝叶斯公式可以表示为

$$\pi(\theta|x) = \frac{h(x|\theta)\pi(\theta)}{\int_\Theta h(x|\theta)\pi(\theta)\mathrm{d}\theta} \tag{14-9}$$

值得注意的是，$\int_\Theta h(x|\theta)\pi(\theta)\mathrm{d}\theta$ 是一个与 θ 无关而仅与 x 有关的密度函数，称

为 x 的边缘分布密度函数，用 $m(x)$ 表示，所以式（14-9）可以表示为

$$\pi(\theta|x) = \frac{h(x|\theta)\pi(\theta)}{m(x)} \qquad (14\text{-}10)$$

为了做出更好的决策，决策者需要掌握有关未来状态 $\Theta = \{\theta\}$ 的更多信息，通常通过某种"试验"行为去推测未来状态，比如购买某些智库的资料、邀请某些专家进行分析、做一些试验、观察某个信号出现等。当这些新信息出来（它们是随机出现的，用 $X = x$ 表示）之后，决策者会修正自己对未来状态发生可能性的认知，从而采取更佳行动。决策者对未来状态概率分布的认知称为决策者"信念"，它会随着新信息的到来而发生改变。

在决策分析中，我们假定理性决策者的信念更新应符合贝叶斯过程，即决策者获得新信息之后，其新的信念（表示为后验概率分布）应在其先验分布和似然分布的基础上通过贝叶斯公式得到。

我们用一个掷硬币的例子来说明这种贝叶斯信念更新过程。

[例 14-2] 现有一枚硬币，投掷后朝上一面会出现图（用数字 1 表示）或字（用数字 0 表示），现不知道硬币是否有作假，需要依据每一次投掷结果判断下一次出现图的概率。

解：（1）没有开始投掷（先验情况）。

用随机变量 X 表示投掷出现的结果，设 $p(X=1) = \theta$，则 $p(X=0) = 1-\theta$，θ 是一个反映了投掷结果概率分布的参数，$\theta \in [0,1]$，由于刚开始没有任何的信息，因此可以合理地假设 θ 服从 0 到 1 上的均匀分布，其密度函数，即先验概率密度为 $\pi(\theta) = f(\theta) = 1$，下一次投掷出现图的概率为 $p(d_1 = 1)$，计算如下

$$\begin{aligned} p(d_1 = 1) &= \int_\Theta p(d_1 = 1, \theta)\mathrm{d}\theta = \int_\Theta p(d_1 = 1|\theta)\pi(\theta)\mathrm{d}\theta \\ &= \int_0^1 \theta\,\pi(\theta)\mathrm{d}\theta = \int_0^1 \theta \cdot 1 \mathrm{d}\theta = \frac{\theta^2}{2}\Big|_0^1 = \frac{1}{2} \end{aligned} \qquad (14\text{-}11)$$

此概率即 θ 的期望值。

式（14-11）表明，当没有额外信息时，决策者对未来投掷朝上一面出现（图，字）的可能性信念为 $\left(\dfrac{1}{2}, \dfrac{1}{2}\right)$。

（2）第一次投掷出现图朝上。

每一次投掷（这可以看成一次试验）后都将获得一个结果，该结果表示了一个新信息（数据）的到来，决策者通过观察该新信息改变了自己对投掷结果概率分布的认知，即更新自己的信念为 $p(d_2 = 1)$，计算如下

$$p(d_2 = 1) = \int_\Theta p(d_2 = 1|\theta)\,\pi(\theta)\mathrm{d}\theta = \int_\Theta \theta\,\pi(\theta)\mathrm{d}\theta = \mathrm{E}(\theta) \qquad (14\text{-}12)$$

需要注意的是决策者对参数 θ 的分布判断发生改变。

依照定义，投掷出现图朝上的概率是 θ，即 $p(d_1 = 1|\theta) = \theta$，则根据贝叶斯公式有

$$f(\theta|d_1=1) = \frac{p(d_1=1|\theta) \cdot f(\theta)}{\int_0^1 p(d_1=1|\theta) \cdot f(\theta)\mathrm{d}\theta} = \frac{\theta \cdot 1}{\int_0^1 \theta \mathrm{d}\theta} = \frac{\theta}{\frac{\theta^2}{2}|_0^1} = 2\theta \qquad (14\text{-}13)$$

即第一次投掷图朝上之后，决策者对参数 θ 分布密度的判断 $\pi(\theta)$ 从 1 改变为 2θ，此时预测下一次投掷时图朝上的概率为

$$p(d_2=1) = \int_\Theta \theta \pi(\theta)\mathrm{d}\theta = \int_0^1 \theta \cdot 2\theta \mathrm{d}\theta = \frac{2\theta^3}{3}|_0^1 = \frac{2}{3} \qquad (14\text{-}14)$$

决策者对未来投掷朝上一面出现（图，字）的可能性信念变为 $\left(\frac{2}{3}, \frac{1}{3}\right)$。

值得注意的是，决策者根据到达的新信息更新自己判断，得到的后验概率分布，就是本次预测的先验概率分布，而上一次预测值 $p(d_1=1)$ 即本次更新过程中 $d_1=1$ 的边缘分布。

（3）第二次投掷，依然是图朝上。

决策者通过第二次投掷又获得了一个新信息（数据），他将据此再一次更新自己对未来状态的信念，即变为了 $p(d_3=1)$。

因为第一次投掷之后，决策者对参数 θ 的分布判断已变为 $\pi(\theta) = f(\theta) = 2\theta$，它就成为第二次投掷时的先验分布，所以，当第二次投掷出现图朝上后，决策者对参数 θ 的判断变为

$$f(\theta|d_2=1) = \frac{p(d_2=1|\theta) \cdot f(\theta)}{\int_0^1 p(d_2=1|\theta) \cdot f(\theta)\mathrm{d}\theta} = \frac{\theta \cdot 2\theta}{\int_0^1 \theta \cdot 2\theta \mathrm{d}\theta} = \frac{2\theta^2}{\frac{2\theta^3}{3}|_0^1} = 3\theta^2 \qquad (14\text{-}15)$$

所以，预测下一次投掷图朝上的概率为

$$p(d_3=1) = \mathrm{E}(\theta) = \int_0^1 \theta \pi(\theta)\mathrm{d}\theta = \int_0^1 \theta f(\theta|d_2=1)\mathrm{d}\theta$$
$$= \int_0^1 \theta \cdot 3\theta^2 \mathrm{d}\theta = \frac{3\theta^4}{4}|_0^1 = \frac{3}{4} \qquad (14\text{-}16)$$

决策者对未来投掷朝上一面出现（图，字）的可能性信念变为 $\left(\frac{3}{4}, \frac{1}{4}\right)$。

（4）第三次投掷，字朝上。

决策者通过第三次投掷又获得一个新信息（数据），他将据此再一次更新自己对未来状态的信念，即变为了 $p(d_4=1)$。

同理，决策者对参数 θ 的分布判断已变为 $\pi(\theta) = f(\theta) = 3\theta^2$，依照定义，投掷出现字朝上的概率是 $1-\theta$，即 $p(d_3=0|\theta) = 1-\theta$，则根据贝叶斯公式，当第三次投掷出现字朝上后，决策者对参数 θ 的判断变为

$$f(\theta|d_3=0) = \frac{p(d_3=0|\theta) \cdot f(\theta)}{\int_0^1 p(d_3=0|\theta) \cdot f(\theta)\mathrm{d}\theta} = \frac{(1-\theta) \cdot 3\theta^2}{\int_0^1 (1-\theta) \cdot 3\theta^2 \mathrm{d}\theta} = 12(\theta^2 - \theta^3) \qquad (14\text{-}17)$$

此时预测下一次投掷时图朝上的概率为

$$p(d_4=1) = \mathrm{E}(\theta) = \int_0^1 \theta\, \pi(\theta)\mathrm{d}\theta$$
$$= \int_0^1 \theta f(\theta|d_3=0)\mathrm{d}\theta = \int_0^1 \theta \cdot 12(\theta^2 - \theta^3)\mathrm{d}\theta = \frac{3}{5} \qquad (14\text{-}18)$$

决策者对未来投掷朝上一面出现（图，字）的可能性信念变为 $\left(\dfrac{3}{5}, \dfrac{2}{5}\right)$。

在这个贝叶斯信念更新过程中，开始时决策者对参数 θ 的分布没有什么知识和信息，所以先假定 θ 服从均匀分布，这个是在没有经过试验前得到的，所以称为先验分布，但经过投掷（可以看成一次试验）后，决策者观察到了投掷结果，从而有了新信息，该信息揭示了试验结果 X 和 θ 之间的相关关系，即给定 X 下 θ 的概率分布，称为后验概率。

从上述计算过程中我们可以看出，随着投掷结果中图朝上的次数增加，决策者预测下一次出现图朝上的概率增加了，但一旦出现了反向结果，决策者对下一次投掷结果为图朝上的信念就降低了，这意味着投掷结果信息影响决策者对未来状态的判断：当支持的证据增加时，决策者更加确信自己的判断；当反对的证据增加时，决策者将弱化自己的判断。

未来自然状态集合为 $\Theta = \{\theta\}$，其先验分布为 $\pi(\theta)$，为准确地估计自然状态 Θ，需要通过试验获取与 Θ 相关的另一随机变量 X 的值 x，后验概率分布 $\pi(\theta|X)$ 包含了预示未来自然状态的信息，有利于决策者做出更好的决策。

行动的集合为 $A = \{a\}$，也称为行动空间。当采取行动 a 同时又出现状态 θ 时，决策者面临后果的效用为 $u(a(\theta))$。由于历史的原因，贝叶斯决策习惯用损失函数 $L(\theta, a)$ 表示效用函数 $u(a(\theta))$，这其实是一样的，可以设 $L(\theta, a) = -u(a(\theta))$，也可以根据基数效用在正线形变换下的唯一性，使用如下变换使得损失函数非负：

$$L(\theta, a) = \max_{a \in A} \max_{\theta \in \Theta} u(a(\theta)) - u(a(\theta)) \tag{14-19}$$

当决策者获取了新信息 x 后，需要根据观察值 x 和某种决策规则（也称为策略）δ 去选择恰当的行动 a，即 $a = \delta(x)$。策略 δ 实质是从 X 的样本空间到行动空间 A 的映射，是一个函数，所有可能的策略构成策略空间 Δ，决策者需要利用某种决策准则从策略空间 Δ 中选择最优策略。

我们要对决策结果的优劣给出一个度量。由于存在不确定性，不能根据某一两个状态下结果的优劣来考虑整个结果的优劣，应根据行动在整个可能状态空间中的表现来进行度量。我们给出如下几个定义。

（1）风险函数。当真实状态为 θ，决策者采取策略 δ 的期望损失，称为风险函数，记为 $R(\theta, \delta)$，即

$$R(\theta, \delta) = \begin{cases} \mathrm{E}_\theta^X[L(\theta, \delta(x))] = \int_{x \in X} L(\theta, \delta(x)) f(x|\theta) \mathrm{d}x, & \text{连续型} \\ \sum_{x \in X} L(\theta, \delta(x)) p(x|\theta), & \text{离散型} \end{cases} \tag{14-20}$$

式中，E 的上角标指的是取随机变量 X 的期望值，下角标 θ 指的是取数学期望时参数的取值。

风险函数 $R(\theta, \delta)$ 是针对某个具体未来状态来说的，对于所有状态空间来说，我

们定义一个贝叶斯风险的度量。

（2）贝叶斯风险。当自然状态的先验概率为 $\pi(\theta)$，决策者采用策略 δ 时，风险函数 $R(\theta,\delta)$ 关于自然状态 θ 的期望值，即

$$r(\pi,\delta) = \mathrm{E}^{\pi}[R(\theta,\delta)] = \mathrm{E}^{\pi}[\mathrm{E}_{\theta}^{X}L(\theta,\delta)]$$

$$= \begin{cases} \int_{\theta\in\Theta}\int_{x\in X}L(\theta,\delta(x))f(x|\theta)\mathrm{d}x \cdot \pi(\theta)\mathrm{d}\theta, \text{连续型} \\ \sum_{\theta\in\Theta}\sum_{x\in X}L(\theta,\delta(x))p(x|\theta)\pi(\theta), \text{离散型} \end{cases} \quad (14\text{-}21)$$

式中，E 的上角标 π 表示是依据状态 θ 的先验分布取期望值。

显然，由于任何一个策略 δ 都会带来风险，因此具有最小贝叶斯风险的策略就可以看成一个最优策略。

（3）贝叶斯规则（贝叶斯策略）。决策者应选择具有最小贝叶斯风险的策略，即

$$r(\pi,\delta^{\pi}) = \min_{\delta\in\Delta}\{r(\pi,\delta)\} \quad (14\text{-}22)$$

δ^{π} 就是贝叶斯决策规则下的最优策略。

注意最优策略不是最优行动，而是从试验结果到行动空间的一个最优映射（函数或规则）。

从式（14-22）得到最优策略的过程称为正规型贝叶斯决策分析。这种正规型求解计算量很大：当行动有 m 种，状态有 n 种时，策略空间的元素会有 m^n 个，这是一个随行动和状态数量增加而急剧增加的数字。

由于实际绝大部分情形中自然状态概率分布、似然函数和损失函数仅存在有限值，根据 Fubini 定理（积分面积为矩形，积分次序可换），正规型贝叶斯风险的计算可写成

$$r(\pi,\delta) = \int_{\theta\in\Theta}\int_{x\in X}L(\theta,\delta(x))f(x|\theta)\mathrm{d}x \cdot \pi(\theta)\mathrm{d}\theta$$

$$= \int_{x\in X}\left\{\int_{\theta\in\Theta}L(\theta,\delta(x))f(x|\theta)\pi(\theta)\mathrm{d}\theta\right\}\mathrm{d}x \quad (14\text{-}23)$$

为使上式最小，应当对每个 $x\in X$，选择一个 δ，使式（14-23）中大括号的积分值最小即可。由于 x 的边缘分布 $m(x)$ 大于零且与 θ 无关，式（14-23）大括号内积分除以 $m(x)$ 不会影响 $r(\pi,\delta)$ 取极小值的解，所以仅需使得下式取极小值即可满足式（14-22）

$$\int_{\theta\in\Theta}L(\theta,\delta(x))\pi(\theta|x)\mathrm{d}\theta \quad (14\text{-}24)$$

由于 $\delta(x) = a$，若对每一个给定的 x，选择一个 a，使得上式最小，则可以使得贝叶斯风险 $r(\pi,\delta)$ 最小，这样就可以找出最优策略 δ^{π}，这种分析称为扩展型贝叶斯分析。

当 x 和 θ 为离散型随机变量时，式（14-20）即为

$$\sum_{\theta\in\Theta}L(\theta,\delta(x))p(\theta|x) \quad (14\text{-}25)$$

它实际上是 $\delta(x) = a$，即试验结果为 x 时采用行动 a 的后验期望损失。

[例14-3] 某公司拥有一块可能有石油的土地,该公司可以自己钻井开采,也可以出租给其他公司开采。若出租土地,有两种形式:①无条件出租,租金45万元;②有条件出租,租金依产量而定,如果产量在20万桶及以上,每桶提成5元,如果产量不足20万桶不收租金。油价为15元/每桶,钻井费用为75万元,有油开采时需要另加采油设备费25万元。土地含油状态及其先验概率如表14-5所示。

表14-5 土地状态及其先验概率

产油量	50万桶	20万桶	5万桶	无油
Θ	θ_1	θ_2	θ_3	θ_4
$\pi(\Theta)$	0.1	0.15	0.25	0.5

土地含油状况 θ_i 与其地质构造类型 x_j 有关,通过地质勘探可以了解其地质构造类型,勘探费用为12万元,根据历史经验,似然概率分布如表14-6所示。

表14-6 地质勘探似然概率分布

$p(x_j|\theta_i)$	x_1	x_2	x_3	x_4
θ_1	7/12	1/3	1/12	0
θ_2	9/16	3/16	1/8	1/8
θ_3	11/24	1/6	1/4	1/8
θ_4	3/16	11/48	13/48	5/16

假设决策者风险中性,求:

(1)没有进行地质勘探时,依照贝叶斯决策规则,决策者应如何决策?
(2)计算勘探后土地含油状况的后验概率分布。
(3)进行勘探后,依据扩展型贝叶斯分析,决策者应如何决策?
(4)简述正规型贝叶斯分析的思路。

解:将决策人自己钻井的行动记作 a_1,无条件出租记作 a_2,有条件出租记作 a_3。因为决策者风险中性,所以可以用损益的货币值表示其效用值。令损失函数为效用函数的负值,则损失函数 $L(\theta, a)$ 如下表所示。

$L(\theta, a)$	θ_1	θ_2	θ_3	θ_4
a_1	−650	−200	25	75
a_2	−45	−45	−45	−45
a_3	−250	−100	0	0

(1)当没有进行地质勘探时,决策者没有抽样信息,仅依据先验信息进行决策,此时

$$r(\pi, \delta) = r(\pi, a_i) = \sum_{j=1}^{4} L(\theta_j, a_i),\ 所以$$

$$r(\pi, a_1) = \sum_{j=1}^{4} L(\theta_j, a_1)\pi(\theta_j) = -650 \times 0.1 - 200 \times 0.15 + 25 \times 0.25 + 75 \times 0.5 = -51.25$$

同理，

$$r(\pi, a_2) = \sum_{j=1}^{4} L(\theta_j, a_2) \pi(\theta_j) = -45$$

$$r(\pi, a_3) = \sum_{j=1}^{4} L(\theta_j, a_3) \pi(\theta_j) = -40$$

贝叶斯风险最小者是最优策略，所以 $\delta^\pi = a_1$，决策者应自己钻井，获得期望损失为 -51.25。

（2）依据贝叶斯公式 $\pi(\theta_j | x_i) = \dfrac{p(x_i | \theta_j) p(\theta_j)}{\sum_k p(x_i | \theta_k) p(\theta_k)}$，求得后验概率分布如下表所示。

$p(\theta_j|x_i)$	x_1	x_2	x_3	x_4
θ_1	0.166	0.129	0.039	0
θ_2	0.240	0.108	0.087	0.107
θ_3	0.327	0.241	0.146	0.238
θ_4	0.267	0.522	0.728	0.655

（3）依据扩展型贝叶斯分析，决策者应选择贝叶斯风险最小的策略，即选择使得 $\sum_{\theta \in \Theta} L(\theta, \delta(x)) \pi(\theta | x)$ 取极小值的策略。

记 q_i 为行动 a_i 的后验期望损失，即 $q_i = \sum_{j=1}^{4} L(\theta_j, a_i) \pi(\theta_j | x_i)$

（a）当勘探结果为 x_1 时，

$$q_1 = -650 \times 0.166 - 200 \times 0.24 + 25 \times 0.327 + 75 \times 0.267 + 12 = -115.7$$
$$q_2 = -45 + 12 = -33$$
$$q_3 = -250 \times 0.166 - 100 \times 0.24 + 0 \times 0.327 + 0 \times 0.267 + 12 = -53.5$$

由于 q_1 最小，所以选择行动 a_1。

（b）当勘探结果为 x_2 时，$q_1 = -48.275$，$q_2 = -33$，$q_3 = -31.05$，由于 q_1 最小，所以选择行动 a_1。

（c）当勘探结果为 x_3 时，$q_1 = -27.5$，$q_2 = -33$，$q_3 = -6.45$，由于 q_2 最小，所以选择行动 a_2。

（d）当勘探结果为 x_4 时，$q_1 = 45.675$，$q_2 = -33$，$q_3 = 1.3$，由于 q_2 最小，所以选择行动 a_2。

决策者的策略是：当勘探结果出现 x_1 或 x_2 时，选择行动 a_1，即自行开采；当勘探结果是 x_3 或 x_4 时，选择行动 a_2，即无条件出租。

因为 x 的边缘分布 $m(x_i) = \sum_k p(x_i | \theta_k) p(\theta_k)$，所以可知，$m(x_1) = 0.351$，$m(x_2) = 0.259$，$m(x_3) = 0.215$，$m(x_4) = 0.175$，采用以上最优策略获得的期望损失为

$$-115.7 \times 0.351 - 48.275 \times 0.259 - 33 \times 0.215 - 33 \times 0.175 = -65.984 (万元)$$

（4）对于非随机策略来说，针对每一个勘探结果 x_i，都可以找一个行动与之对应，勘探结果有四种情况，而行动有三种，故一共可以有 $3 \times 3 \times 3 \times 3 = 81$ 种策略，如下表所示。

	x_1	x_2	x_3	x_4
δ_1	a_1	a_1	a_1	a_1
δ_2	a_1	a_1	a_1	a_2
δ_3	a_1	a_1	a_1	a_3
$\vdots$	$\vdots$	$\vdots$	$\vdots$	$\vdots$
δ_{81}	a_3	a_3	a_3	a_3

按照正规型贝叶斯分析要求，需要利用式（14-21）计算每一个策略的贝叶斯风险，最终选择具有最小贝叶斯风险的策略作为最优策略。

信息可以提高决策的效果，因此是有价值的。上例中，在仅依赖先验信息的情况下，决策者选择自行开采，获得 –51.25 万元的期望损失，而在实施勘探后，依据勘探结果采用最优策略可获得的期望损失是 –65.984 – 12 = –77.984（万元），远远小于仅依赖先验信息决策获得的期望损失。

这其中的 12 万元是勘探的费用，可以看成为获得勘探结果这个信息而花费的代价。需要注意的是，77.984 – 51.25 = 26.734（万元）是接受勘探的最高价格，如果勘探费用超过这个数值，则决策者总体的收益反而降低了。

我们试定义采样信息的期望价值（expected value of sampling information，EVSI）。在正常情况下，决策者依据先验信息进行决策产生一个期望损失，而获得新信息后，决策者可以依据后验概率进行决策，获得的是一个最小的贝叶斯风险值，二者的差值就是采样信息的期望价值，即

$$\text{EVSI} = \min_{a \in A} \text{E}^\pi[L(\theta, a)] - \min_{\delta \in \Delta} \text{E}^\pi[\text{E}^X_\theta L(\theta, \delta(x))] \qquad (14\text{-}26)$$

对于一个给定的信息，它的最大价值就是 EVSI。上例中，26.734 万元就是勘探信息的 EVSI。

以上的信息还是有瑕疵的，它无法确定地告诉决策者将来会发生什么。我们可假设存在一种"完全"的信息，它一旦出现，就能够确定地指出未来发生的准确情况，因而决策者可以有针对性地选择最优（最小损失或最大收益）的行动，但这个信息的出现也是随机性的，其分布为先验分布，此时决策者获得的期望损失为 $\text{E}^\pi[\min_{a \in A} L(\theta, a)]$。上例中，在拥有完全信息的情况下，决策者可以做出如下选择：指示 θ_1 或 θ_2 出现时，选择 a_1；指示 θ_3 或 θ_4 出现时，选择 a_2，如表 14-7 所示。

表 14-7 拥有完全信息下的选择

	θ_1	θ_2	θ_3	θ_4
$\pi(\Theta)$	0.1	0.15	0.25	0.5
a_1	–650	–200	25	75
a_2	–45	–45	–45	–45
a_3	–250	–100	0	0

此时，决策者的期望损失为

$$-650\times 0.1 - 200\times 0.15 - 45\times 0.25 - 45\times 0.5 = -128.75（万元）$$

我们试定义完全信息的期望价值（expected value of perfect information，EVPI）。EVPI 是决策者根据完全信息决策获得的期望损失与行动集中最小期望损失的差值，即

$$\text{EVPI} = \min_{a\in A} \text{E}^{\pi}[L(\theta,a)] - \text{E}^{\pi}[\min_{a\in A} L(\theta,a)] \qquad (14\text{-}27)$$

从而，可算得上例中 EVPI = -51.25 + 128.75 = 77.5（万元）。EVPI 是特定决策问题中任何信息的价值的上限。

第四节 决策树

除贝叶斯决策外，决策树也是做风险型决策时常用的方法。

决策树又称决策图，是将方案中的一连串因素，按照它们之间的相互关系用树枝结构图表示出来，使得整个决策分析过程直观易懂。决策树可以分为单阶段决策树和多阶段决策树。单阶段决策树是指决策问题只需要进行一次决策活动，便可以选出理想的方案。所以，单阶段决策树只有一个决策点，如图 14-2 所示。如果需要决策的问题比较复杂，需要通过一系列相互联系的决策才能选出最满意的方案，这种决策就称为多阶段决策，如图 14-3 所示。

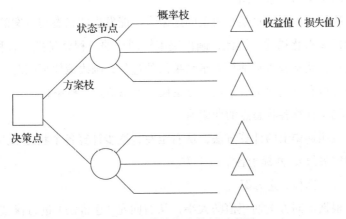

图 14-2 单阶段决策树示意图

一个完整的决策树应包含如下元素。

（1）决策点：用符号"□"表示。决策点一般位于决策树的最左端，即决策树的起始位置，但如果所做的决策属于多阶段决策，则决策树图形的中间可以有多个决策点方框，以决策树"根"部的决策点为最终决策方案。

（2）方案枝：从决策点上引出的分支为方案枝。每一个方案枝表示一个可供选择的行动方案（策略），枝数的多少反映的是可供选择的行动方案数。

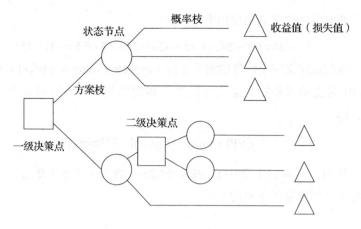

图 14-3 多阶段决策树示意图

（3）状态节点：一般用符号"○"表示。状态节点是决策分支的终点，也是表示一个备选方案可能遇到的自然状态的起点。

（4）概率枝：从状态节点上引出的分支称为概率枝（状态枝），每一分支表示在某种概率下可能发生的某种自然状态。

（5）结果点：画在概率枝末端的一个三角节点。在结果点处列出不同方案在不同的自然状态及其概率条件下的收益值或损失值。

绘制一幅完整的决策树需要经过如下步骤。

（1）画出决策树图形。

决策树图形是对某个决策问题未来可能发生的状态与方案的可能结果所做出的预测的图形化描述。因此，画出决策树图形的过程就是拟订各种可行方案的过程，也是进行状态分析和估算方案结果值的过程，画决策树形图时，应按照图的结构规范由左至右分别画出决策点、方案枝、状态节点、概率枝。

（2）计算各状态点的期望值。

按照期望值的计算方法，从右至左，逐步计算各个状态节点的期望收益值（或期望损失值），并标于各节点上方。

（3）修枝、选方案。

根据不同方案期望值的大小，从右向左（逆推法）进行修枝选优。舍去期望收益值小的方案，保留期望收益值最大的方案，对落选的方案进行"剪枝"，即在效益差的方案枝上画上符号"∥"，表示这些枝条（方案）剪掉不用，最后便可得出最满意方案。在较为复杂的决策问题中，此步骤与步骤（2）交叉进行。

[例 14-4] 某公司为满足市场需求，有两种生产方案可供选择，而面临的市场状态有畅销和滞销两种情况。畅销的可能性为 0.7，滞销的可能性为 0.3。两种生产方案的经济效益如表 14-8 所示。请使用决策树分析法选择方案。

解：根据问题绘制决策树如下：

表 14-8 收益情况表（单位：万元）

方案 \ 状态 收益值	θ_1 $p_1=0.7$	θ_2 $p_2=0.3$
a_1	100	-20
a_2	40	10

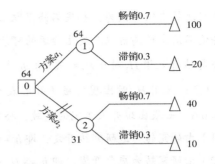

通过计算得到，对应方案 a_1 的节点①处的期望值是 $\mu_1 = 0.7 \times 100 + 0.3 \times (-20) = 64$（万元）。对应方案 a_2 的节点②处的期望值是 $\mu_2 = 0.7 \times 40 + 0.3 \times 10 = 31$（万元）。前者大于后者，因此剪掉下面的分支，保留上面的分支。因为只需要1次决策，所以，应选择方案 a_1。

[例 14-5] 20 世纪 70 年代初，美国太平洋石油公司为应对国际能源危机，考虑在本土明尼达州和相邻的加拿大国土上开采油母页岩提取石油。从当时的世界政治经济形势来看，石油输出国组织（OPEC）可能发生禁运。世界石油市场面临如下四种前景：

（1）价格下降，即低于现价（简称低价：B_1）；
（2）维持不变，即等于现价（简称等价：B_2）；
（3）价格上涨，即高于现价（简称高价：B_3）；
（4）出现禁运，油价猛涨（简称禁运：B_4）。

太平洋石油公司通过周密的市场调查研究后，预测出在不出现禁运的条件下，B_1、B_2、B_3 三种价格状态的出现概率分别为

$$p(B_1|\overline{B_4}) = 0.2, \quad p(B_2|\overline{B_4}) = 0.3, \quad p(B_3|\overline{B_4}) = 0.5$$

同时估计在最近5年内出现禁运的概率 $p(B_4) = 0.3$，不出现禁运的概率 $p(\overline{B_4}) = 0.7$。

针对近5年内这四种可能出现的价格状态，公司提出如下三种策略。

H_1：研究方案。集中精力对油母页岩的炼油工艺进行改革，提高出油率，降低成本，但会暂时赚不到钱。

H_2：边研究边开发，实行研究和现有工艺开发相结合。由于按现有工艺开发，成本高且会有亏损，但因规模不大，因而损失也不大。一旦出现禁运，本地石油需求激增时，公司将处于有利地位。

H_3：应急开发。孤注一掷，迅速按现有工艺大规模开采。在低价状态和现价状态下，会出现大面积亏损，但若出现禁运，将有极高的收益。

针对每一个方案策略，在对应价格状态下，估计出它们的损益值，如表 14-9 所示。

表 14-9 石油开发决策表 （单位：百万美元）

方案 \ 损益 状态概率	B_1 $p_1=0.14$	B_2 $p_2=0.21$	B_3 $p_3=0.35$	B_4 $p_4=0.3$	损益期望值
H_1	-100	0	50	80	27.5
H_2	-150	-30	100	150	52.7
H_3	-500	-200	0	500	38

公司决策者同时认为，如果石油提取工艺取得重大突破，则石油开采成本将大大下降，这样会使石油出现高价以及发生禁运的可能性均降低，因而会面临新一轮的决策。

公司估计采用 H_1 时出现突破（用 h_1 表示）的概率为 $p(h_1)=0.7$，不出现突破的概率为 $p(\overline{h_1})=0.3$；采用 H_2 时出现突破（用 h_2 表示）的概率为 $p(h_2)=0.4$，不出现突破的概率为 $p(\overline{h_2})=0.6$。如果出现开采工艺的突破，公司面临的新的策略选择是

（1）由研究转为边研究边开发，即 $h_1 \to H_2$；

（2）由研究转为应急开发，即 $h_1 \to H_3$；

（3）边研究边继续开发下去，即 $h_2 \to H_2$；

（4）由边研究边开发转为应急开发，即 $h_2 \to H_3$。

以上四种策略所面临的四种状态的概率估计分别为

$$p(B_1)=0.1,\ p(B_2)=0.3,\ p(B_3)=0.4,\ p(B_4)=0.2$$

并估计出对应的损益表如表 14-10 所示。

表 14-10 突破决策损益表　　　　　　　　（单位：百万美元）

方案 \ 状态概率 \ 损益	B_1 $p_1=0.1$	B_2 $p_2=0.3$	B_3 $p_3=0.4$	B_4 $p_4=0.2$	损益期望值
$h_1 \to H_2$	-80	10	100	130	61
$h_1 \to H_3$	-150	-50	200	300	110
$h_2 \to H_2$	-50	60	150	250	123
$h_2 \to H_3$	-120	100	250	400	198

试用两阶段决策树进行分析。

解：根据题意可绘出多阶段决策树如下图所示。

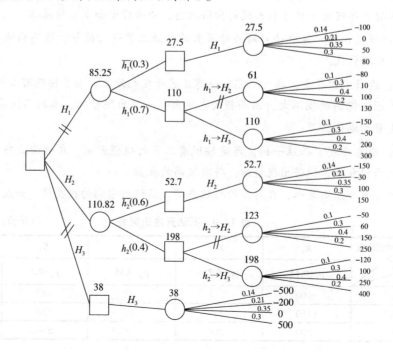

由决策树分析可知，在第一阶段决策中太平洋石油公司应选策略 H_2，即边研究边开发，在第二阶段决策中，如果研制成功，则转变为应急开发，如果研制不成功，则需要边研究边开发。

决策树简单直观，容易帮助决策者进行快速决策。但是，决策树只能绘制有限分支，即决策树只能用于分析有限自然状态下的决策问题，对于拥有无限可能的自然状态决策问题无效。

本章小结

本章介绍了决策分析的发展简史、决策分析的基本要素、基本原则和基本步骤；从决策的层次、涉足的领域、决策者的数量等多个角度划分了决策问题。从决策环境的信息程度划分，决策问题可以分为确定型决策、不确定型决策和风险型决策。确定型决策问题纯属优化问题，因此未讨论。本章分别介绍了不确定型决策和风险型决策问题的常用方法。在不确定型决策部分，系统阐述了处理严格不确定型决策问题的系列决策准则，包括乐观决策准则、悲观决策准则和等概率决策准则等。在风险型决策部分，首先介绍了期望值、期望-方差等决策准则，然后，详细介绍了非常实用的贝叶斯决策和决策树两种方法。

在实际生产和生活中，会面临多属性和多目标问题以及群体决策问题。由于篇幅有限，请感兴趣的读者查阅决策理论与分析的相关书籍。

思考与练习题

1. 解释下列名词。
   （1）决策分析；
   （2）后悔值；
   （3）先验概率；
   （4）后验概率。
2. 某企业要做出购置设备的决策，拟订了三个购置方案，同时经过测算得到三种不同市场条件下的收益值，如表 14-11 所示。请分别使用各种不确定决策准则（乐观系数可取为 0.7）进行决策。

表 14-11　决策收益表　（单位：万元）

方案	状态		
	θ_1	θ_2	θ_3
a_1	7	9	6
a_2	6	10	4
a_3	8	6	5

3. 某商品购入价为每件 3 元，销售价为每件 5 元，若不及时售出，则要报废，每件损失 4 元。现对该商品每天的需求量进行了 500 天的观察统计，得到了如表 14-12 所示的结果。试求最佳的进货方案。

表 14-12　需求信息情况

需求量（件）	5	6	7	8	9	10
天数	50	100	200	75	50	25
概率	0.1	0.2	0.4	0.15	0.1	0.05

4. 某厂对产品在今后五年中的市场需求情况进行了调查和预测，拟定了 H_1（改造）、H_2（扩建）、H_3（新建）三种方案，其收益值如表 14-13 所示。试用期望值准则确定采用哪种方案最好？

表 14-13　决策信息情况　（单位：万元）

方案 \ 损益 \ 状态概率	需求较高 0.3	需求一般 0.6	需求较低 0.1	投资额
H_1（改造）	50	40	15	25
H_2（扩建）	120	50	10	55
H_3（新建）	150	130	-40	160

5. 某厂家试制某新产品准备投产，有两种可行方案：大批量投产（a_1）和不投产（a_2）。根据统计资料，新产品的销售状态和收益如表 14-14 所示。由于滞销亏损较大，厂家考虑采取试销法，试销费用 60 万元。根据过去资料，试销对市场情况估计的可靠程度如表 14-15 所示，对此问题：①做分贝叶斯决策分析，并画出决策树。②求 EVPI 和 EVAI。

表 14-14　决策收益表　（单位：百万元）

方案 \ 损益 \ 状态概率	θ_1 畅销 0.25	θ_2 一般 0.35	θ_3 滞销 0.4
a_1（大批量投产）	12	2	-4
a_2（不投产）	0	0	0

表 14-15　市场情况估计可靠程度

估计结果 \ 可靠度 \ 状态概率	θ_1 畅销 0.25	θ_2 一般 0.35	θ_3 滞销 0.4
H_1（畅销）	0.65	0.25	0.1
H_2（一般）	0.25	0.45	0.15
H_3（滞销）	0.1	0.3	0.75

6. 某工厂由于生产工艺落后、产品成本偏高，现工厂的高级管理人员准备进行工艺改造，用新的生产工艺来代替。新生产工艺的取得有两条途径：一是自行研制，成功的概率为 0.6；二是购买专利，预计谈判成功的概率为 0.8。不论研制还是谈判成功，企业的生产规模都有两种方案：一是保持原有产量；二是增加产量。如果研制或者谈判均告失败，则按原工艺继续生产，并保持产量不变。按照市场调查和预测的结果，预计今后几年这种产品价格上涨的概率为 0.4，价格不变的概率为 0.5，价格下降的概率为 0.1。通过计算得到各种方案在各种价格下的收益值，如表 14-16 所示。试用决策树方法确定企业应该选择何种决策方案对企业最为有利。

表 14-16　决策收益表

收益值 \ 方案 \ 自然状态	原工艺生产	购买专利成功 0.8		自行研制成功 0.6	
		产量不变	增加产量	产量不变	增加产量
价格下跌 0.1	-100	-200	-300	-200	-350
价格不变 0.5	0	50	50	0	-300
价格上涨 0.4	100	150	250	200	800

7. 某冷饮厂拟定今年夏天（7月和8月）某种冷饮的日计划产量。该种冷饮每箱成本为 100 元，售价为 200 元，每箱销售后可获利 100 元。如果当天销售不出去，每剩一箱，就要由于冷藏费及其他原因而亏损 50 元，通过统计分析和市场预测，确认当年市场销售情况如表 14-17 所示。该厂夏天每日生产量应定为多少才能使利润最大？

表 14-17　冷饮日销量概率表

日销量（箱）	200	250	300	350
概率	0.4	0.1	0.3	0.2

8. 某公司的销售收入受市场销售情况的影响，存在三种状态：畅销 θ_1、一般 θ_2、滞销 θ_3，发生的概率分别为 0.4、0.4、0.2，公司制订的三种销售方案相应的收益情况如表 14-18 所示。

表 14-18　某公司收益情况表　（单位：万元）

θ	θ_1	θ_2	θ_3
$p(\theta_j)$	0.4	0.4	0.2
A_1	200	50	-100
A_2	150	100	-50
A_3	180	50	-10

为进一步摸清市场对该公司产品需求情况，公司经过深入的市场调查，得到一份市场销售前景的销售预测表，预测的销售情况有预测畅销（H_1）、预测一般（H_2）、预测滞销（H_3）三种情况，似然函数表如表 14-19 所示。

表 14-19 似然函数表

θ	θ_1	θ_2	θ_3
$p(\theta_j)$	0.4	0.4	0.2
$p(H_1|\theta_j)$	0.6	0.1	0.3
$p(H_2|\theta_j)$	0.2	0.7	0.1
$p(H_3|\theta_j)$	0.2	0.2	0.6

假设得到市场销售预测表的费用为5万元，试问：

（1）完全信息价值是多少？

（2）补充信息（市场预测表）价值是多少？针对这三种预测应该采用哪种销售方案？其利润期望为多少？

参考文献

[1] 陶长琪. 决策理论与方法 [M]. 北京：中国人民大学出版社，2010.

[2] 武小悦. 决策分析理论 [M]. 北京：科学出版社. 2010.

[3] 王延章，郭崇慧，叶鑫，等. 管理决策方法 [M]. 北京：清华大学出版社，2010.

[4] Frenchs S, Maule J, Papamichail N. Decision Behaviour, Analysis and Support[M]. Oxford City: Cambridge University Press, 2009.

[5] 赵新泉，彭勇行，等. 管理决策分析 [M]. 北京：科学出版社，2008.

[6] 岳超源. 决策理论与方法 [M]. 北京：科学出版社，2018.

[7] Berger J O. 统计决策论及贝叶斯分析（原书第2版）[M]. 贾乃光，译. 北京：中国统计出版社，1998.